国家社科基金重点项目"互联网群体传播的管控方案与社会引导对策研究"
（项目号 15AZD054）成果
上海交通大学人文社会科学成果文库

U0366844

互联网群体传播
理论、机制与实证研究

薛 可 著

**Internet Group Communication:
Theory, Mechanism
and Empirical Research**

上海交通大学出版社
SHANGHAI JIAO TONG UNIVERSITY PRESS

内容提要

本书系统论述了互联网群体传播的概念、动因、主体、渠道以及发展趋势等内容。综合运用社会学、认知心理学、信息科学等学科理论与方法，探讨了互联网群体传播的认知与行为机制。在此基础上阐明了互联网群体传播的静态和动态机制，提出了互联网群体传播的政府管控和社会引导的双重方针，系统构建了一套较为完整的互联网群体传播理论体系。本书包含理论基础和实证分析两大板块，主要内容包括理论基础、发展轨迹、影响因素、模型机制等八章。

本书适合新闻宣传部门管理者、新媒体与网络舆情研究者、新闻传播学高校师生、媒体相关行业工作者及关注互联网群体传播的人士阅读。

图书在版编目（C I P）数据

互联网群体传播：理论、机制与实证研究 / 薛可著
. —上海：上海交通大学出版社，2022.8
ISBN 978 - 7 - 313 - 22646 - 4

Ⅰ.①互… Ⅱ.①薛… Ⅲ.①互联网络-传播媒介-研究 Ⅳ.①G206.2

中国版本图书馆 CIP 数据核字（2019）第 281724 号

互联网群体传播：理论、机制与实证研究
HULIANWANG QUNTI CHUANBO：LILUN、JIZHI YU SHIZHENG YANJIU

著　　者：薛　可
出版发行：上海交通大学出版社　　　地　　址：上海市番禺路 951 号
邮政编码：200030　　　　　　　　　电　　话：021 - 64071208
印　　刷：上海新艺印刷有限公司　　经　　销：全国新华书店
开　　本：710mm×1000mm　1/16　印　　张：25.5
字　　数：390 千字
版　　次：2022 年 8 月第 1 版　　　　印　　次：2022 年 8 月第 1 次印刷
书　　号：ISBN 978 - 7 - 313 - 22646 - 4
定　　价：78.00 元

序　言

　　科技对人类生活的影响远超过人类想象，如果说火和工具的发明开启了农耕文明，蒸汽机的发明则标志着工业文明的到来，而互联网的产生意味着人类社会全面进入了信息时代。

　　互联网所传达的理念是信息的多元互动和无障碍共享，这使得人与人之间无论是一对一还是一对多都能够进行有效的信息分享。而在此以前，即便像报纸、电视和广播这样的大众传播手段也只能完成一对多的传播，而无法产生双向互动和便捷沟通。这样的传播方式表面上看只是信息沟通方式的一种改变，但事实上由于互联网的产生，导致了信息大爆炸的出现。当今短短几年时间的信息量，已经是从人类起源以来信息量的总和。海量的信息不仅带来了沟通的便捷，也带来了思维的变化。通过互联网交流思想、统一行动，一方面为社会组织带来巨大的便利，另一方面，如果应用不当，也极易产生群体性事件，包括谣言的传播、非理性的组织行为，甚至对社会公共安全产生巨大的威胁。因此，互联网群体传播既是互联网带来的社会现象，也是学术圈必须予以关注的社会现象。

互联网群体传播方法多样、途径复杂，无论是微博微信，还是其他社交平台；无论是朋友圈，还是各种形式的分享方法，都可以构成一对多和多对多的闭环多元的信息互动。信息的海量性和传播方式的复杂性，导致这些信息的监控、引导非常困难。如果运用不好，就会对社会发展产生巨大的负面影响。因此有必要对互联网群体传播的机理进行深入研究和剖析。

本书是中国最早系统研究互联网群体传播的著作之一，从理论上深入地探讨了互联网群体传播的理论基础、发展轨迹、认知与行为模式、影响因素、传播机理、模型与机制、传播效果、社会引导策略等，从基本概念界定出发，由核心的理论向分类、路径、效果研究进行推演，构筑起了互联网群体传播的学术架构体系，在前人研究的基础上进行集大成和提升，使之更加系统化、更具逻辑性。同时，提供了诸多案例供读者学习，主要从舆情管理和引导的角度给予研究和剖析，既具有系统的数据支撑，有可信度，又有很强的实务指导，具有应用和操作的价值。

总而言之，互联网群体传播是由技术带来的信息革命，由此对社会的思维方式、行为方式和发展方式都将产生深刻和全面的影响。因此，对互联网群体传播必须给予足够的关注和进行认真的研究，尽管这种研究将是充满动态和变化的，但研究本身甚至比所得出的结论更有价值。技术本身没有好坏，但是对技术的应用将会产生不一样的后果，就像武器本身没有好坏，但要看被谁使用一样。互联网群体传播在带给人类便利的同时，也会增加一些社会公共安全方面的风险，这不是互联网的过错，而是需要我们提升管理手段、加强对其规律的探索和研究，使之为人类的发展和社会的进步作出更大的贡献。

尽管该书在数据的样本量、系统的构造性方面还有进一步提升的空间，但我认为这是迄今为止在这个领域中最值得阅读的书籍之一，为此特向广大读者朋友推荐此书。

是为序。

喻国明：教授、博士生导师，教育部长江学者特聘教授，享受国务院特殊津贴专家。

前　言

在当今技术飞速发展、社会文化大融合的背景下，个体内在心理、外在行为的多样性，互联网带来的实时交互、处处交互的便利性，信息、语音、视频等多尺度信息的融合性，微信、微博、推特（Twitter）等网络平台带来的信息传播多渠道性，使得互联网群体传播呈现出多尺度、多维度、大融合的隐蔽性、交叉性及复杂性特征。互联网群体传播模型的研究变得更有挑战，也更有意义。

习近平总书记在《〈中共中央关于全面深化改革若干重大问题的决定〉的说明》中，首次把"网络和信息安全"上升到国家高度，指出其"牵涉到国家安全和社会稳定，是我们面临的新的综合性挑战"，并指出"面对传播快、影响大、覆盖广、社会动员能力强的微客、微信等社交网络和即时通信工具用户的快速增长，如何加强网络法制建设和舆论引导，确保网络信息传播秩序和国家安全、社会稳定，已经成为摆在我们面前的现实突出问题"。①

---

① 习近平.《中共中央关于全面深化改革若干重大问题的决定》的说明 ［N］. 人民日报，2013－11－16.

经过一个多世纪的发展，国内外在群体传播研究领域已经形成了较为完整的理论体系。然而，互联网群体传播受到复杂的外部环境机制及内部心理与行为机制的综合影响。随着互联网技术的发展，尤其是在我国互联网技术环境与网络社会环境正在发生日新月异变化的当下，有关互联网环境下群体传播的基础性研究，尚处于探索阶段，因此，如何结合已有的理论基础，围绕我国互联网传播环境及其出现的新特征，对群体传播进行原创性的理论研究，为后续研究的开展提供充足的理论支撑，是本书试图解决的首要问题。

针对上述问题，本书采用了跨学科的研究视角从以下五个方面对互联网群体传播的特点、机制及相关理论展开系统性的创新研究：

第一，互联网群体传播的理论基础与特征研究。在对国内外经典群体传播理论研究和其他学科视角下的网络群体传播研究两大理论溯源的基础上，系统分析了触发互联网群体传播行为的动因、互联网群体传播主体和渠道的新特征、社会经济与技术环境及相关机制，以及互联网群体传播的发展趋势。

第二，互联网群体传播的社会认知与行为研究。在群体传播经典理论的基础上，构建了基于关系视角的互联网群体传播影响因子的理论分析框架，借助于现代认知心理实验方法对互联网群体传播认知与行为展开研究，深入探索其认知与行为机制。

第三，互联网群体传播的动力学模型与机理研究。基于互联网群体传播的影响因子分析，将互联网群体传播的多起源和多渠道、个体的多样性、社会网络结构的多层级等特点进行有机融合，构建互联网群体传播的系统动力学模型，研究其动态特征与传播控制方法。

第四，互联网群体传播的社会计算与演化路径研究。针对互联网开放式复杂系统的特征和传统建模方法的局限性，通过社会计算热点话题相结合的线上线下联动，对不同类别的群体传播相关主体、属性归因、媒体参与等环节进行运行机制与演进规律研究，为理论模型提供验证和应对策略的有效性提供测试预判等新的技术方法。

第五，互联网群体传播的应对策略与社会引导研究。基于互联网群体传播的特点、影响因子、复杂机制和人工社会仿真计算结果，研究上述群体传播的应对策略与社会引导方法，为相关部门的应急管理决策实践提供支持。

互联网群体传播的研究不再仅仅停留在其影响因素和宏观机制方面的分析、发现与实证的层面，为互联网传播的管理提供更有实际应用意义的模型与技术方法，已经成为理论研究的新趋向和实践的迫切需求。由于互联网的开放性和复杂性，在网络空间中的群体传播不仅仅受到互联网环境的影响，而是与真实物理空间、社会环境和心理空间的变化及其影响因素均有着密切关系，并已经形成一个相互交织的复合互动系统。

目　录

第一章
互联网群体传播的理论基础

第一节 互联网群体传播的内涵

一、群体传播

所谓群体传播，是指群体进行的非制度化、非中心化、无明确传播主体的传播行为和过程。传播的自发性、平等性和交互性，尤其是信源不确定性及易引发集合行为等是群体传播的主要特征。传统的群体传播需要一定的物理空间，如广场、校园和街道等。但是，物理空间场域并非群体传播产生的必要条件，群体传播必须有一个发生聚集的缘由，若没有值得共享的群体活动，群体并不会毫无理由地聚集。没有聚合，更没有交流，因此就无法形成群体传播。传统的群体传播通常是在一定的物理空间围绕着一个主题进行的，由于传统地理空间和沟通方式的限制，群体传播具有传播范围小、低效率和弱效果的特点，无法具备足够的吸引力，引起传播者和研究人员的注意。

关于群体传播的研究历久弥新，1947 年库尔特·勒温关于群体对成员态度和行为改变的影响研究，被视为最早的群体传播研究。随后，群体传播研究在 20 世纪 70 年代发展到顶峰，诸多学者的研究焦点主要集中在以下五个方面：关注如何有效在群体内传授讨论技巧的研究；关注群体领袖领导能力的研究；关注实现有效群体传播机制的讨论方法研究；关注群体传播过程互动特性的研究；关注多样传播与群体产出关系的研究。进入 21 世纪，各国学者在群体传播理论研究上更加深入，更加关注群体成员个体特性、群体形成、群体聚集与传播、群体决策等内容。[1]

二、互联网群体

国外学者将互联网群体称之为"赛博族""网络世代""电子社群"或"电子共同体"。雷特认为"赛博族"由互联网中具有共同认知、价值观或信仰的群体组成，他们以兴趣、观点、期望为基础达成共识，同时依附于以认同感和共识为基础的网络空间。泰普斯科特将互联网群体称为"网络世代"，主要是将该群体与父辈生活成长环境作对比，认为生活在网络环境中的新一代与其父辈相比，能够自由学习、工作与生活，创造社群，参与社会生活，网络世代的价值观、生活方式将对传统社会的价值、规范等产生冲击。我们正在进入一个新的时代，在这个时代里，得到了电子化延伸的身体居住在物理世界与虚拟世界的交汇点上。[2]

郑志勇将互联网群体定义为"数字化的个体之间形成的集体，具有多样性，是个体在网络中的多重归属之地"。[3] 杨宜音等将互联网群体解释为"具有共同特质、归属感，维持着形成社会实体的社会联系和社会互动的群体"。[4] 还有其他学者将互联网群体定义为"虚拟社群""网络社群"或"网众"。莱恩格尔德在其著作《虚拟社群》中提出"虚拟社群"的概念，指出虚拟社群通过自我界定的互动式展开彼此之间的交流，借助电子网络和基于共享的利益或目的形成组织，以沟通本身为最终目的。[5]

张文宏将网络社群定义为："人们通过互联网交流互动而形成的、通过一定社会关系而联结起来的、进行共同活动的集合体。"[6] 王琪指出："网络社群是以互联网为中介而进行网络相关活动，形成的具有共同目标和互联网群体意识的相对稳定的人群。"[7] 国内众多学者对网络社群的定义

---

[1]　宫承波. 传播学纲要 [M]. 北京：中国广播电视出版社，2007.
[2]　邓胜利，胡吉明. web2.0 环境下网络社群理论研究综述 [J]. 中国图书馆学报，2010 (5)：90 - 95.
[3]　郑志勇. 网络社会群体研究 [C] //2006 中国传播学论坛论文集，2006.
[4]　杨宜音，陈午晴，徐冰. 中国网民社会心理分析——第一份来自社会心理学家的专业研究报告 [J]. Internet 信息世界，2000 (4)：4 - 11.
[5]　曹银忠，石维富. "网民群体"研究综述 [J]. 攀枝花学院学报，2009，26 (4)：4 - 8.
[6]　张文宏. 网络社群的组织特征及其社会影响 [J]. 江苏行政学院学报，2011 (4)：68 - 73.
[7]　王琪. 网络社群：特征、构成要素及类型 [J]. 前沿，2011 (1)：166 - 169.

包含两个部分，第一部分为基于血缘、亲缘、地缘关系的现实群体在网络中的聚集，是社会组织的延伸；第二部分为网络中不同地域、不同语言、不同身份、不同行业的陌生人之间自发形成的集合，不以现实的人际交往为基础。

何威提出了"网众"的概念，认为网众由网络化用户组成，网络化用户是指社会中积极的媒介使用者，以跨越各种媒介形态的信息传播技术为中介，与其他媒介使用者相互连接，构成融合信息网络与社会网络的新型网络，网络化用户是该网络的节点。①

三、互联网群体传播

互联网群体传播是一种受信息传播影响的群集现象，是集体行动在网络社会里的媒介延伸，是传统集群行为的新形式、新表征。作为一种特殊的群体传播形式，网络集群行为在自发中渗透着自觉、偶然中预示着必然、消歇中隐藏着反弹、离散中蕴含着同一、情绪中弥漫着理性、异质间凸显着同质，其传播特质与传统意义上的集群行为相区别。② 群体传播之所以活跃，正因为其传播主体的群体性，具有不被约束、自发、平等、匿名的特点，这也恰恰导致了它的传播主体是没有中心、没有管理的群体，因此群体的盲从性、群体的感染性易被利用。③

网络集群行为是网民在无组织的情况下针对某一共同对象，通过互联网进行临时聚集，表达观点，组织线上或线下活动，进行非制度性参与的过程。④ 其最大的特点是群体成员自发聚集，彼此之间互不相识，信息的来路无从得知，去向也无法控制，在人数众多的群体传播中甚至产生突发的回流现象。⑤ 互联网群体传播超越了地域的限制，使公众能够及时获取世界各地的新闻信息，从本质上看，它就是群体舆情由分散到集中、最后

---

① 何威. 网众传播一种关于数字媒体、网络化用户和中阐化会的新范式［M］. 北京：北京大学出版社，2011.
② 贾举. 网络集群行为研究［D］. 陕西师范大学，2010.
③ 隋岩，曹飞. 论群体传播时代的莅临［J］. 北京大学学报，2012（5）：139 - 147.
④ 李兰. "网络集群行为"：从概念建构到价值研判——知识社会学的分析视角［J］. 当代传播，2014（2）：60 - 63.
⑤ 隋岩，张丽萍. 从"蚂蚁效应"看互联网群体传播的双重效果［J］. 新闻记者，2015（2）：72 - 77.

走向多数一致的动态过程。①

第二节 互联网群体传播的特点与模式

一、互联网群体的特征与类型

（一）互联网群体的特征

互联网群体除了具有一般群体的特征外，在网络传播特殊环境下，基于互联网群体网络关系的联结模式和传播规律，还具有一些新的特征。

1. 交流方式特殊

基于网络传播的背景，互联网群体的互动和交互主要依靠各种符号，如文本、图像和视频。群体成员根据他们的需求可以在任何时候选择最合适的沟通方法。例如：论坛讨论、电子邮件、QQ 群等，交流方式的多样性是网络人际传播特有的魅力。形式多样的交流带来了令人兴奋和有趣的体验，群体成员的沟通全面增多。普通的人际沟通不能完全表达复杂、多样的情感。象征性的沟通是互联网传播的一个特殊优势，但它也可能导致某些情感诉求的抽象化，对虚拟社群成员之间的交流和理解造成障碍。

2. 成员聚合自由

互联网群体的形成，往往是基于"趣缘"，即群体成员的聚合是因为共同兴趣或价值观。与具有固定空间和时间在现实中的群体的聚合不同，虚拟群体对于该群体的成员的加入退出与否并不在意，群体成员对于在什么时间，以什么形式参与群体活动都可以自主决定，具有高度自由性。即使由于个人原因无法与所加入的群体保持长时间频繁的接触，也可利用网络随时接收群体的信息。较之现实中的群体活动，互联网群体可以有效规避因不能及时参与群体活动而造成的疏远，表面上松散的形式却从整体上延长了群体存在的时间。②

3. 群体结构脆弱

---

① 丁锐. 互联网群体传播对媒介环境与媒介格局的影响 [J]. 视听纵横，2015（6）：95-96.
② 张萌. 现代远程教育中的虚拟社群意见领袖作用研究 [J]. 远程教育杂志，2006（4）：13-16.

由于互联网群体的成员具有不同的人口统计背景，自然而然就容易在很多问题上的看法和观念上，产生不同的意见和思考方式。同时网络传播的匿名性使得群体成员来去不易管理和控制，不固定性是其基本特征。在这样的情况下，互联网社群的组织管理不仅松散，且缺乏监督，成员在突发性事件或压力下缺少应对管理能力。这也就造成了大部分的互联网群体的形成和消失都很迅速。因此，互联网群体在结构上具有明显的脆弱性。

4. 成员地位平等

在网络传播中，网络具有隐匿功能，使得群体成员之间能够抛开现实中地域、年龄和社会地位等个人差异，呈现一种平等的关系，参与到群体活动中来。群体成员也可以勇于表达自己的观点和意见，并在网络中呈现自己本身具有或者希望具有的品质和行为，使虚拟群体形成一种自由平等开放的氛围。这使虚拟群体的成员拥有比现实中相对平等的地位，也使得互联网群体中的意见和言论表达更为自由。

5. 弱规范性表征

在网络社会中，申请加入某一虚拟社群的条件都相对宽松，且加入之后，鲜有强制性的规定。大多虚拟社群的群体间规定，都是由社群成员彼此约定俗成。这主要是由于一般性的规范在匿名的网络社会中也很难保持，也就造成了虚拟社会的弱规范性。这同时降低了虚拟社群的准入门槛，更容易引起个人自由主义的无限扩张和膨胀，造成社群群体的凝聚力下降，导致对相关的法律法规的蔑视，增加互联网群体发展中的不稳定因素。

（二）互联网群体的类型

1. 根据群体真实存在与否划分

根据群体是否真实存在，可划分为网络统计群体和网络实际群体。网络统计群体实际上并不存在，只是研究者为了研究和分析的需要，把具有某种特征的人通过想象而组织起来称为群体。这种群体主要存在于统计学中，如网络老年群体、网络青年群体等。网络实际群体是指在一定空间和时间范围内存在的群体，他们有着明显的界限和实际的交往。

2. 根据群体数量规模划分

根据互联网群体规模大小，可划分为网络大群体和网络小群体。网络大群体是指人数众多、成员间多以间接方式联系在一起，少有直接的社会交往和互动的互联网群体，他们多集中在比较大的网站或网络社区的 BBS 或论坛上，如《人民日报》的"强国论坛"。网络小群体是指人数较少，成员间基本都能直接接触互动的小型群体。在这种互联网群体中，成员间的关系比较密切，交往比较频繁，心理感受的呈现也比较明显，如网民自己开设的博客。

3. 根据群体构成原则和方式划分

根据群体的构成原则和方式的不同，可划分为网络正式群体和网络非正式群体。网络正式群体是指有着规定的正式结构，其成员有较固定的编制且占据着所规定的地位，扮演着既定角色的群体，如校友社区中某校班级网页成员构成的网络正式群体。网络非正式群体是指自发形成的、成员结构没有明确规定的群体。该类群体带有明显的感情色彩，即以个人的喜爱、好感为基础而建立起来，如网络围棋小站上的群体。

4. 根据群体关系亲密程度划分

根据群体内人际关系亲密程度，可划分为网络初级群体和网络次级群体。网络初级群体是指人际关系亲密的网络社会群体。比如一个网民几乎每天都会参与的一个聊天群体就是他或她的初级群体，如育儿 QQ 群。对一个网民来说，他所参加的网络初级群体以外的群体都是其网络次级群体。

5. 根据群体分布和兴趣划分

根据群体分布和兴趣的不同，可划分为网络地缘群体、网络业缘群体和网络趣缘群体。网络地缘群体多半集中在网络交友社区中，如划分为上海区、北京区、浙江区等，网民可以根据自己与所属区域的现实联系进入。网络业缘群体通常指以学业和工作相似为"缘"而结成的群体，如因工作性质相同，共同管理某个网站，并经常讨论共同话题而组成的群体。网络趣缘群体是互联网群体中的众数，是指因各自相似的兴趣和互动频繁的社群关系而形成的互联网群体，如网络游戏爱好者组成的群体。

6. 根据技术实现手段划分

根据技术实现手段的不同，可划分为 BBS 群体、微博群体、播客群体等。BBS 群体是指在网络论坛上发表言论的互联网群体。如天涯论坛、猫扑社区的会员；微博群体是指通过信息分享、传播，以及个人社区，以网络日志、部落格（blog）等形式实现交流的互联网群体，如新浪微博的会员；播客群体是指借助"iPodder"等播客软件与便携播放器相结合的数字广播技术而实现交流的互联网群体，如优酷网的网民。

二、互联网群体传播的模式

根据互联网群体传播的特点，可以将其主要分为以下三种模式：

（一）熟人模式

互联网诞生之前，传统媒体中的群体传播主要是熟人模式，它更依赖人际沟通的积累，此时群体传播类似于圈子传播。生活就是由不同的圈子构成，每个圈子的形成原因各有不同，比如文学艺术的圈子和学术圈就截然不同，前者的聚合更多的是因为兴趣，而后者更多的因为学术交流。

圈子是原始意义上的组织，组织是现代意义上的圈子。一个好的组织通常是糟糕的圈子，反之亦然。在当代社会，圈子和组织彼此之间似乎也有了更多的对抗性。

在传统的社会中，有三种典型的人际关系类型。第一种是中心型，集中在受众个体周围的关系，使其很容易成为焦点，名人大多属于这种类型；第二种是中间型，此类型受众并非人际关系的焦点，然而却以其为中心向外辐射，许多人在社交圈通过该受众了解彼此，大多数记者属于这类人；第三种是紧凑型，每个人都以此类型受众为圆心，保持最短的人际距离，比如我们说的"交际花"。

（二）生人模式

网络是一个虚拟的世界，提供了一种虚拟的关系。网络群体传播是大众传播在网络上的人际化，也可以认为是人际传播在网络上的大众化。人际关系在网络上的变化和发展很难被想象和预测。受众对待陌生人和熟人会有不同的沟通方式，这种特性在网络传播中更明显。在生人群，你不知道你说话的对象，也无法把控沟通过程，但是在熟人圈，你就会对一切都有所把控。

通信技术的发展变化在为受众提供极大方便的同时，也使我们越来越多地与陌生人展开交流，技术成了去陌生化的工具。同时，科技的进步也疏远了我们原本所熟悉的亲朋好友，使彼此成为了新的陌生人，例如同处一个空间场所，大家却各自刷着自己的手机。

（三）危机模式

这是我们最为熟悉的一种模式。在群体性事件越来越多的今天，危机传播变成了热点。有关危机事件的研究最早始于 1962 年的"古巴导弹危机"，该事件引发了对危机管理的讨论。而最早将危机事件引入传播领域研究的则是帕卡里宁。① 美国强生公司 1982 年的毒胶囊事件则引发了更多学者对该话题的关注，使得危机传播研究成为了传播学、公共关系学的研究热点，国际危机传播领域的研究由此进入新的阶段，涌现了一系列研究成果，涉及政治、品牌、战争与冲突等多个领域。②

当今社会，随着互联网和移动互联技术的日益成熟，危机传播的技术支持和媒介环境已发生了巨大的变化。传统危机传播中处于弱势地位的群体拥有了"发声"的渠道，而原本掌握绝对主动权的"组织"的地位却在动摇。传播由"传者到受者"发展为"受者亦传者"，传统危机传播中的"受者"得到了前所未有的关注。

三、互联网群体性事件的特点

互联网群体性事件首先是群体性事件，具有一般群体事件的特征与成因，也有其自身的特点。

（一）瞬时突发性

突发性是群体性事件的共性，但互联网群体性事件爆发的速度远超现实社会中突发事件的速度。网络中每个人都是信息的来源，互联网的便利和即时性不仅使任何网民可以自由发布和传播信息，而且其表达的观点和发表的意见都能及时传播，瞬间到达全世界的任何角落。网络传播的瞬时性，造成了政府对网络信息的控制比传统媒体的控制度弱得多。据统计，互联网群体事件中的本体事件一经发生，一般在 2 至 3 小时内就可以在网上出现，6 小时后就会被多家网站转载，24 小时后网上的跟帖和讨论就会

---

① Pakarinen E. News communication in crisis: A study of the news coverage of Scandinavian newspapers during the Russo-Finnish Note Crisis in the autumn of 1961 [J]. Cooperation and Conflict，1967，2（3）：224 - 228.

② 史安斌. 危机传播研究的"西方范式"及其在中国语境下的"本土化"问题 [J]. 国际新闻界，2008（6）：22 - 27.

达到一个高潮。①

（二）虚实交互性

虽然互联网群体性事件发生在网络领域，但绝不局限于网络。网络社会和现实社会相辅相成，互相影响。互联网群体性事件源于真实的社会，当其在网络上不断酝酿发酵之后，同样也会对现实社会产生重大影响。公众舆论在网络上传播，常常可以帮助促进现实社会的群体实现他们的目标，实现自己的利益。群体事件在现实社会中的表现形式，多为静坐、示威、游行等，群体通过这些形式，扩大其自身影响，获得社会的关注，并借此对政府施加压力，争取利益。

如果群体性事件的公众关注度不高，那么政府解决问题的速度和程度可能会极大降低。网络群体性事件使得舆论的力量不断增强。政府迫于巨大的公众压力不得不积极采取行动，促进群体性事件能够快速且和平地解决。

然而，如果政府不采取行动，互联网群体性事件也可能演变成真正的群体性事件，对社会稳定带来极大的安全隐患。正如有些学者指出的那样，"网络群体性事件往往直接导致现实社会中的群体性事件。网络上的操作，即便不会造成直接的损失，也会导致思想和文化领域受到一定的冲击"。② 在线和离线之间的交互已经成为当前社会的一个主要特点。

（三）场域广泛性

发生场域的不同是互联网群体性事件和一般群体性事件最大的区别。一般群体性事件发生在现实社会中，具有一定的区域特征及其影响，但互联网群体事件是舆论在网络上的聚集、发酵和传播。互联网的高自由度和广泛性，使互联网群体性事件几乎不受时间和空间的任何限制，传播到任何有网络的角落，迅速且不可逆。对于不同国家和不同民族的任意一个话题的讨论，都可能成为互联网群体性事件形成的缘起。

（四）行为自组织性

互联网群体传播的基本形态就是重复与自相似。这种重复与自相似促进了群体传播中文本的意义流通。网友在转发信息时经常加入自己的评论

---

① 姜胜洪. 网络舆情热点的形成与发展，现状及舆论引导 [J]. 理论月刊，2008（4）：34 - 36.

② 揭萍，熊美保. 网络群体性事件及其防范 [J]. 江西社会科学，2007（9）：238 - 242.

和理解。无处不在、毫无规律的重复与相似的信息，打破了我们传统的阅读习惯和思维定势，也打破了大众媒体和其他机构的话语霸权。但是重复与自相似使重复信息、无效信息增多。同时，信息在不断转发的过程中，也会产生差异和变异，转发的信息与原始信息虽然相似，但却有很多不同，常常产生内容或意义的改变。

互联网群体传播中的自组织现象，可分为"围观"和"景观"两种类型。围观是指网络传播中大量个体的自发聚集。围观是偶然的、突发的、非组织的大量网络用户对某一事件、人物或主题的集中关注。景观是一种网络文化仪式，也是塑造群体记忆、维系群体情感、强化群体凝聚力的一种手段。①

注意力成为互联网群体传播时代的稀缺资源；媒介成为资源配置的重要环节，几乎渗透了社会结构的每个环节，掌控着所有人的注意力。媒介已成为连接物质资源、文化资源和社会资源配置的重要环节。媒介能使个人或群体产生地位的变化和所属群体的变化。②

（五）管控困难性

网络舆论信息主体多元，且信息传播隐匿多途径、高速无边界，使得互联网群体性事件的信息爆炸，无形之中增加了相关部门管控的难度。网络也容易成为一些网民发泄情绪的场所和传播谣言的渠道。从当前来看，政府对网络的管控还存在一定的难度，一旦有互联网群体性事件发生，政府很难在第一时间对其加以控制。

隋岩等认为："群体传播带有某种盲从性，看似无序，甚至失控，以致信息变异为谣言，但却处于被某种特定价值观或权益支撑起来的相对稳定的结构中，正是这一结构的支撑，成为个体积极参与网络传播行为的动力，也为原本混沌的群体，搭建起了一条隐性的秩序链，成为看似无序，实则有据的传播形态。当结构支撑的价值观符合社会主流价值观时，群体传播将带来更多正能量，否则将引发更多的负面社会情绪，甚至破坏正常的社会秩序。"③

----

① 隋岩，曹飞. 从混沌理论认识互联网群体传播特性 [J]. 学术界，2013 (2)：86-94.
② 隋岩，张丽萍. 从"蚂蚁效应"看互联网群体传播的双重效果 [J]. 新闻记者，2015 (2)：72-77.
③ 隋岩，张丽萍. 从"蚂蚁效应"看互联网群体传播的双重效果 [J]. 新闻记者，2015 (2)：72-77.

"群体极化"是群体传播中容易出现的一种现象。所谓群体极化即"团体成员一开始即有些偏向，在商议后，人们朝偏向的方向继续移动，最后形成极端的观点"。也即"如果群体成员的个体事先对某个事件或观点已经持有了某种态度，那么他会在讨论中通过情绪的不断宣泄来强化其立场和态度，最终团体的合意将有可能走向非理性'极端'"，只有极个别的成员会改变自己的立场。尽管并非所有的网络事件都会出现群体极化现象，但一旦触及"民族主义""贫富差距""贪腐问题""伦理道德""政府失职"等话题，舆论往往会惊人地一致。而对网民的言论内容进行分析可以发现，多数发言是观点性的、批判性的，这常常是某种特定心理情绪的释放，并非对事实的客观陈述。显然多数个体在发言之前已持有了某种肯定或者否定的态度，通过群体合意的达成，强化了某种认知，也宣泄了某种情绪。基于此，互联网群体的极化现象从某种程度上来讲是社会问题的一种极端反映。[①]

对于互联网群体传播这样一个非线性体系来说，混沌之中也孕育着秩序，混沌状态有着其自身的传播价值。传播者身份的不确定在某种意义上带来了传播内容的真实和直接。由于受到"沉默的螺旋"机制、社会传统和经济利益等多方面因素的影响，传播者和社会民众有时很难在公开场合完全真实地表达自己的想法，这也就是大众传播和组织传播中"假、大、空"内容屡禁不绝的原因。因而在很多情况下，匿名信息也可能真实与可靠。而线性秩序的消解，是互联网群体传播的另一主要价值。互联网群体传播的无组织、无序，消解了大众传播中的秩序、阶级与控制，使各种信息有充分被利用的可能。用混沌秩序代替传统的线性秩序，能够有效地满足信息时代的大众需求。在大众传播中，秩序是通过版面、字体和标题等元素组合实现的；而在互联网群体传播中，秩序是通过关键字、标签和链接等方式来组织的。互联网群体传播的非线性秩序，有助于信息的交叉、碰撞以及在此基础上的创新。

---

① 隋岩，陈一愚. 论互联网群体传播时代媒介成为资源配置的重要环节［J］. 中国人民大学学报，2015（6）：128-133.

四、互联网群体传播的演化

研究者从不同角度对互联网群体传播演变阶段进行了划分，提出了三阶段、四阶段以及多阶段模式。代表性模式包括：以舆情、群体性突发事件舆情为研究对象提出的发生、变化和结束三个递进过程；[①] 以公共危机事件网络舆情为研究对象提出的形成、发展（发展/作用/变异）、结束（终结）的三阶段模型；[②] 从非常规突发事件网络舆情角度提出的产生、传播、聚合三阶段模型。[③] 以网络舆情为研究对象提出的涨落、序变、冲突和衰变四阶段划分模式；[④] 从网络舆情热点话题的具体演变角度提出的起始、高涨、波动和淡化或消落的四阶段演变模型；[⑤] 以生命周期理论为依据，同时又兼顾网络舆情演变时间和空间，构建的孕育、扩散、变换和衰减的四阶段粒子模型。[⑥] 从网络舆情突发事件视角，以突发事件演变阶段模型为依据，提出的潜伏期、萌动期、加速期、成熟期以及衰退期的五阶段演变模型。[⑦] 对网络舆情演变过程及阶段的划分，有助于研究者进一步深入挖掘各阶段网络舆情传播机制。

互联网群体传播中突发事件的网络舆情传播规律是研究群体传播最重要的方面之一。研究者借助不同学科的理论或模型分析了网络舆情的传播规律：喻发胜等借鉴传染病模型，建立了直接免疫的 SEIR 舆情传播控制模型，研究突发事件互联网群体传播规律；[⑧] 孙佰清和董靖巍应用社会网络理论中的小世界网络、"六度分隔"假说理论，建立了基于主体（agent）的网络舆情扩散规律分析和扩散监测模型；[⑨] 兰月新和邓新元通过建立突

---

① 王来华. 舆情变动规律初论 [J]. 学术交流，2005（12）：155 - 159.

② 史波. 公共危机事件网络舆情内在演变机理研究 [J]. 情报杂志，2010（4）：41 - 45.

③ 徐敬宏，李欲晓，方滨兴，等. 非常规突发事件中网络舆情的生成及管理 [J]. 当代传播，2010（4）：41 - 43.

④ 刘毅. 简析舆情变动规律 [J]. 天津社会科学，2007（3）：63 - 65.

⑤ 姜胜洪. 网络舆情形成与发展规律研究 [J]. 兰州学刊，2010（5）：77 - 79.

⑥ 方付建. 突发事件网络舆情演变研究 [D]. 华中科技大学，2011.

⑦ 谢科范，赵湜，陈刚，等. 网络舆情突发事件的生命周期原理及集群决策研究 [J]. 武汉理工大学学报（社会科学版），2010（4）：482 - 486.

⑧ 喻发胜，王晓红，陈波. 网络传播的衍生效应与网络舆论 [J]. 湖北社会科学，2010（5）：179 - 181.

⑨ 孙佰清，董靖巍. 重大公共危机网络舆情扩散监测和规律分析 [J]. 哈尔滨工业大学学报（社会科学版），2011（1）：92 - 97.

发事件网络舆情演进的微分方程模型，确定了互联网群体传播舆情发展的四个时段和舆情扩散过程中的三个特征时间点；①周耀明、张慧成和王波采用时间序列分析的方法研究互联网群体传播演化规律，构建了互联网群体传播舆情演化的平稳、分布、相关、周期、自相似和趋势五种模式以及相应的模式分析方法；②康伟使用社会网络分析法，分析了群体事件信息的传播路径、范围和速度受舆情群体传播结构的影响程度；③孙燕着重分析了互联网群体传播舆情的热度与灾难性事件的时间对应关系；④周乾宪从舆情传播途径的角度，通过内容分析法和文本分析法，系统研究了互联网群体传播网络舆情的生成机制。⑤采用不同研究方法揭示互联网群体传播的传播路径与扩散机理，有助于研究者更深入地探索提升用于挖掘与分析互联网群体传播的信息技术。

第一，基于已有典型案例分析，以泛在媒体渠道为背景，从信息生命周期的角度来全面系统地分析群体性事件，考察了从大众传播到微传播时代，传播模式转变为以圈子为核心的复杂动因和内部机理。第二，web2.0概念的兴起与实践，使得人与人互动构成的关系网络日渐成为网络传播的重心，这一关系网络与网络媒体信息内容的优势天然对接，进而为互联网群体传播事件的社会舆情传播营造了"内容＋关系"的景观。第三，从移动互联网技术快速发展而带来的网络社群多极分化视角出发，对同一类型案例在大众传播和新媒体传播生命周期内，舆情主导走向的差异进行比较，来审视新媒体带来的网络社群差异化现象，及其形成的社会舆情新变化；从大众传播时代盲从的单一发声，演化为当今价值取向多元、小群体观点极化，这种突变对群体事件的舆情管控与引导提出了新的挑战。第四，从群体动力学视角，讨论在大数据时代城市群体事件对民生及个人情绪的困扰会急速将悲痛情感扩散至整个社会，呈现出社会公众需要群体心

①　兰月新，邓新元.突发事件网络舆情演进规律模型研究［J］.情报杂志，2011（8）：47-50.

②　周耀明，张慧成，王波.网络舆情演化模式分析［J］.信息工程大学学报，2012（3）：334-341.

③　康伟.突发事件舆情传播的社会网络结构测度与分析——基于"11·16校车事故"的实证研究［J］.中国软科学，2012（7）：169-178.

④　孙燕.谣言风暴：灾难事件后的网络舆论危机现象研究［J］.新闻与传播研究，2011（5）：52-62＋111.

⑤　周乾宪.突发公共事件网络舆情的生成机制——以"武汉水污染事件"为例［J］.新闻爱好者，2012（14）：17-18.

理慰藉与心理防御的新特征。第五，基于舆情生命周期理论和前期研究发现，分析公众的认知与行为随着社会舆情早期感性主导的盲目慌乱，逐步回归到理性的从容应对，公众情感和行为与社会舆情走向之间相互影响。以往互联网群体传播基础理论的研究主要是从理论层面或小数据层面关注互联网群体传播的特点及其形成、传播阶段的划分以及传播舆情的传播规律等。然而，随着互联网大数据抓取及分析技术的发展与应用，借助大数据技术对群体传播进行大数据的深入分析与挖掘，可以得出更为准确的互联网群体传播特点与规律，进而深化与扩展群体传播相关理论的研究。因此，以大数据环境下的群体传播的信息挖掘、存储、分类与解析等研究为基础，有利于进一步完善与丰富互联网群体传播的基础理论研究。发现当以微观实例视角挖掘新媒体时代互联网群体传播事件发生时，社会舆情传播的核心因素和主导因素，以及在不同舆情传播阶段与社会舆情之间表现的新型相互关系和呈现的新特征。

第三节　互联网群体传播的分类

在对互联网群体传播的内涵、特点及已有研究成果的归纳总结基础上，本节结合社会、经济、文化、技术环境与传播模式相关机制、对互联网群体中的谣言传播、健康传播、积极传播、自然灾难传播和公共事件传播等不同种类，进行逐一阐释。

一、互联网群体谣言传播

《韦伯斯特英文大字典》指出，谣言是一种缺乏真实根据，或未经证实、公众一时难以辨别真伪的闲话、传闻和舆论。谣言的历史十分悠久，最初是通过"口耳相传"，这是人类最古老的信息传播方式之一。国内危机传播的早期研究同西方一致，着眼于国际政治危机事件的分析和探讨，之后国内学者逐渐将危机传播的视野放回国内。许文惠等主编的《危机状态下的政府管理》便是这一时期的代表作，该书标志着国内公共危机研究的开始。①"9·11事件"不仅是国外危机传播管理的转折点，同样也引起了我国学者的关注。薛澜等通过"9·11事件"分析了如何在短时间内控制危机态势并减少损失，并探讨中国目前的社会安全和危机管理现状，提出建立现代危机管理体系的重要性和必要性。② 牛文元从社会物理学角度对社会稳定提出了建议。③ 熊永新开始关注危机传播中的谣言，并指出危机传播中谣言的传播机理。④

2003年的"非典事件"是我国的公共危机传播发展历程中的重要事件。在此之前，政府对待危机的态度多是不传播或者少传播，⑤ 在此之后，政府建立了较为完善的新闻发布会制度，对公共危机传播的态度有所转变，变得更为开放和透明。"非典事件"之后，我国涌现出相当数量的危机传播研究成果，对公共危机进行讨论，并提出了许多对策性的建议，包括提出要建立和完善公共危机应急机制。⑥

比如微博便在当前新媒体时代的危机传播中扮演着重要角色，成了公共危机中民意表达的新平台和新方式，公众的知情权和表达权进一步得到了保证，公众主体性由此得到切实发挥。微博与公共危机的相关研究也正在兴起。微博的影响力主要体现在其在焦点事件中引发的集合行为。在社会常态下，微博更多地发挥人际传播的功能，甚至成为我们进行社会日常交往的手段之一。但是在一些热点事件发生后，微博则会引发集合行为，大量网友对同一主题的关注和参与，构成了一种"互联网群体景观"。这时候的微博群体是临时聚集的、分散的、数量众多的当事者及参与者与"围观者"。他们缺乏秩序与制度的约束，在群体心理的感染、暗示和压力下，常常做出盲目、冲动和非理性的行为。尽管这些群体成员大都是确定性的或实名用户，但在"法不责众"的心理下，逻辑与理性就陷入了人民群众的汪洋大海。正如鲍德里亚所言，"大众寻求的不是意义，而是景观"。

① 许文惠，张成福. 危机状态下的政府管理［M］. 北京：中国人民大学出版社，1998.
② 薛澜，张强. 建立现代危机管理体系刻不容缓——美国911事件的警示［J］. 科学新闻，2001（42）：4-5.
③ 牛文元. 社会物理学与中国社会稳定预警系统［J］. 中国科学院院刊，2001（1）：15-20.
④ 熊永新. 公共安全危机中谣言传播现象透析［J］. 新闻界，2002（6）：17-19.
⑤ 吴廷俊，夏长勇. 我国公共危机传播的历史回顾与现状分析［J］. 现代传播（中国传媒大学学报），2010（6）：32-36.
⑥ 丁元竹. 建立和完善应急管理机制［J］. 宏观经济管理，2003（7）：22-23.

二、互联网群体健康传播

1971 年，美国斯坦福大学实施了以社区为基础的健康促进项目"斯坦福心脏病预防计划"，健康传播的研究以此为开端。传播学者罗杰斯提出了健康传播的主要任务：设计和评价卫生干预措施，促进有效的干预措施的扩散。作为一门交叉学科，健康传播研究吸引了来自不同领域的学者，采用多元的理论和方法进行研究。

健康传播研究侧重于人们的态度、信念和行为，从个人健康信息的属性和社会关系两个不同的角度理解态度和行为。的确，属性数据，如性别、年龄和教育水平对理解个人状态、信念形成和行为改变起到至关重要的作用，博尔加蒂指出人作为个体生活在一个社会网络关系中，并在其中进行社会互动。

因此，从社会网络的角度分析，社会关系的重要性远超个人态度、信念和行为单个属性的贡献。近年来，学者们不满意行为属性的解释力，是社会网络分析得以繁荣的一个原因。因为如果被测者具有相同的属性（如性别、年龄等），那么单从属性的角度就很难解释社会行动者的行为差异。社会网络分析则提供了一个很好的解释：社交网络会促进受众行为改变。例如，烟民配偶施加压力，会极大程度地促使其实现戒烟。社会网络分析的观点认为网络中受众的不同地位，使他们获得的机会和受到的约束也有不同，所以确定受众的在社会网络中的位置，对他们的态度和行为的预测至关重要。

由此看来，社会网络分析侧重于连接和受众关系问题，及其之间的交互关系，以此来研究和解释各种社会现象的影响。无标度网络的"小世界现象""创新扩散和行为变化"在社会网络分析中都得到了广泛的使用。虽然这些研究领域的连接相对松散，但都致力于社会网络关系的研究。

三、互联网群体积极传播

对于积极传播的概念，现在学术界还无明确的界定。本书在整合前人相关理论成果的基础上，进一步从传播伦理、受众认知、社会情绪和媒介效果等视角，对"网络空间的积极传播"做出界定：是在网络的信息传播中，符合社会基本的道德规范，满足公众对客观事实的信息需求和信息认知，促进公众积极健康的社会情绪以及与之相应的公众行为，并最终减弱或消除负面信息的社会影响，使网络舆论向理性、稳定、积极的方向发展的正能量信息传播。例如阐述真相的事实类信息、公正和不带偏见的评论类信息、有益于救助他人或疏导负面情绪的公共类信息等。

"正能量"是当前互联网积极传播的重要内容。在《正能量》一书中，理查德·怀斯曼对"正能量"做了科学解释：正能量指的是"让人们拥有希望，具备创造美好生活的各种动力和情感"。① 我国从 2012 年开始流行使用"正能量"这个词语，据《文汇报》报道，该词在 2012 年度热词中排名第一，② 表明该词逐渐被人们所接受，成为社会大多数人的共识。

"正能量"具有两个方面的深刻内涵：一方面，"正能量"内含着真、善、美的道德品质，严于律己、与人为善的行为准则。"正能量"蕴含着中国传统文化中的思想精髓和为人处世的本真理念，是中华民族优秀智慧的体现。社会需要正能量，时代需要正能量。另一方面，"正能量"体现的是一种积极向上乐观的人生态度。人生在世，哪能一帆风顺，总要经历挫折与磨难，但只要有一颗乐观进取的心，有一股朝着目标前进的韧劲，就一定能够见到梦想实现的那一天。

"正能量"所代表的言论，一定都是积极的、主动的、乐观的、自信的，能鼓舞和感染他人。我们要做的就是把这种"正能量"带来的温暖和感动分享并传递给更多的人，使他们加入传播"正能量"的队伍里来，这才是真真切切的"正能量传播"。网络新闻正能量传播就是指通过网络载体把正能量新闻传播出去，给予接受者希望和动力，从而达到鼓舞人、激励人、改变人的传播目的。

互联网群体积极传播就是要用网络这一新兴媒介把新闻所蕴含的积极向上、有益于人身心健康和社会和谐发展的思想、态度以及精神传递给更多的人，让健康正面的信息占据网络的主体，让网络新闻成为社会安全稳定的舆论保证，形成"我为人人、人人为我"的积极健康的社会风尚，营

---

① 理查德·怀斯曼. 正能量 ［M］. 李磊，译. 长沙：湖南文艺出版社，2012.
② 陈熙涵. "正能量"入选年度热词榜首 ［N］. 文汇报，2012－12－31.

造风清气正的文化氛围。

四、互联网群体自然灾难传播

在媒体融合的时代，通过网络来报道成了自然灾害信息传播主要方式之一，也对突发灾难性事件的传播产生了革命性的影响。

自然灾害具有特殊性，有关自然灾害的报道更要求快速、准确，互联网的相关料点使其无疑能够更好地传播自然灾害信息，所以国内外学界对于自然灾害的网络报道研究也都在持续。在我国，近年来人们越来越重视公众的知情权，国家也在逐渐放宽对自然灾害的报道限制，越来越多的重大自然灾害被呈现在公众眼前并接受社会舆论的评价，媒体对于自然灾害报道也愈发成熟。

国内外学界对自然灾害的互联网传播的研究主要集中在 2008 年到 2015 年，研究方向大致可以归纳为：对于自然灾害网络报道本身的内容研究。如对台风和地震灾害网络报道主题内容特征的研究，采用生存分析方法和内容分析法，研究周期特征及其影响因素；对网络媒体重大自然灾害专题报道的案例研究，主要采用内容分析，对报道本身的内容、特点、专题架构、排版等进行分析研究；有关自然灾害网络报道的媒介镜像研究，通过比较分析法对中国网络媒体中的中外自然灾害报道进行实证分析和研究。对自然灾害网络报道的策略研究，如有学者针对新媒体环境下，突发性事件（包括自然灾害）媒体报道中存在的问题，提出了相应的建议；也有学者采用个案分析，进行了对于政府所运用的网络媒体的策略研究；还有对于自然灾害发生后，政府的应急管理机制的研究。

新媒体时代，传播者的多元化、传播渠道的即时性、受传者之间情绪相互影响、传播内容碎片化等特点，形成了灾难传播的新模式。在这个模式中各要素相互关联，并随模式的变更产生新变化，信息零碎而频繁，呈裂变式传播，使得在灾难传播中有形成危机的可能，并影响灾难事件的发展。

五、互联网群体公共事件传播

"网络公共事件"是一个比较新的概念，目前也还没有形成一个统一的定义，与此相关的概念还有"网络舆论事件""互联网群体性事件""新媒体事件""互联网公共事件""话语事件"等。"网络舆论事件"是从舆论的角度界定事件，只看到舆论的影响力；"互联网群体性事件"是官方话语，具有管理的取向；"新媒体事件"沿用戴扬和卡茨的"媒介事件"概念，侧重探讨新媒体带来的"社会权力结构"的变化；"话语事件"着重强调"公众话语参与的推动"并"以话语而非行动的形式表现出来"。

此外，类似的概念还有"社会动员""集体行动"等，多是从抗争的角度切入的。董天策认为，这类事件的准确命名应该是"网络公共事件"，他主张"要把这些网络公共事件置于中国社会转型的大背景下来分析，不要一味地进行抨击"。[①] 高恩新将这些以互联网为信息沟通平台、由众多网民参与、围绕特定的事件进行广泛动员以达成某种特定目标的集体行动，称为互联网公共事件。[②] 郝继明、刘桂兰将网络公共事件定义为：围绕现实中的某个社会事件产生，而在网络空间引起网民广泛讨论并进而形成强大网络舆论，影响党和政府决策或造成重大现实影响的公共事件。[③] 熊光清将网络公共事件界定为：由特定突发事件引发，以互联网为主要活动平台，众多网民共同参与，围绕特定目标展开，形成强大的网络舆论，并对事件当事人或相关责任人，甚至整个社会产生重大影响的公共危机事件。[④]

网络公共事件的构成要素主要有四个：①有大量网民参与，是一种集体行动；②网络舆论是影响事态发展的重要因素；③有特定的议题和特定的目标，同一网络公共事件在不同发展阶段的议题和目标可能有所不同；④实际后果并不限于网络，会产生现实的社会影响。

---

① 董天策. 从网络集群行为到网络集体行动——网络群体性事件及相关研究的学理反思 [J]. 新闻与传播研究，2016（2）：80-99.

② 高恩新. 互联网公共事件的议题建构与共意动员——以几起网络公共事件为例 [J]. 公共管理学报，2009（4）：96-104.

③ 郝继明，刘桂兰. 网络公共事件：特征、分类及基本性质 [J]. 中共南京市委党校学报，2011（2）：64-68.

④ 熊光清. 中国网络公共事件的演变逻辑——基于过程分析的视角 [J]. 社会科学，2013（4）：4-15.

随着网络社会的发展，人们在网络社会中也逐渐形成了较为稳定的社会地位和身份认同，并且逐渐将这种虚拟社会的身份认同与现实生活中的身份认同连接起来，一旦产生具有现实性的诉求，网民会通过其所在的互联网群体来传递并扩散其影响力。

而且，在网络公共事件的传播过程中，由于网络传播的时效性、群体性和交互性，使网民极易产生从众心理，在从众心理的影响下，网民作为个体的意识和行为反而会受到压抑，有意识的人格将会消失，无意识的人格占据主导地位，使集群心理朝某一方向发展，并将具有暗示意味的集群观念立即转变为行动的倾向。

网民群体中存在一类对网络舆论的导向具有重要影响的人，即"网络意见领袖"。网络意见领袖产生于网民之中，与网民具有基本的身份认同，容易沟通也容易达成共识，其观点往往影响大批追随者进而影响舆论走向。

当网络公共事件获得媒体关注成为热点时，由于独立采访权的先天缺失，对于网络公共事件的深入传播发展，网络媒体往往无能为力，此时，传统媒体就发挥了重要而关键的作用，传统媒体经过调查。充分的比较，以及规范的内容生产流程，可以对网络公共事件的事实和是非进行验证。同时，传统媒体通过官方微博和网络意见领袖等中介，将这些信息点重新传播至网络平台，借助传统媒体的权威性和网络公共事件在传播过程中已形成的群体激化情绪，修正其在传播中的非理性甚至极化的观点，引导受众并最终在网络平台上真正形成观点的自由市场。

同时还应看到，网络公共事件经由传统媒体介入，提升了可信度，更能引起政府重视，而传统媒体对社会不良现象的批评报道经互联网的放大能够"迅速凝聚民意"，产生强大的舆论压力。新老媒体相互借力"放大舆论"，最终达到推动社会问题解决的目的。

第二章

互联网群体传播的发展轨迹

第一节　互联网群体传播发展历程

一、互联网群体传播的兴起

任何传播形式的繁荣都是经济发展、技术进步和社会变革等的共同结果。社会的产能过剩让群体传播日渐崛起。第二次世界大战激发了整个世界的生产潜力，战争结束后，巨大的军事生产能力被释放并进入民用市场，供应的商品非常丰富。

当前，产能过剩不仅是实体经济的总体特征，也是虚拟经济和信息文化产业的现实状况。电视频道、网络媒体蓬勃发展，即时通信工具可以随时随地接收信息，发展成集资讯、娱乐和社交等为一体的综合化信息平台。当社会经济的基本特征变为供过于求之后，受众不再是"魔弹论"下的受众，他们可以不断切换电视频道，在互联网上积极寻找自身感兴趣的信息。经济生产和传媒领域的生产者和消费者之间的关系正在发生变化。

大众从被动地接受向主动选择的方向转变，希望可以更多地参与交流和获取信息的过程。通过这种方式，每个消费者都能成为潜在的生产者，根据自己的喜好生产个人感兴趣的产品；每个"受众"同样也是一个潜在的"传播者"，使用远程控制和投票表达自己的诉求，从而选择或"定制"不同的媒体内容。

网络发展所提供的技术条件，促进了大众直接参与传播。互联网不仅向大众提供了大量的信息，也为普通消费者提供了最有效的方式参与媒体沟通方式——利用电脑、摄像机、照相机、手机可以随时随地发布新闻报道。因此，产能过剩是群体传播的前提条件，而网络技术的应用和普及则是互联网群体传播的直接驱动力。

随着信息技术的发展，互联网提供了一种始终存在的新型低成本的群体传播"物理空间"，它是信息收集和自由交流的平台。当公共事件突发时，这个"物理空间"提供的信息量远比广场、校园和街道多得多。在没有紧急事件发生的情况下，人们仍然聚集在这个新的"物理空间"，寻找最新的信息，发表个人意见，在社交媒体上讨论问题，展示自己的独特见解，这已经成为人们网络生活的常态。因此，无论是否发生突发事件，群体传播所需要的新"物理空间"都时刻存在。每个人都不可避免地成为这个"物理空间"的一个或多个群体中的一员，进行着有意识或无意识的信息交流和传播，我们不知不觉地进入了互联网群体传播的时代。

二、互联网群体传播的崛起

自 1960 年以来，许多学者从不同的角度作出判断——英国历史学家汤因比第一次使用术语"后现代性"昭示了后现代社会——以消费而不是生产占主导地位的消费时代的到来。[①] 2012 年 5 月 18 日，社交网站 Facebook 正式登陆纳斯达克，互联网和其他新兴媒介传播形态已然迎来了一个新发展阶段——群体传播时代。群体传播是群体形成的基本要素，没有群体传播便难以形成真正意义上的群体。作为一种信息交流和人际互动形式，群体传播是人类信息传播的基本形态之一。

（一）媒体网络营销推动互联网群体集聚

大众媒体网络营销的本质是大众传播借力群体传播。在网络时代，人们大众不再迷信传媒机构的权威，而是注重自我感受，主张自身权利，不愿再当被动的"看客"，渴望成为广播电视、网络等媒体节目的参与者、表演者。因此，大众媒体网络营销首要提供了网民参与节目的机会与平台，通过群体传播激发网民的参与意识，变被动宣传为主动吸引，这样既丰富了节目的内容，提高了节目品质，也能吸引更多的网民关注。

---

① 迈克·费瑟斯通. 消费文化与后现代主义 [M]. 刘精明，译. 南京：译林出版社，2000.

以微博为代表的新媒体兴起之后，互联网群体传播的影响进一步扩大。微博的传播速度快，参与性强，微博用户对所关注内容的阅读率也更高。主流电视媒体及品牌栏目，纷纷在新浪和腾讯等社交媒体平台开通了微博。电视节目利用微博进行营销宣传，用户通过微博关注自己喜爱的节目与主持人，已经成为网络传播和电视营销中的一种常态。

除了电视媒体，报纸、杂志、广播等传统媒体近年来也纷纷开始运用微博进行营销。有的在自有网站开通微博，更多的则是借助门户网站开展网络传播与营销。传统媒体和微博共享资源，优势互补，从而吸引了更多的关注。

（二）互联网群体传播助力网络文化推广

互联网群体传播的准入门槛很低，只要能连接网络，就能利用微博、微信、QQ群组等平台参与群体传播。同时，进入门槛低也意味着传播竞争的空前激烈。因此，在开展网络推广、文化营销等活动的过程中，要在充分发掘被传播对象特性的基础上，巧妙策划，合理组织，抓住易传播点，找准切入点，发挥群体传播的优势，才能真正实现低成本、高效率的传播。

对于群组中的网络用户来说，很多时候他们并没有明确的传播目标。以微博为例，140个字的信息含量非常有限，它更多传递的是一种情感和情绪。用户使用微博，既是通过分享信息来进行社会交往的一种手段，同时更是出于展示自我、传达情感的需要。因此，利用群体传播进行网络推广时，一定要研究并满足网络用户的心理需求，用新奇、趣味、有意义的焦点内容和陌生化的方式吸引大众，触动其内心的渴望。

对于缺乏资金与媒体资源优势的一些企业或机构而言，利用微博的"微"力量，在网络推广中以小搏大、增强传播效果，是有效的手段。微博的传播力量来源于"长尾效应"（long tail）。[①] 个体往往是庞杂、分散和无特征的，而联结成群体时则会显现出规律和关系，不能忽视数量众多的个体，多个微博用户的影响，有时会远远大于一个传统媒体，产生"1+1＞2"的合力传播效果。

网络改变了社会经济运行和信息传播的方式，过去被我们认为微不足

---

① "长尾效应"是克里斯·安德森（Chris Anderson）在2004年首先提出来的概念。

道的群体传播和传播中的个体已经不再可有可无。在网络推广中，充分利用群体传播的优势，影响微博等平台用户这条"长尾"，不失为提升传播效果的智慧选择。

随着网络媒介技术的广泛应用，网络化群体无处不在，一个全新的群体传播时代已经到来，互联网为群体传播提供了新的"物理空间"。

三、互联网群体传播的蓬勃

无论是后现代社会、后工业社会、信息社会，都是对消费社会从不同的历史、不同的角度和不同的社会领域在同一历史时期的细细描摹。这段被捕捉的历史彰显了与以往不同的极大特色。随着网络技术的发展，这一历史时期逐渐显示出新的历史特点和发展趋势。大众传播、人际传播和组织传播共同主导的时代已经取代了只有大众传播的时代，尤其是群体传播的发展在极大程度上影响了其他形式的传播。群体传播是传播学中五大传播范式之一，自 20 世纪 30 年代起，现代社会心理学家就个体与群体之间的相互影响关系展开了一系列的实证科学研究。

从中心化的大众传播到去中心化的群体传播，到再中心化的互联网群体传播，[①] 无不时时刻刻影响着社会的发展与人们的生活。伴随 5G 技术的落地应用，移动网络技术也为互联网群体传播提供了更广阔的空间。在此发展背景下，互联网群体传播也正推动着媒介传播方式、互联网商业模式，乃至人类生存模式的新一轮发展和变革。对于这样的历史时期，如果从作为传播工具的媒介角度去定义一个时代，称之为"新媒介时代""自媒体时代""微传播时代"，远不如从作为传播主体的人的活动角度更能把握这个时代的本质，而群体传播恰恰是从传播主体的角度，即人的活动角度，对传播形态进行认知。进入移动互联网时代后，新的媒体形式层出不穷，如微信、短视频、网络直播等，这也使互联网群体传播的特性更为突出。互联网群体传播的参与主体的匿名性和虚拟性、信息传递的瞬时性及高度的互动性，加之移动互联提供的便捷网络接入渠道，大大降低了个体信息传播的成本与难度，让更多个体受众随时随地、相对平等地参与到传播中。

---

① 杨磊. 媒介新环境下互联网群体传播研究 [J]. 当代传播，2018 (1)：45-47.

第二节　互联网群体传播发展动因

一、网络安全意识增强

随着近年来经济体制转型，我国的社会结构和社会形态也正处于转型的关键时期，由社会制度变革所带来的人口、资源、环境、效率和公平等社会矛盾也日益严重，由此引发的群体性事件也时有发生。互联网技术的快速发展，尤其是移动互联网的社会化普及，给群体传播带来新的变化：一方面，互联网技术为群体传播提供了一个新型的低成本接入、无时空限制、全民参与的信息聚集交流平台，使网络群体事件的爆发呈现多元化、不定时和不定向的新特点，为政府和相关部门的网络信息管控带来极大的挑战；另一方面，互联网覆盖人群下移，尤其是近年来直播行业下沉，越来越多的人加入群体传播，互联网的扁平化结构削弱了政府在社会引导方面的影响力，而传播主体之间的信息传播却使网络动员的效果更加显著，加之线上与线下的联动效应，进一步促使网络群体性事件常态化。

习近平总书记在关于《〈中共中央关于全面深化改革若干重大问题的决定〉的说明》中，首次把"网络和信息安全"上升到国家高度，指其"牵涉到国家安全和社会稳定，是我们面临的新的综合性挑战"，并指出"面对传播快、影响大、覆盖广、社会动员能力强的微客、微信等社交网络和即时通信工具用户的快速增长，如何加强网络法制建设和舆论引导，确保网络信息传播秩序和国家安全、社会稳定，已经成为摆在我们面前的现实突出问题"。

在现代信息技术环境下，互联网、泛在移动通信网、物联网已经形成了一个互联互动的新型复杂网络结构。中国拥有全球最庞大的网民体系和各色各样的网络群体，在社会转型过程中的各类矛盾以及对于突发事件的社会舆论意见都会在上述网络中得到反映，[1] 这为网络舆情的管理和各类

---

① 彭兰. 群氓的智慧还是群体性迷失——互联网群体互动效果的两面观察 [J]. 当代传播，2014（2）：4-7.

社会群体性事件的防范带来了困难。① 因此，更深入地揭示互联网群体传播的特点及其内外部机制，为政府的应急管理决策、舆情引导和网络治理提供系统有效的理论与方法，已成为亟待解决的重大问题。

二、网络生态不断变化

当前，我国正处在社会转型期，各领域深层次矛盾逐渐凸显。传统的信息传播，往往是政府或企业通过媒体与公众进行的沟通，而随着社会的发展，媒体和公众这两个要素都在发生时代性转变。随着互联网与移动互联网的迅速发展，新媒体以其开放、快速、多向度、富媒体等特征，在公共群体传播中扮演着重要的角色。以微博、微信为代表的新媒体已经成为公众参与公共事件的重要平台，公众通过微博、微信获取危机信息，并分享自己观点，而公共事件通过微博、微信得到曝光、发酵、扩散，从而获得整个社会的关注，直至最后的消亡，新媒体平台贯穿了公共事件的整个传播周期。在新媒体平台上，群体传播中的"公众"这一要素出现了分层，普通受众之中产生了意见领袖群体。新媒体平台上的意见领袖是新媒体平台的活跃用户，乐于发布信息并影响他人，对群体传播的过程和结果起着重要作用，其身份特征和行为特征愈发得到学界和社会的关注。

目前，有越来越多的公众认为群体传播是最值得信任的信息来源，尤其是在实时信息传播、独家信息曝光以及互动交流等方面。② 新媒体对群体事件存在显著推动作用，新媒体信息获取越便捷，新媒体信任程度越高，个体对群体性事件的参与程度就越高。普通网民的网络参与度，在新媒体的助力下，达到新的高度。一旦发生公共冲突尤其是群体性事件，无论何时，发生在何地，规模大小如何，都能引发群众围观，③ 重大事件均能够很快形成网上舆论。④ 当前，以微博、微信为代表的新媒体已经成了舆论重地，许多事件在微博和微信曝光、发酵，引发了一系列不可估量的

---

① 黄靖逢. 网络舆情的群体传播语境解析 [J]. 新闻爱好者，2012（4）：15 - 16.

② Seltzer T，Mitrook M A. The dialogic potential of weblogs in relationship building [J]. Public Relations Review，2007，33（2）：227 - 229.

③ 原珂，齐亮. "旁观者"现象：旁观者介入公共冲突的过程分析及破解策略 [J]. 社会主义研究，2015（1）：93 - 100.

④ 张春贵. 群体性事件中的新媒体作用透视 [J]. 中共中央党校学报，2013（1）：67 - 70.

后果，对涉事主体的声誉和公信力带来了负面的影响。如"上海金山水污染事件""黄浦江漂浮死猪事件""四川雅安地震"等均在新媒体平台上引发了广泛的关注，都说明了新媒体平台对社会舆论的影响。

社交网络中群体传播的特点决定了它能够成为社会热点舆论事件的发声器和发酵器，曝光与传播社会舆论热点事件成为微博在公共危机中的两大重要作用。《2018 年中国互联网舆情分析报告》指出，在我国 2017 年的大众传媒舆论场上，以"两微一端"（微博、微信、移动客户端）为代表的新媒体进一步成为人们获取新闻时事的第一信息源，也是社会热点事件曝光和发酵的主要信源，而报纸、杂志和电视等传统媒体的议程设置能力进一步下降。[①] 新媒体的发展大大降低了网民浏览信息和表达观点的门槛，使我国的网民社会结构日益向现实社会结构靠近，推动了网络话语权的均等化。与此同时，网民在网络活动中呈现出社群化和部落化的特征，网络舆论趋向于分层。而微博也在公共危机中发挥着日益重要的作用。

首先，微博是一个信息综合平台，将民间信息、官方信息、媒体新闻、网友评论等各方信息汇聚一堂，最大限度发挥信息的集散和扩大效用。当人们在其他渠道未获得足够多的信息时，微博中的信息流成为其在危机发生时寻找更多信息的主要渠道。

其次，微博是一个意见表达平台，在新媒体的语境中，众声喧哗，人人都能发表自己的观点，个体话语权的普遍获取，是前所未有的。以微博和微信为代表的这一类新媒体平台具有实时性和临场感，体现了人际传播的特性，更具有不可控性，它对危机的传播和应对提出了更高的要求。在这样的背景下，如何将互联网群体传播的多起源、多渠道、个体的多样性、社会网络结构的多层级等特点有机地综合起来分析是在本研究中贯穿始终的重要问题。一方面，互联网使得当前的舆论环境更为开放、透明、直接、高效；另一方面，社交网络的发展进一步推动了人们意见表达的意愿，人人都能成为传播者，随时随地在互联网平台发表言论，使互联网的舆论呈现出可控性低的特征。一个热点事件的爆发，往往由于一个草根账号率先在社交媒体发布信息，引发各方关注，形成传播热潮。此时的传统

---

① 祝新华，潘宇峰，陈晓冉.2015 年中国互联网舆情分析报告［M］//2016 年中国社会形势分析与预测.北京：社会科学文献出版社，2015.

媒体、事件责任主体则无法掌握主动权，错失最佳处理时机，产生不可估量的后果。

三、网民队伍日益壮大

中国，作为全球第二大经济体，其互联网的发展速度更是惊人。2018年4月，习近平总书记在全国网络安全和信息化工作会议上发表重要讲话，系统阐述网络强国重要思想，充分强调网信事业的发展对新型工业化、城镇化、农业现代化发展的带动作用。随着我国网络覆盖范围显著扩大、连接速度不断提升、使用费用持续降低，互联网与各产业的融合程度进一步加深。

根据中国互联网络信息中心（CNNIC）发布的第45次《中国互联网络发展状况统计报告》，截至2020年3月，我国网民规模达9.04亿，普及率为64.5%。而农村地区未来转化提升空间巨大，将成为中国互联网未来发展的重要力量。虽然网络普及率的整体增速放缓，但是中国网民的基数巨大，网民所产生的影响也呈几何级数增长，未来中国互联网将逐渐从城市走向农村，全民皆网民很快就会实现。

从中国网民的崛起中可见互联网对社会的影响，它使人类日常生活和社会发展都产生了巨大的变革，这一点尤其体现在群体传播上面。很多人，尤其是年轻一代，花费大量时间上网完成工作、学习、生活，他们会通过即时聊天软件，如微信、QQ等与生活工作中的同学、同事、亲人、朋友保持联系；他们在朋友圈、微博一边发表自己对于生活、社会的种种看法，一边为身边熟悉或者不熟悉的朋友点赞；他们会随时随地打开手机看视频、听电子书，也会守在电脑前等待新剧集的更新。使用互联网成了重要的生活方式，同时也成了人际传播、群体传播的重要阵地。从群体事件内部结构的角度出发，蔡笑认为受众在参与网络群体事件的过程中，表现出了类似于金字塔的行为模式结构，该结构共分为三层。位于最底层的是"回应型"意见表达行为，位于中间层的是"主动型"信息采集行为，最高层的是"外显型"网络外行为。[①] 乐国安、薛婷和陈浩研究发现，网

---

① 蔡笑.网络群体事件研究［R］.中国犯罪学学会第十八届学术研讨会，2009：8.

民在参与网络群体事件时，其行为有三种共同的出发点，即共同的关注目标、共同的行动指向和共同的信念支撑。[①] 杨正联则提出了三种网民普遍接受和采取的参与方式，即浅层次的围观式参与——点击查看、较深层次的表达式参与——发帖回帖、更深层次的传播式参与——转载。[②] 拉维奇（Lavidge）和斯坦纳（Steiner）在传播效果四阶段论中提出，信息从接收到对受众产生影响可分为四个阶段：认知、情感、态度和行为。认知是受众对信息的接受，情感是受众对信息的喜爱或讨厌，并进而影响到态度，即对信息的正负面评价，最后导致行为发生。[③]

为什么网络传播能有如此神奇的魔力？显然，网络传播的传播特点是其独一无二的魅力来源。互联网本身的兼容开放性、全球覆盖性、内容集成性和媒体丰富性构成了其本体特征，为"地球村"的形成搭建了良好的平台，使得传播打破了时间与空间的限制，在互联网世界里实现了实时同步传播和非实时异步传播，用户能够与千里之外的用户进行沟通对话，并且在这一平台上同时传播和接受信息，传受身份的双重性与个性化愈发明显，去中心化的传播结构让更多的用户发表自己的见解，弥漫的信息则体现为非线性的信息结构，获取信息的渠道多样且可无限延伸。网络满足了人们多层次的需求，越来越多的人们被卷入庞大的社会网络中，透过互联网观察整个世界的变化与发展。

四、技术平台逐步升级

当前，我国在量子信息技术、类脑计算、AR/VR/MR、人工智能、区块链、超级计算机、工业互联网等信息领域发展势头持续向好。清华大学交叉信息研究院首次实现 25 个量子接口之间的量子纠缠与 18 个光量子比特的纠缠；运行于地月间的通信卫星发射升空，全天候、全时段以及在复杂地形条件下可实现实时双向通信能力的"鸿雁星座"工程已经启动；

---

① 乐国安，薛婷，陈浩. 网络集群行为的定义和分类框架初探 [J]. 中国人民公安大学学报（社会科学版），2010（6）：99-104.

② 杨正联. 网络公共危机事件中的网民参与行为分析与公共管理应对 [J]. 人文杂志，2012（5）：162-168.

③ Lavidge R J, Steiner G A. A model for predictive measurements of advertising effectiveness [J]. Journal of Marketing，1961，25（6）：59-62.

我国研发出具备自主知识产权的类脑计算芯片并推出相应产品，类脑认知引擎平台已具备模拟哺乳动物大脑的能力；虚拟现实技术研发已实现 VR 头盔摆脱线缆束缚、VR 眼球追踪模组等；人工智能在线下零售店、家庭儿童教育、养老陪护、家务工作、医疗健康、投资风控等多种场景迅速落地；区块链业务已初具规模，专利数量、融资环境、政策扶持、应用落地等方面均处于世界前列；超级计算机在自主可控、峰值速度、持续性能、绿色指标等方面实现突破，"神威·太湖之光"的运算系统全面采用国产芯片，"天河三号"原型机 CPU 和操作系统均为自主研发，打破技术封锁；企业上云进程加快，信息系统向云平台迁移，工业互联网平台取得快速发展……

另外，我国在互联网基建设施不断提升、数字化战略、互联网服务等方面获得了显著成果。首先，我国互联网基础设施建设不断优化升级，网络扶贫成为精准扶贫、精准脱贫的工作途径，同时政府报告明确提出对手机流量提速降费的要求，网络信息服务朝着扩大覆盖范围、提升速度、降低费用的方向发展；其次，网络强国重要思想已成为我国发展互联网事业方向性、全局性、根本性、战略性的纲领性指导思想，是在新的历史条件下马克思主义基本原理与中国互联网发展治理实践相结合的重大理论创新成果；最后，互联网与其他产业进一步融合，城市发展趋向智慧化，出行、环保、金融、医疗、家电等行业与互联网融合程度加深，线下产业链根据线上服务的反馈调整产品、服务内容和服务方式，互联网服务向精细化发展。

网络覆盖范围扩大、连接速度提升、使用费用降低为互联网普惠化发展铺平了道路，互联网在满足人民群众需求层面态势愈发强劲。基础设施建设日趋完善，网络费用不断降低，宽带速率持续提升，接入和费用问题已不再是阻碍人民群众使用互联网的主要因素，用得上、用得起互联网已成为现实。随着数字化进程的推进和数字经济的发展，互联网所能承载的服务越来越多，应用场景不断增加，社会生产力得以提升，互联网、大数据、人工智能与实体经济深度融合，促使制造业、农业和服务业向新型、现代、智能的方向转变，电子政务使公共服务的实效性得到保障，企业和人民群众获取信息、办理业务更加方便快捷。在此基础上，网民规模将持续增长，互联网渗透率会不断提升。

第三节　互联网群体传播研究现状

一、传播学研究视角与研究内容

不少学者基于传播学理论，从传播的信息流、社会动员的效果、网络舆情的管控与引导等角度对互联网群体传播进行研究。从信息流角度对群体信息传播影响层面看，网络的使用加快了信息传播的速度、拓宽了信息传播的广度，并且使信息传播更为便捷，一些学者在这个基础上对网络中群体信息的来源、网络结构、技术以及人与信息互动等方面进行了研究。[①]在网络舆情引导方面，赵金等认为传统媒体应该以专业主义精神介入互联网群体性传播，网上涌现的消息，未经求证，不能采信，传统媒体应充分发挥专业技能与公信力优势，密切跟踪网络群体性事件的脉动，在事件焦点处及时介入。[②]杜骏飞认为网络群体性事件大多是网络世界中的社会失范行为，对网络群体性事件的控制，应该只针对极端行为，对初生的网络信息不能轻言封锁，必须加强对互联网群体传播的研究，对不同类型的事件要采用不同的处理方法。[③]

对于网络群体事件，传播学者展开了多角度研究：①网络群体事件的生成机制研究。如张微岩认为，由网络谣言失控传播引发、利益受损群体利用网络宣泄情绪表达诉求引发、政府官员不当言行引起大众争议引发、公共权力部门不当执法造成争议后果引发，是网络群体性事件的四种主要爆发机制。[④]②网络群体事件的传播机制研究。如黄书亭、陈法彬探析了环保议题中网络群体性事件的传播机制，发现其已经形成了一个完整系

---

① Youmans W L，York J C. Social media and the activist toolkit：User agreements，corporate interests，and the information infrastructure of modern social movements [J]. Journal of Communication，2012 (2)：315 - 329.

② 赵金，叶匡政，张修智，等. 网络群体性事件之上看下看 [J]. 青年记者，2009 (19)：35 - 37.

③ 杜骏飞. 网络群体事件的类型辨析 [J]. 国际新闻界，2009 (7)：76 - 80.

④ 张微岩. 网络群体性事件生成模式及发展新趋势 [J]. 新西部，2010 (12)：72 - 72.

统，在各种因素的交互作用下成熟运转。① 在网络群体事件的传播中，谣言是催化剂，对此学界既进行了谣言生成及传播研究，② 也进行了谣言治理对策研究。③ ③网络群体事件的媒体话语研究，包括媒体内容分析、报道框架、策略等。④ ④网络群体事件的风险应对研究。如郝其宏将网络群体事件划分出四个风险识别节点，采取分级应对方式加以处置。⑤

群体传播的受众理论认为，一方面作为社会群体成员，受众并不是孤立存在的，而是分属于不同的社会集团或群体。受众对大众传媒的接触虽然是个人的活动，但这种活动通常受到其群体归属关系、群体利益以及群体规范的制约。受众的群体背景可以分为：人口统计学意义的群体和社会关系意义上的群体。受众个体的群体属性不同，意味着他们所处的社会地区、社会环境、社会条件、社会地位、价值和观念、对事物的立场观点和看法、心理特点和文化背景都有很大的差异，对大众传媒信息的需求、接触和反应方式也千差万别。20 世纪 40 年代，拉扎斯菲尔德等人进行了IPP 指数（既有政治倾向指数）分析证明，受众的群体背景是决定他们对事物的态度和行动的重要因素。另一方面，作为社会成员和公众，受众拥有多项正当权利，如传播权，社会成员有权将自己的经验、体会、思想、观点和认识通过言论、创作和著述等活动表现出来，并有权通过一切合法手段和渠道加以传播。知晓权，在广义上指社会成员获得有关自身所处的环境及其变化的信息、保障社会生活所需的各种有用信息的权利，在狭义上指公民对国家的立法、司法和行政等公共权力机构的活动所拥有的知情或知察的权利。传媒接近权，即一般社会成员利用传播媒介阐述主张、发表言论以及开展各种社会和文化活动的权利，媒介是一种社会公器，应承担向受众开放的义务和责任，这也是媒介接近权的核心内容。

1940 年，拉扎斯菲尔德主持完成了"伊里调查"，意外发现"意见领袖和个人在传播中的重要地位和作用"，提出了"意见领袖"的概念，将

---

① 黄书亭，陈法彬. 环保型网络群体性事件传播机制探析 [J]. 郑州航空工业管理学院学报，2013，31（6）：60 - 65.
② 蔡盈洲. 网络环境下突发性群体事件谣言传播模式 [J]. 南方论刊，2012（9）：30 - 32.
③ 罗新宇. 网络群体性事件中谣言传播的治理对策 [J]. 青年记者，2013（35）：79 - 80.
④ 李妍，范钊. 媒体对网络群体性事件报道的误区与对策 [J]. 新闻世界，2012（4）：207 - 208.
⑤ 郝其宏. 网络群体性事件的风险管理 [J]. 河南师范大学学报（哲学社会科学版），2016，43（3）：62 - 66.

以前"传者—受者"的单程直线连接改进为"传者—意见领袖—受众"的两级非直线传播。1944年，拉扎斯菲尔德在《人民的选择》一书中提出了"两级传播理论"。在两级传播理论中，第一级传播指信息传输从大众传媒到意见领袖，第二级传播指信息传输从意见领袖到全体受众，信息的传递是按照"媒介—意见领袖—受众"这种传播模式进行的。意见领袖获取信息的渠道比群体中的普通成员多，其认知和解读信息的能力也比其他一般成员更强，在群体关系结构中占据更为核心的位置，对群体意见有更大的发言权和影响力。[①] 拉扎斯菲尔德给"意见领袖"下了这样的定义："在每个领域和每个公共问题上，都会有某些人最关心这些问题并且对之谈论得最多，我们把他们称为'意见领袖'。"

意见领袖分布在各种职业群体、社会和经济阶层之中，他们与群体中的社会名流、富有者和公民领袖并不一样，他们代表的是群体中最活跃的那部分人，并试图影响群体中的另一部分人。意见领袖比他们的追随者较多地接触这一领域的媒体，虽然有证据表明意见领袖在做决定时也更多地受大众传媒的影响，但更多的证据却显示，个人的影响是他们做决定的主要因素，在不少领域内人与人之间的影响链相当长。在群体内的意见领袖经常也从群内其他成员那里寻找信息和建议。群内的影响者与被影响者的角色地位经常是变化的。无论意见领袖与媒介和外界接触有多广泛，群体内的规范和共享观点才是影响他们的关键。

意见领袖正是利用群体的规范和共享观点及价值的特殊心理优势，对群体内的其他成员施加影响。近年来，随着社会化媒体的迅猛发展，在各种社交网站、微博、微信、博客、论坛、播客中都出现了拥有大量追随者的"意见领袖"，他们通过两级传播甚至多级传播影响着中国的舆论环境，与过去的"意见领袖"相比，他们所关注的领域和影响的范围等都发生了深刻的变化。与此同时，当"初级群体"扩展为更大的网络集群后，群体结构也在发生变化，无论在身份、心理和类型等方面都变得更复杂，但群体所形成的某种规范和一致性仍然存在。而当传统的面对面人际传播发展为以文字和音视频为主体的网络人际传播后，后者比前者更具有广泛性、

---

① 汪森. 传播研究的心理学传统［M］. 桂林：广西师范大学出版社，2014.

偶然性、隐匿性和多重性，但它仍属于人际间交流传播的范畴。① 与传统的两级传播模式不同，在媒介融合纵深发展的关键阶段，几乎每一个社会公共事件的传播都会与网络发生联系。在社会公共事件的传播过程中，网络的作用已经不可小觑，网络传播也为传统的两级传播模式添加了新的内容。网络传播的实质就是一种虚拟空间里的人际传播。由于网络传播的易介入性，一个社会事件发生后，网民可以第一时间将事件在小范围内传播开来，在这个过程中，那些能够鲜明表达自己观点的"网络意见领袖"开始出现，使网络传播的范围扩大并产生一定的社会影响，从而引起传统媒体的注意并将事件曝光，传播开始进入有序化状态，影响进一步扩大，网络意见领袖的地位也更加稳定，社会事件也在传统传播方式和网络传播的双重作用下在更大范围内传播开来。

由此，在这类事件的传播过程中，传统的两级传播模式发生了改变。在大众传媒对事件进行报道之前，出现了一个网络传播的过程。两级传播模式也由原来的"大众传媒→意见领袖→一般受众"的传播模式，转变为"网民→网络意见领袖→大众传媒→传统意见领袖→一般受众"的传播模式。它们并没有超出传统两级传播模式的范围，只是在传统新闻媒介之后又加入了网络传播的内容。传统新闻媒体将事件曝光，并由网络媒体转载，大众网民积极参与到事件的传播之中，在此过程中，那些能够发表独特见解又获得其他网民认可的参与者受到追捧，意见领袖地位形成并逐渐得到巩固，热点事件传播进一步发展，最终形成一定的社会影响。②

美国社会学家罗杰斯通过系统阐述传播流思想，进一步发展和完善了"两级传播"理论。1962 年，在对农村革新事物的普及过程进行考察之后，罗杰斯认为信息的传播可以是"一级"的，也就是说媒介的信息可以直接抵达受众，一步到位，并不需要意见领袖这一中介，而信息的影响力可以是两级的甚至是"N 级（多级）"的。就信息的影响流路径层面来说，信息的影响经过大大小小的意见领袖达到受众，这样两级传播就被发展成"N 级传播"。大众传媒垄断信息已经不太可能，因此意见领袖在"信息

---

① 陈雪奇. 两级传播理论支点解析 [J]. 厦门大学学报（哲学社会科学版），2013 (5)：142 -148.

② 尤永，吕瑞超，林堃. 网络传播对"两级流动传播"理论的影响 [J]. 今传媒，2010 (1)：84 - 85.

流"也就是告知信息方面的作用被大大削弱，信息在传播中可以绕过意见领袖这一中介直接到达受众。而在效果或影响的产生和波及过程中，意见领袖的影响更多体现在传播的"影响流"方面。意见领袖是多层面的，他们分布在社会的各个阶层，任何人在特定的领域都可能成为意见领袖，而几乎没有一个人在所有的方面都能发挥舆论引导和影响作用。意见领袖和受影响者在多数情况下具有平等的地位，他们只是信息传播过程中的中转站，并不是高高在上的"传播者"，因此信息的传播和影响就不仅只有两级而是多级的，一个意见领袖获得的信息和受到的影响可能来自更高的意见领袖，而在他之下又会有一级甚至多级的受众。因此罗杰斯认为"影响流"的传播是多级的，要经过人际传播中许多环节的过滤，其复杂程度和中介数量要远多于"两级传播"，是一个"N级传播"的过程。①

二、心理学研究视角与研究内容

心理学主要从参与主体的心理因素角度对互联网群体传播展开研究。情绪感染理论指出，发生群体性突发事件时，有意识的人格丧失，无意识的人格占据主导，再加上周围情绪的感染和暗示的影响，使人们的心理和行动都朝着同一方向发展。② 情绪共振理论认为，突发事件往往会带来网络谣言，正是这种流言和谣言的大肆传播，导致了群体内部的一致认识和共同情绪的产生，从而引发群体极化行为。③ 因此，行为模仿理论的研究证实，当人们面临突发事件时，大多数人会丧失理智，失去自我控制，只是本能地模仿他人，力求一致。④ 如2011年日本地震引发核泄漏危机后，我国一些地区出现的食盐抢购行为。⑤ 不仅如此，从紧急规范理论的视角来看，面临突发事件时，人群中会产生一种"紧急规范"，会对参与主体

① 崔波涛. 从两级到多级：两级传播论发展综述 [J]. 新闻传播，2014（5）：163-164.
② 张兆端. 国外境外关于集群行为和群体性事件之研究 [J]. 山东公安专科学校学报，2002（1）：76-80.
③ 孙多勇. 基于Logit建模的个体灾难恐惧感知模型与实证研究 [J]. 管理评论，2006（10）：48-53、64.
④ 周晓虹. 转型时代的社会心态与中国体验——兼与《社会心态：转型社会的社会心理研究》一文商榷 [J]. 社会学研究，2014（4）：1-23、242.
⑤ 魏玖长，周磊，周鑫. 公共危机状态下群体抢购行为的演化机理研究——基于日本核危机中我国食盐抢购事件的案例分析 [J]. 管理案例研究与评论，2011（6）：478-486.

产生一种规范压力，迫使他们效仿和遵从。[①] 其中，匿名理论特别指出在一些具有破坏性的群体传播行为中，由于参与人群较多，参与人员处于匿名状态，从而产生一种责任分散和"法不责众"的心理，对社会规范和社会秩序的遵从性也减弱，由此会带来过激的网络行为。[②] 此外，价值累加理论的研究证实，当人们在受到威胁、紧张、恐慌等压力情况下，为了寻求自身处境的改变而做出努力，这种努力的后果很容易导致群体传播行为的产生。[③]

勒庞在《乌合之众》中对"群体非理性行为"进行的探讨，可视为西方"群体事件"概念的起源。20 世纪 90 年代后期，我国开始出现"群体性事件"概念。关于如何定义"群体性事件"，学者们大致持以下几种观点。陈月生认为，群体事件是突然爆发的，主要是受到某项中介性社会事件影响，群体自发或者有组织地聚集起来，去寻求相同的利益，形成了对抗原有的公共秩序的后果。[④] 吴亮认为群体性事件是存在于体制外的一种政治行为，个体由下而上表达其在政治或者社会上的意见，最终促进或者反对政治与社会领域中的某些变迁。[⑤] 陈晋胜认为群体性事件是指主要受人民内部矛盾强烈刺激，并由某个群体的群众自发主动参与的信访、拦截道路交通等活动，旨在表情达意，但会影响社会稳定。[⑥]

重大群体性事件即当前各类群体性事件中人群规模更大、强度更高，且易于产生连锁反应，具有明显复杂性特征和潜在衍生危害，会严重危及社会秩序，同时运用常规管理方式难以有效应对的重大群体性冲突事件。按照现代系统论的观点，重大群体性事件的发生、演化同样是一个涵盖多种因素的复杂动力学过程，事件在演化的每个阶段所呈现的状态以及状态的质变正是各种动力因素交互作用的结果。由此，群体动力学认为，群体行为同样决定于群体内部和外部构成的整个"场"，即群体生活空间的情景，群体动力正是群体内在力量和外界环境作用的相互关系。因此，当我

① 孙多勇. 突发性社会公共危机事件下个体与群体行为决策研究 [D]. 国防科学技术大学，2005.

② 周晓虹. 试论社会史研究的若干理论问题 [J]. 历史研究，1997 (3)：66 - 80.

③ 罗坤瑾. 网络群体事件的集体行为机制研究 [J]. 经济研究导刊，2012 (20)：181 - 182.

④ 陈月生. 群体性突发事件构成要素、特征和类型的舆情视角 [J]. 理论月刊，2006 (2)：82 - 85.

⑤ 吴亮. 中国少数民族群体性事件及治理机制研究 [D]. 中央民族大学，2011.

⑥ 陈晋胜. 群体性事件治理方略 [J]. 中共山西省委党校学报，2004 (2)：46 - 49.

们对重大群体性事件中聚集群体所处的全部"场"有了充分的了解，厘清其内在、外在动力及其相互关联之后，就能够描绘并解释重大群体性事件演化整体的动力机制。重大群体性事件演化的外源动力即为作用于群体成员，并被其所意识到的主观或客观环境对行为主体的影响力。

当前，重大群体性事件演化的外源动力主要来自三个方面：首先，来自聚集群体成员嵌植于其中的转型时期的社会环境。其次，在与"社会现实"高度契合的导火索事件情景中，形成对公众的强烈刺激。最后，政府处置导火索事件的行为表现。重大群体性事件演化的内生动力就是与群体自身相关的各种要素及其相互作用形成的内部张力。重大群体性事件演化的内生动力主要表现在五个方面：第一，社会认知。导火索事件的强烈情景刺激并不直接导致聚集群体成员的极端行动，对此形成的社会认知成为其中关键的中介变量。第二，群体规模。群体规模不仅是重大群体性事件演化的重要因素，同时也将不断为群体成员创造着行动的愿望和动机。第三，关系网络。正如拉德克利夫·布朗所说，人类行动是有目的或有权益的，当他们的利益存在一种相互适应或"接合"（cooptation）的时候，社会关系就存在于两个或更多的个体之间。社会性纽带，即友谊的网络，能够吸引许多人成为积极的参与者。第四，集体意识与集体效能感。基于旁观者的本能反应，围观群众将相互询问、交流以探究事件的真相，或面对共同的社会问题纷纷各抒己见。第五，群体情绪的激化。群体成员由此往往处于情绪高涨的激情状态，自我意识水平、理性分析判断能力、自我控制力量以及既定法律、制度、规则对个人的社会控制水平都将降到最低，无意识的人格占据主导地位。彼此的暗示、启发、效仿和遵从都将形成心理、情绪与行为稳定的结构性传导关系，导致原本互不相同的个体在思维、行动倾向和行为方式上趋于一致。①

符号的传递需要借助媒介，网络时代人类个体的符号互动必然依赖于网络媒体。当网络媒体成为符号互动的主要媒介时，人类互动的对象将成为"地球村上的所有居民"，互动使信息量、频率、范围膨胀，因此人类对传播的依赖程度将会空前增强。这就意味着，人类个体与自我心灵以及

---

① 向良云. 重大群体性事件演化的动力机制——基于群体动力学理论的研究［J］. 长白学刊，2013（6）：69-74.

社会的互动范围、速度都得到了极大的提升。我们在网络所构建的多重维度的空间中将会面临筛选、接受和消化更多的符号的问题，给我们的自我认知、社会认知增加难度。人类个体在网络情境下的"符号化"已经成为事实，我们在网络情境下的互动、协同完成的社会活动越来越多，网络情境下人类个体的互动就是以符号为载体的互动，这是由网络情境的虚拟性所决定的。在网络符号互动情境下，人们对于意义的理解也拉开了较大的差距："同者相吸，异性相吸""选择性理解"的原则更加适用，"拟态环境"将现实世界和虚拟世界交融。而网络情境下"符号人"的出现也使符号互动理论产生新的内涵，人类个体一旦成为网络情境下的符号，就必然要为网络情境的发展增添无限的发展空间，也必然要为人类的生活增加更多的生动性、可能性。① 然而，在社交网络用户中，虽然有一部分名人、政要选择了实名认证来表明自己的身份，但是绝大多数用户均是网络匿名。这种匿名无形中暗合了勒庞在《乌合之众》中所一再强调的"无名氏"群体。勒庞认为，在"狂热"的群体中约束个人的道德和社会机制会失去效力，此时个体的利益和目标会在群体的汪洋大海中被消解，而个体也会在转瞬变成一个"无名氏"。人们使用微博时，常以相对的个体化方式发表言论，但正是通过微博这一信息平台，众多的个体才逐渐地聚拢成了一个可能的群体。微博中"乌合之众"的行为往往会表现为一种情绪化、缺乏理性的"低智商"状态，群体的暗示常常会轻易地"征服群体的理解力，并窒息一切的判断力"，从而使群体产生集体幻觉。勒庞还谈到"正像缺乏推理能力的人一样，群体形象化的想象力不但强大而且活跃，并且非常之敏感"。群体的智力并不一定高于个体的智力，相反，他们很容易受到一些形象化词语和事物的影响。也正因如此，影响群体意见的直接因素之一就是利用某些吸引眼球的热点来巧妙地吸引群体的注意力，从而制造出集体的幻觉。②

网络已经渗透到人类活动的方方面面，构建出的虚拟情境在人类的生存、发展的进程中发挥着越来越重要的作用。正在推进着的以网络技术为依托的媒介技术革命中，新兴媒介形式不断出现，符号本身特质以及由此

① 苏振东. 网络情境下的符号互动理论 [J]. 新闻传播，2011 (4)：64-65.
② 蔡楚泓. 微博乌合之众——运用《乌合之众》群体心理学解读微博的信息传播 [J]. 今传媒，2011 (8)：99-100.

衍生的传递互动符号的载体和途径也在发生着多样的变化。网络营造的虚拟空间是以数字化符号为基础的，是以比特为基础的"虚拟即符号化"，它所呈现的不仅是对自然的超越，而且是对人们思维空间和传统符号空间（社会情境）的内在突破和超越。相对于传统媒体所传递的符号，网络媒体传递的符号是有形的、立体的"符号"，即"网络世界可以与使用者的感知系统产生互动，互动中强调人的主导作用，启发了想象，塑造了可见、可听、可感的虚拟现实，并由此生成了观念化的世界"。汪世锦指出，可以通过头脑风暴法、德尔菲法、辩证决策法等方法来克服群体思维的缺陷，提高群体思维的效率。并且要优化思维方式，确立主体意识；要强化决策程序，增强决策效能。[①] 谢开勇等认为，群体思维的改善方法主要有：领导法、组织法、过程法三类。[②] 对于贾尼斯所提出的防范措施，还必须要结合群体的类型及其发展水平来实施。对于一个因任务需要而临时组建的决策群体来说，由于其在相对较短的时间内要经历一个比较完整的群体发展过程，因而防范群体思维的重点应该放在群体形成的初期以及任务执行阶段，因为这两个阶段内群体思维发生的可能性较其他阶段要高。而对于组织中常见的固定型群体，由于其发展已经比较成熟，在面临决策任务时，群体已经经历了从形成、冲突到规范的阶段。所以发生群体思维的可能性一般只出现在任务执行过程中。对于这种类型的群体，防范群体思维的重点应该是放在任务执行阶段。在考虑到群体类型和发展水平的基础上，如果再有针对性地运用贾尼斯所提出的具体防范措施，将会提高这些措施的有效性。此外，在一个决策群体中，对于决策过程和结果影响比较大的因素主要是群体领导和群体是否采用了比较科学理性的决策方法和程序。因此，在防范群体思维发生时，除了要考虑到群体的发展水平外，还必须重视对群体领导和决策程序的有效控制。[③]

国内学者结合国情也对"社会认同"进行了多种界定。李友梅等给出了社会认同的三个基础性方向或核心领域：社会组织、意义系统和福利渗

---

① 汪世锦. 谈决策中群体思维的缺陷与克服 [J]. 石油化工管理干部学院学报，2005（4）：10－13.

② 谢开勇，李萌，丰小艳. 组织管理决策中群体思维症状及其改善方法 [J]. 四川经济管理学院学报，2010（4）：24－26、30.

③ 毕鹏程，席酉民，王益谊. 群体发展过程中的群体思维演变研究 [J]. 预测，2005（3）：1－7.

透。从以阶级认同为轴心的社会认同体系的角度出发将社会认同定义为"社会成员共同拥有的信仰、价值和行动取向的集中体现，本质上是一种集体观念。与利益联系相比，注重归属感的社会认同更加具有稳定性"。① 郑航生则是从社会学的社会互构论视角界定社会认同，即个人和群体对其身份和社会角色的自我认定和他者认可。也就是以利益为基点，以文化为纽带，以组织为归属，在多种社会关系网络中，个人和群体对其社会身份和社会角色的自我认定和他者认可。② 方文凸显了群体资格在社会认同中的核心地位：社会认同是"行动者对其群体资格或范畴资格（membership）积极的认知评价、情感体验和价值承诺"。③ 虽然学者们对社会认同理解的出发点不同，但认为社会认同在本质上是一种群体性的观念，是增强社会内聚力的必要条件，是一个社会的成员共同拥有的信仰、价值和行动取向的集中体现。④ 社会认同理论认为，个体通过社会分类，对自己的群体产生认同，并产生内群体偏好和外群体偏见。个体通过实现或维持积极的社会认同（social identity）来提高自尊，积极的自尊来源于在内群体与相关的外群体的有利比较。当社会认同受到威胁时，个体会采用各种策略来提高自尊。如果个体过分热衷于自己的群体，认为自己的群体比其他群体好，并在寻求积极的社会认同和自尊中体会团体间差异，就容易引起群体间偏见和群体间冲突。⑤ 我国网络受众所寄寓的最高层次需要，并非西方理论中实现个人理想、抱负，发挥最大能力的自我实现，而是五千年传统文化积淀的仁义价值和个人理想的统一，包括民主、文明、和谐、自由和道德等。由于绝大部分受众在现实生活中和网络上，都在追求满足之前几个层次需要的状态，因此这一层次的需要更多地表达在价值观念上，隐含于对低层次实际需要的论述中。只有小部分网民在如人民网强国论坛等媒介⑥上对此进行专题探讨。如果不与低层次需要的具体事件

　　① 李友梅，肖瑛，黄晓春. 社会认同：一种结构视野的分析——以美、德、日三国为例 [M]. 上海：上海人民出版社，2007.
　　② 郑航生. 中国社会发展研究报告 2008——走向更有共识的社会：社会认同的挑战及其应对 [M]. 北京：中国人民大学出版社，2008.
　　③ 方文. 群体符号边界如何形成？——以北京基督新教群体为例 [J]. 社会学研究，2005（1）：25 - 59.
　　④ 孙文坛. 国内社会认同理论研究述评 [J]. 学理论，2012（7）：100 - 101.
　　⑤ 张莹瑞，佐斌. 社会认同理论及其发展 [J]. 心理科学进展，2006（3）：475 - 480.
　　⑥ 张建明，洪大用，刘少杰. 中国社会发展研究报告 2009：中国的健康事业发展与医疗体制改革 [M]. 北京：中国人民大学出版社，2009.

联系在一起，最高层次需要一般不会单独发展成为主要的网络舆情。

三、社会学研究视角与研究内容

互联网群体传播的产生源于社会结构调整带来的社会矛盾和社会风险。[①] 社会燃烧理论认为，虽然网络群体性事件以互联网为载体，但从根本上来说仍根植于现实，并最终可能从线上走向线下，对现实社会秩序产生冲击。其中，现实社会的矛盾、怨恨等是社会燃烧物质，刺激性事件是社会点火温度，而互联网则是社会助燃剂。总之，互联网群体性传播是社会燃烧物质、社会助燃剂和社会点火温度共同作用的结果。[②] 社会风险理论认为，互联网环境下负面信息的传播，会使公众放大危机的真实风险指数，借助未经证实的不实信息来推断事件的发展势态，更容易引发互联网群体传播。风险放大理论指出，当现实社会中积蓄已久的矛盾、怨恨集中体现在某一刺激性事件上时，互联网的放大器和加速器作用会使其在短时间内获得大量的注意力资源，引起网民的共鸣，经过分化聚合后形成超级意见市场乃至舆论风暴，群体间的极化更使得观点不断走向极端，并最终使人们采取行动，促成互联网群体传播的发生。

在互联网群体时代，由于媒介形态在本质上较之前发生了改变，人们在面对群体压力时的态度与行为和处于传统媒介时代下的态度和行为进行比较，就有了十分明显的变化。这种变化的形成，与数字媒介区别于传统媒介的特征有关。在传统媒体时代，由于传播方式的单向性，多元化的意见难以被公开表明，而数字媒介时代平等、开放、多元、个性化的特点使得多角度、多立场的观点与意见能够在网络上最大限度地进行交流碰撞，各方意见强烈而明确，用户能够在网络传播中获取足够数量的信息，使媒介强制制造舆论的可能性大为降低。由此，大众媒介之前所营造的较为明朗的"意见气候"也因网络传播的开放与多元而变得更加复杂化，从而影响到群体压力对于个人行为产生的效果的强度。由群体压力造成的恐惧，

[①] 雷晓艳. 风险社会视域下的网络群体性事件：概念、成因及应对 ［J］. 北京工业大学学报（社会科学版），2013（4）：9-15.

[②] 张佳慧，陈强. 社会燃烧理论视角下网络群体性事件发生的研究 ［J］. 电子政务，2012（7）：63-67.

及其产生的对意见的从众和趋同的作用程度，在数字媒介中因现实约束力的降低而有了较大改变。人们在网络上的表达往往更个性化，更敢于公开表达自己的观点，哪怕是较为小众的意见。网络社群主要有两种情况：一是基于现实人际关系形成的虚拟社交网络，如微博、微信朋友圈、Facebook、Twitter 等，现实关系会对网络关系产生较强的影响，这种情况下的群体压力依然强烈；另一种是基于虚拟人际关系形成的网络社群，如百度贴吧等网络社区。网络社区自身孕育的群体在最初对现实社会关系的影响不大，群体会形成自己的群体规范，对于不符合群体规范的网民，会进行孤立、批判甚至是惩罚。无论是以现实的群体关系为基础形成的网络群体，还是社区自身形成的群体，群体压力都无法完全消失。网民从众心理的动因还会存在，网络虚拟社会也不可能完全脱离现实社会而存在。但其作用的程度与范围则会比现实中减少。社会心理学的"从众心理"并不会在数字媒介时代下的网络环境中失效，只是其发生作用的条件起了变化，群体压力依然存在，只是其压力作用的方式有所变化，强度相对减弱。①

　　互联网传播具有去中心组织化的特征，使信息生产者与消费者的角色混杂在一起。② 这一背景下，蝴蝶效应、意见领袖效应、群体极化效应等愈加明显。也有观点认为互联网群体传播处于无明确管理的一片混沌的系统之中，具有"非线性秩序""自相似性""自组织性""对初始条件的敏感性"等主要特征。③ 这在"帝吧出征 FB"事件上体现得淋漓尽致：2016年 1 月 20 日晚 7 点，在境外的社交网站 Facebook 上，"台独"媒体三立电视台的 FB 账号管理员突然发现他们的账号下出现了大量来自大陆网友的言论——他们表态支持两岸统一，台湾是中国一部分。百度贴吧中的李毅吧又称"帝吧"，出征 Facebook，引起了国内外极大的反响。《人民日报》发表文章《帝吧出征 FB 引挪威、瑞典紧急表态》，国务院发言人马晓光指出，两岸青年人应该加强交流，在交流中增加彼此的沟通和理解，不断深化对两岸关系的正确认知，不断融洽两岸同胞的民族感情。事件发生的背景是周子瑜的"台独"言行被大陆网友批评而让"台独"分子更加嚣张，

---

　　① 杨点晰，郭玲. 刍议数字媒介时代下群体压力变化的原因 [J]. 科技创业月刊，2015（12）：93 - 94.
　　② 隋岩，曹飞. 互联网群体传播中的信息选择与倾向 [J]. 编辑之友，2013（6）：62 - 66.
　　③ 隋岩，曹飞. 从混沌理论认识互联网群体传播特性 [J]. 学术界，2013（2）：86 - 94.

而台湾某艺人的一句"大家都是中国人"则遭到台湾网民的谩骂刷屏。同时，一向支持"台独"的民进党在台湾选举中获胜后又是激起了大陆网友的不满。帝吧（李毅吧）决定自发组织去 FB 上与台湾的网民进行一次"大规模"的交流，一方面给他们讲讲大陆真实的一面以及台湾为何属于中国的历史，一方面也打击一下"台独"势力的嚣张气焰。此次活动的一大特征就是自发组织，分工明确。出征的队伍有一个总群，总群之下共分6 路纵队，除了1 路前锋部队外，还有5 路后援保障部队，分别负责情报工作（收集"台独"言论和图片）；宣传和组织工作（发帖招人）；武器装备工作（制作反"台独"图片等）；对外交流工作（时差党负责反"台独"外语翻译）；战场清理工作（举报、点赞），且都严格遵守言论文明。如上文所述，群体化是互联网的一大特征。所谓群体传播，是在没有明确的领导或组织的情况下，由成员自发联系，成员之间可能甚至相互没有见过面，是一种具有信源不明、难以控制、传播方向不定等一系列不可控因素的传播现象。其基本特征为：①重信息，轻信源，无把关，真假难辨；②结构机理看似无序，但隐匿着稳定的结构，这是互动行为的直接动因；③辩证认识核裂变式的病毒传播产生的爆发力。[①] 然而个体心理与群体心理并不存在明确的界限，从个体心理学这个概念提出之时，它就是被扩充了的，如果要从完全合理的意义上解释，是因为社会是由海量个体所组成的，个体心理学同时也应该是社会心理学。[②] 因此个人的情绪在整个互联网群体传播中意义重大，个人的情绪在群体中存在作用与反作用，产生"群体极化"现象，使病毒化传播得以实现。

群体极化现象遍布于社会生活、政治、经济等诸多领域。它涉及我们的经济决策、我们对邻居的评估，甚至是我们吃什么、喝什么和在哪里居住等问题上的具体问题。它还涉及我们对特定社会政治问题的看法。总体来看，群体极化起源于社会隔离机制的隐蔽支配。由于社会隔离的存在，群体成员和非群体成员之间所存在的怀疑意识就会在肉体或心理上得到实现。社会隔离使得群体外的人们的信息和观点受到群体内的人们的普遍质

①　隋岩，张丽萍. 从"蚂蚁效应"看互联网群体传播的双重效果［J］. 新闻记者，2015（2）：72 - 77.

②　西格蒙德·弗洛伊德. 论文明［M］. 徐洋，何桂全，张敦福，译. 北京：国际文化出版公司，2007.

疑，因此，在群体内部交谈中，就不会存在任何抑制群体内部成员趋于极化的过程。与网络群体性事件紧密联系的网络群体极化现象的产生会引起一系列连锁反应。有学者强调了网络群体极化现象的负面影响，认为网络群体极化现象的负面因素破坏力很大，它不仅能让事件当事者陷入被动状态，进而影响党和国家的形象，还可能衍生出现实中群体极化现象。[①] 更多的研究者则从积极和消极两个方面对网络群体极化现象进行了分析，从积极方面指出"极端未尝不是件好事"，当一种积极向上、有利于政治社会发展的观点得到"极化"，并且网络群体的声音在极化后能够传播并反映到社会中，从而产生"多数人在多元社会中受益"的社会治理效果。[②] 网络群体极化的消极影响则表现为，网络中的"群体极化"很可能会诱发现实群体性事件，这将比一般的"群体极化"更广泛、更难以把控，对社会的稳定和谐构成威胁也更大。辩证地看待网络群体极化现象有助于对它进行理性的分析和认识，从而在采取应对方式和策略上更加稳妥和有效。对于如何应对网络群体性事件，研究者多是从"有效管理、积极引导"的角度提出建议，[③] 如对网民加强教育，提升其理性；健全法律法规，加大监管力度；科学控制，积极引导网络舆论。[④] 有的从政府信息管理的角度提出，政府和有关权威部门要在事发后及时、全面地公布真相，同时传统媒介应该及时跟进，发布权威消息和评论引导舆论。[⑤] 还有从发挥"意见领袖"作用的角度提出应培养意见领袖；[⑥] 邀请知名专家、学者在网络上参与讨论；以权威性引导网民。[⑦]

---

① 焦德武. 试论网络传播中的群体极化现象 [J]. 安徽理工大学学报（社会科学版），2010（3）：105 - 108.

② 柳春，陈柳，唐津平. 泛网络传播时代群体极化现象浅析 [J]. 大众科技，2011（7）：287 - 289.

③ 陶文昭. 互联网群体极化评析 [J]. 思想理论教育，2007（17）：9 - 12.

④ 相喜伟，王秋菊. 网络舆论传播中群体极化的成因与对策 [J]. 新闻界，2009（5）：94 - 95.

⑤ 刘超. 简述网络群体极化现象 [J]. 科教导刊，2011（17）：226 - 227.

⑥ 吴强. 浅析涉警案件网民"群体极化"现象及公安机关的对策 [J]. 中国公共安全（学术版），2011（6）：106 - 109.

⑦ 杨军，林琳. 我国网络群体极化研究述评 [J]. 西南民族大学学报（人文社科版），2012（11）：157 - 161.

四、信息学研究视角与研究内容

　　面对互联网群体传播中的海量信息，不少计算机科学领域的研究者开始利用文本挖掘、人工智能和复杂网络的信息处理方法，诠释互联网群体传播现象。研究者通过建立流言话题的发现和追踪模型，预测网络舆论热点的变化趋势，开展危机信息网络传播的计算机仿真研究。网络危机信息传播机制复杂，组织形态各异，具有广泛的社会开放性、信息交流隐蔽性和时空变化多样性等特征，[①] 并始终伴随着危机传播的演变过程：危机前的信息采集与监控、危机中的信息有效分析、危机后的信息扩散演化等。[②] 通过网络信息的主题识别和词频分析技术，可以帮助发现突发危机事件中热门话题。[③] 在发现话题的基础上，采用自动过滤与抽取技术、人工智能的识别与匹配技术，建立起话题的追踪模型。[④] 在危机信息的散播路径方面，应用复杂网络理论研究小世界网络中谣言传播的临界值，分析危机传播中网络谣言的蔓延现象，[⑤] 并得出网络的聚类系数与谣言的传播负相关的结论，即网络的聚类系数越高，谣言越难以在网络中传播，而网络的聚类系数越低，网络中谣言的传播将变得猖獗。[⑥]

　　群体性事件在网络平台上的演化路径实际就是网络平台中舆论、意见的扩散路径，以话语、意见为纽带。而且，网络中的群体性事件并非像传统的群体性事件那样存在一个很长的潜伏期，如前文提到的"帝吧出征FB"事件等，均是突然从网络论坛中传出消息，并迅速发展形成舆论高潮。因此，网络上的群体性事件一般说来会经历发展、高潮、衰退三个时

　　① Reynolds，R. F，B. L. Rapid visuo-motor processes drive the leg regardless of balance constraints [J]. Current Biology，2005，15（2）：48 - 9.

　　② 吕斌，李国秋，杨国庆. 组织危机管理过程中的危机信息流及其扩散研究——危机管理的信息流控制法研究 [J]. 情报理论与实践，2009（1）：30 - 34.

　　③ 黄晓斌，赵超. 文本挖掘在网络舆情信息分析中的应用 [J]. 情报科学，2009（1）：94 - 99.

　　④ 金崇英，李小勇，白英彩. 海量存储系统的发展与展望 [J]. 计算机应用与软件，2011（8）：193 - 195.

　　⑤ 寇晓蕤. 复杂网络理论及其对提升网络传播效果的启示 [J]. 东南传播，2011（11）：61 - 63.

　　⑥ 汪小帆. 在线社会网络分析与网络牵制控制 [J]. 复杂系统与复杂性科学，2010（Z1）：29 - 32.

期。网络群体性事件的议题既可以是现实中的事件，也可以由虚拟环境中的事件所引发。信息源由主流传统媒体、网络媒体进行报道，或者在网站社区发布之后，即已进入了整个事件的发展期。在这一时期，由于网民、意见领袖，以及网络"水军"等主体的意见参与，受公众关注度高的议题就会从互联网海量的信息源中被挖掘出来，成为热点问题。传统主流媒体也会出于不同的考虑对热点问题进行筛选。一些成为热点问题的公共事件并未维持热度而是很快走向消解，很大程度上也源于传统媒体所进行的筛选。而通过筛选的热点议题，传统媒体会迅速对其跟进介入，与网络中的舆论形成共振。与此同时，网络公众自身道德立场的表明及态度情绪的宣泄也会进入一个爆发期。互联网上各种观点的交锋对峙，使事件迅速蔓延升级，网络群体性事件进入高潮期。这个时期也是各种意见的整合同化期，许多意见开始倾向集中，最终达成一定程度的共识。在经过专业人士的评论分析之后，公众会对事件有一个新的认识和反思，前期阶段的一些非理性观点会被剔除，网民对事件的认识随之达到基本一致。而网络群体性事件的舆论高潮期过后，议题何时进入弱化、衰退阶段则取决于事件自身的发展。若事件的解决结果引发网民新的质疑，那么整个事件还会再持续发展一段时间；但是如果事件能够得到顺利且良性的解决，那么人们的关注点会很快转移，事件进入衰减阶段。或者事件进度缓慢，没有新动态，那么网民的关注点也会很容易转移到其他新出现的议题上去。这也是一些事件造成公众反复性关注的原因，因为这并不是事件最终的解决和衰退，而是使其成为社会"集体记忆"，沉寂一段时间后，会在其他的诱发因素下再次出现，进入公众视线。

首先，从信息熵的角度出发看互联网群体传播。在热力学第一定律即能量守恒的前提下，虽然自然界物质不灭，能量守恒，但其能量的转化是沿着耗散方向转化进行的，即在任何系统中，都存在能量的转化，并且在能量转化发生时，总有一定量的有用能转变成了无用能。自然界中这部分无效能量的总和就称为熵。这种有用能减少、无用能增加的过程就是系统的熵变过程。有用能转变越少，无用能相应就越多，熵值也就越大，系统也就越混乱，越不利于系统的进化和发展。当系统的熵值达到最大值时，整个系统就进入了"热平衡"状态，这就是"热寂论"。普利高津在研究不违背热力学第二定律情况下，阐明生命系统自身的进化过程时提出的新概念——耗散结构，通俗来讲，就是一个远离平衡态的包含有多组多层次的开放系统，在外界条件变化达到某一特定值时，量变可能引起质变；系统通过不断与外界进行物质和能量交换，在耗散过程中产生负熵流，就可能从原来的无序状态转变为一种时间、空间或功能的有序状态。这种非平衡态下形成的新的有序结构，就是耗散结构。根据耗散结构理论，普利定律认为，所谓孤立系统只是理论上的一种情况，任何热力学系统总是和外界环境存在相互联系及相互作用。该定律指出，一个远离平衡态的开放系统，由于不断与外界交换物质和能量，熵的变化可以分为两个部分：一是系统本身由于不可逆过程引起的熵增，另一部分是系统本身与外界交换物质和能量所引起的熵流。系统总熵可以逐渐减少，系统由无序变为有序，并保持一个非平衡状态的有序结构—耗散结构。这就是熵减少的过程，也被称作耗散结构理论。在群体性事件的演化过程中，信息传播的熵特征是指信息的不确定性，一则高信息度的信息熵值是很低的，低信息度的信息熵值则高。具体说来，凡是导致随机事件集合的肯定性、组织性、法则性、有序性等增加或减少的活动过程，都可以用信息熵的改变量来度量。

群体性事件的信息传播由多元素组成。在其信息传播系统中，信源、传播组织者、传播载体、受众等多个元素共同作用，形成了信息传播。在群体性事件的演化过程中，信息的传播有其发展、演进的过程，信息由无序走向有序，进而无序又达到高层次的有序，信息传播始终处在一个动态的非平衡态。群体性事件的信息传播存在一定的随机性和不确定性。组织传播者的理性与非理性行为使信息传播既不是完全有序也不是完全随机。突发事件、自然灾害、人为组织策划等信息"涨落"对信息传播具有较为复杂的非线性作用。

其次，从社会计算的角度出发看互联网群体传播。社会计算（social computing）是一门现代计算技术与社会科学的交叉学科，即面向社会活动、社会过程、社会结构、社会组织和社会功能的计算理论和方法。社会计算主要关注三个方面：社会媒体、社会网络和智慧，目前已成为分析和理解社会现象及其特征、规律的重要技术手段。例如，中国科学院心理所社会与工程心理学研究室朱廷劭研究员领导的研究组设计开发了"心理地图"系统，通过社会计算利用新浪微博数据对广东省中山市 2012 年 2 月至 2013 年 2 月的生活满意度（LS）、收入满意度（IS）、社会地位满意度

（SPS）、地方经济满意度（LES）、国家经济满意度（NES）和社会公平满意度（SJS）的变化情况进行预测，经过与真实人群的对比分析，其预测精度达到了84.5%。① 社会计算已成为互联网群体传播的重要技术工具，上述计算不仅要求建立反应群体传播的理论模型，还必须给出计算模型和测度、计算的技术方法。目前，社会计算在社交媒体的信息传播计算、社会动态监测、舆情危机预测、舆论传播仿真、网络流言的节点识别与控制和网络信息的情感计算等领域都已经获得了广泛的应用。② 随着上述研究的进一步深入，学者们发现在很多情形下，互联网的群体传播是以与事件相关的话题作为主线演化的。在上述演化过程中，相关事件通过物理空间、网络空间和心理空间的交互作用，形成了由一系列话题组成的事件链。③ 为了更好地对上述群体传播进行计算分析，有研究提出了网络、社会心理与物理空间的CPP（cyber psychosocial and physical computation）融合计算方法，④ 在各类重大舆情事件的群体传播计算中获得了很好的应用验证。⑤

最后，从人工社会仿真的角度看互联网群体传播。人工社会是一种基于Agent技术来建立的真实社会的系统映射，通过对真实社会的复杂行为机制在人工环境中进行模拟仿真，可以更好地发现其传统研究手段难以观察到的特征。⑥ 在互联网的群体传播模型方面，很多学者运用小世界网络模型、信息扩散动力学模型、传染病扩散SIS（susceptible，infected，

———————————

　　① 朱廷劭. 基于社会媒体大数据的群体事件风险预警［A］//心理学与创新能力提升——第十六届全国心理学学术会议论文集［C］. 中国心理学会，2013：2.

　　② 王飞跃. 社会计算与数字网络化社会的动态分析［J］. 科技导报，2005（9）：4-6. 丁菊玲，勒中坚，王根生，等. 一种面向网络舆情危机预警的观点柔性挖掘模型［J］. 情报杂志，2009，28（10）：152-154. 吴青峰，程庆华，刘慕仁. 噪声影响下舆论传播的建模与仿真［J］. 长江大学学报（自然科学版），2006，3（1）：59-62. 田大宪. 网络流言与危机传播控制模式［J］. 国际新闻界，2007（8）：55-58. 杨振怡. 国际网络语言的情感计算方法及实现技术研究［D］. 复旦大学，2014.

　　③ 刘奕，罗念龙. 统计数据轨迹模式的聚类方法研究［J］. 计算机应用研究，2013（10）：3001-3006.

　　④ 戴伟辉. 城市突发事件的公众认知情绪机制及其应对策略［J］. 上海城市管理，2014（1）：34-37.

　　⑤ 赵卫东，赵旭东，戴伟辉，等. 突发事件的网络情绪传播机制及仿真研究［J］. 系统工程理论与实践，2015（10）：2573-2581.

　　⑥ 戴伟辉. 城市突发事件的公众认知情绪机制及其应对策略［J］. 上海城市管理，2014（1）：34-37.

susceptible）模型等对网络信息的传播作了大量研究，[1] 还有部分学者通过数据挖掘和案例分析揭示了真实环境下突发事件网络传播的复杂特征。[2] 总地看来，在上述传播类型中，由于受到不断变化的情景和人们心理与行为的影响，已有的理论工具与建模预测方法都难以对真实的传播演化趋势及其干预效果作出准确的预判和评估，人工社会的建模与仿真已成为研究上述复杂现象的有力工具。[3] 人工社会仿真不是简单地对提出的理论模型进行数值计算和可视化展示，而是要按照真实社会（或实际的网络空间）的人口统计学分布、空间地域分布、人群行为特征等构建一个与真实社会完全一致的模拟社会系统，将其中的每个个体虚拟化为具有生理属性、心理属性和社会属性的智能体（agent），并通过在上述系统中进行智能体的交互规则的设置和活动规律模仿，来分析其信息、情绪、态度、行为等变化，从而观察由上述变化所带来的系统特征的改变，以此来判断事件所导致的社会变化。目前，建模与仿真方法已经应用于我国各类重大突发事件的演化分析中，为国家应急管理提供了重要的支持。[4] 人工社会仿真可以对已有的理论模型在模拟真实环境下进行检验，成为进一步发现在真实环境下难以描述的复杂微观新特征及新规律的研究方法与技术手段。

① Watts DJ，Strogatz SH. Collective dynamics of 'small-world' networks［J］. Nature. 1998：440－442.

② Bachnik W，Szymczyk S，Leszczynski P，et al. Quantitive and sociological analysis of blog networks［J］. Acta Physica Polonica，2005（10）：3179.

③ 张鹏，邱晓刚，孟荣清，等. 仿真资源共享机制与一体化的仿真资源服务［J］. 系统仿真技术，2013（1）：1－8.

④ 戴伟辉. 城市突发事件的公众认知情绪机制及其应对策略［J］. 上海城市管理，2014，23（1）：34－37.

第三章

互联网群体的心理与行为模式

第一节　互联网群体的心理形态

一、互联网群体心理概念

网络媒体是群体传播形成的互联网物理空间。[①] 在互联网社会中，现实中的个体以"符号"的形式存在，个体在虚拟空间中表达自我并与他人产生互动。在这个虚拟空间中，个体身份具有较大的隐秘性，这使得个体的话语表达和行为方式具有随意性。同时，互联网给了每个个体平等参与话题讨论的平台和机会，个体既是信息的创造者又是分享者。因此，互联网激发了个体自由表达的欲望，在某种程度上满足了个体在现实世界里想参与又无条件实现的愿望。在这样的环境下，现实社会中的个体在互联网中不断聚集，形成了互联网群体。

"群体"既强调与"个体"的对应性，又强调个体在集合中的心理特征。而互联网上的群体实际上是一种心理群体。在互联网群体形成之前，这类心理群体需要依附于地域或某一社会群体而存在。社会化媒体的出现为心理群体提供了以虚拟形式分化出来并独立存在于网络空间中的条件。[②] 由此可见，互联网群体蕴含着重要的心理因素。

群体心理是重要的心理学概念，形成于群体的活动中。人是一切社会

---

① 隋岩，曹飞．互联网群体传播中的信息选择与倾向 [J]．编辑之友，2013 (6)：62－66＋73．

② 揭萍，熊美保．网络群体性事件及其防范 [J]．江西社会科学，2007 (9)：238－242．

关系的总和，因此个体在与他人进行社会交往时必然要发生一定的关系，从而产生群体心理。可以说，群体心理是群体成员之间在相互作用和相互影响下形成的心理活动，具有共同群体心理的群体成员遵循着共同的价值、态度和行为方式。群体心理是心理学中的重要分支学科，即社会心理学的研究对象，其他心理学分支学科，如管理心理学也研究群体心理。

基于现实社会，勒庞将在某些既定条件下聚合在一起受群体思想支配的一类人群称为"乌合之众"。这类心理群体失去个体主导，不再受自觉个体思想的支配，而是趋向于跟随和服从其他群体成员。相比于单独的个体，群体中的个体失去了有意识的人格，"思想和感情因暗示和相互传染作用而转向一个共同的方向，以及立刻把暗示的观念转化为行动的倾向，是组成群体的个人所表现出来的主要特点。他不再是他自己，他变成了一个不再受自己意志支配的玩偶"。①此时，勒庞所谓的心理群体便产生了。在网络空间中，个体最初以个体化的方式独立存在，当他们彼此因为某种行动站在一起又具有明确的目标时，便集结为一个网络群体。而与现实社会不同的是，网络社会的连通性、可供性使成千上万的个体集结为一个心理群体的时间更短、速度更快。因此，互联网群体有一般群体的心理特征，也因为互联网的特殊属性而被赋予更丰富的概念和内涵。

二、互联网群体心理特征

从社会心理学来看，"虚拟世界"为网络群体带来了区别于现实群体的心理特征。②互联网群体心理特征主要表现在群体无意识、易传染易变化、从众心理、群体极化以及持续时间短五个方面。

（一）群体无意识

群体无意识状态是群体行为发生时的基本心理状态。个体之间有着非常相似的本能和情感，这是一般人的普遍性格特征，这些特征受到无意识因素的支配成了群体成员的共有属性。在群体状态中，个体的特征在某种程度上被掩盖。比如，当个体存在于群体中时，不再具有鲜明的个人特色

---

① 古斯塔夫·勒庞. 乌合之众：大众心理研究［M］. 冯克利，译. 北京：中央编译出版社，2005.

② 杜骏飞. 网络群体事件的类型辨析［J］. 国际新闻界，2009（7）：76-80.

甚至成了无名氏，在法不责众的心理作用下，更敢于发表自己的言论并展开某些行动。互联网的隐匿性更加剧了这种无意识状态。若某件事触动了群体成员的神经，原来散落于各处的网民个体将会利用各种新媒体途径迅速聚集。当个体聚集为群体后，他们便失去了个体意识，不断以群体的行为方式指导自己的言行举止。此时，无意识成为群体成员话语表达和具体行动的根本特征。

（二）易传染和易变化

易传染和易变化是互联网群体心理的另一特征。情感和行动都具有传染性，群体中的个体在群体其他成员的影响下，很容易接受他人的观点，群体成员间相互影响时容易产生从众心理。有时某个关键性词语或者动作，都会给群体成员的判断选择带来影响，使其偏离自己原先的想法，然后做出和对自己影响最大的其他成员一致的选择。此外，群体成员的心理也是易于变化的。当群体中的某个关键性人物产生了与之前不同的想法或观点时，他可能通过个体的力量传染给其他群体成员，之后这一观点会不断蔓延开，使群体成员的心理产生变化。或当群体中某个成员与其他成员私人关系比较密切时，也可以改变他人的心理，进而发生连锁效应，使群体内部其他成员的心理状态也被改变。群体内部的传染冲动性是群体易变心态产生的根本原因。

（三）从众心理

从众心理也是互联网群体心理的具体表现。在互联网空间中，群体成员并未以真实身份出现，个体不知道哪些是群体中的专家或应听从哪些人的安排。在这种情况下，群体成员的内心渴望服从某些标准和规范，使其有行事的依据和规则。因此，网络群体就需要不断寻找新方法以确定群体的规则。当某一特定事件发生并且有标准可遵循时，从众心理迅速形成，将个体成功地连接在一起，网络群体随之形成。

（四）群体极化

群体极化也是互联网群体共有的心理特征。桑斯坦曾说过，群体成员在一开始时有某些偏向，群体商议后，人们开始朝着偏向的方向继续前行，最终形成了极端的观点。[①] 社会心理学的研究表明，造成群体极化的部分原因是互联网上的极端主义。即使我们最初的观点是中立的，但与别人讨论后，仍旧容易向极端的观点行进。或者说，群体讨论比个人决策更容易使人走向极端化。互联网的广泛运用增强了群体极化这一心理特征。这主要是因为社交媒体的便捷性使人们在互联网上可以自由并快速地寻找自己的讨论对象，而一般人都倾向于寻找与自己观点相似或相近的人交流互动，选择加入与自己志趣相投的群体中。这样一来，当人们针对具体问题展开讨论时，就更容易坚持"极向性观点"，这样群体的一致性会导致群体朝向某一个极端移动，从而导致群体极化。

（五）持续时间短

持续时间短指的是互联网群体的某种心理状态维持的时间不长久。互联网群体心理的形成并不按照一定的规律聚集，如有的群体心态只是在特定时间的具体事件中形成的。较为简单的形式和缺乏长久目的性的特点使得出现突发情况时更容易"一哄而散"。特别是在互联网环境中，网络中每天充斥着大量信息，个体被大量突发新闻事件包围。当个体正在参与 A 事件时，或许 B 事件已经成了舆论的焦点，个体的注意力很容易被转移。此时，群体内部关注的焦点或许会发生变化，所以某一群体心理状态是不会存在长久的。

三、互联网群体心理结构

（一）群体结构

群体结构指群体成员的组成成分。群体成员的结构可分为不同的方面，如年龄结构、能力结构、知识结构、专业结构、性格结构以及观点结构和信念结构等。研究群体结构对于我们深入理解群体成员的构成，更好地把握其心理特征和个性偏好有重要的意义。

（二）群体结构的角色

群体结构的角色分为自我中心角色、任务角色和维护角色。

---

① 凯斯·桑斯坦. 网络共和国：网络社会中的民主问题 [M]. 黄维明，译，上海：上海人民出版社，2003.

自我中心角色就是群体成员中以自我为中心，只关心自己的事情，只为自己着想的人。自我中心角色主要包括以下四类人：阻碍者、寻求认可者、支配者和逃避者。阻碍者是那些给群体成员设置障碍的人，会阻碍他人的发展。寻求认可者是那些为了引起群体成员注意，努力表现自己的人。支配者有很强的支配欲望，总是试图控制别人，掌握别人的信息。逃避者是那些对群体的大小事务漠不关心的人，他们认为自己与群体没有什么关系，也不需要为群体做出什么贡献。显然，以自我为中心的这些群体成员往往会为群体带来负面影响，造成群体的工作效率低下。但是不可避免的是，任何群体都会存在这样以自我为中心的群体成员。

任务角色指那些为了群体荣誉积极完成群体任务、为群体做贡献的人，主要包括建议者、信息加工者、总结者和评价者。建议者是那些为群体积极献言献策的人，当群体遇到问题需要群体成员提建议时，他们总是能第一时间为群体提出自己的建议。信息加工者指那些为群体事件搜索信息的人，例如当群体内部有紧急事件发生时，信息加工者会利用他们手中的搜索工具迅速为群体找到所需信息。总结者是那些为群体整合有关信息并在具体群体事件中为群体目标服务的人。评价者会定期对群体事务进行评价，帮助群体考核有关方案是否合理，并帮助群体筛选出最佳方案。

维护角色以群体内部团结为首要目标，协调处理群体内部关系，是群体成员的黏合剂和关系人，主要包括：鼓励者、协调者、折中者和监督者。鼓励者总是积极鼓励群体成员，热心赞赏他人对群体的贡献，使他人具有群体归属感。协调者能够解决群体内部的冲突，协调群体内部发生的紧急事件。折中者一般负责协调群体内部的不同意见，帮助群体成员制定出大家都能接受的决策。监督者就像群体内部的公正之神，他们总是保证群体成员都有发表自己意见的机会，他们也鼓动群体内部沉默寡言的人，甚至有时候会压制那些支配者。

（三）社团结构

许多复杂的社会网络都具有类似社团结构的特征，即整个网络是由一些群或者团组成的，我们将这些群或者团统称为社团。复杂网络中的社团具有这样的特征，即每个社团内部的节点之间连接十分紧密，而社团与社团之间的节点连接相对于社团内部的节点连接来说则比较稀疏。一般将社团结构分为强社团结构和弱社团结构，从而为如何确定社团结构提供了一种衡量标准。

四、互联网群体心理形态

从心理学视角出发，互联网群体心理可以分为群体归属心理、群体认同心理和群体促进心理。

（一）群体归属心理

"归属感"是个体或集体对人物或事物发生关联的密切程度。群体归属心理是个体自觉地归属于所加入群体的一种个人情感。这种情感驱使个体自觉地维护该群体的利益，按照群体准则展开自己的活动。个体与群体内其他成员在情感上产生共鸣，流露出相同的情感，表现出一致的行为并符合所属群体的特点和准则。

此外，个体可以同时或先后归属于不同的群体，他们对这些群体都会产生归属感，但归属感的强弱程度不同。归属感最强烈的是对个体多方面影响最大的群体。归属感本质上是在寻找不同个体间存在的相同点。

（二）群体认同心理

群体认同心理是群体中的成员在认知和评价上与群体保持一致的情感。一般来说，特定群体中的每个成员都有着相同的兴趣爱好、相似的价值观和共同的利益。也因为他们同属于一个群体，所以会对群体的大小事务保持一致的原则和看法，这种意识使群体成员的意见彼此统一，有时候即使这种意见不甚恰当，群体成员也会保持一致。因此，群体认同心理在某些情况下会导致群体做出错误的选择和行为。

在群体中会产生两种认同心理。第一种是主动群体认同，这种情况下，群体内部的个体关系密切，个体能在群体中实现自我价值，所以也更加信服群体，当这种现实需要得到满足时，个体成员会自觉并主动地从心理上认同该群体。第二种是被动群体认同，这种认同主要是个体迫于群体压力而产生的一种从众心理。当个体不能掌握关键信息或者自己拿不定主意时，更容易产生这种被动群体心理认同。

（三）群体促进心理

群体促进心理是指群体促进个体表达的一种情感。在某些情况下，个体不敢单独表现的一些行为，在群体中却敢于表现出来。也就是说，群体赋予了个体敢于表现自我的勇气。前面提到的群体归属心理和群体认同心理，使个体从情感上认同群体并将自己看作是群体的一员，这给了个体无比强大的心理支持，增加了个体的信心和勇气。当个体的勇气增强时，便有胆量做个体单独不敢做的事情。并且，当群体中的个体做出与群体规范要求相一致的行为时，个体还会受到群体的鼓励和肯定，这种赞许更加强化了这种群体促进心理。

但是，群体对个体的这种促进作用并不完全均等地表现在每个个体的身上，支持力量的大小因人而异。群体促进心理的产生需要两个条件：首先，群成员热爱自己的群体并甘愿为群体利益服务；其次，个体认同群体并且能够得到群体的支持，群体是个人利益的维护者。若缺乏这两个条件，群体促进作用不一定发生，有时甚至可能产生阻碍作用，降低个人在群体中的活动频率。①

五、互联网群体心理动因

库尔特·勒温认为，行为可表示为人和环境的函数，也就是说，行为是随人和环境的变化而变化的。从拓扑心理学这一视角来看，群体心理的演化也应该受到外界环境和人的自身心理特征两方面的影响：外界环境为外因，诸如社会现实环境、技术发展等；自身心理特征为内因，诸如人的思考方式、卷入度等。

互联网群体心理产生的动因是复杂且难以归类的。拓扑心理学给我们提供了思考问题的新思路。按照这一思路，我们将互联网群体产生的动因归纳为三个方面：来自社会现实的压力、互联网技术的特点，以及网民自身的变化。

（一）社会现实的压力

社会现实环境在很大程度上影响着群体的心理和行为。首先，群体心理的形成，与社会的刺激与导向相关联，例如由于受到道德伦理模糊、暴力崇拜、贫富分化严重、金钱崇拜等社会因素的刺激而形成的网络口水战。互联网群体成员受到现实世界的影响或者刺激极易成为网络暴民。由

---

① 郑雪. 社会心理学［M］. 广州：暨南大学出版社，2004.

他们所引发的社会极端行为一定程度上反映了人们在现实社会中承受的心理压力。其次，社会的不公平事件、不正当竞争及其所带来的心理压力等也是互联网群体心理问题产生的原因。最后，现实世界的心理压力是人们在网络里的种种不良表现的来源。部分网民将网络作为自由发泄的场所，对道德和法律的约束视而不见，恣意发表言论或采取实际行动。过激的言论或行为会引发新的恶性互联网群体心理，这种心理又会通过现实环境表现出来，导致现实环境中压力的增加，这样的恶性循环会加剧这种现象。

（二）互联网技术的特点

首先，互联网的平等参与性使得互联网群体成员不再是被动接受信息的均质化原子，互联网群体成员可以自由表达自己的观点并与其他成员产生互动。也就是说，互联网能够给予群体成员在现实世界里想参与而无条件实现的平台，赋予群体成员彼此平等表达话语的权利，人们不仅可以在网上接收信息，而且可以创造和发出信息。处在互联网群体中的成员一方面接受影响，另一方面可以去影响他人。

其次，互联网的匿名性使得互联网群体的心理更易于形成和表达。匿名制度是造成互联网群体暴力行为的最大成因。互联网的匿名性使得群体成员成为群体事件中的无名氏，群体隐匿在一定程度上保护了网民的个人隐私，但由于信息发布的主体处于匿名状态，这使得个体缺乏忌惮，更加自由大胆地表达自我。他们甚至有可能放松自身的法律意识和道德规范，容易将自己的情绪扩大化，放纵自己的行为。即使他们的观点遭到了群体的批评，也没有人知道这个错误的观点来自哪个群体成员。因此，相较于现实社会中的群体，互联网群体性事件更易于发生，互联网群体心理也更易于形成和表现。

再次，互联网的便捷性促使互联网群体中的异质性增加，这会影响群体成员之间的心理融合。我们知道，一般说来，群体成员有相似的兴趣爱好或者同质点时，彼此会感到亲近，能增加彼此之间的吸引力，促进成员之间的心理融合。但互联网的使用便捷性、突破时空性和允许任何人参与的特点，使互联网群体中的成员构成更为复杂，异质性增加。而且这种异质性成员之间互不了解，也很难做到互为补充，成员之间的心理融合会受到影响。

最后，扁平状的网络社会结构开放且包容，能够接纳所有信息。这种组织构架给网民们提供了言论自由和信息传递的狂欢舞台。群体尽情地接收与散发信息，但是在这片开放自由的海洋里，泛滥成灾的信息为互联网群体心理的产生埋下了隐患。

（三）受众角色的变化

在社会现实背景，尤其是互联网技术的特殊背景下，网络受众与传统受众之间产生了本质的区别。传统受众遵循的是传统的 5W 传播模式。传受双方有明显的区别和界限，一般来说，大众媒体是传者，一般个体只能作为被动的接受者。但是在互联网时代的传播过程中，某个信息或者事件的传播者和接收者的角色并不是固定不变的。甚至人人都成了信息的发出者，当然，同时也可以作为信息的接收者和转发者。在互联网这个大平台上，群体成员的角色转换已成了一种常态，他们可能在前一刻是信息源，在后一刻就变成了信息的接收者。因此，网络传播模式可以说是一个圆形环绕的循环模式而非传统的线性模式。所以这也更可能激起互联网群体独特的心理特征如追求平等、虚拟满足等。

六、互联网群体心理表现

从群体心理学来看，互联网群体心理表现在网络舆论的产生、扩散和消退的各个环节。也就是说，群体心理作用于由多元信息的争鸣到核心意见形成的过程。网络时代产生了海量信息，群体因某一共同议题集结在一起。在群体心理的影响下，多种情绪逐渐被单一情绪所代替，群体成员趋向于屈从群体意见，网络舆论开始走向情绪极性化的非理性意见表达。总体来说，互联网群体心理对网络舆论的影响主要表现在以下三个方面：

第一，群体无意识导致舆论情绪化。互联网群体心理的最基本特征就是群体无意识，它使得网络舆论夹杂着难以被控制的躁动情绪。在群体事件中，认知失调和害怕孤独使个体从失去理性转向服从群体意见。群体压力使每个群体成员处于"集体幻觉"的支配之下，个体的理性言论被淹没或忽略，"沉默的螺旋"机制导致理性的声音越来越小，非理性情绪成为主导。从心理学角度看，群体中大多数人将被非理性情绪控制。

第二，冲动易变导致网络舆论极端化。互联网群体具有冲动易变、易受感染的特征，这些特征导致网络舆论的扩散异常迅速并容易走向极端。

在群体内部，群体成员易于被误导从而接受一些非黑即白的极端意见，或者说，简单且极端化的意见更容易被群体成员所接受，也容易迅速扩散形成网络舆论。即使这些意见不被完全吸收，也会被截取和简化，这样的舆论的形成过程势必是极端和片面的。当网络生态发生变化时，群体成员会迅速形成新的舆论意见，群体内新的主导思想开始形成。

第三，偏执暴力导致网络舆论扩散迅速且短暂。互联网群体具有偏执和暴力心理，这使得网络舆论的扩散变得具有破坏性和短暂性。群体总是狂热易冲动的，也是偏执和暴力的。网络的匿名性使个体畅所欲言地表达自我，但与现实社会的面对面沟通相比，个体可能会变得激进又充满敌意。因此，互联网群体成员更加容易失去理智，失去对自我的约束，而对消极的言论或行为的反应性加强。相比传统群体，网络群体在海量信息中是缺乏耐心的，他们关注的永远都是新事件，是更为狂热和偏执的极端舆论。网络舆论迅速扩散并很快消失成了网络时代舆论的典型特征，这显然是互联网群体心理作用于网络舆论而产生的影响。

第二节　互联网群体的情绪分析

一、理论基础：情感与情绪理论

（一）情感理论

学界对情感的研究源于理性与非理性的争论。安东尼·吉登斯认为："在理性中，情感没有地位，被排斥在理性之域外。"① 由此可见，吉登斯将情感看作是非理性的产物。随着传统的理性主义不断遭到批判，情感作为非理性的力量备受学界青睐。在西方社会，涂尔干关注了集体意识，滕尼斯讨论了社区情感，齐美尔将情感划分为初级情感和次级情感，情感作为学术术语日益受到社会学家的重视。

研究群体情感，不得不关注情感社会学中互动视角下的情感理论。从

———————

① 安东尼·吉登斯. 亲密关系的变革：现代社会中的性、爱和爱欲 [M]. 陈永国，汪民安，等，译. 北京：社会科学文献出版社，2001.

20 世纪 70 年代开始，情感社会学里的互动理论开始关注情感对人际交往和社会互动带来的影响。互动理论也关注了情感如何影响互动过程，其中较有代表性的理论有情感剧场理论、情感的符号互动理论等。例如，在互动理论视角下，科林斯关注了情感的起源和作用，他认为情感起源的主要力量是仪式，仪式创造了共同的情感和符号。[①] 肖特认为，情感的表达和唤起可以使人们的行为符合某种规范，可以团结集体并引发一致的社会行为。情感是一种建构，被社会建构在个体行动的具体情境中。[②]

上述是互动论视角下的情感理论研究，还有四个情感理论对群体情感研究也具有一定的意义。第一个是里奇佛的情感预期状态理论，该理论的核心观点是，群体中的情感主要产生在有任务取向的群体之中。显然，当群体成员有共同的任务目标时更容易产生共鸣情感。里奇佛还详细说明了群体是否能实现群体目标所产生的情感结构，也论述了当群体成员的预期状态得不到满足时所引发的情感表达如不高兴、嫉妒等。[③] 第二个是伯杰的研究，他认为群体成员的预期情况引导群体成员的具体行为，这个过程大致可以被分为三个阶段，即情感被激发和表达的互动过程、情感交换的过程以及情感被导向他人情感维度的过程。[④] 第三个是斯特里克的情感标识过程，他认为情感主要从以下几个方面被标识出来，即定义的恰当性、文化价值、规范限制等。[⑤] 第四个是霍赫希尔德的情感理论，在他看来，情感是一种表达工具，但这种工具却受到情境和文化的限制。[⑥]

社会情感理论中还有一个学术流派被称为心理治疗学派，其代表理论是艾利斯的理性情绪治疗理论。他认为个体的情绪并不取决于事情本身，而是取决于个体对发生事情的评价解释和信念等。由此看来，个体的认知

---

① Randall Collins. Conflict sociology: Stratification, emotional energy and the transient emotion [M]. Albany: State University of New York Press, 1990.

② Sussan Shott. Emotion and social life: a symbolic interactionist analysis [J]. American Journal of Sociology, 1979: 84.

③ Cecilia L. Ridgeway Status in groups: The importance of emotion [J]. American Sociological Review, 1982: 76－88.

④ Joseph Berger. Direction in expectation state research [M]. CA: Stanford University Press, 1998.

⑤ Sheldon Stryker. Symbolic interactionism: a social structural version [M]. Benjamin & Cumming Publishing Company, 1980.

⑥ Arlie R. Hochschild. Emotion work, feeling rules, and social structure [J]. American Journal of Sociology, 1979: 85.

决定其情绪和情感。认知不同，情绪和情感也就不同。艾利斯概括出了 ABC 理论，其中，A 代表诱发事件（activating events）；B 代表信念（beliefs），具体指个体对 A 的信念、认知、评价或看法；C 代表结果（consequences）。三者之间的逻辑关系是，A 经过中介因素 B 导致了 C，A 本身不能导致 C。也就是说，诱发事件本身并不能直接导致个体的认知结果，而是经由中介因素 B，即个体的信念差别来起作用。[①] 我们可以将这一理论运用到群体事件传播中，即当某一群体事件发生时，群体内部通过适当的情感运作，可以唤起群体成员的某些情感如愤怒、兴奋等。这类情感是一种信念性质的情感，因此可以影响群体成员对该事件的信念、认知、评价或者看法，这样就达到了特定情感在群体内传播的效果。

（二）群体情感的特征

互联网群体是网络舆情的主体，他们以互联网为传播和交流媒介，通过发表个人见解来表达情感和态度。群体在表达情感时主要体现为以下三个特征：

1. 群体情感的共性

群体情感的共性主要体现为具有几乎相同的情感和本能。勒庞认为，尽管个体在智力上差异迥然，但人们的本能和情感却非常相似。尤其在涉及信仰、政治观点、道德评价、个人爱憎等这些近乎纯粹的感性表达中，大多数个体几乎有着一致的情感本能。以互联网上充斥着的人肉搜索事件为例，支配个体进行人肉搜索的恰是这样一种"有着几乎相同的情感和本能"的群体。例如虐猫事件中，个体的基本情感表达是保护小动物、同情弱者，这样的道德判断或者情感判断是群体在表达个人情感时的本能。这种共性使不同类型的人聚在一起形成某一个群体组织，同时，明确的价值观对群体成员产生了号召力和凝聚力。可以说，正是这种价值共识使群体成员拥有着几乎相同的情感倾向。

2. 群体情感的价值属性

群体性情感的价值属性难以判断。诸如正义、爱心等表面看来积极向上的价值属性未必在实践当中发挥正面作用。勒庞曾说过，群体行为中最

---

① Ellis，A.，Bernard，Michael E，et al. Clinical applications of ration-emotive therapy [M]. NY：Plenum Press，1985.

崇高的也可能是最卑劣的，最正义的也可能是最邪恶的。首先这是因为价值属性词语的模糊性，群体往往把自己的潜意识希望寄托在某些价值概念中，如民主、平等、自由等，可是这些词语又极为模糊，专家学者也未必能说清楚它们的具体含义。孟子曾言："不告而知谓之良知。"这正说明了情感与本能复杂的非理性本质。情感的价值属性在实践中并不具有天然合法性，因为其自身的合法边界就很难界定清楚。

3. 群体性情感表达的情绪化

群体性情感具有极端情绪化与易变的特征。勒庞认为，群体缺乏像个体那样主宰自己行为的能力，群体其实就是刺激因素下造就的奴隶。当这种刺激因素变化时，群体的反应也随之改变，甚至抛弃原来的情感。这主要是因为群体的情感反应不受理性思维的制约，而几乎是一种本能性质的应激反应。例如，当某件事情的态势发生变化时，群体对此作出反应，但这种反应并不是来自对事情的理性判断，而是因为群体成员被刺激引起的另一种情感。

（三）情绪理论

情绪是每个人都拥有的一种心理状态，我们每天都在感受着各种各样的情绪，同时，我们的行为也受到情绪的影响。喜、怒、哀、乐等简单情绪与骄傲、羞愧、羡慕、惊讶等复杂的情绪一同构建了人类完整的情绪体验。一方面，情绪作为一种内在的心理感受，是主观感受的具体体现；另一方面，情绪也可以作为一种信息在社会群体中进行传播扩散。因而，情绪不仅是一个人内心状态的体现，同时也在社会生活中扮演着极为重要的角色，是人们交换信息的重要途径之一。由于情绪具有多维度、多方向的特性，学界有多种对于情绪的定义，目前尚未有统一定论，一般认为，情绪是一种具有组织性、内涵性并且持续变化的心理状态。①

从古希腊至今，历代哲学家、心理学家和社会学家一直都试图寻找情绪的奥秘。尤其是自 19 世纪以来，已有诸多学者以情绪为研究对象，对其产生、发展和变化过程进行了深入而系统的研究。最早关于情绪的研究认为，情绪是个体内在的一部分，是由器官引起的一系列反应。情绪的外周

---

① 王潇，李文忠，杜建刚. 情绪感染理论研究述评 [J]. 心理科学进展，2010，18（8）：1236-1245.

理论认为，情绪是植物性神经活动的结果，来源于人的身体内部，是由内脏活动的物理变化激起的反应，实质上是一种特殊的生理感受。该理论认为，人体先有生理变化，后有情绪感受，所以大笑会引起快乐的情绪体验，战栗会引起恐惧的情绪体验。

1927 年，坎农及其学生巴德针对上述理论提出了相反的观点，他们认为情绪受到的是中枢神经系统内丘脑的控制，大脑会产生对丘脑抑制的解除，从而激活植物性神经。因而，生理上的变化和情绪上的体验会在同一时间发生，大脑皮质和自主神经系统一同影响了个体的情绪体验的过程，情绪的产生是由个体的生理感受、心理体验和外在表现共同导致的。①

后来，巴甫洛夫在他的动力定型理论里提出了另一观点，认为个体的大脑皮层中拥有一个稳固的暂时神经联系系统，暂时神经联系系统会将个体能够接触到的刺激物排序，当刺激物符合动力定型理论时，会激发正面的情绪，反之，则产生负面的情绪。

（四）情绪的分类

过去已有许多学者对正面情绪和负面情绪的关系及定义进行过研究，其中，情绪的分类主要有以下两种：

第一是情感结构的一维说。早期，以罗素为代表的学者认为，正面情绪与负面情绪具有显著的负相关关系，这种关系是一维的，其中积极情绪是在客观事物进展顺利的时候个人感受到的愉快体验。② 1999 年，特纳等学者对于生理心理学的研究支持了这一理论。在临床试验中，当被试者的心理状况处于负面情绪时，脑下垂体后叶神经荷尔蒙会大量释放，这种荷尔蒙除了可以削减负面情绪，同时还能增加正面积极情绪，这一研究为情绪结构的一维学说提供了有力的佐证。③

第二是情感结构的双变量说。1988 年，沃森等学者提出了情绪结构的双变量说。该理论认为，正面情绪与负面情绪本身是相对独立的两个情绪结构，因此，情绪的正面程度可以通过情绪词性的量表来计量。④ 1983 年，

---

① 邓光辉. 恐惧情绪诱发下自主神经反应模式与情绪体验、人格特质的关系研究［D］. 华东师范大学，2013.

② Russell J A, Carroll J M. On the bipolarity of positive and negative affect［J］. Psychological Bulletin，1999，125（1）.

③ 沈政，林庶芝. 生理心理学（第三版）［M］. 北京：北京大学出版社，2014.

④ 王晓钧. 情绪智力理论结构的实证研究［J］. 心理科学，2000，23（1）：24 - 27.

沃尔等学者研究发现，个体获得愉悦情绪体验时正面情绪会随之增加，而获得不愉悦情绪体验时负面情绪会随之增加，正面情绪与负面情绪的增减本身无关，两者相互独立。

在《乌合之众》一书中，勒庞对群体成员的情绪和非理性心理特征进行了分析，他认为群体的情感和行为具有传染性。

群体情境中，群体成员在与他人的互动中无意识地模仿了他人的表情、动作或者声音，在互动模仿中感受他人的情绪并接受他人情绪的影响，社会心理学称这个过程为情绪感染。个体情绪在情绪感染的作用下会逐渐同化为情绪，最终成为群体情绪。

互联网群体环境下同样存在群体情绪，网络群内个体通过把情绪传播和感染后形成的一致情绪称为互联网群体情绪。互联网群体是因某些需求或者目的主动在网络空间形成的相对稳定、持续互动、数字化的交流集合体。群内成员活动于论坛、社交媒体群、网络游戏群当中，相互之间可能并不熟悉，但是却存在互动关系，并在互动关系中产生群体情绪。虽然在虚拟环境下，群内个体无法通过面部表情、肢体动作传递情绪，但是网络匿名性使网络群内个体可以无所顾忌地发表言论，情绪化的倾向更为明显，通过成员之间的交流讨论，这种情绪被加强，进一步形成互联网群体情绪。随着网络技术的不断发展和互联网的普及应用，互联网情绪表达受到了学界的广泛关注。

笔者认为，网络情绪是现实情绪在网络上的一种表现形式。它反映了网络群体成员的集体情感，也是网络舆情的重要组成部分。正因为互联网情绪具有强大的社会影响力，因此在网络舆情管理中，政府应积极引导正面情绪，使网络情绪向着理性的方向发展。

二、互联网群体情绪的测量与传播

（一）群体情绪的测量

群体情绪是在特定的情景中多个个体成员受到突发事件的某些刺激，在情绪感染、群体暗示和社会互动的作用下形成的情绪体验。也就是说，群体情绪的形成是个体在群体情境中的认知、态度、情感和行为综合反应的结果。群体情绪的研究吸引了社会心理学的许多学者。概念的操作化是实证研究的关键所在，因此，对于群体情绪的研究离不开对群体情绪的测量。

群体情绪可以被认为是情绪从群体水平下移到了个体，因此群体情绪的维度划分可以遵循基本情绪维度划分的原则，如积极情绪与消极情绪的划分方式。群体情绪测量需要解决的主要问题是如何区别群体情绪和个体情绪，目前学界一般采取以下四种方式测量群体情绪：一是利用群体成员个体情绪的平均状态测量群体情绪，这种办法易操作也易理解；二是根据社会认同的显著性差异区别群体情绪与个体情绪；三是操纵类别化和社会认同的显著性，区别群体情绪与个体情绪；四是通过激活群体认同衡量群体情绪，一般采取启动群体成员身份的方式。

情绪在心理学中已经是一个非常成熟的理论体系，拥有许多测量情绪的量化指标。根据以往经验，我们通常认为人类有幸福、悲伤、恐惧、愤怒、厌恶和惊讶这六种基本情绪。也有许多学者对情绪概念展开了测量，在此仅介绍四个具有代表性的情绪模型。

第一个是著名的 PAD 情绪模型（pleasure-arousal-dominance），该模型被广泛应用于心理学、社会学和计算机科学等领域。该情绪模型具有三个维度，分别是愉悦度、激活度和优势度。其中愉悦度是表示个体情绪状态的正负情感特性，也可以理解为情绪的效价；激活度表示个体的神经生理激活水平；优势度表示个体对情景和他人的控制状态，即处于优势还是劣势状态。该情绪模型激活和主导了三个几乎独立的维度来描述和测量情绪状态，其中个人情感状态的正负特征指情感能力的快感程度。[①] 第二个是沃森等编制的积极情感消极情感量表（positive affect and negative affect scale，PANAS）。[②] 该量表基于情感二维结构理论，涵盖积极和消极情感词汇。其中，积极的情感词汇有感兴趣、充满活力、热情、自豪和鼓励等，消极情感词汇有沮丧、内疚、敌意、紧张和恐惧等。国内研究也承认了该量表具有良好的信度和效度。但是该量表考察的是个体的情感体验而不是集体或者群体的情感表达，因此直接用于集体主义文化是否适合还值

---

① 刘烨，付秋芳，傅小兰. 认知与情绪的交互作用 [J]. 科学通报，2009，54（18）：2783 - 2796.

② Watson D，Clark L A，Tellegen A. Development and validation of brief measures of positive and negative affect：the PANAS scales [J]. Journal of Personality and Social Psychology，1988，54（6）：1063.

得考究。为此，有学者对 PANAS 量表进行了修订，使其更适用于国内研究。[①] 第三个是罗素的环状模型，该模型认为所有的情绪形成了一个圆环，罗素把情绪分为愉快度和强度这两个维度，其中愉快度包括愉快和不愉快，强度分为中等和高等强度，由此交叉形成了四种类型。在圆环上相邻的情绪比较相似，相对的情绪相反（见图 3-1）。最后一个是普特查克提出的情感轮（emotion wheel）（见图 3-2），这一模型解释了不同情感之间的联系，也提出了主要的 16 种基本情感和第二情感。[②]

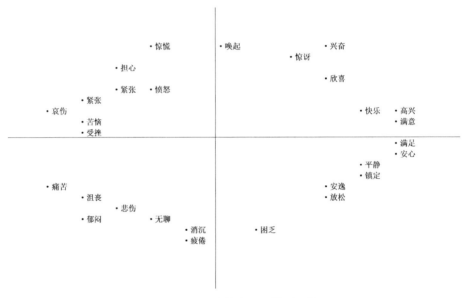

图 3-1　罗素情绪环形模型图[③]

(二) 网络情绪的测量方法

情感计算是当前人工智能、计算机科学、情报学等学科的研究热点。对于网络情绪的计量，学者们从理论层面逐步验证了网络情绪计量的必要

① 邱林，郑雪，王雁飞. 积极情感消极情感量表（PANAS）的修订 [J]. 应用心理学，2008，14（3）：249-254＋268.

② Plutchik R. The nature of emotions：Human emotions have deep evolutionary roots，a fact that may explain their complexity and provide tools for clinical practice [J]. American Scientist，2001，89（4）：344-350.

③ James W，Kalat，Michelle N. Shiota. 情绪心理学（第二版）[M]. 周仁来，译. 北京：中国轻工业出版社，2015.

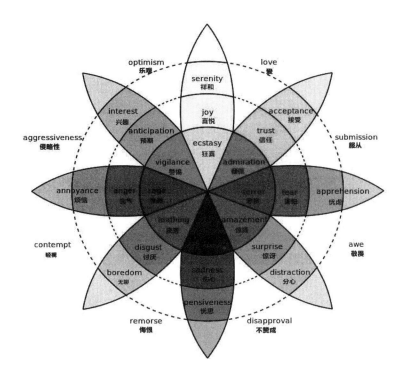

图 3-2 情感轮图

性与可行性，正逐步从语法层面走向语义层面。但从研究成果来看，目前主要停留在理论模型和方法探索层面，与实践结合的程度不高，也缺少操作性强的情绪计量软件。可以说，网络情绪的研究目前主要停留在描述性阶段，尽管计算机科学领域已从技术层面开展了一系列情感计算的研究，但目前尚没有形成对群体性事件中网络舆情计量的研究成果。因此，找到适当的方法科学应对网络舆情，具有重要的理论和现实意义。

（三）情绪的传播

情绪认知理论认为，个体情绪是基于对周围环境刺激物评判和反馈的结果。该理论共有五个分支学说，其中之一就是情绪的评定——兴奋学说，该学说由阿诺德在 20 世纪 50 年代提出。该学说认为，个体在受到情景刺激后，并不直接以产生情绪作为反馈，而是经过内在的对刺激物的测量和评估后再产生反馈。内在的评估测量会将刺激物分为有利、有害和无关三类，正是由于这种评估测量机制的存在，即使个体处在同一刺激情景中也可能会产生不同的情绪反馈。

1962年，沙克特和辛格提出了情绪归因论，该理论认为，情绪的产生一方面受到个体自身生理的影响，另一方面也是个体对环境和刺激因素评判认知的结果。他们通过实验证明，个体生理反应的认知决定了自身情绪的感受。该理论的核心在于强调了个体的认知，认为认知更可能会使个体将受到的刺激物与过去的经验比较，当个体的客观感受与主观认知之间出现不相符合的情况时，情绪被唤醒。[①] 拉扎勒斯提出的认知—评价理论认为，个体在评估情境的时候会经历初级评估、次级评估和重新评估三个过程，分别对压力来源的重要程度、应对机制的可行性和外界刺激的改变程度进行评判，随后产生情绪体验。[②] 西蒙诺夫做了关于情绪认知的研究，他发现个体的情绪是对必要信息、可得信息之差与需求信息评估后的结果。如果个体感受到可得信息与需求信息匹配，则需求得到满足，不会产生特别的情绪体验；若个体感受到信息过剩，则产生正面的情绪体验；反之，则产生负面的情绪体验，该理论被称为情绪认知—信息理论。[③]

群体情绪通过在群体成员中相互传递影响群体成员的情绪、行为意愿和决策，并且情绪在传递和感染的过程中会产生循环反应，即某人的情绪会引起他人产生同样的情绪，他人产生的这种同样的情绪又会反过来加强传染者的情绪。群内个体的情绪传递感染给其他成员并循环反复加强，进而促使群体形成一种相似的情绪状态。[④]

前面提到，互联网环境的匿名性使群体成员更容易出现情绪化，因此，互联网上个体的情绪比现实群体中的更为强烈，这样强烈的情绪经过互联网传播会形成比现实群体更加强烈的群体情绪。此外，互联网的便捷性和超时空性使网络群体成员有更多的交流与互动，这也使得他们群体内部的关系要比现实群体的关系更为密切。在这样的情况下，网络群体内情

---

① Plutchik R，Ax AF. A critique of determinants of emotional state by schachter and singer (1962) [J]. Psychophysiology，1967，4（1）：79.

② Lazarus R S. Patterns of adjustment and human effectiveness [J]. RS Lazarus，1969.

③ Siminov P V. Interaction of brain structures as the basis of temperament [J]. Biological Psychiatry，1989，25（7）：A211－A211.

④ Hareli S，Rafaeli A. Emotion cycles：on the social influence of emotion in organizations [J]. Research in Organizational Behavior，2008，28：35－59.

绪传播和扩散的时间更短，速度更快，效果更强。

群体情绪的形成是群体情境中个体间认知、情感、行为进行互动的结果。群体间信息传播的过程就是群体情绪传播的过程，也就是说，情绪也会随信息在群体间传播，且不同的情绪类型、传播方式，会对信息传播产生不同的影响。拓扑心理学和情绪传播对群体传播具有理论指导作用，一般来说，群体情绪的传播会受到内部因素和外界环境两部分因素影响，且不同的情绪类型、传播方式，会对群体传播产生不同的影响。个人情绪会在群体传播中得到体现并发展成为群体情绪继续传播，群体情绪传播也会是个人情绪传播的一种新渠道。

三、互联网群体情绪的演化路径

（一）互联网群体情绪的演化规律

信息技术的发展让每个人都有了自由发表言论的平台，正是互联网的广泛交互性使情绪得以迅速扩散。互联网情绪的复杂性不仅体现在情绪构成上，还体现在各种情绪的交织和演化上。网络舆情事件的每个时间段均由多种情绪组成，其复杂程度和演进规律令人难以捉摸，我们主要将其总结为以下三点：

首先，群体情绪演进是一个各种群体情绪交替出现或同时存在的动态过程。网络情绪复杂化可能起因于某一种情绪如"愤怒"，逐渐地，随着事态演进，另一种情绪可能占据主导地位，并随时可能引发其他情绪的产生，也可能在同一个时间点有两种甚至多种网络情绪存在。

其次，网络群体情绪的复杂程度与现实社会对事件的关注程度并不一致。比如某一阶段的网民关注度、点击率都非常高，这反映了现实社会对该事件的关注度高，但这一阶段并非网民情绪比例最复杂的阶段。举例来说，在这一阶段，可能占据主导地位的只有"讽刺"情绪，而当后来网民对事件的关注度减少时，其他情绪的比例却提高了。当然，该阶段事件得到了网民的极大关注，可被视为网络情绪的转折点，这一时期形成的主导情绪，在很大程度上关系到以后网络情绪的演进路径。

最后，网络群体情绪中的稳定和极端因素会导致舆情的有序和无序。从互联网情绪的构成来看，某些网络情绪的比例始终是比较固定的，如同情、理性、支持政府的情感倾向等，此类情绪的存在有利于维持网络舆情的稳定性，使其不至于朝着恶性循环的方向发展，这些因素也可以称为有序的因素。但是网络情绪之所以最终走向复杂化，是因为某些极端情绪的存在，如愤怒、痛恨等。互联网是开放系统，当这些极端情绪主导整个舆论生态时，网络情绪就可能朝着无序的方向发展。

（二）互联网群体情绪的演化路径

在网络舆情事件中，网络群体情绪一般会经历以下过程：

首先，群体聚集和接触。群体行为是众多人的共同行为，因此其首要条件便是要有群体聚集的环境，个体之间彼此形成较为紧密的联系。当个体聚集在一起并形成相同的情绪和感受时，更容易接受外界刺激并做出相应反应。当然，这种反应属于应激反应，不是经过个体深思熟虑的，而是非理智和冲动的。群体的聚集和接触为情绪的感染和传播奠定了基础，进而群体情绪的演进才有了发酵的土壤。

其次，群体受到暗示或动员。在有了第一步的群体聚集和接触后，群体内部成员彼此熟悉，此时，群体成员的情绪容易受到其他成员的影响，这种影响可以是暗示或者是直接动员。在群体行动中，群体中的意见领袖和鼓动者常常发挥着主导作用，群体成员在缺乏信心又不知如何作决策时，群体意见领袖的鼓动可以增加群体成员的信心，甚至可以使群体中的那些旁观者变成行动的参与者或策划者，使原来的无组织个体产生一致的情绪和行动倾向。在这个过程中，信息的传播和成员之间的沟通十分重要，心理暗示就是信息传递和交流的主要形式。群体行动中的意见领袖或组织策划者一般会通过心理暗示的方式来强化群体意识和保持群体一致性。暗示者的信息发出方式多种多样且不拘一格，一个词语、一句话、一个表情或者是一个手势都可以给处于待激发状态的群体成员以心理暗示或动员。这是因为当群体成员处于情绪高涨的状态时，其自我判断能力和自我控制能力都比较弱，在这种情况下，很容易受到群体内其他成员的影响。

再次，群体受到情绪感染。感染理论的基本假设是，暗示、激情和情绪传播会导致个体成员以相同的思维模式思考问题并以相同的方式行动。感染理论的基本原理是循环反应，也就是说，个体按照其他个体的方式行动，然后再不断地扩散到个体。因此，情绪逐步扩散、感染和强化。感染理论认为群体行为是人们情绪相互感染的结果。参与群体行为的人丧失其原有的个人意识，转而跟随群体意识。在这样的心理基础上，群体成员又受到其他成员暗示的影响，群体成员的情绪就会朝着某一特定的方向发展，逐渐地，这一情绪可能会转变为某些具体行动。当然，在不同的场合，群体成员受到情绪感染的程度不同。一般来说，在人群密集的场合，群体成员的情绪更容易相互感染，并形成循环式的反应过程。在群体情绪的感染过程中，群体成员缺乏理性分析和判断的能力，个体意识被情绪左右，容易产生偏激行为。另外值得一提的是，群体成员间也存在情感关系，情感关系是人与人之间沟通交流的催化剂，其强弱也决定了成员之间相互交流沟通的频率和强弱，情绪的传播和影响是建立在沟通交流的基础上的。因此，情绪的传染在一定程度上受情感关系影响。

最后，群体行为模仿。行为模仿就是个体通过观察群体成员的行为产生心理认同所引起的一种反应性行为。在群体行为中，尽管缺乏明确的群体规范和准则，但当突发事件发生时，群体成员会倾向于寻找一个标准行为，这可以增加群体成员的安全感。因此，群体中那些最先出现的行为就会被群体成员当作模仿的标准。当某一行为被群体中一部分人模仿时，会对群体中的剩余成员产生群体压力，促使他们也去模仿，从而产生群体行为。

四、信息框架对群体情绪的影响

（一）信息框架研究

当下网络环境信息中所谓的"新闻"已不再是真正意义上的新闻，往往被预设了信息框架。有关媒体新闻框架的研究已累积了丰富的文献，从研究的角度上大致可分为四种类型：信息框架的定义理论研究；信息框架的历史来源探究；实际报道的框架内容分析；信息框架与受众的关系影响。[①] 国外媒介框架对受众的影响效果在 D. 卡尼曼、A. 特维尔斯、S. A. 鲍瑞里的实验中都已得到证明。但是近年，研究开始注重个人框架，发现受众会形成"个人媒体框架"（individual-level framing effect），有些受众会

---

① 谢曦.《人民日报》有关中印新闻框架建构研究［D］. 厦门大学，2008.

对媒体信息框架产生对抗心理。① 在此研究中，研究者先对事件进行描述，构造被试的认知，再展现媒介框架信息。

国内对新闻框架的研究也很多，如李华君运用定量和定性相结合的方法，首先根据中国报纸对美国的报道量、议题分布及报道倾向进行分析，得出对涉美报道的结论，此研究将态度倾向看作数值，负面计"－1"，中立计"0"，正面计"1"。② 类似研究不胜枚举，对信息框架效果的研究在认知心理学、传播学、政治学等领域都有涉及。

在互联网上，网民对网络事件的表达往往带强烈的感情色彩。如在一些热点微博事件中，网民经常使用一些诸如喜欢、吐槽、高兴、恶心等带有感情色彩的词语。可以发现，与现实社会相比，互联网环境中的语言更诙谐、个性化，感情色彩浓厚。对于网络语言的研究也有许多，如《网络语言概说》《新华网络语言词典》等书，其中收录的词汇大多与情绪有关。不同的词汇构成了不同的话语表达方式和信息内容框架，根据前人对信息框架的研究，信息框架可以分为正面和负面、重点和均衡、亏损和得益、叙事性和非叙事性（见表 3 - 1）。其中第一种正面与负面的分类方法最早来源于医学研究。第二种在媒体和政治研究中一般将信息框架分为重点与均衡，重点信息框架强调某方面的观点，均衡信息框架是不偏不倚地阐述事件本身。第三种分类方法是亏损型和得益型，关注消费者心理的广告学和营销学多将信息框架分为亏损型和得益型，比如在一则广告中推销购买该产品你将获得各种好处，如使用某品牌护肤霜你将拥有光滑的肌肤，这就是得益性信息框架。与此相反，如果广告中描述的是如果不购买该产品，你将会有某些损失，如没有了某品牌护肤霜，皱纹将爬上你的脸。第四种信息框架将信息分为叙事性与非叙事性，叙事性是对客观事实的真实描述，而非叙事性则带有感情色彩的渲染。

---

① Hans Mathias Kepplinger，Stefan Geiss，Sandra Siebert. Framing Scandals：Cognitive and emotional media effects [J]. Journal of Communication，2012，62（4）：659-.

② 李华君. 政治公关传播：形象塑造、公众沟通与媒介框架 [M]. 武汉：华中科技大学出版社，2013.

表 3 - 1　信息框架的分类

学者	学科	分类
Tversky、张银铃①	医学	正面、负面
Chong D；Druckman②	政治、媒体	重点、均衡
Meyers、王丹萍③	广告	亏损、得益
Steinhardt、Roger D④	健康	叙事性、非叙事性

（二）信息框架与情绪传播

日新月异的互联网环境给我们带来了巨大的便利并给了我们展示自我的平台。人人都在发言的同时也创造了一个非常危险的媒介舆论环境，它具有传统媒体所没有的互动性与不可控性。病毒式、爆炸式的传播可以瞬间成就一段辉煌，也可以瞬间将辉煌化为乌有，因此互联网群体传播至关重要。而情绪是控制调节互联网传播的一个重要节点，如何调节信息对情绪的影响，进而调节传播行为成为一个重要的论题。

在新闻学中，学界对情绪的探讨由来已久，新闻学中的分支学科新闻心理学，就是研究新闻学和心理学的交叉学科，它是研究新闻传播者和新闻受众的心理现象及其规律的科学，以刘京林为代表的一批学者出版了一系列新闻心理学的书籍。互联网环境下每个人都既是信息的接收者，也是信息的传播者，他们有着相似的心理特点。刘京林认为受众心理是新闻传播影响受众行为的中介因素：新闻宣传↔受众心理↔受众行为，新闻报道以受众的认知结构为中介（见图 3 - 3）。

---

① 李萌，贾丽霞，陈心月，等. 心理弹性对大学生风险决策行为的影响 [J]. 中国健康心理学杂志，2013，21（1）：131 - 133.

② Chong D，Druckman J. Strategies of counter-framing [J]. SSRN Electronic Journal，2011.

③ 王丹萍，庄贵军，周茵. 信息框架与产品风险的交互效应及影响条件 [J]. 管理评论，2013，25（12）：125 - 137.

④ Roger D. Bartels，Kristina M. Kelly，Alexander J. Rothman. Moving beyond the function of the health behaviour：The effect of message frame on behavioural decision-making [J]. Psychology & Health，2009，25（7）：821 - 38.

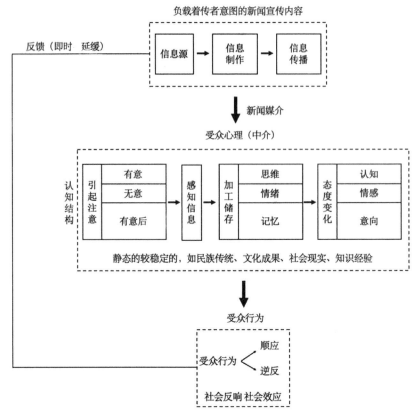

图 3-3　受众认知结构的中介作用的模式图①

　　国内已有许多关于情绪与传播的研究。有学者研究了情绪的传播路径，如赖安婷、方平借鉴营销口碑的动态模型，研究了从社会事件到群体情绪，最终到群体行为的传播路径。② 也有学者研究探讨了情绪对传播效果的影响，如刘丛等通过对危机事件的研究发现，不同身份的微博用户在情绪表达特征、表达方式上有所区别，且微博情绪与传播行为之间的关系非常紧密。③

　　① 刘京林.新闻心理学概论［M］.北京：中国传媒大学出版社，2007.

　　② 赖安婷、方平.群体事件中群体情绪的传播途径及其影响因素［A］.第十五届全国心理学学术会议论文摘要集［C］.中国心理学会，2012：2.

　　③ 刘丛，谢耘耕，万旋傲.微博情绪与微博传播力的关系研究——基于 24 起公共事件相关微博的实证分析［J］.新闻与传播研究，2015（9）：92-106.

（三）信息框架对情绪的影响

随着互联网的快速发展，信息框架对受众情绪产生了越来越大的影响，从而影响传播行为。人的行为、情绪与认知是紧紧相连的，大体可以总结为，认知与情绪密切相关，人通过认知产生情绪。现代心理学相关研究也认为，情绪在记忆、知觉、注意、执行控制和决策中起着关键性作用，[①] 这证明了信息对情绪的影响作用。

有研究表明情绪化的词语、图片、视频，尤其是害怕、恐惧等高强度情绪能够吸引人的注意（当然特别恐怖的照片也许在吸引了人们之后，人们又会马上回避），加深人的记忆。麦克伦尼认为人类认知主要由三部分形成，分别是客观存在的事物、事物在大脑中的反映和我们为其创造的语言。[②] 也就是说，人们在交流的过程中通过语言来传达事物，而相同的事物运用不同的语言表达可能会引起不同的反应，这里就要引入信息框架的概念。利用与决策相关或无关的信息，从而激起和操纵决策者的情绪，在心理学研究方法中也被称为"信息激起方法"，而我们认为，信息框架就是激起情绪的信息。

随着信息化进程的推进，互联网平台尤其是移动社交平台已经成为人们获取、分享信息的重要渠道。与传统大众媒体相比，微信、微博、QQ空间等平台上传播的信息内容更加多样。在网络信息的影响下，网民情绪化特征明显，情绪化也成为和谐网络环境的一大隐患。利用传播学信息框架理论探究网络信息如何影响网民情绪并进一步影响网民的决策，在理论研究上进一步量化探索认知、情绪与行为的关系，这从实践的角度上可以为有效处理舆论事件提供一些思路。

在前人的研究基础上，本书提出了如下的研究模型（见图 3－4），主要在于探讨网络信息框架（正面、负面、中性）对群体行为的影响。结合之前的文献综述，认为情绪在信息框架对群体行为的影响中扮演了中介角色，又考虑到人对与自己相关的事物拥有较高的积极性，因此本书将自我相关度也纳入了模型中。

---

① Buchanan T W. Retrieval of emotional memories ［J］. Psychological Bulletin，2007，133：761－779.

② D. Q. 麦克伦尼. 简单的逻辑学 ［M］. 赵明燕，译. 杭州：浙江人民出版社，2013.

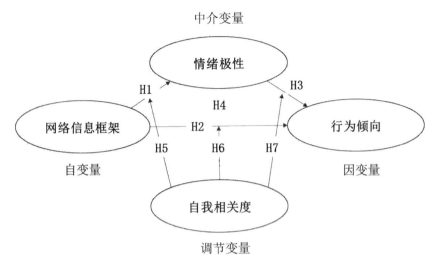

图 3 - 4　研究框架图

　　通过实验，本书得出如下结论：首先，网络信息框架对受众情绪极性、行为倾向有显著影响；其次，情绪极性在网络信息框架对受众行为倾向产生影响中的中介效应显著；最后，自我相关度在情绪极性与行为倾向之间、网络信息框架对行为倾向的影响中起正向调节作用。

　　本书的主要创新点在于在新媒体环境中，对传播学中的信息框架、个人框架综合考虑，采用定量研究探究其对网民情绪、决策的影响，并构建出理论模型。

　　本书的假设来源于哲学中认知与情绪的关系探讨、"现代西方哲学语言转向"，以及心理学中体验某种情绪必须以认知为基础的理论。在哲学历史上弗洛伊德的本能论、生理理论等都认为情绪是主观的，是一种本能的冲动。但是也有哲学家主张情绪是受注意力、记忆等因素影响的。例如索萨认为情绪有赖于认知的涉入，情绪的意向暗含了认知的基础。德本也提出了"情绪的认知本质"，指出认知才是情绪的本质。[①] 而媒体作为人们的主要信息来源，影响着人们的认知，因此媒体的信息框架会影响人们的情绪。阿诺德、拉扎勒斯情绪的认知理论也强调了情绪是由环境信息所引起的，是由心理与生理共同产生的。情绪不是凭空产生的，而是由信息刺

————————————

　　① 李晶. 情绪认知理论的寓身进路 [D]. 山西大学，2015.

激所激发引起的。并且实验也证明了正面的信息会给人们带来正面的情绪体验，负面的信息更容易给人们带来负面的情绪体验，说明信息框架在网络环境下对人们的情绪有影响，要传播正面情绪就要从信息本身入手。

在现在的媒介格局下，传统媒体纷纷开始探索网络化转型。如国内知名报纸《东方早报》全体员工转入旗下新媒体"澎湃"。毋庸置疑，网络媒体是当下最热门的媒体，也是未来媒体的发展趋势。那么，探索情绪在网络信息环境中的传播，及信息框架的问题就显得尤为有趣且必要。此外，网络媒体与传统大众媒体相比，受众已不仅仅是受众，他们也拥有了"发言权"与"发声的渠道"，不像传统媒体的信息发布要经过专业记者、编辑的层层把关，网络上普通的网民也可以发表自己的观点，如通过微博、公众号等形式。当然这也是网络媒体的双向互动性所带来的好处，这是网络化的优势。但事物总是有正反面的，这种变化也造成了网络信息鱼龙混杂，很多信息不具有真实性，往往过分追求"新""奇""特"，为了引人注目，过分夸大、歪曲事实的真相。网络媒体上这种"见风就是雨"的现象，也容易引起网民情绪化、极端化。这对营造和谐、健康的网络环境是不利的。

第三节 互联网群体的认知过程

一、信息认知过程

个体信息认知一般在特定的社会情境下完成，受到社会化因素的影响。认知理论认为人的行为主要是由人通过理性的思考决定的，而理性的思考来自人们的认知，语言信息是人类认知的一个重要环节。在互联网时代，个体信息认知处理机制的研究成为研究者们关注的核心议题之一。学界对信息认知处理机制的研究不断扩展，无论是生理剖析还是心理探索，无论是信息扩散还是观点演化，无论是群体结构还是复杂网络，都涵盖对个体信息认知处理的表面现象解释与本质内涵揭示。一般来说，个体信息认知的处理过程是指，信息从外在的客观层面，嵌入个体的主观系统中，客观物象转变为主观认知，在这个过程中，信息经历了一个穿越性的过程。从信息加工的认知处理过程看，这一过程大致经历了信息的五个方面，包括信息的展露、注意、理解、接受与保留。[①]

（一）曝光效应

单纯曝光效果认为，将信息作为刺激源重复地展现在个体的感知范围里，能够增加个体对该信息的积极态度。[②] 例如我们常说的熟悉增加好感，就是这个意思，市场营销中的广告轰炸、政治选举中的重复曝光等都是有力证明。当然，这一过程也不是始终都会产生积极的作用，随着信息曝光次数的不断增加，当信息曝光过度时，积极可能变成消极，喜欢可能变成厌恶。[③]

另外，并不是只要暴露信息，我们就会注意到这些信息，这是由选择性注意造成的。选择性注意是指，个体一般倾向于看到和支持自己熟悉的信息而忽略那些与自己观点相悖的信息，或者说，个体对信息的注意程度是不一样的。选择性注意受到个体已有知识、经验的影响。[④] 而且，与个体观点矛盾的信息会造成个体的认知不协调感，所以个体为了消除不协调感，会倾向于选择一致性信息而拒绝不一致信息。[⑤]

（二）理解

对信息的理解也是个体信息认知加工的一部分，在不受干扰时呈现清晰的信息和在受干扰的噪音背景中呈现信息，会对个体造成不同的影响。此外，研究者也比较了个体在被直接给出信息和用复杂又难以理解的方式给出信息时的区别。[⑥] 研究表明，对信息正确理解更容易促进个体观点或态度的改变，当个体不理解信息时，一般不对现有状况做出改变。媒介信息时代的显著特征是采用的媒介传递形式更加多样化。例如书面形式的书

---

① 霍金斯，马瑟斯博. 消费者行为学（原书第十版）[M]. 符国群，等，译注. 北京：机械工业出版社，2007：105-108.

② Zajonc R B. Attitudinal effects of mere exposure [J]. Journal of Personality & Social Psychology，1968，9（2）：1-27.

③ Cacioppo J T，Petty R E，Morris K J. Semantic，evaluative，and self-referent processing：memory，cognitive effort，and somatovisceral activity [J]. Psychophysiology，1985，22（4）：371-384.

④ Neisser H. Three views of method in economics [J]. Social Research，1967，34（2）：322-332.

⑤ Frey D，Wicklund R A. A clarification of selective exposure：The impact of choice [J]. Journal of Experimental Social Psychology，1978，14（1）：132-139.

⑥ Eagly A H，Chaiken S. The psychology of attitudes [J]. Journal of Marketing Research，1997，34（2）：32-34.

籍媒介和口头言语形式的广播电视媒介承载的信息复杂度就存在很大区别。研究发现，当观点中的信息复杂又难以理解时，书面形式的信息呈现最有说服力，这是因为人们在使用书本阅读时能够更好地理解信息；当观点中的信息内容简单又容易理解时，视频形式的信息呈现最有说服力。[①]

（三）接受

在对信息做出接受或拒绝的决定时，个体倾向于把自己对信息的已有态度、对信息的了解程度和个人对信息的情感联系起来，对信息做出综合反应。[②] 在这个过程中，个体形成了认知反应，这种认知反应可能与该信息所倡导的观点相一致，也可能不一致。学者们从不同角度考察了能够影响个体对信息接受的因素，这些因素主要有信息源的特征、信息本身的特征、信息接收者的特征、信息表达的载体等。

第一，信息源的特征具有不同的维度。信息来源繁多，每一个来源都有促使个体接受信息的某些特征。有学者提出了六种类别的信息源特征，包括奖赏力、强制力、专家效力、信息效力、参照性和合法性。[③] 信息的欣赏力，如支持观点等使个体愿意接受此类信息。信息的强制力一般来自警告或批评，如"不努力就将失去工作"。专家效力指具有专业技能的人的一种普遍影响力，如遵循医嘱等。信息效力则是指信息本身的力量。信息参照性主要来自对钦佩对象的认同，如明星的广告效应。合法性是指个体对那些具有某种特定社会身份的人的认可，如警察等。

第二，信息本身的特征。包括信息数量与质量、信息结构等。信息中所包含的论据数量会影响个体的接受效果。[④] 但数量并不是越多越好，过多的论据数量可能引起信息接收者的反感。当信息的数量足够多时，信息的质量就显得十分重要。信息的单面性和双面性也会影响个体的接受程度，双面信息能够提升个体对信息的信任度，也就会提升个体对信息的接

① Chaiken S, Eagly A H. Communication modality as a determinant of message persuasiveness and message comprehensibility [J]. Journal of Personality and Social Psychology，1976，34 (4)：605-614.

② Greenwald A G. Cognitive learning, cognitive response to persuasion, and attitude change [J]. Psychological Foundations of Attitudes，1968：147-170.

③ Raven B H. A power/interaction model of interpersonal influence：French and Raven thirty years later. [J]. Journal of Social Behavior & Personality，1992，7 (2)：217-244.

④ Petty R E, Cacioppo J T. Source factors and the elaboration likelihood model of persuasion [J]. Advances in Consumer Research，1984，11 (1)：668-672.

受程度。

第三，信息接受者的特征。研究表明，信息接受的效果在一定程度上受到受众个体特征的影响。[①] 信息接受者的受教育程度、智商程度、认知能力都会影响他们对信息的接受程度。这一点不难理解，"一千个人眼中就有一千个哈姆雷特"，个体对信息的理解程度会有差别，接受程度也会不同。另外，信息的卷入度也会影响个体对信息的接受程度，个体在该信息中投入的时间和精力越多，对其的关心程度和了解程度也会随之增加，进而影响其对信息的接受程度。

第四，信息的表达载体。媒介渠道不同，对信息的表达也会产生不同效果。例如，纸质媒体可能更合适提供理性或双面性的信息，电子媒介如电视等更适合提供视频或简短易懂的信息，对于不同的信息采取不同的媒介渠道传播会产生不同的效果。研究表明，居民间的人际沟通有时候比大众传播更有效，如在劝服居民回收垃圾时，邻里之间劝服比电视宣传更有效。[②]

（四）强化与持久性

对某些信息，我们的第一反应只是浅层地有好感或厌恶。但是当这个信息不断曝光时，我们对信息的反应就会不断加强。因此，信息的不断重复会改变或维持我们对信息的初次态度。理想的说服效果是使个体对该信息感到赞同，并将这种赞同强化为一种自我认知反应。一般来说，个体本人的观念比他人表达的观点有更强的说服效果，个体也会在信息接触中不断刺激自己产生加强原来信息的观点。也即主动的头脑会产生更持久的效应，这主要源于个体自身的价值、观念和知识系统。这些原有的存在于个体内部的特征使个体主动学习并一一测验、总结和整合，这个过程就由原来的简单地被动阅读、聆听和观看变成了主动搜索、理解和消化。随着时间的不断推移，受众对信息逐渐接受。

---

① Kelman H C，Hovland C I. Reinstatement of the communicator in delayed measurement of opinion change. [J]. Journal of Abnormal Psychology，1953，48（3）：327.

② Hopper J R，Nielsen M C. Recycling as altruistic behavior normative and behavioral strategies to expand participation in a community recycling program [J]. Environment and Behavior，1991，23（2）：195–220.

二、群体与互联网群体认知

随着互联网的快速发展，个体在面对多变的外部环境、海量的信息及大量复杂的不确定性问题时，已经难以快速地通过个人来解决问题。问题的解决越来越依赖群体和组织。

在群体认知领域，国外有研究成果提出，把群体学习过程中的认知互动过程分为支持与冲突两个方面，支持是最重要也是最明显的表现形式，属于帮助行为，而争论则是认知冲突出现时经常发生的现象。例如，当群体成员围绕某一议题进行交流和协商，展开辩论，寻求一致意见或选择妥协时，群体成员提出的观点可以激励或干扰其他成员的认知过程，从而导致过程收益或过程损失。针对这种分类方式，学者们提出了自己的见解。有研究者认为，群体讨论主要强调和谐融洽，而冲突会减少甚至降低群体产出，因此应避免冲突。也有研究者持不同观点，认为群体认知过程中包含的冲突具有潜在价值。具体来说，不同的观点相互碰撞可以提供非共享和新颖的信息，而一致的观点主要在于提供共享信息，而非共享的信息对于群体创新有很好的助推作用。此外，多样性的观点有益于决策，因为它可以提供多种视角。少数冲突的观点能够激发发散性思维，提高群体决策和观点产出质量。鼓励不一致的观点和冲突出现，有利于群体更好地判断和决策。[①]施瓦茨等人也认为，争论是认知冲突的表现形式之一，争论先后经历了提出观点、发问或反对、要求给予理由和支持四个过程，这对于个体的认知发展会产生有利影响。[②]

互联网已成为群体传播的重要渠道，但现阶段鲜有关于互联网群体认知的研究，目前主要沿用群体认识过程进行相关研究。由于虚拟世界与现实世界、网上信息流与线下人群不断交互、强化，群体传播更具隐蔽性、突发性与扩散性。这也对网民心理认知、情绪反应及其行为意愿造成了复杂影响，进而对以往群体传播的一些经典理论产生了较大的冲击。毫无疑

① Betts K R, Hinsz V B. Group marginalization: extending research on interpersonal rejection to small groups. [J]. Personality and Social Psychology Review, 2013, 17 (4): 355.

② Lee A, Schwarz G, Newman A, et al. Investigating when and why psychological entitlement predicts unethical pro-organizational behavior [J]. Journal of Business Ethics, 2017: 1 - 18.

问，互联网环境下产生了一些新的影响因素，这些影响因素对群体传播的影响机制尚不明确，但可以确定的是，这些影响因素会与已有的因素相互作用，共同影响群体传播。

第四节　互联网群体的风险感知

一、公共事件传播中的受众风险感知

社交媒体在风险传播中发挥着重要的作用，是众多年轻受众接触风险事件的主要载体。然而现有的研究更多地从个人因素、背景因素、风险特征来探究其对受众风险感知的影响，媒介的因素却被很多学者所忽略。本书将以古雷半岛 PX 项目事件为例，主要从受众对社交媒体的使用及态度角度探讨社交媒体对其风险感知的影响。

PX（对二甲苯）产品在我国的经济、社会、军事等领域发挥了举足轻重的作用。然而近年来 PX 项目令国人闻之色变，PX 项目落户接连引发了厦门、宁波、昆明、茂名大规模的"反对建设 PX 项目"的突发公共事件，最终部分城市陆续叫停 PX 项目建设。对于 PX 的毒性，国际上并无一致的结论，一方观点认为 PX 具有毒性，对于胎儿有极高致畸形率，其蒸气与空气能形成爆炸性混合物，是一种危险化学品；另一观点认为 PX 属低毒物质，缺乏对人体致癌性证据。2015 年 4 月 3 日，PX 项目重回人们视野，由厦门迁址到漳州古雷半岛的 PX 项目厂区发生爆炸，进一步引发了人们对 PX 风险性的讨论。

（一）研究基础与假设

1. 社交媒体与风险感知

风险感知是用来描述人们对风险的态度和直觉判断的概念。[1]社交媒体是人们彼此之间用来分享意见、见解、经验和观点的工具和平台，具有去中心化、传播迅速、信源个人化、互动性强等特征，已成为人们获取风险

---

[1]　Slovic P. Perception of risk [J]. Science，1987，236（4799）：280-285.

信息的重要途径。[①]

2. 信息类型的选择机制

受选择性机制的影响，受众在对社交媒体中的信息加工过程中，并不是不加区别地对待，而是基于已有立场与观点对信息采取选择性注意、选择性理解与选择性记忆。鲍威尔将风险信息分为风险相关的信息与为降低风险而采取的措施的信息，[②] 信息类型会影响受众的风险感知，[③]风险相关的信息可以增加风险感知，而防范措施信息可以降低风险感知。[④]本书将选择性机制作用下的信息类型分为风险相关的信息与缓解风险的信息，前者主要是用来描述风险的具体情形，如风险造成的伤亡及次生灾害情况，而后者主要是政府救援及缓解措施。

3. 社交媒体的媒介接触程度、信息类型与风险感知

受众的风险感知受媒介接触程度及信息内容类型的影响。当受众选择性接触风险相关的信息时，对负面消息比正面消息更为敏感和易接受，[⑤]媒介接触越频繁，接收风险的伤亡情况信息越多。此外过多地接触风险信息会增强风险发生可能性的感知。[⑥]而当受众选择性接触缓解风险信息时，接触越多越能了解政府等部门对风险事件采取的措施以及如何应对相关风险。由此提出如下假设：

H1a：当受众选择性接触风险相关的信息时，社交媒体的接触程度正向影响风险感知。

H1b：当受众选择性接触缓解风险的信息时，社交媒体的接触程度负向影响风险感知。

4. 社交媒体的媒介信息满足度、信息类型与风险感知

使用与满足理论从受众的心理动机和心理需求角度出发，解释了人们

①　Vyncke B，Perko T，Van Gorp B. Influence of mass media channels on health-related risk perception：The case of Fukushima［DB/OL］. Lirias，2015.

②　Powell D. An introduction to risk communication and the perception of risk［EB/OL］. Online publication：http：//www. foodsafetynetwork. ca/risk/risk-review/riskreview. htm，1996.

③　Hardin R. Trust［M］. Polity Press. 2006

④　时勘，范红霞，贾建民，等. 我国民众对 SARS 信息的风险认知及心理行为［J］. 心理学报，2003，35（4）：546-554.

⑤　De Jonge J，Frewer L，Van Trijp H，et al. Monitoring consumer confidence in food safety：An exploratory study［J］. British Food Journal，2004，106（10/11）：837-849.

⑥　Yim M S，Vaganov P A. Effects of education on nuclear risk perception and attitude：Theory［J］. Progress in Nuclear Energy，2003，42（2）：221-235.

使用媒介以得到满足的行为，但是很少有研究探究媒介信息满足度与风险感知的关系。

当公众从媒介中没有获取足够信息时，他们会感到更多的焦虑与压力。[①]此外信息不充足不公开会加速谣言的产生与传播。因此无论是风险相关信息还是缓解风险信息，媒介信息越不满足受众需求，越会导致受众风险感知提高。由此提出如下假设：

H2a：当受众选择性需求风险相关的信息时，受众在社交媒体使用中信息满足度负向影响风险感知。

H2b：当受众选择性需求缓解风险的信息时，受众在社交媒体使用中信息满足度负向影响风险感知。

5. 社交媒体的媒介接触程度、信息满足度与媒介信任度

媒介接触程度不仅直接影响受众的风险感知还影响媒介信任度。有研究认为接触媒体越多的受众对其信任度越高。[②]信息类型也会影响媒介信任度，当有风险相关的信息时，社交媒体以平民化的报道视角及"在现场"的优势能够直观传达灾情的状况，接触程度越高的受众越容易受信息中图片与个人的直观感受影响。社交媒体所受监督较小，缺少保证信息的准确性与公正性的社会压力，[③]这种自由的、不受控制的信息的流动会造成各类谣言的产生。由此提出如下假设：

H3a：受众选择性接触风险相关信息时，其社交媒体接触程度正向影响其在风险报道中对社交媒体的信任度。

H3b：受众选择性接触缓解风险信息时，其社交媒体接触程度负向影响其在风险报道中对社交媒体的信任度。

Sweetser 指出受众在考虑信息满足度时，媒介信任度是重要影响因

---

① Manoj B S，Baker A H. Communication challenges in emergency response ［J］. Communications of the Acm，2007，50（3）：51-53.

② Zhang H，Zhou S，Shen B. Public trust：a comprehensive investigation on perceived media credibility in China ［J］. Asian Journal of Communication，2014，24（2）：158-172.

③ Chaney B A，Copley P A，Stone M S. The effect of fiscal stress and balanced budget requirements on the funding and measurement of state pension obligations ［J］. Journal of Accounting & Public Policy，2002，21（4）：287-313.

素。[1] 媒介信任度正向影响受众的媒介满足感，[2] 但还没有研究指出媒介满足度对信任度的影响，仅有学者从品牌关系角度指出品牌满意的经历更容易产生信任，信任是由前期满意的积累所产生的。[3]由此提出如下假设：

H4a：受众选择性需求风险相关的信息时，信息满足度正向影响其在风险报道中对社交媒体的信任度。

H4a：受众选择性需求缓解风险的信息时，信息满足度正向影响其在风险报道中对社交媒体的信任度。

6. 社交媒体的媒介信任度、信息类型与风险感知

Utz 等学者指出，受众的风险感知受其所使用媒介的影响，媒介本身比信息内容更重要，其中媒介信任度是重要影响因素。[4] 因此在媒介信息相同的前提下，高媒介信任度会促使受众更加信任相关信息。当选择接触风险相关的信息时，该类信息会提高风险感知，而当其选择接触缓解风险的信息时，其风险感知无疑会降低。由此提出如下假设：

H5a：当受众选择性接触风险相关的信息时，受众的社交媒体媒介信任度正向影响风险感知。

H5b：当受众选择性接触缓解风险的信息时，受众的社交媒体媒介信任度负向影响风险感知。

（二）风险感知模型的验证

1. 数据收集

本研究在古雷半岛 PX 项目事件爆发后的一个月内（2015 年 4 月 10 日～5 月 10 日），在浙江、上海以及福建三地高校采用随机抽样的方式发放问卷，共回收问卷 458 份，获得有效问卷 406 份，其中男性 229 份占 56.40%，女性 177 份占 43.60%。

---

① Eyrich N，Padman M L，Sweetser K D. PR practitioners' use of social media tools and communication technology [J]. Public Relations Review，2008，34（4）：412-414.

② Pinkleton B E，Austin E W，Zhou Y，et al. Perceptions of news media，external efficacy，and public affairs apathy in political decision making and disaffection [J]. Journalism & Mass Communication Quarterly，2012，89（1）：23-39.

③ Russell-Bennett R，Mccoll-Kennedy J R，Coote L V. Involvement，satisfaction，and brand loyalty in a small business services setting [J]. Journal of Business Research，2007，60（12）：1260.

④ Utz S，Schultz F，Glocka S. Crisis communication online：How medium，crisis type and emotions affected public reactions in the Fukushima Daiichi nuclear disaster [J]. Public Relations Review，2013，39（1）：40-46.

2. 相关变量的测量

各变量的测量题项均出自过去研究使用的成熟量表，在研究问题基础上被本书适度修改。同时所有题项均采用里克特 5 点量表来测试（1 = 极为不同意，5 = 极为同意）。

（1）风险感知。康宁汉姆将风险感知分为风险事件的不确定性程度与导致结果的危险性两个因素。[1] 采用耶茨和斯通的题项"PX 项目发生爆炸的可能性非常大""PX 项目带来危害的可能性非常大"来测定风险的可能性。[2] 而结果的危险性则是主要参照斯洛维奇的风险感知模型使用四个题项"人们对 PX 项目的风险知之甚少""PX 项目的风险是不可控的""PX 项目的风险具有潜在性""PX 项目会带来死亡的风险"来测试。[3]

（2）媒介信任度。采用被众多研究所使用的五个题项"您觉得社交媒体报道的关于古雷爆炸的新闻是公平的/正确的/能被信任的/无偏颇的/可靠的"来测试社交媒体的媒介信任度。[4]

（3）社交媒体接触程度。媒介接触程度包含了接触媒介的时间和频率，问卷参考李等学者的题项，通过划定了时间范围与频次来测试社交媒体接触程度。[5] ①最近三天平均每天你花多少分钟在社交媒体（论坛/微博/微信）来获取古雷爆炸的相关信息？②昨天你花了多少分钟在以上社交媒体来获取古雷爆炸的相关信息？③你平时平均每天花多少分钟在社交媒体上？④你平时使用社交媒体的频率？⑤媒介的信息满足度？

主要参考帕克等的研究，使用"社交媒体的相关报道让我及时获知古雷 PX 项目爆炸的相关信息"；[6]"让我知道大家对古雷爆炸的态度"；"让我了解到我想知道的一切关于此次爆炸的原因"；"让我了解到我想知道的

---

① Cunningham M S. The major dimensions of perceived risk ［M］//Risk taking and information handling in consumer behavior. Cambridge：Harvard University Press，1967：18 - 20.

② Yates J F，Stone E R. The risk construct ［DB/OL］. ResearchGate，1992.

③ Slovic P. Perception of risk ［J］. Science，1987，236（4799）：280 - 285.

④ Nah S，Chung D S. News editors' demographics predict their social capital ［J］. Newspaper Research Journal，2011，32（1）：34 - 45.

⑤ Lee H S，Lemanski J L，Jun J W. Role of gambling media exposure in influencing trajectories among college students ［J］. Journal of Gambling Studies，2008，24（1）：25 - 37.

⑥ Park N，Kee K F，Valenzuela S. Being immersed in social networking environment：Facebook groups，uses and gratifications，and social outcomes ［J］. Cyberpsychology Behavior，2009，12（6）：729 - 733；Whiting A，Williams D. Why people use social media：a uses and gratifications approach ［J］. Qualitative Market Research，2013，16（4）：362 - 369（8）.

一切关于此次爆炸伤亡及破坏情况"；"让我了解到我想知道的一切关于此次爆炸的救援情况"等题项来测量。

3.研究结果

（1）信度检验。利用 SPSS17.0 对各变量的 Cronbach's α 系数进行测量，结果如表 3-2 所示，所有结果均在 0.7 以上，各个变量题项的信度较高。

表 3-2　各变量的 Cronbach's α 系数

变量名称	风险感知	媒介信任度	媒介接触程度	信息满足度
Cronbach'sα 系数	0.975	0.924	0.884	0.946

（2）效度检验。SPSS17.0 结果显示 KMO 指标为 0.839，Bart-lett's 检验的显著性为 0.000，说明数据可进行因子分析。然后使用 AMOS7.0 进行验证性因子分析，所有题项在所对应因子上的载荷均大于 0.5 且显著，所有变量的平均方差提取值 AVE 值均大于 0.5（见表 3-3），AVE 值均大于变量间相关系数的平方值（见表 3-4），因此变量具有较好的判别效度。所有变量的组合信度 CR 值均大于 0.9，表明测量模型变量的效度处于可接受的范围。

表 3-3　所有变量的 AVE 值及 CR 值

	风险感知	媒介信任度	媒介接触程度	信息满足度
AVE 值	0.865	0.720	0.854	0.777
CR 值	0.975	0.928	0.959	0.945

表 3-4　所有变量的 AVE 值的平方根及与其他变量的相关系数

	风险感知	媒介信任度	媒介接触程度	信息满足度
风险感知	0.930			
媒介信任度	0.049	0.848		
媒介接触程度	0.037	0.024	0.924	

（续表）

	风险感知	媒介信任度	媒介接触程度	信息满足度
信息满足度	−0.281	0.201	−0.068	0.881

4. 风险感知模型拟合

本书将选择机制作用下的信息类型作为调节变量，因此根据风险相关的信息与缓解风险信息的选择性，利用 AMOS7.0 通过结构方程模型对所提假设进行路径分析。由下表可知两个结构方程模型的卡方值与自由度的比值均小于 2，其他拟合指标中拟合优度指数（GFI）、调整拟合优度指数（AGFI）、非常模拟合指数（TLI）、增量拟合指标（IFI）、比较拟合指标（CFI）都大于或接近 0.9，符合标准。近似误差均方根（RMSEA）小于0.05，理论假设的结构方程模型与数据拟合良好。

表 3−5　结构方程模型的拟合情况

信息类型	X^2/df	GFI	AGFI	TLI	IFI	CFI	RMSEA
风险相关信息	1.644	0.912	0.884	0.984	0.987	0.987	0.049
缓解风险信息	1.616	0.931	0.902	0.964	0.970	0.970	0.046

由路径系数分析可知当受众在社交媒体中更多关注于风险相关信息时，媒介接触程度正向影响风险感知（$\beta=0.155$，$P<0.01$），即受众接触风险相关的信息越多时其风险感知越强，H1a 被验证。而信息满足度负向影响风险感知（$\beta=-2.45$，$P<0.001$），即其从社交媒体中获取的风险相关信息越充分，受众对相关事件的风险感知越低，H2a 被验证。但媒介接触程度并没有显著地影响媒介信任度，H3a 未被验证，但信息满足度则显著地正向影响其媒介信任度（$\beta=0.134$，$P<0.05$），H4a 被验证。同时媒介信任度也会正向影响受众的风险感知（$\beta=0.305$，$P<0.001$），H5a 被验证。媒介信任度在媒介信息满足度与风险感知中起中介作用。

路径系数分析可知当受众在社交媒体中更多关注于缓解风险信息时，其媒介接触程度与信息满足度都会负向影响其风险感知（$\beta=-0.170$，$P<0.05$；$\beta=-0.168$，$P<0.05$），即受众接触社交媒体程度越高，从中

获取的缓解风险信息越充分，其对事件的风险感知越低，H1b 与 H2b 被验证。同时两个自变量还会通过媒介信任度的中介作用影响风险感知，媒介接触程度与信息满足度均会正向影响媒介信任度（$\beta=-0.267$，$P<0.01$；$\beta=-0.217$，$P<0.05$），即受众为了获取缓解风险信息，其接触社交媒体程度越高；对社交媒体的信任度越高，越能从社交媒体中获取其需求的缓解风险信息，其对社交媒体的信任度越高，H3b 与 H4b 被验证。此时，受众的媒介信任度会显著负向影响风险感知（$\beta=-0.260$，$P<0.01$），H5b 被验证。

由以上分析可见，社交媒体的媒介接触程度与信息满足度除了直接作用于风险感知外，还通过媒介信任度的中介作用影响风险感知，同时选择性机制下的信息类型起调节作用。

（三）不同变量对风险感知的影响

1. 媒介接触程度在信息类型调节作用下影响风险感知，媒介信任度起中介作用

社交媒体成为影响受众对 PX 项目风险感知的重要因素，除媒介接触程度与信息满足度直接作用于风险感知外，还通过媒介信任度的中介作用影响风险感知。过去研究更多是在默认信息一致的情形下，探究各种媒介行为对风险感知的影响，而信息类型的差异却被忽视。[1]本书将选择性机制作用下的风险信息进行分类，发现信息类型在媒介行为对风险感知影响中起调节作用。

在媒介接触程度对风险感知的直接影响中，受众选择风险相关信息时其作用方向是正向，而缓解风险信息时其作用是负向的。在前一种情况下，媒介接触程度对媒介信任度的影响不显著，而在后一种情况下，其正向影响媒介信任度，媒介信任度进而负向影响风险感知。

媒介密集地大规模报道风险事件会加重受众的风险感知，[2] 本书发现当受众高程度地接触社交媒体获取风险相关信息时也会加重其风险感知，但是当其主要为了获取缓解风险信息时，高程度的媒介接触不仅没有增强

① Wahlberg A A F，Sjoberg L. Risk perception and the media［J］. Journal of Risk Research，2000，3（1）：31-50.

② YIM，ManSung，VAGANOV，et al. Effects of education on nuclear risk perception and attitude：Theory［J］. Progress in Nuclear Energy，2003，42（2）：221-235.

风险感知，反而会降低风险感知。一方面是由于微博等社交媒体对 PX 项目甚为敏感且有放大风险的取向，[①]其风险报道对于特定客观事实的聚焦和夸大会加剧人们对于风险的恐慌，使报道本身成为社会风险建构的一部分，[②]当其聚焦于风险相关的信息时，社交媒体的互动性进一步促进了风险的传播与扩散，接触程度越高越易感到较强的风险感知。另一方面社会化媒体不断设置议题引导舆论，当其引导受众关注于缓解风险信息时，可以让受众及时了解到风险的控制情况，降低对风险的不可控感，及时掌握缓解与救援办法，帮助其提高风险应对能力，此时接触程度会负向影响风险感知。

此外在风险传播过程中，社交媒体的媒介接触程度并不总能影响媒介信任度，这与里默和韦弗的"报纸、电视使用频率与可信度之间的关联并不绝对"的结论相一致。[③] 本书进一步指出信息类型是重要调节变量。当受众主要为了获取风险相关信息时媒介接触度不能影响媒介信任度，而当其获取缓解风险信息时媒介接触程度能显著正向影响媒介信任度。

2. 媒介信息的满足程度在媒介信任度的部分中介作用下负向影响风险感知

在媒介信息满足度对风险感知的直接影响中，虽然两者均显示其作用是负向的，但是在风险相关的信息时其路径系数绝对值更大。而当信息满足度通过媒介信任度间接作用于风险感知时，两类信息中信息满足度均与媒介信任度呈正相关关系，但是在缓解风险信息时，其路径系数更大。而在媒介信任度对风险感知的影响中，信息类型同样也起着调节作用，在缓解风险信息时媒介信任度负向影响风险感知，在风险相关信息时媒介信任度正向影响风险感知。

受众在社交媒体的信息满足度显著负向影响受众的风险感知，在风险事件中为受众提供充足及时的信息十分重要。PX 项目令人谈虎色变的一个重要原因是信息的不透明，而在国外，PX 项目之所以能与公众和谐共

---

① 项一嵝，张涛甫. 试论大众媒介的风险感知——以宁波 PX 事件的媒介风险感知为例 [J]. 新闻大学，2013 (4)：17-22.

② 卜玉梅. 风险的社会放大：框架与经验研究及启示 [J]. 学习与实践，2009 (2)：120-125.

③ Rimmer T，Weaver D. Different questions，different answers? Media use and media credibility [J]. Journalism & Mass Communication Quarterly，1987，64 (1)：28-44.

处得益于其成熟而严格的环境风险管控制度及信息透明制度。当受众从社交媒体中可以获得其需求的所有信息时，可以对风险做出客观全面的评价，而当信息不能满足其需求时，受众更易产生焦虑情绪，进而增强风险感知。这表明虽然短时控制敏感信息有利于降低受众的风险感知，但是短期社会稳定可能换来的却是未来舆情的集中爆发。①因此，从总体上降低受众的风险感知，为其提供充足的信息，满足其信息需求是重要手段。

此外在社交媒体中媒介信息的满足程度正向影响受众对媒介的信任度，当社交媒体越能为受众提供充足的风险相关信息时，受众对社交媒体的满意程度越高，这种满意会促使信任的产生。②因此社交媒体的信息满足度除了其直接作用于受众的风险感知外，还通过媒介信任度间接作用于风险感知，媒介信任度成为重要的中介变量。

第五节　互联网群体的思维与决策

一、互联网环境下的群体思维

（一）群体思维的概念

群体思维是群体决策研究领域中一个非常普遍的现象，是群体决策时的倾向性思维模式。群体成员为了维持群体内部的一致性，往往会忽视与群体不一致的信息，坚定不移地支持并服从群体的决定。

群体思维的概念最早由美国心理学家贾尼斯提出。他在分析许多政治和军事决策时，发现群体思维是群体决策过程中的一种普遍现象。群体思维就是群体成员在群体决策时采取的倾向性思维方式。群体成员为了追求群体内部的一致，常常放弃原有的个体价值判断，这时候就需要群体成员采取理性的决策方式。当群体成员以解决群体内部冲突来实现和谐相处，或当群体成员没有全方位地考虑到所有的群体决策方案时，就很容易产生

---

① 邱鸿峰，吴胜涛. 网络使用、公众信任与水污染风险传播 [J]. 国际新闻界，2013（10）：117－130.

② Rempel J K，Ross M，Holmes J G. Trust and communicated attributions in close relationships [J]. Journal of Personality and Social Psychology，2001，81（1）：57.

群体思维。群体内部的从众压力使得群体常常倾向于遵循群体意见，而忽视掉群体内部那些少数人的理性的或者不被主流认可的意见，这时候群体成员很难做出客观的评估。

（二）群体思维的前提条件

引发群体思维的前提条件可以归纳为如下八种：群体凝聚力、群体与外界的隔绝、命令式的领导方式、缺乏条理的群体决策程序、群体成员背景和价值观的相似性、外部压力、现有方案被有影响力的领导所接受而使群体成员失去信心寻找更好的方案，以及由于刚刚经历的失败使得群体成员处于一种很低的自尊水平。

在这八种前提条件中，学者们关注最多的是群体凝聚力，群体凝聚力对群体思维的产生起到了至关重要的作用。一般来说，当群体成员有高度的团队精神时，他们更愿意维持自己的群体身份，这种状态就是群体凝聚力。群体凝聚力强的团队，群体内部的人际吸引力更强，也更愿意执行群体任务，群体成员也会很在乎群体内部的声誉和威望。

当热点公共事件发生时，网民自觉地从一个松散群体发展到围观群体，再到群体围攻。在这一过程中，群体思维起着巨大的作用。随着全面深化改革进入攻坚阶段，一般群体性事件的发生往往与共同认知或诉求相关。

（三）群体思维的表现形式

群体思维的表现形式主要有以下八种：

第一，过分的乐观主义。群体成员对自身和群体内部的决策盲目乐观和自信，这种过分的乐观主义使群体成员忽视外界的警告，有时候可能使群体陷入危险的境地。

第二，对自身行为的合理化深信不疑。当群体成员做出决策后，会忽略外界其他因素的影响，将时间花在如何执行计划和决策上，而不再对决策进行重新审视和评价。

第三，对群体的道德深信不疑。群体成员倾向于认为其决策是正义且合理的，认为不存在伦理道德问题，群体成员对其决策的道义性深信不疑。

第四，对群体外成员（对手）看法的刻板化。群体成员一旦具有群体思维，就会不顾一切地反对对手，认为反对他们的人或者群体都是错误的，他们不屑与之争论，都认为对手愚蠢软弱，并且自己群体制定的方案都是完美无缺的。

第五，从众压力。群体成员为了获得群体的认可，一般会保持自己与群体相同的意见。因为群体一般不欣赏那些怀疑群体立场和计划的群体成员，对于那些不支持群体意见和决策的成员，群体会将其置于群体排斥之列。所以当群体成员受到群体压力后，会与群体保持一致。

第六，自我压抑。因为群体成员担心自己破坏群体的一致性，破坏群体统一，所以群体成员不会提出与群体不一致的意见或看法，他们一般选择压抑自己，打消对决策的疑虑，有时候甚至担心自己在群体内部是不是多余的。

第七，全体一致的错觉。从众压力和自我压抑使群体成员觉得群体的意见都是一致的，这种表面的一致性又会进一步使群体决策合理化。可以说，这种统一错觉造成的表面一致性会使很多荒谬、罪恶的群体行动合理化。

第八，思想警惕。思想警惕是指当群体决策形成以后，群体内某些成员会有意地保留或隐藏那些不利于群体决策的信息和资料，阻碍群体成员提出与群体决策不同的意见，用这样的方法来保护决策的合法性。

群体思维决定集体决策。集体决策需要若干个集体决策者共同参与并制定决策。与个人决策相比，集体决策能集中多个决策者的力量和智慧，从而使其在多个可供选择的解决方案中选出最佳方案。但是集体决策成员难免会受到群体的压力而产生从众心理，从而在集体决策过程中形成不合理地、过分地追求一致的倾向，这便是群体思维在起作用。

二、群体思维的影响因素及复杂性

（一）信息传递渠道

随着计算机在群体决策中得到越来越多的应用，网络会议、电话会议、局域网会议等以网络媒体为平台的决策会议方式也逐渐兴起。如利用电话会议、局域网会议和远程电子视听会议（跨省或跨国的会议）、电子商务平台等进行群体决策。相对于传统的面对面（fact to face，FTF）的沟通模式，出现了一种新的基于互联网媒介（computer-mediated，CM）

的群体决策的电子决策群体和全新的群体决策沟通模式。传统的面对面的沟通模式与基于互联网的群体决策模式的异同引起了研究者的广泛兴趣。CM 的交流方式能够使群体更好地汇聚非分享的信息，其优点体现在匿名性，成员可以畅所欲言，以计算机为中介的交互式的讨论使成员之间可以分享信息，每个成员都可以发表自己的意见，避免了某些优势成员主宰讨论情况的发生。CM 能对成员所输入的信息进行在线记录，可对个体成员的观点随时备查，减少了信息超载和记忆负荷现象的出现。但也有学者认为 CM 群体决策的效能不如 FTF，例如，群体在讨论时缺乏辅助言语和非言语线索，使大量信息无法传递，成员满意感较低等。

该理论取向认为群体决策的功能代表了群体成员满足成功决策要求的手段，具体指对问题情景的理解、对有效选择的理解、对备择方案的积极性质的判断和对备择方案的消极性质的判断。而成员能正确理解有效的选择，就必须有充分的信息交换。这一观点与斯塔瑟的信息取样模型不谋而合。[①] 信息取样模型认为，群体成员充分的信息交换是正确决策的前提，而当讨论是无结构的，且所讨论的是判断任务时，群体讨论往往容易出现两种偏差，讨论朝着分享信息方向偏移，讨论朝着有利于群体讨论前偏好的方向偏移。

分享信息是指群体成员都掌握的信息，与此相对的非分享信息，即由单个成员所掌握而其他成员不知道的信息。可见，在对 FTF 和 CM 群体决策效能做比较的时候，信息是否被群体成员充分讨论是关键问题。同样，为了在沟通模式中提高决策效能，研究者对沟通模式中的决策方法也进行了很多探讨。

（二）决策信息不对称

信息不对称理论是指在市场经济活动中，每个人对信息的掌握程度是不同的，掌握较多信息的一方往往处于优势地位，而信息资源匮乏的一方则处于不利地位。该理论认为市场中卖方比买方更了解有关商品的各种信息，掌握更多信息的一方可以通过向信息贫乏的一方传递可靠信息而在市场中获益，买卖双方中掌握信息较少的一方会努力从另一方获取信息，市

---

① Stasser, G., Titus, W. Pooling of unshared information in group decision making: Biased information sampling during discussion [J]. Journal of Personality & Social Psychology，1985，48 (48)，1467 - 1478.

场信号显示可以在一定程度上弥补信息不对称的问题，信息不对称是市场经济的弊病。政府在降低信息不对称对经济造成不利影响的方面应该要起到至关重要的作用。这一理论为很多市场现象如股市沉浮、就业与失业、商品的市场占有、信贷配给、商品促销等提供了解释，并成为现代信息经济学的核心，被广泛应用到从传统的农产品市场到现代金融市场等各个领域。

信息不对称理论的意义当然不止于此。它不仅要说明信息的重要性，更要研究市场中的人因获得信息渠道的不同、信息量的多寡而承担不同的风险和收益。三位经济学家分别从商品交易、劳动力和金融市场三个不同领域研究了这个课题，最后殊途同归。同样地，信息不对称的现象也会产生在群体决策系统中，由于掌握信息程度的不同，参与方的贡献度也不同。掌握信息较多的人提供的意见往往比掌握信息较少的人提供的意见更多也更有参考价值。信息不对称现象在决策结果上就体现为知识断层。所谓知识断层，是指参与人员缺乏对所处环境的了解，或者不具备决策的能力。

对于决策者而言，要充分、准确地理解各个领域科学家、专家、工程师是如何得到他们的判断的，通常是一件十分不易的事情。尤其是当专家们提出不同甚至相反的意见时，这个问题尤其突出。对于一个公共问题的决策，通常可以有多个不同的研究视角，这些不同视角又经常会得出不同的结论。如果这些研究结果不经过恰当的组织，决策者就很难将它们与决策的需要有效地结合起来。

（三）群体思维对沟通过程的影响

群体思维是群体决策中的一种现象，是群体决策研究文献中一个非常普遍的概念，它通常指这样的一种情况，群体成员迫于群体压力使群体对于那些少数反对群体意见的观点做出不客观的评价。群体思维是许多群体都存在的一个通病，它会严重损害群体利益。当群体就某一问题需要征求意见时，群体成员会因为群体压力而处于长时间的沉默状态，后来群体成员会因为某个看似不太合理但又没人反对的意见而选择通过。通常情况下，组织内那些拥有权威、说话自信、喜欢发表意见的主要成员的想法更容易被接受，但其实大多数人并不赞成这一提议。

因为群体成员感受到群体规范要求共识的压力，而不愿表达不同见解。当个体的判断能力受到影响，被迫选择违背自己观点的意见时，群体所做出的决策往往都是不太合理的。当一个组织过分注重整体性，而不能持一种批评的态度来评价其决策及假设，不能吸收个别人的意见时，这种情况就会发生。群体思维并不是反复讨论以集中群体力量的智慧结晶，而是特指在群体决策过程中，个别成员的不同意见得不到群体的重视与客观评价而被忽略掉。只重视多数人或有影响力的人的意见，容易造成智慧的浪费，尤其是当真理掌握在少数人手里的时候，会严重影响群体决策的质量。

为了消除群体思维在群体决策过程中的不利影响，本书探讨的沟通模式是在群体决策支持系统理论基础上衍生出来的导向型群体决策支持系统。这一沟通模式是指由一位专职人员负责记录群体成员的发言，针对他人的发言提出质疑，并针对其中的缺点提出合理化的建议，群体其他成员则对质疑和建议作评价，并将结果显示在共识涌现图中，以此保证群体决策的合理性。

三、互联网群体行为模式的表现

（一）网络行为

在现有的文献理论中，对网络行为的定义不尽相同。有关"网络行为"的定义主要有以下几种：

有研究者认为，网络行为是一种不受现实社会规则和结构制约的虚拟行为。[①] 网络行为的行为人是以"隐形人"的身份出现在网上并自由行动的，摆脱了现实社会诸多人伦关系的束缚，从而淡化了网民的社会责任感，容易出现网络道德行为问题。[②]

也有研究者就"网络行为"这一概念进行了狭义和广义的概括。从狭义的角度上来看，网络行为专指网民在电子网络空间里展开的行为活动。从广义的角度上来看，网络行为不仅仅局限于人们在电子网络空间里展开

---

① 魏晨. 论网络社区的社会角色与行动［J］. 江苏师范大学学报（哲学社会科学版），2001，27（2）：141-146.

② 张鹏超，李杰. 网络行为的负面影响分析［J］. 包头职业技术学院学报，2004（4）：52-53.

的那些虚拟形态的行为活动，同时也包括那些与互联网密切相关的，同时在很大程度上要借助和依赖于互联网络，才能顺利展开的行为活动。①

上述定义虽然表达方式不同，但都具有一定的共同点，即都将网络行为视为一种虚拟性、隐匿性、低约束性的行为活动。基于以上观点，结合本书的研究主旨，本书将其定义为：网络行为是一种借助互联网开展的虚拟行为活动，具有身份隐匿性的特征，但网络行为依旧是现实社会行为的一部分，不能完全脱离现实社会的相关约束。网络行为虽然发生在虚拟的网络空间中，但人们通过网络行为所表现的依然是其自身的意志，因此网络行为依旧是一种由人所主导的实质性的行为活动。

（二）互联网群体行为

在社会学的相关理论中，群体是指两个或两个以上的人，为了达到某一共同目标，以一定的方式联系在一起进行活动的人群。从心理学的角度上看，群体成员具有共同的目标和价值观，彼此之间相互认识、交流与影响，群体成员对群体有强烈的认同感和归属感。而互联网群体正是在网络空间中以认同感和归属感为感情基础形成的、可以满足个体需要的一类群体。

现有社会学和心理学对互联网群体行为有诸多定义。如冯国栋认为，在互联网背景下，互联网群体行为具有一定的目的性和不确定性，它是指大量网民通过互联网平台聚集在一起参与表达和行动的社会事件。② 曾舟参考了社会学有关群体行为的概念，并结合了网络空间的特征，在此基础上提出了互联网群体行为的概念。③

结合以往文献，本书将互联网群体行为定义为：在互联网空间中，大量网民基于特定的共同感情诉求，在非预期的特定阶段通过网络集中参与社会事件的行为活动。互联网群体行为具有一定的目的性，但缺乏组织性与计划性，因此互联网群体行为具有不确定性的特征。

（三）互联网群体行为特征

在互联网空间中进行社会活动的群体，一方面要遵循互联网平台运行

① 李一. 网络行为：一个网络社会学概念的简要分析 ［J］. 兰州大学学报（社会科学版），2006，34（5）：48-53.
② 冯国栋. 基于群体心理的大学生网络群聚行为研究 ［D］. 西安科技大学，2011.
③ 曾舟. 互联网群体行为失范的政府治理机制研究 ［D］. 电子科技大学，2012.

的一般规范，另一方面，其在现实社会情境中的个体经历和生活经验也会影响互联网群体行为。网络社会中活动的群体来源于现实社会中的每一个单独的个体，群体成员根据个人的兴趣、价值观念和各种需求进行相应的网络社交活动。群体成员一般都为了同一个目标聚集在一起，所以同一类型的主题可以吸引大量的个体参与进来，但是这样的集群活动并不一定能形成群体行动。一般来说，只有在特定的公共事件中，在特定的主题影响下，借助特定的因素，群体参与的网络活动才有可能形成相对一致的群体性行动。网络平台的群体活动一般呈现出松散无序的状态，随着新媒体移动平台的广泛普及，群体成员利用自己手中的新媒体移动平台获取信息，并与其他群体成员取得联系。如此一来，群体成员在获取信息的同时更加确定自己的目的，在特定公共话题下，群体行为一触即发。

在这样的环境下，互联网群体行为表现出三个特征，即瞬间易逝性、面具性和暴力性。这三个特征具有一定的共性。其一，从对象上看，互联网群体行为具有明确的目标，或者是具体人物，或是具体组织机构。也就是说，群体的诉求目标是一致的，许多引起互联网群体行为的公共事件源自现实社会的问题，新媒体起到极大的信息扩散效用。其二，从方式上看，互联网群体行为主要借助新媒体平台传播和开展，互联网群体行为有特定的组织者或者团体，表达的渠道主要在网络平台。其三，从过程上看，互联网群体行为一般会经过两个阶段，首先是群体成员情绪的酝酿阶段，特定的话题会引发群体成员的讨论，这是主题聚焦的阶段，群体成员会根据自己的价值观分为不同的阵营。再次是行动爆发阶段，随着公共话题事件的不断发展，互联网群体的行动开始形成一致，尽管这种一致并不是建立在理性判断的基础上，更多的是随着群体的情绪不断爆发，进而演化成暴力行为。

（四）互联网群体行为负面结果

互联网群体行为失范是在网络行为失范的基础上，针对互联网群体而提出的细分概念。从管理学角度上说，对于群体和个体的管理方式是截然不同的，群体的人数基础庞大，更加难以管理，因此必须要对群体进行更加深入的研究分析才能提出相应的管理对策。基于前文对网络行为、互联网群体行为概念的界定，本书将互联网群体行为失范界定为：两个或两个以上的网民基于特定的共同感情诉求，在非预期的特定阶段使用互联网参与社会事件，因违背一定的社会规范、价值观念与道德标准而产生的有偏差的行为活动。

在该界定中，互联网群体的失范行为是因行为主体使用互联网而发生的，包含了纯粹在虚拟的网络空间中所产生的行为活动和借助互联网平台而产生的行为活动。互联网群体本身是一种非正式群体，而互联网群体的失范行为又是一种非预期的行为，因此具有不确定性；同时由于该行为的主体是基于特定的共同感情诉求而聚集在一起的，从而具有目的性；互联网群体失范行为针对的是社会事件，在很大程度上是社会热点问题，说明社会热点问题在网络上更容易得到关注与传播；互联网群体行为失范是一种有偏差的行为活动，会造成一定的负面结果。①

（五）互联网群体行为模式表现

所谓模式，其实就是解决某一类问题的方法论。当把解决某类问题的方法总结归纳到理论高度，那就是模式。其经典定义是：每个模式都描述了一个在我们的环境中不断出现的问题，然后描述了该问题的解决方案的核心。通过这种方式，你可以反复地使用那些已有的解决方案，无须再重复相同的搜索与认知工作。模式有不同的领域，当一个领域逐渐成熟的时候，自然会出现很多模式。

行为模式，是指在特定的共同体内部，针对类似决策问题的解决方法中，被广泛接受并成为个体成员习惯的有效行为方式。共同体内部特定行为模式的形成前提是群体内部成员之间的人际互动行为。在一个随机配对的交易行为空间中，某种交易行为在特定频率中占优或有效率的事实，会被互动交易者所察觉并学习模仿。而当该类行为在更大范围和更频繁的互动行为中凸显其占优性和有效性时，该行为就会逐渐演化为一种行为模式。行为模式得以形成，源于个体认知之间共识的形成，也即针对特定行为的群体认知所具有的某种共享的意义和知识。该类知识带有明显的可交流、易传播的特征，并能够借助语言和文字被群体内部的成员轻易掌握，并加以利用。

群体认知所具有的知识与个体认知所具有的知识之间的一个显著差别在于，后者在多数情况下是默认就懂的知识，即典型源于个体经验和感受

---

① 曾舟. 互联网群体行为失范的政府治理机制研究 [D]. 电子科技大学，2012.

所形成的无法明确表达的认知。对于特定的共同体而言，行为模式的形成具有明显的效率特征和实体化作用。

行为模式有利于降低群体内部人际互动行为的交易成本和信息成本，行为模式将有效地形成群体行为的界限表征。在人类社会发展的特定阶段，当一个共同体系统较为封闭时，以群体认知为基础的特定文化所内含的核心价值观和行为准则体系，将主宰特定文化语境中社会行动者的实际行为，并固化某种行为模式；在其解释背后，基于群体认知的"文化"概念，则往往蜕变为概念魔术和随意乱贴的标签。换言之，在封闭社会中，没有一个作为外在约束规则体系的文化，呈现在社会行动者面前，迫使他依照规则而行事。

与此相反，当一个社会体系处于开放状态时，群体间不同文化所内含的核心价值观和行为准则体系，将会产生互动性冲击，从而形成一种竞争融合的态势，并在长期发展中打破那些不适合社会发展和市场交易的价值观以及行为模式体系。

概括而言，以群体认知为前提的社会文化、共同知识等认知起源，将会对群体成员的个人行为产生影响，并形成特定的行为模式。这种影响大致可以归纳为以下三个方面：①群体认知和共同知识作为"工具箱"，可为社会行动者的行动策略提供多重选择的资源；[1] ②群体认知会在特定群体的社会行动中体现出来，或在社会互动中通过特定的群体成员的同质性的社会行动，生产和再生产群体行动风格（行为模式）；③在群体社会行动的基础上，文化和共识作为群体风格和群体行为的社会表征体系，不断地生产和再生产。[2]

简言之，群体认知影响社会行为，并不是为行为定向提供终极价值，而仅仅是形塑社会行动者的习惯、技能和风格的材料库或工具箱，以方便社会行动者建构其多元的行动策略。群体知识和文化能够赋予社会行动者多元的行动策略，并在社会行动者的具体行动和日常实践中得以体现。它通过特定的群体成员的同质性的社会行动，生产和再生产群体行动风格和群体的社会认同。

---

①　Swidler A. Love and adulthood in American culture [DB/OL]. AGRIS，1986.

②　Moscovici S. The history and actuality of social representations [J]. The Psychology of the Social. 2000：209-247.

群体行动风格的生产和再生产过程，为群体成员不断地提供或使他们不断地建构作为整体的群体社会表征。它是特定群体在社会行动中不断建构和重构的有关社会实在的共享参照框架，以使我群体和他群体的符号边界不断生产和再生产。而这种不断生产和再生产的群体社会表征体系，又成为社会行动者后继的社会行动资源。

概括而言，在以上的群体认知与文化和社会行为关系的相互影响中，个体社会行动者及其社会行动，处在互动行为功能序列的核心。通过社会行动者所负荷的互动行为（其最基本的独特形态就是商业交换行为），作为工具箱的既定群体知识、文化资源、群体行动风格和群体的社会表征体系，得以具体体现并相互关联，从而促进共同体内部行为模式的生产与再生产，并在群体之间进行行为表征与符号边界的生产和再生产。[①]

我们身边的每个人在衣着打扮、表情神态、举手投足、说话办事等社会行为上都具有一些外在倾向，很容易被识别和判断，比如评价某人时会说他像个"搞艺术的""书呆子""保镖"等，表明不同的群体有不同的行为准则和期望标准。有些是群体内有严格规定的，比如军人的站姿、坐姿，而更多则是自发形成的，如流行于群体中的歌曲、衣着、饮食等，这些规范、准则、习惯和风格潜移默化地影响成员的行为及人格发展，并最终演化为一种群体行为模式。[②]

群体行为模式容易形成认知的标准化。每个人对事物的看法各不相同，如果他们结合为某个群体，由于个体受群体的影响，在判断和评价上会和群体逐渐趋于一致，这就是群体行为模式具有的认知标准化功能。群体行为模式的统一标准规则使群体成员有了约束自己行为模式的依据，虽然这种依据可能不是自愿的，但迫于群体的压力也会表现出顺从。这种功能并不是外在的、强迫的，而是内在的、自觉的，已经内化为每个成员的个人意识，在无形中起着作用。从众是沟通中一种很常见的现象，当群体成员发现自己的意见与其他成员意见不一致时，往往首先不会发表自己的意见，而是先听取他人的意见。当越来越多的人遵从某个人的主流意见时，该成员就会产生从众心理，放弃自己的想法，从而遵从多数人的意见。

---

① 顾自安. 从 OIE 与 NIE 的比较看制度范式的转向 [J]. 东岳论丛, 2007 (5): 26 - 31.

② 付旭东, 张伟, 辛瑞鹏. 对群体行为模式的研究及其意义 [J]. 刑事技术, 2012, 37 (4): 52 - 55.

群体行为模式具有定向功能。这种功能为成员划定了活动范围，制定了日常行为方式，告诉他们该怎么做和怎么说。有悖于群体行为模式的成员会受到其他成员的否定、批评、质疑和排斥，被认为是"错误""卑鄙""幼稚""可悲""可笑""怪异"的，比如穿着西装搭配旅游鞋的行为被某个群体普遍接受，但在另一个群体看来是滑稽可笑、不合时宜的。

四、互联网群体思维策略与决策结果

在互联网群体中，人的理性介于完全理性和非理性之间，即人是有限理性的。在群体决策和群体行为发生的过程中，充分接触和争辩都提高了群体成员的问题解决和学习的质量。行为决策理论始于 20 世纪 50 年代，由西蒙提出，是研究人在决策过程中的行为规律的科学。

在群体决策过程中，一旦出现了群体思维，决策将不能够按照理性的程序进行，而且会直接导致出现很多的过程缺陷，包括：不全面研究变通的方法；不全面研究决策目标；不考察既定选择的冒险性；信息资料研究不充分；对既有资料处理时的选择性偏见；不重新评价其他的选择；不制定其他的备用方案。[①]

群体决策是一个动态多阶段的交互过程，而有的观点认为群体思维是一个过程而不是变量。按照这种观点，群体思维发生在群体决策的各个阶段，从问题的提出到方案的生成，从方案的生成到方案的评估，以及最后的决议阶段，群体思维都有可能对其产生影响。因为群体的决策不是最后一拍而定的，而是经过各个阶段的讨论商议决定的，而群体思维又贯穿在各个阶段，所以群体思维影响着群体决策。群体决策的失误也是由多种因素引起的，所以研究假设群体思维对群体决策起着负面影响，或者至少会使决策结果偏离最初的设定目标。关于这方面的研究文献目前还不是很多，知道了群体思维对群体决策过程及结果的影响，就可以进一步地研究如何去防范它。[②]

---

① Pratkanis A R，Turner M E. Social identity maintenance prescriptions for preventing groupthink：Reducing identity protection and enhancing intellectual conflict ［J］. International Journal of Conflict Management，1994，5（3）：254 - 270.

② 刘军，张立柱，邵来成. 基于知识交互网络的群体思维研究 ［J］. 知识经济，2013（16）：125 - 127.

第四章

互联网群体传播的影响因素

第一节　互联网群体事件受众参与影响因素

网民数量的增长、互联网的不断革新，将现实社会带入了一个虚拟的网络空间中。随着新型社会问题的凸显和民众社会生活参与意识的提高，他们不再满足于通过互联网获取信息，而是借助网络的时效性、互动性、集群能力等，以各种方式参与到群体事件之中，对社会造成了深刻的影响。2014 年 12 月，"聂树斌案"启动再审，在 2016 年被最终判定为无罪。在此期间，案件在全社会引发了广泛的讨论和反思，新浪微博话题"聂树斌案"的阅读量达七千多万次，多数讨论集中于反思冤案成因、呼吁避免悲剧重演、严格追责、案情复查四次延期争议等，舆论场话题层次丰富但焦点集中。"聂树斌案"也成了《人民日报》、新华社等主流媒体报道的中心，"回顾聂树斌案 22 年""聂树斌死后的 7890 天""申冤 21 年"等标签被反复提及，助推网络舆情的白热化。[①]"雷洋事件"发生后，多家官媒迅速加入报道，不断挖掘和披露更多的细节，央视新闻频道以《家属：要求公开执法记录仪视频》为题进行专题报道，《人民日报》独家采访现场执法的带队民警，对事件中普遍关注的十大热点问题进行了回应。各大媒体以迅速的反应和及时的追踪，引导网络舆论，使网民摒弃非理性的情绪宣泄，将关注点转移到事件真相，形成了舆论倒逼的格局，促使涉事机关正

---

① 聂树斌案再审改判无罪舆情研究. 法制网政法舆情 http://yuqing. legaldaily. com. cn/opinion/index. php/post/index/poid/3332，2016.

面回应。[1]

近年来，诸如"聂树斌案""雷洋事件""于欢事件"等在网络上引起热议。框架理论指出，媒体框架将会构造受众框架，在个人的认知、态度、行为等方面产生效果。互联网环境下，虽然网民作为自媒体的发声在一定程度上影响着网络群体事件的走向，但司法争议事件多涉及专业法律知识，主流媒体在这方面仍拥有无可比拟的优势，仍然是受众全面获取事件信息的重要途径，并影响到受众对事件的认知。这些大案要案所传达的"无罪推定"信号和"司法温度"理念，日后仍需借助官方新媒体、网络视频直播等新媒介形式多探索、多呈现，以个案和点滴的累积巩固司法专业与公众认知间的桥梁。[2] 在司法争议类网络群体事件中，主流媒体所选用的那些报道框架也反映着其进行舆论引导的方向，引起受众对于某些特定信息的注意，可以对受众在网络群体事件中的参与产生一定的引导作用。

一、媒体报道框架对受众参与的影响

大多数的研究认为，传播中的框架十分重要，它们确实影响到了受众的态度和行为。伊扬的研究结果显示无论是情节式框架还是主题式框架都会对个体如何指定政治议题的责任产生影响：情节式框架倾向于激发个人责任归因而不是社会责任归因，主题式框架倾向于激发社会责任归因而不是个人责任归因，最终框架的政治影响是倾向精英或建制机构。[3] 卡佩拉和杰米森发现受众面对新闻报道时反应非常灵敏，微妙的报道框架变化就会引起受众的连锁反应，当使用策略性或冲突性新闻框架时，可以激活受众的犬儒主义反应，使他们对政治竞选、政策和政府新闻态度冷漠，同样地，犬儒主义的态度也间接体现在了受众对媒体的态度取向上。[4] 聂静虹

① 雷洋死亡事件舆情研究. 法制网政法舆情 http：//www. legaldaily. com. cn/The _ analysis _ of _ public _ opinion/content/2016-05/30/content _ 6652376. htm，2016.

② 张力，齐思慧，杨卫娜，等. 大数据点赞砥砺奋进的五年｜司法改革篇［EB/OL］. 人民网舆情监测中心. http：//mp. weixin. qq. com/，2017.

③ Shanto Iyengar. Is anyone responsible? How television frames political issues ［M］. Chicago：The University of Chicago Press，1991.

④ Cappella J N, Jamieson K H. News frames, political cynicism, and media cynicism ［J］. Annals of the American Academy of Political & Social Science，1996，546（1）：71 - 84.

指出，在政治信息的处理过程中，媒介框架可以通过塑造不同维度的思考方式和架构方式，从而改变个人信息处理策略和认知、思考方式，如道德框架、物质性框架、策略性框架和价值框架会激发人们采取不同的决策标准；同时，框架的多样性会影响受众的信息寻找和动机。[①] 普林斯和特克斯伯里提出了"预设判断效应"模式，借此让受众能够主动接受和认可媒介框架。[②] 马庆、尹应芬研究发现，《楚天金报》在"5·12汶川大地震"中的情感报道以低层次框架结构为主，产生了"使用—满足"的效果。[③] 梅洛德和德滕伯考察了一次社会抗议活动的电视新闻报道框架效果，200多名实验者观看了电视报道，按照维持现状的程度不同分为高、中、低三种层次，结果表明，维持现状的报道对观看者具有显著效果：使受试者更倾向于批评抗议者，不愿分辨抗议者；受试者对警方批评更少，对抗议者的表达权支持更少；同时，维持现状的报道也产生了对抗议效果、公众支持的低评价——公众认为报道新闻价值较低。[④] 总体看来，媒体报道框架的效果已得到多数研究的确证，但是主流媒体报道框架产生效果的方式，以及不同框架在不同情境下对受众行为产生的效果存在差异。因此，笔者认为，在司法争议类网络群体事件中，主流媒体不同类型的报道框架对受众参与的影响存在显著差异。

二、报道时效性对受众参与的影响

新闻时效性是指新闻事件发生后，相关新闻报道出现的时间与事发时间之间的间隔，时效性突出了"传播时间"的概念，能展现与传播效果的关系，以及和外界传播环境相关的因素之间的关系。[⑤] 在互联网时代，信息同步速度快，关于网络事件的报道会很快充斥各大网络媒体、论坛、微

---

① 聂静虹. 论政治传播中的议题设置、启动效果和框架效果 [J]. 政治学研究，2012 (5)：111-123.

② Price V，Tewksbury D. News values and public opinion：A theoretical account of media priming and framing [J]. Progress in the Communication Sciences (Vol. 13). 1997.

③ 马庆，尹应芬. 公共危机事件中的情感报道框架及效果——以"楚天金报·情牵汶川大地震历险倾诉"为例 [J]. 当代传播，2009 (1)：100-102.

④ Mcleod D M，Detenber B H. Framing effects of television news coverage of social protest [J]. Journal of Communication，1999，49 (3)：3-23.

⑤ 童兵. 理论新闻传播学导论 [M]. 北京：中国人民大学出版社，2000.

博等，会在短时间内造成广泛的影响。① 陆钦斯对相互冲突信息不同呈现顺序进行研究后发现，当面对两种具有冲突性的信息时，哪种信息出现的时间越早，它被受众接受的可能性就越大，这被称为"首因效应"。② 传统媒体时代，主流媒体往往是人们面对重大突发事件的首要关注对象，核心信源和时效保障了其权威性，但在公民记者时代，在突发事件面前主流媒体在速度方面无法比拟事件发生当时就在现场的公众，其时效性受到挑战。③ 吕晴通过对突发公共事件中政府官方信息传播效果的研究指出，舆情持续时间和发布时效呈正相关，在事发后半天的时间内发布信息，其舆情持续时间能够降到最小值。④ 柴漫通过对马航失联报道的研究指出，在40 天的研究样本内，新华社认证的官方微博——新华视点在事件的初始发生阶段（8 日内）发布的微博数量占比 53.89%，在升级扩散阶段（9—18日内）占比 32.40%，在消散下降阶段（19—40 日内）占比 13.71%，事发当日的报道数量达到了峰值。⑤ 虽然网络时代主流媒体在时效性上已不再占有绝对优势，但并不代表主流媒体能够忽视时效的重要性或倦怠于追求时效性。当前社会，重大事件发生后，网络舆论迅速聚集，作为主流媒体应抢先掌控对真实信息的发布，深入、广泛地报道舆论焦点问题，以赢得话语主动权，防止虚假信息泛滥、情绪化言论蔓延，引导公众舆论与行为向理性的方向发展。⑥ 因此，在司法争议类网络群体事件中，主流媒体的报道时效性对受众参与的影响存在显著差异。

此外，网络群体事件在发展中存在着演化阶段性。付允等将群体性事件划分为潜伏、发展、高潮和平息四个阶段，⑦ 罗成琳等将突发性的群体事件分为矛盾积累、伴随性事件显现、主要矛盾爆发、争议冲突解决和事

① 周思博. 网络事件中群体极化效应的演化机制及其应对研究 [D]. 湖南师范大学，2013.

② Luchins A S. Primacy-recency in impression formation [J]. Order of Presentation in Persuasion，1957.

③ 郭沛沛. 新媒体对主流权威媒体的冲击效果原因浅析 [J]. 新闻传播，2016（18）：33 - 34.

④ 吕晴. 突发公共事件政府新闻发布效果研究 [D]. 上海交通大学，2013.

⑤ 柴漫. 中英主流通信社关于突发事件的官方微博报道比较研究——以"马航失联事件"为例 [D]. 上海交通大学，2014.

⑥ 齐亚宁. 新媒体环境下主流媒体舆论引导面临的挑战与对策 [J]. 新闻知识，2013（9）：28 - 29.

⑦ 付允，刘怡君，牛文元，等. 和谐社会构建中群体性事件演化过程分析 [A]. 和谐发展与系统工程——中国系统工程学会第十五届年会论文集 [C]，2008：36 - 43.

态恢复五个阶段。认为在事件的不同发展阶段，受众接受到不同类型的信息，对事件的认知会发生变化。① 因此，在司法争议类网络群体事件中，主流媒体的报道框架类型和报道时效性会对受众的参与产生交互作用。

第二节　互联网群体事件意见领袖影响因素

本节研究意见领袖对网络传播意愿的影响，结合了其线上言论与线下行为。在网络空间和现实空间的界限日益模糊的今天，结合线上言论和线下行为，才能全方位描摹和勾勒出意见领袖的整体行为，在此基础上对其网络影响力的研究，才真正具有现实意义。

一、意见领袖对公共危机传播影响的理论与问题

（一）线上意见领袖的框架效应影响模型

框架效应是风险决策领域的经典理论之一。决策是人类的一种高级认知过程。耶茨强调了决策的目的是"为了获得一个预期令人满意的结果"。②有学者在研究亚洲疾病问题时发现了人们在决策过程中存在一种偏好反转的现象，反转的原因在于对同一个问题采用不同的表述方式，这种偏好反转的现象被称为框架效应，该理论打破了标准化决策理论和预期效用理论的不变性。研究显示，决策的制定是以两类信息为基础的，即外显信息和内隐信息。外显信息可以通过工作记忆和知识来分析和评价，而内隐信息更多地是与意识及非意识层面相关，具有"直觉"的特点，其信息加工的过程被称为"框定（framing）"。③

框架效应的实验模式中，由于实验材料与实验被试之间是互动的关系，有学者研究被试的卷入度对框架效应的影响，但目前尚未得到一致的

　①　罗成琳，李向阳. 突发性群体事件及其演化机理分析［J］. 中国软科学，2009（6）：163－171.

　②　Yates J A. Control through communication：the rise of system in American management［J］. Science，1990，247（4941）：474－5.

　③　Tversky A，Kahneman D. The framing of decisions and the psychology of choice［J］. Science，1981，211（4481）：453－458.

结论。段锦云、曹忠良和娄玮瑜的研究发现框架效应的存在并不如预期中那么普遍。[1] 有学者提出，框架效应对理性决策的干扰是客观存在的，会影响决策者的理性决策。[2]王凯的研究支持了该观点，发现框架效应会对突发事件中决策者的理性决策起到干扰作用，从而降低决策者对突发事件的有效性，甚至会使事态恶化并造成重大损失。[3]

有学者认为，诉求模式指的是传播者有意识运用的各种策略，形成或改变受众的认知和态度，并最终导致行为，诉求模式主要包括理性诉求和感性诉求。[4]所谓理性诉求是指诉求定位于受众的理智动机，真实、准确、公正地传达客观情况，使受众经过概念、判断、推理等思维过程，理智地做出决定。理性诉求一般是需要经过深思熟虑才能决定的。在理性诉求中进行理性传达，往往向受众传达彼此具有很强逻辑关系的信息，利用判断推理来加强说服力。所谓感性诉求是指诉求定位于受众的情感动机，通过表现与危机事件相关的情绪与情感因素来传达信息，以此对受众的情绪与情感带来冲击。感性诉求是直接诉诸受众的情感、情绪的信息表达方式。

在感性诉求中传递的是软信息。吸引力不仅在于对受众视觉的冲击，更源于对其心理的冲击。因为，精神的东西比物质的东西更长久，更有生命力。感性诉求直接着眼于目标受众的情绪、情感，如喜悦、恐惧、爱、悲哀等。从这种诉求中，受众首先得到的是一种情绪、情感体验，或是对危机事件的一种感性认识及软信息。这种软信息能在无形中把意见领袖的思想注入受众的意识中，潜移默化地改变受众的态度。

至此，提出第一个核心问题：

Q1. 公共危机传播中，意见领袖的线上内容框架是否会对受众的传播意愿产生影响？

在二级传播理论中，意见领袖常被当作是普通受众的信源所在。而信源的公正性、客观性、全面性会影响受众的认知与反馈。公正性、客观

---

① 段锦云，曹忠良，娄玮瑜. 框架效应及其认知机制的研究进展 [J]. 应用心理学，2008，14（4）：378-384.

② Kühberger A. The influence of framing on risky decisions：A Meta-analysis [J]. Organ Behav Hum Decis Process，1998，75（1）：23-55.

③ 王凯. 突发事件下决策者的框架效应研究 [D]. 浙江大学，2010.

④ Huang K C，Wang Y C，Dong R X，et al. A high performance dye-sensitized solar cell with a novel nanocomposite film of PtNP/MWCNT on the counter electrode [J]. Journal of Materials Chemistry，2010，20（20）：4067-4073.

性、全面性较强的信息更容易得到受众的普遍认可和积极响应。

由此提出假设一、假设二：

H1. 公共危机传播中，意见领袖的理性线上内容框架会使受众产生更强烈的转发意愿。

H2. 公共危机传播中，意见领袖的理性线上内容框架会使受众产生更强烈的评论意愿。

（二）线下实际行为

在实际公共危机的传播中，意见领袖的影响是客观存在的，因此意见领袖的线上内容框架对受众的转发行为是有一定程度的影响的。然而，线上内容框架只是在虚拟环境下的诉求，很多时候并不是所有人都会在这个虚拟的世界里面讲述真实的想法。网络空间与现实空间之间存在着隔离与联通两种关系。随着互联网和移动互联网技术的飞速发展，人类社会进入到网络空间与现实空间平行与交叉的双重时空。[①]在这种交互作用之下，现实空间中的信息也在不断地进入网络空间，并对网络空间的生态产生一定的影响。根据在微博平台上观察到的现象，在公共危机中，部分微博意见领袖不仅在网络空间中有所作为，更伴随着现实空间中的实际行为，比如：在 2008 年的汶川地震中，很多名人赴灾区救援，引发网友热切关注。

针对越来越多的这种情况，可以由此略作联想：意见领袖的线上言论是否有线下行为作为补充，有可能会对受众的网络传播意愿产生影响，由此我们可以提出如下问题：

Q2. 公共危机传播中，意见领袖的线下实际行为是否会对受众的传播意愿产生影响？

而通过各种各样例子的结果以及数据来看，意见领袖的线上言论和线下行为的一致性是会对受众的转发行为产生很大的影响的。比如在当年汶川大地震发生的第一时间，微博上就有不少大 V 转发并评论了这次地震的受灾情况，并且呼吁大家积极捐款。之后，这些大 V 纷纷在现实中掏出了自己的部分积蓄捐给了灾区的受灾群众，而在此时，明显可以看出对这些大 V 评论的微博转发量达到了一个新的高度，并且捐款的情况也在往积极

---

① 周蜀秦，宋道雷. 现实空间与网络空间的政治生活与国家治理［J］. 南京师范大学学报（社会科学版），2015（6）：50－57.

的方面发展。

由此提出假设三、假设四：

H3. 公共危机传播中，意见领袖有线下实际行为会使受众对线上内容产生更强烈的转发意愿。

H4. 公共危机传播中，意见领袖有线下实际行为会使受众对线上内容产生更强烈的评论意愿。

（三）事件相关性

在很多的公共危机事件中，若意见领袖与事件并没有任何关联之处，那他就只是单纯客观地发表自己的意见。然而当公共危机事件与意见领袖本身息息相关的话，此时此刻意见领袖发表的言论则很大程度上会给受众带来一种观念，即此时意见领袖的言论是带有很大程度上的主观色彩在的。这两种情况之下意见领袖的言论会对受众的转发行为产生不一样的影响。

在非常规的意见领袖群体构成研究中，舆情意见领袖与非常规事件本身有着很密切的关系，他们往往会是非常规事件发生过程中的构成部分，而且意见领袖将自己与事件结合在一起，会使舆情的发展呈现出可信性。

突发公共事件的直接利益相关方，理所当然地成为微博传播的活跃分子；公共知识分子作为间接利益相关方的代表，成为重要的传播主体；非利益相关者也越来越多地卷入突发公共事件的微博传播过程。

因此研究提出以下问题：

Q3. 公共危机传播中，意见领袖的事件相关性是否会影响其线上内容框架对受众传播意愿的作用？

而在经历了一系列的调查问卷的分析与计算之后，我们得出了如下的假设：

H5. 公共危机传播中，意见领袖的事件相关性，与其线上内容框架对受众的转发意愿的影响负相关。

H6. 公共危机传播中，意见领袖的事件相关性，与其线上内容框架对受众的评论意愿的影响负相关。

Q4. 公共危机传播中，意见领袖的事件相关性是否会影响其线下实际行为对受众传播意愿的作用？

同样经历了一系列的调查问卷的分析与计算之后，我们得出了如下的假设：

H7. 公共危机传播中，意见领袖的事件相关性，与其线下实际行为对受众的转发意愿的影响负相关。

H8. 公共危机传播中，意见领袖的事件相关性，与其线下实际行为对受众的评论意愿的影响负相关。

二、意见领袖对公共危机传播影响的研究过程

为了探索和研究上述提出的多个假设是否成立，本书采用了一个 2 (线上内容框架：理性线上内容框架 VS 感性线上内容框架) ＊2 (线下实际行为：有线下实际行为 VS 无线下实际行为) ＊2 (事件相关性：高相关性 VS 低相关性) 的组间研究设计进行实验。

（一）前测实验

本书首先进行了一个 90 人的前测，用以确定正式实验的材料。

公共危机的组织主体是政府及相关部门，因此本书设定的事件责任主体即为政府及相关部门。

实验材料包含自变量——线上内容框架，即理性线上内容框架与感性线上内容框架。体现两种线上内容框架的实验材料的最终呈现内容通过一系列前测（$n=90$）来获得。

本书在实验材料的撰写中，对线上内容框架的设定如下：

（1）理性线上内容框架，往往通过真实、准确、公正的内容来进行无感情色彩的客观传达。在实验材料中表述为，意见领袖所发的微博客观描述了公共危机事件的基本情况，并平铺直叙地表达了对政府救灾的期许，并不带有明显的情感色彩。

（2）感性线上内容框架，往往通过带有情绪、倾向的内容来进行渲染性的传达。在实验材料中表述为，意见领袖所发的微博不仅没有客观描述公共危机事件的基本情况，反而更有渲染性地表达了对政府尚未有力救灾的不满，带有强烈的情感色彩。

部分实验材料见图 4－1 和图 4－2。

Z省气象专家   ˅

2 mins ago come from 微博 weibo.com

受台风M影响，Z省多地出现特大暴雨，截止至今已造成50万人受灾，6人死亡，直接经济损失18亿元。希望政府能够加大救灾力度，众志成城，早日度过危机。

图4-1   "理性线上内容框架"实验材料

Z省气象专家   ˅

2 mins ago come from 微博 weibo.com

台风M带来的特大暴雨已造成Z省50万人受灾，6人死亡，直接经济损失18亿元。不知道政府为何迟迟不加大救灾力度，就这样放任不管吗？呵呵！

图4-2   "感性线上内容框架"实验材料

　　所有被试被随机分配阅读两份相对应的阅读材料中的一份，并被要求回答"在上述微博材料中，博主的语言风格是（1. 理性；2. 感性）的?"在阅读了"理性线上内容框架"的材料后，94.4%的被试认为该博主的语言风格是理性的；在阅读了"感性线上内容框架"的材料后，92.2%的被试认为该博主的语言风格是感性的。

　　实验材料包含自变量——线下实际行为，即有线下实际行为与无线下实际行为。体现两种线下实际行为的实验材料的最终呈现内容通过一系列前测（$n=90$）来获得。

　　本书在实验材料的撰写中，对线下实际行为的设定如下：

　　（1）有线下实际行为，表现为在线上发表事件相关的内容之外，在线下有与线上言论相一致的实际行为。在实验材料中表述为，意见领袖在发布公共危机事件相关的微博之外，在生活中有与其线上言论相一致的实际行为，并且该行为可被公众感知到。

　　（2）无线下实际行为，表现为除去在线上发表事件相关的内容之外，在线下无可被明显感知到的与其线上言论相一致的实际行为。在实验材料中表述为，意见领袖在发布公共危机事件相关的微博之外，在生活中无可被明显感知到的与其线上言论相一致的实际行为。

　　部分实验材料见图4-3和图4-4。

Z省百事通

1 mins ago come from 微博 weibo.com

Y省作家在新闻对话栏目中提及近期Z省暴雨灾害，并呼吁大家向受灾地捐款。昨日，该作家亲自奔赴灾区运送救援物资。

Y省作家

2 mins ago come from 微博 weibo.com

台风M带来的特大暴雨已造成Z省50万人受灾，6人死亡，直接经济损失18亿元。不知道政府为何迟迟不加大救灾力度，就这样放任不管吗？呵呵！

图 4-3　"有线下实际行为"实验材料

Y省作家

2 mins ago come from 微博 weibo.com

台风M带来的特大暴雨已造成Z省50万人受灾，6人死亡，直接经济损失18亿元。不知道政府为何迟迟不加大救灾力度，就这样放任不管吗？呵呵！

图 4-4　"无线下实际行为"实验材料

所有被试被随机分配阅读两份相对应的阅读材料中的一份，并被要求回答"在上述微博材料中，博主在现实生活中（1. 有；2. 无）可被感知到的与其线上发布的内容相一致的行为？"在阅读了"有线下实际行为"的材料后，93.3％的被试认为该博主在现实生活中，有可被感知到的与其线上发布的内容相一致的行为；在阅读了"无线下实际行为"的材料后，96.7％的被试认为该博主在现实生活中，无可被感知到的与其线上发布的内容相一致的行为。

实验材料包含调节变量——事件相关性，即高事件相关性与低事件相关性。体现两种事件相关性的实验材料的最终呈现内容通过一系列前测（$n=90$）来获得。

本书在实验材料的撰写中，对事件相关性的设定如下：

（1）高事件相关性，指的是某人在身份背景和利益涉及上，与某事件之间具有可被感知的关联性。在实验材料中表述为，意见领袖身处公共危机事件发生地，并且是公共危机事件相关领域的专家学者。

（2）低事件相关性，指的是某人在身份背景和利益涉及上，与某事件之间不具有可被感知的关联性。在实验材料中表述为，意见领袖不在公共危机事件发生地，并且也不是公共危机事件相关领域的专家学者。

部分实验材料见图 4-5 和图 4-6。

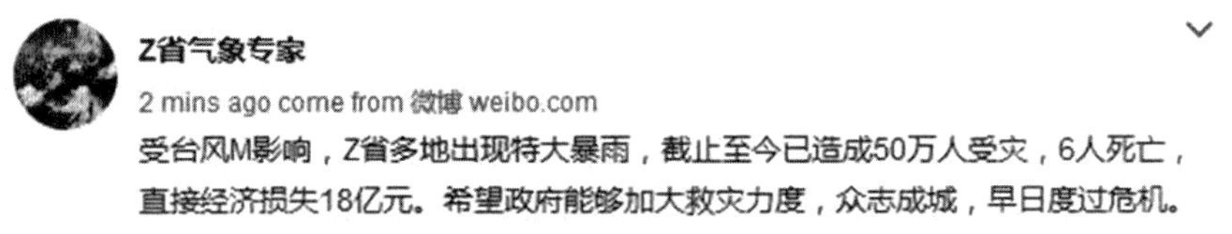

Z省气象专家
2 mins ago come from 微博 weibo.com
受台风M影响，Z省多地出现特大暴雨，截止至今已造成50万人受灾，6人死亡，直接经济损失18亿元。希望政府能够加大救灾力度，众志成城，早日度过危机。

图 4-5 "高事件相关性"实验材料

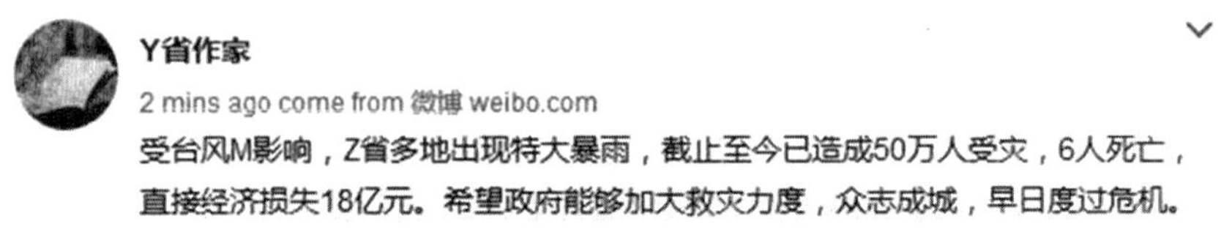

Y省作家
2 mins ago come from 微博 weibo.com
受台风M影响，Z省多地出现特大暴雨，截止至今已造成50万人受灾，6人死亡，直接经济损失18亿元。希望政府能够加大救灾力度，众志成城，早日度过危机。

图 4-6 "低事件相关性"实验材料

所有被试被随机分配阅读两份相对应的阅读材料中的一份，并被要求回答"在上述微博材料中，博主与自然灾害事件具有较（1. 高；2. 低）相关性？"在阅读了"高事件相关性"的材料后，84.4％的被试认为该博主与自然灾害事件具有较高的相关性；在阅读了"低事件相关性"的材料后，86.7％的被试认为该博主与自然灾害事件具有较低的相关性。

本书在对实验材料进行前测的过程中，持续改进材料的呈现内容和呈现方式，并不断完善材料中文字的选取和语句的构建，最终确定了正式的试验材料。

（二）正式实验

本书的正式实验已顺利完成。实验时间为 2016 年 9 月 29 日至 2016 年 9 月 30 日，实验地点为上海交通大学闵行校区，实验被试为上海交通大学闵行校区的在校学生、教职员工、临时访客。

在实验开始的时候，被试收到问卷，所有被试都被要求阅读一则微博短文材料（随机发放），然后填答该实验设计问卷，包括转发意愿以及转发效价的一套题目，并在最后部分填写人口统计学变量，包括一些背景信息：被试的性别、年龄、受教育程度等。在实验进行的最开始，所有被试都被清楚地告知，接下来填答问卷中的微博短文是根据学术研究的需要通过人为撰写而成，是虚拟的材料，实验涉及微博表述的信息内容并不具有真实性。

被试分为 8 组，每组发放调查问卷 30 份，共发放调查问卷 240 份。在调查问卷的回收统计过程中，剔除了存在答题不正确、答题不规范、答题不完整等现象的 7 份调查问卷，最终获得 233 份有效的调查问卷。

（三）实验材料

本书的实验材料为由自然灾害引发的公共危机事件的微博短文。为了模拟更真实的微博情境以便被试更好地融入，创造情境体验感，本书特地在新浪微博注册了相关账号并发布了相应的微博短文。同时，为了避免实验中的虚拟材料信息对现实造成不良的影响，实验材料均采用不公开发布（仅个人可见）的形式进行发布，并没有在现实生活中公开发布这则信息，信息也无法被公众传播。并且，在实验材料制作完成后，研究人员使用截图等方法制作了材料，确保第一时间删除了实验短文微博。

对于实验材料则使用了截图，配合 Photoshop 软件，经后期制作完成，并且屏蔽了与研究意图无关的干扰信息，最大程度地将实验所需测试的信息展现给被试，同时使被试在实验中产生身临其境的微博体验感。

由于微博短文字数限制在 140 字以内，同时考虑到在公共危机事件发生之后最初的信息大多只包含基本信息，在本次实验中使用的材料也试图模拟真实场景中公共危机发生后的状态，因此实验材料也仅提供最基本的信息。

（四）实验对象

在 233 位提供了有效调查问卷的被试中，男性为 109 名，女性为 124 名，占比分别为 46.8% 和 53.2%，大致相近。

在所有被试中，18 岁及以下为 1 名，18～25 岁为 152 名，26～35 岁为 65 名，36～45 岁为 8 名，46 岁及以上为 7 名，青年群体居多，这与微博用户的年龄分布也有一定的关系。

在所有被试中，高中及以下学历为 10 名，本科学历为 90 名，研究生学历为 133 名，这与实验地点的选取有一定的关系。

在所有被试中，哲学专业为 1 名，经济学专业为 15 名，法学专业为 12 名，教育学专业为 6 名，文学专业为 71 名，历史学专业为 5 名，理学专业为 17 名，工学专业为 51 名，农学专业为 6 名，医学专业为 12 名，军事学专业为 1 名，管理学专业为 36 名，较为符合实验地点所呈现的专业分布。

233 名被试的背景条件基本符合本书所需，确保了后期对回收得到的数据进行分析具有意义。

三、实验操纵检验与结果分析

（一）操纵检验

在正式实验的过程中，我们需要对实验的自变量和调节变量进行操纵检验（manipulation check），来确认实验的控制是否成功。只有当对变量的操纵成功后，才能够进入到接下来的实验结果分析部分。如果操纵不成功，则需要重新对实验变量进行设计，并重新进行实验，直到操纵检验通过。

操纵检验的目的就是对实验样本组内或者组间是否存在差异性进行判定，为了明确这一问题，我们需要利用显著性检验这一统计方法，柯惠新等表示显著性检验提供了对于样本资料推断群体间是否具有差异性的统计学上的证据。[①]

1. 线上内容框架的操纵检验

在 8 组实验材料中，4 组为理性线上内容框架的阅读材料，4 组为感性线上内容框架的阅读材料。本书通过在问卷中设置一个相对应的问题来对该自变量进行操纵检验，采用的是李克特七点量表，设置问题"该微博的语言风格属于：1. 非常理性；2. 理性；3. 比较理性；4. 一般；5. 比较感性；6. 感性；7. 非常感性"。所有被试在阅读完实验材料后，都被要求回答上述问题。

---

① 柯惠新，祝建华，孙江华. 传播统计学［M］. 北京：北京广播学院出版社，2003.

本书使用单因素方差分析（ANOVA）的方法对该变量进行操纵检验，得出不同组别（理性线上内容框架 VS 感性线上内容框架）中，被试对于微博的内容框架认知产生显著差异，$F_{(1, 231)} = 829.087$，$p < 0.000$。这说明实验中对自变量"线上内容框架"操纵成功。

2. 线下实际行为的操纵检验

在 8 组实验材料中，4 组为有线下实际行为的阅读材料，4 组为无线下实际行为的阅读材料。本书通过在问卷中设置一个相对应的问题来对该自变量进行操纵检验，采用的是李克特七点量表，设置问题"该微博意见领袖有线下行为"。所有被试在阅读完实验材料后，都被要求对以上陈述进行判断："1. 非常不同意；2. 不同意；3. 比较不同意；4. 一般；5. 比较同意；6. 同意；7. 非常同意"。

本书使用单因素方差分析的方法对该变量进行操纵检验，结果显示不同组别（理性线上内容框架 VS 感性线上内容框架）中，被试对于微博的内容框架认知产生显著差异，$F_{(1, 231)} = 653.067$，$p < 0.000$。这说明实验中对自变量"线下实际行为"操纵成功。

（二）描述性分析

1. 转发意愿的描述性分析

无论线上内容框架、线下实际行为、事件相关性如何，整体的转发意愿是中等偏低的。通过研究可以发现，所有样本（$n = 233$）的转发意愿均值为 3.52（$M = 3.52$），标准差为 1.737（$SD = 1.737$）。而根据本书中所使用的李克特七点量表，要求被试进行判断："1. 非常不愿意；2. 不愿意；3. 比较不愿意；4. 一般；5. 比较愿意；6. 愿意；7. 非常愿意"，本书所有样本的转发意愿均值 3.52（$M = 3.52$），位于"比较不愿意"与"一般"之间，更接近"一般"。所以，整体转发意愿"一般"，整体转发意愿中等偏低。

2. 评论意愿的描述性分析

无论线上内容框架、线下实际行为、事件相关性如何，整体的评论意愿是中等偏低的。通过研究可以发现，所有样本（$n = 233$）的评论意愿均值为 3.61（$M = 3.61$），标准差为 1.640（$SD = 1.640$）。而根据本书中所使用的李克特七点量表，要求被试进行判断："1. 非常不愿意；2. 不愿意；3. 比较不愿意；4. 一般；5. 比较愿意；6. 愿意；7. 非常愿意"，本书所有样本的评论意愿均值为 3.61（$M=3.61$），位于"比较不愿意"与"一般"之间，更接近"一般"。所以，整体评论意愿"一般"，整体评论意愿中等偏低。在本书中，整体评论意愿均值（$M=3.61$）高于整体转发意愿均值（$M=3.52$），所以，整体评论意愿高于整体转发意愿。

3. 传播效价的描述性分析

无论线上内容框架、线下实际行为、事件相关性如何，整体的评论意愿是中等偏低的。通过下表可以发现，所有样本（$n=233$）的传播效价均值为 4.40（$M=4.40$），标准差为 1.377（$SD=1.377$）。而根据本书中所使用的李克特七点量表，要求被试进行判断："1. 非常负面；2. 负面；3. 比较负面；4. 一般；5. 比较正面；6. 正面；7. 非常正面"，本书所有样本的传播效价均值为 4.40（$M=4.40$），位于"一般"与"比较正面"之间，更接近"一般"。所以，整体传播效价"一般"，整体传播效价中性偏正面。

（三）假设检验

1. 线上内容框架的影响

第一个问题讨论的是第一个自变量——线上内容框架（理性线上内容框架 VS 感性线上内容框架）对因变量——转发意愿和评论意愿的影响。

第一步，研究讨论"线上内容框架—转发意愿"。以转发意愿为因变量，线上内容框架为因子，进行单因素方差分析。结果表明，理性线上内容框架情景中，被试的转发意愿（$M=4.05$，$SD=1.769$）明显高于感性线上内容框架情景中被试的转发意愿（$M=3.00$，$SD=1.543$）。理性线上内容框架与感性线上内容框架组间差别显著，$F(1, 231)=23.413$，$p<0.000$。该分析结果支持 H1，即相比于感性线上内容框架，受众对理性线上内容框架有更强烈的转发意愿。

第二步，研究讨论"线上内容框架—评论意愿"。以评论意愿为因变量，线上内容框架为因子，进行单因素方差分析。结果表明，理性线上内容框架情景中，被试的评论意愿（$M=3.91$，$SD=1.722$）明显高于感性线上内容框架情景中被试的评论意愿（$M=3.30$，$SD=1.499$）。理性线上内容框架与感性线上内容框架组间差别显著，$F(1, 231)=8.449$，$p<0.005$。该分析结果支持 H2，即相比于感性线上内容框架，受众对理性线上内容框架有更强烈的评论意愿。

　　第三步，研究讨论"线上内容框架—传播效价"。以传播效价为因变量，线上内容框架为因子，进行单因素方差分析。结果表明，理性线上内容框架情景中，被试的传播效价（$M=4.72$，$SD=1.355$）明显高于感性线上内容框架情景中被试的传播效价（$M=4.09$，$SD=1.330$）。理性线上内容框架与感性线上内容框架组间差别显著，$F(1,231)=13.183$，$p<0.000$。可见，相比于感性线上内容框架，受众对理性线上内容框架有更正面的传播效价。

　　2. 线下实际行为的影响

　　第二个问题即将讨论的是第二个自变量——线下实际行为（有线下实际行为 VS 无线下实际行为）对因变量——转发意愿和评论意愿的影响。

　　第一步，研究讨论"线下实际行为—转发意愿"。以转发意愿为因变量，线下实际行为为因子，进行单因素方差分析。结果表明，有线下实际行为情景中，被试的转发意愿（$M=3.84$，$SD=1.786$）明显高于无线下实际行为情景中被试的转发意愿（$M=3.21$，$SD=1.634$）。有线下实际行为与无线下实际行为组间差别显著，$F(1,231)=7.907$，$p=0.005$。该分析结果支持 H3，即公共危机传播中，意见领袖有线下实际行为会使受众对线上内容产生更强烈的转发意愿。

　　第二步，研究讨论"线下实际行为—评论意愿"。以评论意愿为因变量，线下实际行为为因子，进行单因素方差分析。结果表明，有线下实际行为情景中，被试的评论意愿（$M=3.90$，$SD=1.734$）明显高于无线下实际行为情景中被试的评论意愿（$M=3.31$，$SD=1.489$）。有线下实际行为与无线下实际行为组间差别显著，$F(1,231)=7.684$，$p=0.006$。该分析结果支持 H4，即公共危机传播中，意见领袖有线下实际行为会使受众对线上内容产生更强烈的评论意愿。

　　第三步，研究讨论"线下实际行为—传播效价"。以传播效价为因变量，线下实际行为为因子，进行单因素方差分析。结果表明，有线下实际行为情景中，被试的传播效价（$M=4.53$，$SD=1.336$）明显高于无线下实际行为情景中被试的传播效价（$M=4.28$，$SD=1.412$）。有线下实际行为与无线下实际行为组间差别不显著，$F(1,231)=1.990$，$p=0.160$。可见，虽然有线下实际行为的传播效价明显比无线下实际行为的传播效价更为正面，但是这并没有得到统计学上的支持。

3. 事件相关性的调节作用

第三个问题即将讨论的是调节变量——事件相关性，对两个自变量——线上内容框架（理性线上内容框架 VS 感性线上内容框架）、线下实际行为（有线下实际行为 VS 无线下实际行为）作用于因变量的调节作用。

第一步，我们来讨论事件相关性调节自变量线上内容框架对因变量转发意愿的作用。以转发意愿为因变量，线上内容框架、事件相关性、线上内容框架 * 事件相关性为自变量，进行线性回归（linear regression）分析。结果表明，线上内容框架 * 事件相关性的交互项对因变量转发意愿的作用显著，$p = 0.007$。该分析结果支持 H5，即公共危机传播中，意见领袖的事件相关性，与其线上内容框架对受众的转发意愿的影响负相关。

第二步，我们来讨论事件相关性调节自变量线上内容框架对因变量评论意愿的作用。以评论意愿为因变量，线上内容框架、事件相关性、线上内容框架 * 事件相关性为自变量，进行线性回归分析。结果表明，线上内容框架 * 事件相关性的交互项对因变量评论意愿的作用显著，$p = 0.019$。该分析结果支持 H6，即公共危机传播中，意见领袖的事件相关性，与其线上内容框架对受众的评论意愿的影响负相关。

第三步，我们来讨论事件相关性调节自变量线下实际行为对因变量转发意愿的作用。以转发意愿为因变量，线下实际行为、事件相关性、线下实际行为 * 事件相关性为自变量，进行线性回归分析。结果表明，线下实际行为 * 事件相关性的交互项对因变量转发意愿的作用不显著，$p = 0.802$。该分析结果不支持 H7，即公共危机传播中，意见领袖的事件相关性，与其线下实际行为对受众的转发意愿的影响负相关。

第四步，我们来讨论事件相关性调节自变量线下实际行为对因变量评论意愿的作用。以评论意愿为因变量，线下实际行为、事件相关性、线下实际行为 * 事件相关性为自变量，进行线性回归分析。结果表明，线下实际行为 * 事件相关性的交互项对因变量评论意愿的作用不显著，$p = 0.640$。该分析结果不支持 H8，即公共危机传播中，意见领袖的事件相关性，对其线下实际行为对受众的评论意愿的影响负相关。

四、意见领袖网络传播影响的结果分析

（一）结果验证

至此，本研究中的假设均已验证完毕，结果如下：

Q1. 公共危机传播中，意见领袖的线上内容框架是否会对受众的传播意愿产生影响？

根据正式实验结果，意见领袖的线上内容框架会对受众的传播意愿产生影响。其中：

H1. 公共危机传播中，意见领袖的理性线上内容框架会使受众产生更强烈的转发意愿。

H1 得证，说明在公共危机的微博传播过程中，意见领袖在线上发布的内容越理性，受众的转发意愿越强烈；反之，意见领袖在线上发布的内容越感性，受众的转发意愿越低迷。

H2. 公共危机传播中，意见领袖的理性线上内容框架会使受众产生更强烈的评论意愿。

H2 得证，说明在公共危机的微博传播过程中，意见领袖在线上发布的内容越理性，受众的评论意愿越强烈；反之，意见领袖在线上发布的内容越感性，受众的评论意愿越低迷。

Q2. 公共危机传播中，意见领袖的线下实际行为是否会对受众的传播意愿产生影响？

根据正式实验结果，意见领袖的线下实际行为会对受众的传播意愿产生影响。其中：

H3. 公共危机传播中，意见领袖有线下实际行为会使受众对线上内容产生更强烈的转发意愿。

H3 得证，说明在公共危机的微博传播过程中，意见领袖若有线下实际行为，受众对其线上所发布内容的转发意愿更强烈；反之，若意见领袖无线下实际行为，受众对其线上所发布内容的转发意愿更低迷。

H4. 公共危机传播中，意见领袖有线下实际行为会使受众对线上内容产生更强烈的评论意愿。

H4 得证，说明在公共危机的微博传播过程中，意见领袖若有线下实

际行为，受众对其线上所发布内容的评论意愿更强烈；反之，若意见领袖无线下实际行为，受众对其线上所发布内容的评论意愿更低迷。

Q3. 公共危机传播中，意见领袖的事件相关性是否会影响其线上内容框架对受众传播意愿的作用？

根据正式实验结果，意见领袖的事件相关性会影响其线上内容框架对受众传播意愿的作用。其中：

H5. 公共危机传播中，意见领袖的事件相关性，与其线上内容框架对受众的转发意愿的影响负相关。

H5 得证，说明在公共危机的微博传播过程中，当意见领袖与该公共危机事件具有较高的相关性时，其发布的线上内容的内容框架对受众的转发意愿具有正向的调节作用；反之，当意见领袖与该公共危机事件具有较低的相关性时，其发布的线上内容的内容框架对受众的转发意愿具有负向的调节作用。

H6. 公共危机传播中，意见领袖的事件相关性，与其线上内容框架对受众的评论意愿的影响负相关。

H6 得证，说明在公共危机的微博传播过程中，当意见领袖与该公共危机事件具有较高的相关性时，其发布的线上内容的内容框架对受众的评论意愿具有正向的调节作用；反之，当意见领袖与该公共危机事件具有较低的相关性时，其发布的线上内容的内容框架对受众的评论意愿具有负向的调节作用。

Q4. 公共危机传播中，意见领袖的事件相关性是否会影响其线下实际行为对受众传播意愿的作用？

根据正式实验结果，意见领袖的事件相关性不会影响其线下实际行为对受众传播意愿的作用。其中：

H7. 公共危机传播中，意见领袖的事件相关性与其线下实际行为对受众的转发意愿的影响负相关。

H7 未得证，说明在公共危机的微博传播过程中，意见领袖的事件相关性，对其线下实际行为对受众的转发意愿的作用所产生的影响并不显著。

H8. 公共危机传播中，意见领袖的事件相关性与其线下实际行为对受众的评论意愿的影响负相关。

H8 未得证，说明在公共危机的微博传播过程中，意见领袖的事件相关性对其线下实际行为对受众的转发意愿的作用所产生的影响并不显著。

表 4-1 研究假设验证情况表

假设序号	假设内容	验证情况
H1	公共危机传播中，意见领袖的理性线上内容框架会使受众产生更强烈的转发意愿	√
H2	公共危机传播中，意见领袖的理性线上内容框架会使受众产生更强烈的评论意愿	√
H3	公共危机传播中，意见领袖有线下实际行为会使受众对线上内容产生更强烈的转发意愿	√
H4	公共危机传播中，意见领袖有线下实际行为会使受众对线上内容产生更强烈的评论意愿	√
H5	公共危机传播中，意见领袖的事件相关性，与其线上内容框架对受众的转发意愿的影响负相关	√
H6	公共危机传播中，意见领袖的事件相关性，与其线上内容框架对受众的评论意愿的影响负相关	√
H7	公共危机传播中，意见领袖的事件相关性，与其线下实际行为对受众的转发意愿的影响负相关	×
H8	公共危机传播中，意见领袖的事件相关性，与其线下实际行为对受众的评论意愿的影响负相关	×

（二）分析讨论

1. 线上内容框架的影响

本书研究发现，无论是转发意愿还是评论意愿，当意见领袖的线上内容框架为理性时，都会呈现出更积极的趋势。而这一结论，符合二级传播理论中将意见领袖视为二级信源的假设。

在网络传播的过程中，我们有时会发现那些带有强烈情感和偏向的内容会得到网民更多的关注、更广泛的讨论和更积极的扩散，因为这样的文字内容带有更强的冲击力和感染力，容易在短时间内引起拥有相似情感的网民的共鸣。这点在普通网民身上也许受用，但在二级传播理论中，意见领袖虽然和普通网民处于同一阶层，但在信息的获取、信息的筛选、信息的处理、信息的反馈上会有明显的差异。

不仅这类人群可以感知到自己是意见领袖，其他网民也可以很容易地察觉到他们在某个事件中是意见领袖的身份。当某个个体被认为是意见领袖之后，其属性会发生变化，普通受众对意见领袖的期待会投射于该个体——意见领袖应该要提供即时真实的消息，应该要提供有洞察力的观点，应该要持续跟进该事件等。

在二级传播理论中，意见领袖相比于普通受众而言，更像是信息的中枢。在这样的角色定位下，意见领袖的理性线上框架更具有权威性，因此会使人们有更高的转发意愿和评论意愿。作为普通受众的信源之一，意见领袖发布的内容具有全面性、客观性、可信性时，才真正具有了权威性。

2. 线下实际行为的影响

"线下实际行为"这个变量来源于对微博上公共危机信息传播的现实观察。意见领袖的线上言论和线下行为一致性是会对受众的转发产生很大的影响的。

在公共危机传播中，若意见领袖有相应的线下行为，会使其在线上的言论更具真实性和人情味，更容易打动普通受众的心，得到普通受众的认同，从而引起更高的传播意愿。若意见领袖长期只是在线上发表言论，而没有线下行为，很可能会引起"作秀"的质疑。

3. 事件相关性的影响

意见领袖之所以能成为意见领袖，其中一个非常重要的原因在于其相比于普通受众，离信源更近，可以获得更新更全面的信息，拥有更深刻的体会、理解和感悟。而当意见领袖自身与该事件具有较强的相关性时，便拥有了这样的条件。

也许当意见领袖与事件的相关性较低时，其发言更具中立性，但是在公共危机事件的传播中，受众也许更看重的并不是中立性，而是由于接近信源而带来的便捷性，以及由于利益相关而产生的真实性。

有意思的是，事件相关性的高低对意见领袖线下实际行为的影响并不显著，这也符合社会现状。在公共危机传播中，若意见领袖有线下实际行为，如在自然灾害事件中亲自前往灾区救援，那在普通受众的认知中，该意见领袖自身是否与该事件相关已经不再重要了，重要的是该意见领袖已经用实际行动将自己与该事件联系在一起，做了事实上的联结。

（三）研究启示

中国拥有全球人数最多的网民。群体结构之复杂、思想激辩之多元、意识形态斗争之激烈，尤其在重大公共突发事件中表现出来的突出矛盾，全球罕见。网安则国安，网强则国强。在大多数情况下，网络舆情易受人为因素影响，特别当核心资源（话语权、传播权、定性权）被社会媒体、公知大V、舆情智库等舆论场金字塔顶端力量所掌控，舆情被人为炒作、扭转、掩盖的概率明显加大，衍生出来的舆论暴戾、网络谣言、谩骂攻击，对舆情的发展和次生舆情的演变，乃至对社会的稳定、经济的增长、国家的发展都会产生重大的影响。所幸近些年来中央高度重视互联网的管理和舆论治理，"清朗网络空间""微信十条""约谈十条"等"亮剑"行动得到有效落实。国家的强力整治、正义网民的团结奋战，迫使互联网舆论平台权力开始收缩，舆论空间逐步呈现风清气正之势。锋锐"死磕律师"被抓捕、"天津爆炸"网络大V被通报、加多宝舆论炒作被强力狙击等，一系列舆情胜仗得到了网络民众的欢呼，更为中国互联网的崛起和长治久安赢得了更大的发展空间。

1. 对政府及相关部门的启示

在公共危机的传播过程中，常常出现"一石激起千层浪"和"牵一发而动全身"的情况。公共危机事件本身就触及公民最脆弱的那根神经，在新媒体传播的过程中，稍有不慎，舆论态势就容易失控，危机之上更添危机。

公共危机事件中的政府，扮演着"危机事件的观察协调者、事件应对与信息发布者、危机引导与动员者以及危机恢复的反思评估者"的角色。[①]

网络的自媒体特征使其极易被别有用心者利用，煽动群众在网络中闹事，影响网络秩序。

加强对微博意见领袖的调研。目前，我国政府、学界、业界关于"微博意见领袖"的探讨和研究尚处于起步阶段，所以我们应加强关于微博意见领袖的分析与研究，时时关注微博意见领袖的动态，对微博意见领袖提出的意见与建议，有针对性地进行回应与处理，及时化解矛盾，引导

---

① 宫玉斐. 危机传播中意见领袖与政府博弈研究［D］. 上海交通大学，2013.

舆论。

搭建沟通渠道平台，积极主动与各类微博意见领袖沟通。重大突发公共危机涉及面往往并非局限于某一部门或某一群体，而是整个社会系统。意见领袖的产生是不分行业、不分阶层的。我国突发公共事件中涌现的微博意见领袖，既有公共知识分子，如专家学者、媒体人士，也有专业技术人员，还有草根网民。为此，我们建议，中国政府在现有重大突发公共事件的应急处理组织体系中吸纳各类微博意见领袖的加入，搭建与微博意见领袖沟通交流的平台，发挥网络意见领袖的积极作用；同时可不定期地组织微博意见领袖参观、学习、考察、调研，使他们对我国应急处理情况有更为深入全面的了解，并可采纳其提出的建设性意见。

培养官员微博意见领袖，重视传统媒体出身的微博意见领袖。随着微博问政的进一步深入和普及，部分官员正在成为微博意见领袖。政府应积极培养自己的微博意见领袖，鼓励政府官员开通微博，并使其在应对突发公共事件中，力争成为微博意见领袖，与公众进行广泛的沟通交流，听取民意，拓宽危机应对的方式和渠道，引导网络舆论；政府还应该高度重视传统媒体出身的微博意见领袖。传统媒体从业者是微博意见领袖中最多的群体，他们的媒介素养高，在微博中表现活跃、影响力大。由此，我们建议各级党委和政府高度重视媒体出身的微博意见领袖，鼓励他们积极发声，各级宣传部门也要加强对在我国主流媒体机构中工作的微博意见领袖进行引导和教育，真正发挥舆论引导的作用。

面对公共危机事件，政府更为重要的是通过树立科学的执政观念，建立健全危机应对与危机传播体制、拓宽民意表达渠道、强化多渠道监督等方式，通过改革增强危机传播能力，构建政府公信力。

互联网具有开放性、匿名性、交互性的特征，信息来源良莠不齐，在突发公共事件中很容易滋生谣言。而我国现有的政策法规往往表现出一定的局限性与滞后性，为此我们建议，政府应完善我国互联网管理，建立一套行之有效的互联网管理体系。

2. 对意见领袖的启示

意见领袖应清晰明确地意识到自己在公共危机事件传播中所发挥的作用，并使自己的所作所为对广大网民具有正向作用，对舆论环境的发展起到引导作用，对网络空间的净化发挥推动作用。同时应发挥微博意见领袖

"第三方信源"的正面作用，化解公共危机，促进社会的和谐发展。

在我国应对突发公共事件的过程中，一旦出现公众对政府不信任的情况，事件的处理难度将会增加。而微博意见领袖作为"第三方信源"，由于其立场相对独立、客观，往往对公众更具有说服力，有助于促进事态的好转。因此，我们建议在突发公共事件中发挥微博意见领袖"第三方信源"的作用，提升政府的公信力与权威性，及时化解公共危机。

危机传播中的意见领袖研究首先概述了危机传播的内涵与特点，对意见领袖的内涵进行新的探索，突出其与危机主体的互动，然后厘清意见领袖的产生背景——明晰语境的诉求、媒介竞争的推动和传播社会的必然，在此基础上探析意见领袖在危机传播中的身份、功能和发挥意见领袖积极作用的路径及现实意义。

3. 对普通网民的启示

互联网的发展使社会进入自媒体时代，每个人都可以充当信息源传播信息，这既拓展了公众发声渠道，也蕴含着众神狂欢的盲从和非理性的局限。[①]

随着我国互联网及移动互联网的高速发展，网络空间中的信息量呈爆发式增长，在可预见的未来仍将保持指数型增长的趋势。在这种网络信息极度过剩，缺乏信息过滤网的情况下，如何分辨信息的真伪和价值正逐渐成为网民素养的一部分。

在当今自媒体信息强交互的环境中，普通网民的网络行为也可能对网络空间、现实社会带来一定的影响，这要求网民在将网络作为工具时，要时刻保持网络自律，优化网络舆论环境，营造和谐、健康、有序的网络舆论氛围。网络舆论环境的净化需要每一个网民个体的努力。

第三节　互联网群体事件社群讨论影响因素

人类的社会结构经历了复杂和持续的变化。互联网带来了一种以人们

---

① 于建嵘. 自媒体时代公众参与的困境与破解路径——以 2012 年重大群体性事件为例 [J].
上海大学学报（社会科学版），2013，30（4）：1-8.

的身体不在场为基础的全新的社会交往模式，导致了虚拟社群的崛起。[1]虚拟社群简单来说就是这样一群人，他们借由互联网进行沟通，相互分享知识和信息。[2]随着 web2.0 技术的迅猛发展，包括了社交网站、内容分享网站、博客/微博和在线论坛等形式的社会化媒体为虚拟社群的形成提供了越来越多的平台。而社会化媒体的一个主要特征就是允许，并依赖于用户自生产和分享内容，[3]这就为公众参与提供了大量的机会。[4]由社会化媒体用户组成的虚拟社群正变得日益庞大和有力，而来自这些社群的言论也在人们的经济生活和品牌—消费者关系中发挥着越来越重要的作用。例如在近年的农夫山泉与《京华时报》的"标准之争"事件、苹果手机涉嫌歧视中国消费者事件、肯德基和麦当劳"药鸡门"事件等品牌危机事件中，都出现了社会化媒体参与的身影，甚至社会化媒体中的舆论在很大程度上影响了消费者的认知、态度，以及事件的进一步走向。考察社会化媒体中的虚拟社群成员的内容自生产行为，从其互动关系结构的角度分析品牌危机信息是如何在群体内流通的，以及探讨哪些成员在群体内具有更大的舆论影响力，对于厘清品牌危机信息的扩散机制，提高品牌的危机应对和管理能力来说都具有重要的意义。本书将借助社会网络分析、层次线性模型分析等研究方法，通过对某一特定品牌危机事件进行案例分析，聚焦于分析由虚拟社群成员所组成的品牌危机事件讨论网的结构性特征，并对成员在群体中的声望的影响因素进行探讨。

一、虚拟社群中的在线意见领袖

在线意见领袖的概念主要来源于传播学中大量关于"意见领袖"的研究。卡茨和拉扎斯菲尔德在研究投票行为时发现，观点通常先从广播和印

---

① 黄少华. 论网络空间的人际交往 [J]. 社会科学研究，2002（4）：93-98.

② Rheingold H. Virtual community：Homesteading on the electronic frontier [M]. MA：Reading，Addison-Wesley Publishing Company，1993.

③ Kaplan A. M. Haenlein M. Users of the world，unite! The challenges and opportunities of social media [J]. Business Horizons，2010，53：59-68.

④ Mayfield A. What is social media [EB/OL]. Retrieved from http：//www. icrossing. co. uk/fileadmin/uploads/eBooks/What _ is _ Social _ Media _ iCrossing _ ebook. pdf，2018.

刷媒体流向意见领袖，然后再流入那些较不活跃的群体中。[①] 这就意味着信息首先影响到的是意见领袖，然后再由这些意见领袖转移给他人。这一过程也是创新观点或事物传播的过程。[②] 还有一些学者也将意见领袖形容为信息的守门人，也就是说群体中的其他成员主要是从他们身上获取信息和观点的。[③] 总的来说，意见领袖是那些在群体中鼓励和推动沟通和社会互动的人。在虚拟社群中，随着 web2.0 技术的发展，传者与受者之间的分界似乎已经消失，人们享有的是平等自由的表达权利。然而，尽管在虚拟世界中，不同的人群还是具有不同的"音量"，而在线意见领袖则更可能是把关信息流入或为某一个议题设置议程或框架的人。近期的研究将在线意见领袖定义为那些倾向于形成舆论观点，并通过与他人之间的讨论在不同的论坛中扩散信息或意见的人。[④] 他们具有能引自他人反馈，发起在线群体对话，抑或是在某一个议题上对人们的思考和讨论方式进行框架化的能力。[⑤] 因此，在线意见领袖的影响力显然主要来自其吸引追随者、引发回应并形成观点的能力。

二、社会网络视角下的在线意见领袖

社会网络分析是一种对社会中的个体之间的关系及关系结构进行量化分析的研究范式。社会网络的概念是由社会理论和应用与形式数学、统计学和计算方法论有机结合而来的。社会网络是由行动者（actors）以及连接行动者之间的纽带（ties）所形成的关系，行动者可以是个人、国家或组织等。不同参与者之间可以根据不同的特性进行连接，例如基于从属关系，或是基于资源的交换。[⑥] 加顿等人指出，节点（nodes）之间的关系可

① Katz E., Lazersfcld P. F. Personal influence: The part played by people in the flow of mass communications [M]. IL: Free Press, 1955.

② Rogers E. M. The diffusion of innovation (4th ed.) [M]. NY: Free Press, 1995.

③ Burt R. S. The social capital of opinion leaders [J]. Annuals of the American Academy of Political and Social Science, 1999, 566 (1): 37 - 54.

④ Weimann G. The influentials: People who influence people [M]. NY: State University of New York Press, 1994.

⑤ Huffaker D. Dimensions of leadership and social influence in online communities [J]. Human Communication Research, 2010, 36: 593 - 617.

⑥ Katz E., Lazersfeld P. F. Personal influence: The part played by people in the flow of mass communications [M]. IL: Free Press, 1955.

以基于以下三个特征来定义：内容、方向和强度。两个节点之间交换的信息或资源即是对关系内容的描述。[2]在社会网络分析中，个体（包括但不仅限于人）通常被称为行动者。而多个行动者之间的互动模式则被视为网络。[1]这种研究方法在一定程度上被认为是一种试图描述常规网络模式并了解网络结构如何影响社会行为的结构分析，因此社会网络分析者们所感兴趣的是行动者之间的互动模式，而非行动者本身。[2]社会网络分析用节点来代表行动者，用点与点之间的连结（边）来代表他们之间的关系这种方法，同时也提供了一系列有用的指标，能够从个体中心或整体集合的不同视角来分析行动者之间的互动关系。例如，如前文所提及的，在一个网络中，一个行动者的度数中心度通常代表了其外向联结的数量。[3]组织行为方面的研究表明，具有影响力的领导通常具有更高的中心度，这意味着他们在群体中可能占据了更加中心的位置，并与更多人相互联结。而中心位置则提高了他们的地位，增加了其名望，并提升了其影响他人的能力。[4]

进一步来看，在一个有向网中，度数中心度又可以被分为入度和出度中心度，前者测量的是一个行动者从他人处接收到的信息的数量，而后者则测量其发布的信息的数量。[5]出度中心度通常代表了一个行动者接触到群体中的其他人的能力，因此具有较高出度中心度的行动者也更为活跃，联结着更多人；而具有较低的出度中心度的个体则更可能被认为是网络中的边缘人群，也较不活跃。[6]入度中心度（通常也被称为"声望"）显示了一个行动者在群体中被作为特定指向目标的程度。具有较高声望的行动者通常对他人更具有影响力，因为有影响力的行动者会更频繁地被当作传

---

① Cook K. S., Whitemeyer J. M. Two approaches to social structure: Exchange theory and network analysis [J]. Annual Review of Sociology, 1992, 18, 109 - 127.

② Saltz J., Hiltz R. Turoff M. Student social graphs: Visualizing a student's online social network [C]. In Proceedings of the 2004 ACM conference on Computer supported cooperative work. Chicago, Illinois, USA, 2004.

③ Knoke D., Burt R. S. Prominence. In R. S. Burt & M. Miner (Eds.), Applied network analysis: A methodological introduction [M]. CA: Sage, 1983.

④ Mehra A., Dixon A. L., Brass D. J., & Robertson B. The social network ties of group leaders: Implications for group performance and leader reputation [J]. Organization Science, 2006, 17 (1): 64.

⑤ Scott J. Social Network Analysis: A Handbook [M]. CA: Sage, 2000.

⑥ Wasserman S., Faust K. Social network analysis: Methods and applications [M]. Cambridge: Cambridge University Press, 1994.

播的对象，而非传播者。① 因此，声望也常常被视为网络中的意见领袖的一个重要测量维度。②

在虚拟社群中，信息主要是由成员的内容分享行为产生的，而成员间的关系通常是一种发帖/回帖关系。而且由于在回复中存在不同的态度倾向（如赞同或不赞同），也就是说回复者可能表现出正向或负向的态度，虚拟社群中的网络并不只是一个有向网，而且还是一个多值网。因此，成员的入度中心度和声望也应当被进一步区分为正向和负向。在本书的研究中，成员声望更确切地被定义为成员在网络中的正向入度中心度。正向入度中心度越高就意味着更高的声望，表明成员不仅在网络中吸引了更多的注意，占据了一个中心位置，而且使更多人接受了他的观点，获得了群体中更多人的支持。因此，笔者认为，声望的概念在此也较好地描绘了前文所述的在线意见领袖的本质，即吸引追随者、引发回应并影响着人们对某一议题的思考方式。

三、个体层面的成员声望影响因素

（一）讨论参与行为

与在线意见领袖以及社会影响力相关的一个重要的因素就是社交性或合群度。③ 通常来说，个体是通过社会活动的方式来收集信息或建立关系的。④ 参与到更多的传播活动中则将提升个体潜在地影响他人的能力，增加与他人联结的机会。⑤ 而传播活动不仅形成了有利于信息交换的一种在

---

①　Knoke D., & Burt R. S. Prominence. In R. S. Burt & M. Miner（Eds.），Applied network analysis：A methodological introduction［M］. CA：Sage，1983.

②　Wasserman S., Faust K. Social network analysis：Methods and applications［M］. Cambridge：Cambridge University Press，1994；Huffaker D. Dimensions of leadership and social influence in online communities［J］. Human Communication Research，2010，36：593 - 617.

③　Huffaker D. Dimensions of leadership and social influence in online communities［J］. Human Communication Research，2010，36：593 - 617.

④　Rice R. E. New patterns of social structure in an information society. In J. S. L. Lievrouw（Ed.），Competing visions，complex realities：Social aspects of the information society［M］. NJ：Ablex，1987.

⑤　Weimann G. The influentials：People who influence people［M］. NY：State University of New York Press，1994.

线社会结构，而且还影响着个体的社会行为，并吸引更多新的参与者。[①]
在线传播（Computer mediated communication，CMC）研究也发现了相
似的结果，[②] 即群体中的成员将具有更大音量者视为意见领袖并追随他/
她。在此，笔者认为，虚拟社群成员指向他人的回复量是代表讨论参与行
为的一个重要方面，它指的是对某一个特定对象的回应。同时，有研究表
明，个体在在线社群中充当激发在线对话、形成在线讨论的角色也对其影
响他人的能力具有正向关系。[③] 有研究者提出，在一个活跃的在线社群中，
意见领袖甚至能激励其他人的参与，由此在群体中培养出一种社会认
同感。[④]

（二）发布讨论内容

除了传播活动，个体的社会影响力也受到他所创造的内容和使用的语
言的影响。[⑤] 在虚拟社群中，成员所能够获得的支持的数量也在很大程度
上与其发布的内容有关。如赫法克发现，越常在社群中发布丰富内容的成
员，越容易成为群体中的意见领袖，[⑥] 这是因为一方面成员发布的内容越
多，越容易吸引到他人的注意；另一方面，丰富的内容中可能包含了更多
有实质性价值的信息，能够更好地满足社会交往的需要，为成员之间的充
分互动提供条件。

此外，框架理论也许能为理解两者之间的关系提供一种较好的解释。
框架是指使人们定位、认知和识别事件或信息的一种解释图式，它广泛存

---

① Butler B. S. Membership size, communication activity, and sustainability: A resource-based model of online social structures [J]. Information Systems Research，2001，12：346 - 362.

② Yoo Y., Alavi M. Emergent leadership in virtual teams: What do emergent leaders do? [J]. Information and Organization，2004，14（1）：27 - 58；Mosiolek N. L., & Heckman R. Patterns of emergent leadership in virtual teams [C]. Paper presented at the 38th Annual Hawaii International Conference on System Sciences（HICSS-38），Waikoloa，HI，2005，January；Sudweeks F., Simoff S. Leading conversations: Communication behaviours of emergent leaders in virtual teams [C]. Paper presented at the 38th Annual Hawaii International Conference on System Sciences（HICSS-38），Big Island，HI，2005，January 3 - 6.

③ Huffaker D. Dimensions of leadership and social influence in online communities [J]. Human Communication Research，2010，36：593 - 617.

④ Koh J., Kim Y. G., Butler B., Bock G. W. Encouraging participation in virtual communities [J]. Communications of the ACM，2007，50（2），68 - 73.

⑤ Ng S. H., Bradac J. J. Power in language: Verbal communication and social influence [M]. CA：Sage，1993.

⑥ Huffaker D. Dimensions of leadership and social influence in online communities [J]. Human Communication Research，2010，36：593 - 617.

在于各种社会活动中。① 而框架化就是选定现实的某些侧面，并在传播文本中凸显它们，其手段包括创建定义、随意的解释、道德评价、推荐对待方式等。② 定量研究发现框架化的功能不仅在于影响公众对于议题/事件重要性的认知，而且还潜在地指导着他们思考或理解一个特定议题/事件的方式。③ 因此，框架是一种帮助定义和解决问题，并形成舆论的有力机制。④ 而近期的研究则已经将框架理论应用到了传统媒介以外的媒体内容分析中，如博客和推特。⑤ 塞梅特科和瓦尔肯堡定义了几种常见的框架，包括人情趣味框架、冲突框架、责任框架等。⑥ 此后，安和高尔将其中一些引入了危机报道中。⑦ 其中，冲突框架聚焦于反映个体、群体或组织间的冲突和分歧，⑧ 通常由于其吸引公众注意力的能力而在新闻报道中最为常用。⑨ 但是虚拟社群，尤其是那些存在于一个开放的在线论坛空间中的

---

① Goffman E. Frame analysis：An essay on the organization of experience ［M］. MA：Harvard University Press，1974.

② Entman R. M. Framing：Towards clarification of a fractured paradigm ［J］. Journal of Communication，1993，43（4），51－58.

③ Cappella J. N.，Jamieson K. H. News frames, political cynicism, and media cynicism［J］. Annals of American Academy of Political and Social Science，1996，546，71－84；Davis J. J. The effects of message framing on response to environmental communication［J］. Journalism and Mass Communication Quarterly，1995，72（2），285－299；Kinder D. R.，Sanders L. Mimicking political debate with survey questions：The case of White opinion on affirmative action for Blacks ［J］. Social Cognition，1990，8，73－103.

④ Knight M. G. Getting past the impasse：Framing as a tool for public relations［J］. Public Relations Review，1999，17，27－36.

⑤ Xenos M. New mediated deliberation：Blog and press coverage of the Alito nomination ［J］. Journal of Computer-Mediated Communication，2008，13（2），485－503；Liu B. F. Distinguishing how elite newspapers and A-list blogs cover crises：Insights for managing crises online［J］. Public Relations Review，2010，36：28－34；Schultz F.，Kleinnijenhuis J.，Oegema D.，Utz S.，Van Atteveldt W. Strategic framing in the BP crisis：A semantic network analysis of associative frames［J］. Public Relations Review，2012，38：97－107. Van der Meer T. G. L. A.，Verhoeven P. Public framing organizational crisis situations：Social media versus news media［J］. Public Relations Review，2013，http：//dx. doi. org/10.1016/j. pubrev. 2012. 12. 001.

⑥ Semetko H. A.，Valkenburg P. M. Framing European politics：A content analysis of press and television news［J］. Journal of Communication，2000，50：93－109.

⑦ An S. -K.，Gower K. How Do the News Media Say Crises? A Content Analysis of Crisis Communication Research［J］. Public Relations Review，2009，35（2）：107－112.

⑧ Semetko H. A.，Valkenburg P. M. Framing European politics：A content analysis of press and television news［J］. Journal of Communication，2000，50：93－109.

⑨ Neuman W. R.，Just M. R，Crigler A. N. Common knowledge［M］. II：University of Chicago Press，1992.

虚拟社群，常常被认为仅仅是一个人们争吵和辩论的场所。① 因此，采用冲突框架一方面吸引了注意力，另一方面也引发了不同立场之间成员的辩论，从而限制了人数的发展。

四、整体层面的成员声望影响因素

在虚拟社群中，人们是嵌入在一个由所有成员组成的讨论网中的，因此声望也可能受到诸如度数中心势和网络规模等整体网络层次因素的影响。其中，前者是指网络中是否存在一个显见的中心点，而后者则是指网络中成员的数量。整体网络层次因素可能通过两种路径影响声望，其一就是直接导致声望的变异。

度数中心度代表了个体与群体中心的距离，而网络度数中心势则表明图中是否有较高的中心趋势。② 度数中心势是通过计算点与点之间的连线数量来描绘图的结构的，一个网络的度数中心势越大，说明图中点的度数中心度差异越大，越存在一个向中心聚拢的趋势。在度数中心势大的网络中，成员间的互动性和互惠性通常较差，也说明了的信息和情感的传播较不充分，而当人们面对危机时，较强的联结关系通常才能提供情感和精神上的支持。③

网络规模是指整个讨论网中成员的数量。通常而言，成员越多，成员之间的异质性也可能越强。成员更多的网络更可能具有较为松散的结构，成员间的联结关系也越弱，因此也就较不可能为成员在危机中提供足够的情感和精神支持。④ 而网络整体层次因素，如度数中心势和网络规模影响声望的另一条路径，则可能是个体层次因素。

---

① Kelly J., Fisher D., Smith M. Debate, division, and diversity: Political discourse networks in USENET newsgroups [C]. Paper presented at the Online Deliberation Conference, 2005.

② Freeman L. C. Centrality in social networks: Conceptual clarification [J]. Social Networks, 1979, 1 (3): 215 – 239.

③ Granovetter M. S. The strength of weak ties [J]. American Journal of Sociology, 1973, 78: 1360 – 1380; Krackhardt D. The strength of strong ties: The importance of philos in organizations. In N. Nohria, Eccles, R. (Eds.), Networks and organizations: Structure, form and action [M]. Cambridge: Harvard Business School Press, 1992; Granovetter M. S. The strength of weak ties [J]. American Journal of Sociology, 1973, 78: 1360 – 1380.

④ Granovetter M. S. The strength of weak ties [J]. American Journal of Sociology, 1973, 78: 1360 – 1380.

第四节　互联网群体事件传播行为影响因素

一、微博群体信息转发行为的影响因素

公共危机都具有突发性和紧迫性，危机信息传播的时效性尤为关键。我们需要更进一步探究，由谁来披露事件的发生，这些信息的先后顺序对于受众的传播行为会带来怎样的影响呢？因此，本节的核心问题是：危机传播中，危机信息传播顺序是否会对受众转发行为产生影响？笔者参照社交媒体与危机沟通理论的研究成果，研究危机信息对于微博转发行为的影响，并创造性地引入媒介丰富度理论下的信息和通信技术演替理论（information and communication technologies succession theory），[①] 考察信息传播的先后顺序会对微博转发行为产生怎样的影响。

从国内外学者有关信息传播的研究中可知，互联网中的信息传播随着社交媒体的诞生发生了改变，微博之所以能够产生如此大的影响在于其强大的传播力，[②] 传播行为代表着传播效果最为重要的一环，在微博中传播行为体现为转发、评论，[③] 惠普实验室也在 2010 年的报告中指出，以 Twitter 为代表的微博，其传播能力的体现并不在于粉丝（follower）数量的多少，而是其传播的深度和广度，即转发与评论量。[④]

从这个角度考虑，因变量使用微博转发和评论去考量受众行为是合适且合理的。同时，根据拉维奇和斯坦纳传播效果四阶段论，信息从接收到

---

① Stephens K K. The successive use of information and communication technologies at work [J]. Communication Theory，2007，17（4）：486 - 507.

② 赖胜强. 影响用户微博信息转发的因素研究 [J]. 图书馆工作与研究，2015（8）：31 - 37.

③ 厉钟灵. 微博用户转发意愿研究 [D]. 浙江大学，2012；Utz S，Schultz F，Glocka S. Crisis communication online：How medium，crisis type and emotions affected public reactions in the Fukushima Daiichi nuclear disaster [J]. Public Relations Review，2013，39（1）：40 - 46；凌洁. 微博新闻的再传机制研究 [D]. 上海交通大学，2013；袁园. 微博用户转发意愿的影响因素研究 [D]. 南京大学，2013.

④ On Twitter，It's Follower Quality Not Quantity that Matters. Readwrite http：// readwrite. com/2010/08/05/does _ popularity _ mean _ influence _ on _ twitter _ maybe _ no，2010-8-5.

对受众产生影响分为 4 个阶段：认知、情感、态度、行为。[①] 认知代表受众对于信息的接受，情感则为受众对信息产生的喜好或讨厌的偏好，并影响其态度，即是否支持该信息，而最后导致了行为的产生。行为是信息接收反馈的最后一步，反映传播的效果。根据微博传播的特征，受众的行为可以归纳为两个层面：一个是情绪层面的，表现为对微博信息的评价方向，即是正面、中性或者负面的评价；另一个是行为层面的，即是否愿意转发，进行信息的扩散。不过以往危机传播的研究重点集中于微博信息的传播量上（转发量、评论量），即主要考察的是行为层面上的指标，而往往忽略了态度层面的，即评论的方向，因此本书将更进一步，除了探讨转发行为意愿之外，对受众的转发评价方向进行考察。

（一）危机信息传播的时效性

新闻的时效性是决定新闻价值的重要因素之一，参照通常说法，时效性是指事实发生与新闻报道出现之间产生的时间差距，时效性侧重于表达传播时间与传播效果的关系，以及和外界传播环境相关的因素之间的关系。[②] 危机信息的时效性对于公共危机传播的影响在学界已经得到多位学者的论述。张咏华曾撰文提及互联网时代新闻的时效性在危机传播中的重要性，认为时效性是国内外普遍认同的新闻价值之一，而在互联网时代，瞬时传播信息已变现实，时效性的重要性被放大了，她分析了三个案例的新闻报道策略和内容：非典、禽流感、松花江水污染。通过这三个公共危机事件引证危机传播时效性的重要性，并指出滞后报道、瞒而不报对于官方机构形象和公信力的负面影响，以及互联网时代信息传播渠道的多样性使信息能够从更多非官方的渠道得到传播，因此官方部门需要特别关注报道的时效性，以便能对内发挥提供可靠信息、消除不确定性带来的恐慌、及时提供行动指导等功能，并将提升危机信息传播时效性纳入危机应对策略。[③] 韦斯特曼也讨论了在危机相关的议题中，Twitter 更新信息的时效性（1 分钟、1 小时、1 天），并且认为该变量能够通过影响人们的认知心理，

---

① Robert L, Steiner Gary A. A model for predictive measurements of advertising effectiveness [J]. Journal of Marketing, 1961, 25: 59–62.

② 童兵. 理论新闻传播学导论 [M]. 北京：中国人民大学出版社, 2000.

③ 张咏华. 网络时代新闻时效性在危机传播中的重要性 [J]. 杭州师范学院学报（社会科学版），2007 (5): 62–65.

进而对信息来源的信任度产生影响。① 谢耘耕等学者通过大数据分析得出了危机事件曝光的时效性，发现互联网曝光的时效性越来越高，2013 年的网络舆情微博曝光时效性较 2011 年、2012 年有所提升，31.5% 的网络舆情事件在 12 个小时内得到曝光；同时，网络舆情首发至微博的时效性，从网络舆情事件的发生至微博曝光时间差距缩短，36% 的网络舆情在微博中半天内就会曝光。这体现了危机传播的一个趋势和现状，互联网时代，信息的传播效率越来越高，公共危机信息传播的时效越来越高，很多公共危机一发生就得到了曝光。公共危机处在了高度透明的时代，尤其微博的曝光时效相当高，从 2011 年到 2013 年，12 小时内在微博首次曝光的网络舆情事件由 28.5% 升至 36.0%，微博成了公共危机信息传播的主要参与平台。由此可见，危机信息传播的时效性日益重要，它对于危机的处理和应对至关重要。

（二）危机信息传播顺序

在 2015 年元旦"上海外滩踩踏事件"和"4·6 漳州古雷 PX 项目爆炸事件"中，由于官方信息及时跟进，大量网友对于危机的发生表示痛心，并呼吁尽快救援，表达了肯定和支持的"正能量"居多，当然也有部分网友表达了对该危机事件的负面评论；而"8·12 天津塘沽爆炸事件"中，官方不能及时提供有效信息，尤其是在大量的非官方信息产生之后无法及时回应，引发了大量网友的谩骂和吐槽，造成了有关部门不作为的负面形象。但在另一些案例中，比如 2013 年的"4·20 四川雅安地震"事件中，危机发生的时间为北京时间 4 月 20 日 8 时 2 分，地点发生在四川省雅安市芦山县，地震震级为 7.0 级，仅仅在 1 分钟后，国家地震局官方微博就发布了相关消息："♯地震快讯♯中国地震台网自动测定：4 月 20 日 08时 02 分在四川省雅安市雨城区附近发生 5.9 级左右地震，最终结果以正式速报为准。（@中国地震台网速报 @微博位置 @头条新闻 @新华网 @新华视点 @人民日报 @央视新闻 @成都发布）"，在没有非官方信息介入的情况下，第一时间对公共危机进行了披露，实现了信息的透明公开，获得了普遍认同。可见危机信息传播的顺序与受众接收危机信息和相关的行为

---

① Westerman D，Spence P R，Van Der Heide B. Social media as information source：Recency of updates and credibility of information ［J］. Journal of Computer—Mediated Communication，2014，19（2）：171‐183.

可能有着一定的关联。

媒介丰富度理论指出，媒介的差异性主要体现在它们各自传播信息的能力上。媒介丰富度是衡量媒介传输某些类型信息的能力的一个指标。它是指该媒介能传播多大的信息量和传播的信息内容质量的能力，即该媒介在一定的时间间隔内所传递的信息。[①] 具体来说，一个媒介的丰富度水平可以由以下四个方面来衡量：①同时处理多条信息线索的能力，比如是否能够同时提供视频信息、图片信息和音频信息等；②快速直接反馈的能力，比如是否能够快速澄清模糊问题以消除误解，是否能够及时快速回答所提出的问题和疑问；③运用多种符号进行表达的能力，比如同时运用自然语言、文字、关键词等表达方式；④人格化特征的能力，即是否能传递和表达个人所具有的特色，包括身体语言、情绪、情感、态度等。

虽然由于时代局限，媒介丰富度理论并未将信息来源纳入其中，但是根据其内容我们可以发现媒介提升丰富度是为了受众更好地理解信息，消除疑惑。我们可以认为社交媒体平台打破了传者到受者这一单一模式，信息来自四面八方，一定程度上信息的多种来源也是增加信息丰富度的重要维度，它在一定程度上可以作为同时处理多条线索能力的补充。有学者发现了 SMCC 中两个对受众危机反应重要的影响因素——危机信息形式（社交媒体、传统媒体、人际传播）和危机信息来源（官方、非官方）对受众接收危机策略、受众情绪、保护措施寻求三个因素的影响。研究还发现信息来源（官方、非官方）通过调节危机信息形式（社交媒体、传统媒体、人际传播）影响受众对危机信息的理解和再次传播；而据其最新研究，信息来源（国家政府、地方政府、全国性媒体、地方性媒体）直接影响受众搜寻更多信息的意愿。更多研究中，信息来源（官方、非官方）被证明是直接影响到受众决策行为的因素，一些研究也表明，在危机传播中，相比非官方的来源，受众还是将官方信息来源视作更可信的来源[②]。

目前虽然有一些关于官方、非官方信息对于受众行为影响的研究，但是尚未发现对该问题的深入研究，即官方、非官方信息的传播先后顺序是

---

① 　Daft R L, Lengel R H, Trevino L K. Message equivocality media selection, and manager performance implications for information systems [J]. MIS Quarterly, 1987, 11 (3): 355 - 366.

② 　Wogalter M S. Communication-human information processing (C-HIP) model [J]. Handbook of Warnings, 2006: 51 - 61.

否会对受众行为产生影响的研究。通过梳理文献我们发现了来自另一理论的支持：在媒介信息丰富度理论的基础上建立的信息和通信技术演替理论（ICTs succession theory），信息技术创造信息形式的扩张，使得更多信息形式传播并影响受众。形式的扩张旨在提供更多的线索，以及更高的信息丰富程度以减少错误及不确定性。[①] ICT 理论的重要意义在于，揭示了人们在接收到信息之后如何连续或者后续地使用各类信息和通信技术，从而有效并且高效地完成一项任务。这一理论用于解释不同任务和不同类型的信息和通信技术使用的关系。比如，使用互补的信息和通信技术模式（complementary modalities）可以帮助人们更好地完成说服（persuasion）、状态描述（status）、信息传递（information），以及问题解决（problem-solving）这四类任务，这一策略也可以使得传播者将信息更好地传达给受众；而使用大众媒体（mass media）作为信息和通信技术传递的先导策略，能够帮助人们最好地实现的信息传递、状态描述和学习（learning）任务；使用文本功能的信息通信技术（text-capable ICTs）为后续的策略是对完成说服、信息传递和解决问题类任务最有效的方法。

很早就有学者探讨过时间序列以及媒介选择对于决策和管理的影响，并指出了这两个因素的重要性[②]。怀尔曼也表示其在研究 2007 年弗吉尼亚理工学院校园枪击案件等公共危机中，来自非官方的信息比起官方信息，更为及时、公开，能够有效传递信息，减少公众的恐慌感。[③] 目前的研究仅在同步信息的影响中进行，比如通过研究校园枪击案件中的信息接收，发现收到三次消息的受众更好地理解并接收这一危机事件，但是对于信息接收的先后顺序并没有更多的实证研究来证明其影响。[④] 公共危机常常具

---

① Stephens K K，Sørnes J O，Rice R E，et al. Discrete，sequential，and follow-up use of information and communication technology by experienced ICT users［J］. Management Communication Quarterly，2008，22（2）：197－231；Stephens K K，Rains S A. Information and communication technology sequences and message repetition in interpersonal interaction［J］. Communication Research，2010.

② Saunders C，Jones J W. Temporal sequences in information acquisition for decision making：A focus on source and medium［J］. Academy of Management Review，1990，15（1）：29－46.

③ Winerman L. Social networking：Crisis communication［J］. Nature News，2009，457（7228）：376－378.

④ Stephens K K，Barrett A K，Mahometa M J. Organizational communication in emergencies：Using multiple channels and sources to combat noise and capture attention［J］. Human Communication Research，2013，39（2）：230－251.

有突发性质，危机传播中信息的时效性至关重要，而官方、非官方信息是否会影响受众的转发行为是一个值得思考的问题。

危机信息传播顺序这一概念，正可以看作为危机传播时效性和信息来源的有效结合，前者本就是危机传播的重要因素，后者也是危机传播理论中的重要影响因素，基于信息和通信技术演替理论的假说，我们将其结合在一起形成危机信息传播顺序这一概念，即：官方、非官方信息在危机传播中的时间先后顺序。为了方便表述，下文假设将表达为官方信息传播顺序和非官方信息传播顺序，分别有两个水平，优先水平和落后水平。

据此，危机信息传播的先后顺序会影响微博中危机信息的转发行为。此外，先接收到非官方来源信息的受众可能对组织产生更多负面的情绪，也更容易引发传播意愿，因此先接收非官方来源信息的受众会有更强的转发意愿；先接收非官方来源信息的受众会有更强的负面传播效价。

（三）危机事件类型

危机类型是危机传播研究中重要的变量之一。之前的研究中学者对危机类型进行过一些分类，如西格尔在政府大选的案例中将危机分为可辩解型（defensible）和不可辩解型（indefensible），[1] 国内有些学者在企业危机的分类中继承了上述的分类进行研究；[2] 布拉德福德和加勒特建构了企业反馈沟通模型，以有无过失作为区分危机类别的重要标志（agreement situation）。[3] 后续学者继续发展了这些分类，库姆斯在 SCCT 理论中提出利用归因理论（attribution theory）对危机进行分类，提出危机有 10 个种类：自然灾害（natural disaster）、谣言（rumor）、产品恶意篡改（product tampering）、工作场所暴力（workplace violence）、挑战（challenges）、技术故障的产品召回（technical-error product recall）、技术事故（technical-error accident）、人为错误的产品召回（human-error product recall）、人为事故（human-error accident）以及组织不良行为

---

① Sigal J，Hsu L，Foodim S，et al. Factors affecting perceptions of political candidates accused of sexual and financial misconduct [J]. Political Psychology，1988：273 - 280.

② 方正，江明华，杨洋，等. 产品伤害危机应对策略对品牌资产的影响研究——企业声誉与危机类型的调节作用 [J]. 管理世界，2010，12：105 - 118+142；崔洋为，杨洋，李蔚. CSR 策略修复产品伤害危机后品牌信任的效果研究——调节变量和中介变量的作用 [J]. 中央财经大学学报，2015（2）：69 - 74.

③ Bradford J L，Garrett D E. The effectiveness of corporate communicative responses to accusations of unethical behavior [J]. Journal of Business Ethics，1995，14（11）：875 - 892.

（organizational misdeed），然而这 10 种危机其中部分归因相同，并且在应对时可以使用相同的处理策略，[①] 这一说法被大部分研究危机传播的学者接受。这 10 种危机可分为三大类别（见表 4‐2）。

表 4‐2　SCCT 对危机的分类

受害型危机（Victim Crisis Cluster）	
自然灾害	如地震、洪水等因环境、天气等因素造成的危机
谣言	有关组织的虚假、有害信息的传播，使得组织产生危机
工作场所暴力	雇员或前雇员伤害或试图伤害现有的员工造成的危机
产品篡改/恶意	外部对组织产生的危机，导致产品质量低下造成危险，比如"山寨"
事故型危机（Accidental Crisis Cluster）	
挑战	利益相关者公开声称组织正在以一种不适当的方式运作，这种挑战往往是道德上而非法律上的声明
技术事故	一个技术或设备故障导致的生产事故。事故发生的原因与设备/技术有关
技术故障的产品召回	因为技术或设备故障导致产品召回引发的危机
错误型危机（Intentional Crisis Cluster）	
人为事故	人为错误导致的危机，危机的原因是由于承担工作的人未执行好造成的
人为错误的产品召回	人为错误导致产品召回，危机的原因是由于承担工作的人未执行好造成的
组织不良行为	组织管理者明知可能会违反法律/法规或对参与者造成潜在伤害，依旧提供服务或产品造成的危机

之后的危机传播研究大多沿袭该分类，将组织归因（attribution）作为危机分类的指标，因此在这里笔者也将危机归纳为三类：①受害型

[①]　Pearson C M，Mitroff I I. From crisis prone to crisis prepared：A framework for crisis management［J］. The Academy of Management Executive，1993，7（1）：48‐59.

（victim），由于天灾等不可抗力造成的危机事件，组织声誉不受到威胁或受到较小的影响，组织被视为"危机的受害者"；②事故型（accidental），由于无意而导致的危机事件，比如技术原因，组织声誉受到的影响中等，组织被认为不是故意造成危机发生；③错误型（intentional），指的是可以预防的危机，是有意而导致的危机事件，比如一些人为因素，组织声誉受到较强的威胁，组织被认为需要对事故的发生承担主要责任。归因将会影响受众情绪，进而引发不同的受众行为，因此笔者参考此分类，将危机类型分类为受害型、事故型和错误型，具体探讨这三个类型的危机对受众转发行为的影响。

库姆斯等人认为对危机的感知责任越强，越有可能对组织产生负面影响。[①] 在危机事件的责任归因中，错误型最强，其次是事故型，最后是受害型，在以往的研究中，事故型危机对受众反馈的影响要小于受害型和错误型，[②] 故笔者认为：不同类型的危机对受众转发意愿存在显著差异，具体而言，相比受害型和事故型危机，错误型危机将带来更高的负面传播效价；相比错误型和事故型危机，受害型危机将带来更低的负面传播效价。

二、微博群体信息分享行为的影响因素

为了了解品牌危机信息微博分享行为波动的具体影响因素，学者们从不同视角对此展开研究。纵观过去相关研究，其关注点主要集中于用户使用习惯、热点话题特征、传播节点分布、微博信息特征、用户自身特征等方面。然而，在计算机信息技术及网络技术飞速发展的今天，用户信息行为在很大程度上主要受情景因素的影响，而情景因素则体现了用户信息行为发生的环境状况、发展趋势及社会网络等特征，[③] 因此，在当下对信息

---

① Coombs W T，Holladay S J. Comparing apology to equivalent crisis response strategies：Clarifying apology's role and value in crisis communication [J]. Public Relations Review，2008，34（3）：252 - 257.

② Liu B F，Austin L，Jin Y. How publics respond to crisis communication strategies：The interplay of information form and source [J]. Public Relations Review，2011，37（4）：345 - 353；Utz S，Schultz F，Glocka S. Crisis communication online：How medium，crisis type and emotions affected public reactions in the Fukushima Daiichi nuclear disaster [J]. Public Relations Review，2013，39（1）：40 - 46.

③ 马向阳，徐富明，吴修良，等. 说服效应的理论模型、影响因素与应对策略 [J]. 心理科学进展，2012，20（5）：735 - 744.

行为的研究则更需要从情景因素视角进行不断探索，从而得出更全面、多视角的研究结论。虽然过去文献已经提及或阐述了情景因素会对用户信息行为产生重要影响，但关于情景因素对用户信息行为影响的具体性研究依然相对较少。为了能够从情景因素视角对品牌危机信息微博分享行为影响机制进行进一步探索，首先需要了解和掌握微博中危机信息转发及评论行为会受到哪些情景因素的显著影响。根据本书对静态情景及动态情景的定义，以及结合微博用户信息行为所有可能的静态情景及动态情景的影响因素特征，本书主要从信息的固有属性及相关维度对静态情景影响因素进行探索和挖掘，以及从信息分享总数、用户粉丝数和关注数及时间距离等存在动态差异的维度对动态情景影响因素进行探索和挖掘。

（一）静态情景影响因素

说服效应是指在接收到说服性信息时，个体态度沿着信息观点方向改变并导致其决策行为发生变化的一种结果状态，[①] 它存在于生活中的各个方面，被广泛运用于消费者购买意愿、品牌广告、市场营销等诸多研究领域，很多学者也积极运用该理论对信息学相关的领域进行研究。然而，随着各种新媒体的涌现，说服效应在网络媒体中的应用越来越广泛，其中由于微博作为近年来很受欢迎的社交媒体，不少学者也开始借助说服效应理论对微博用户信息行为进行积极的探索和研究。[②] 在微博平台上，用户对信息的转发或评论行为可视为他们在接收信息后，在各种因素的影响下对信息进行评估并做出有关行为决策的活动过程。[③] 其中，个人的决策行为结果会受到他们所采用的信息加工和处理方式差异的影响，[④] 因此，该类研究主题仍属于说服效应理论的研究范畴。

说服效应理论主要包含精细可能性模型（ELM）、启发与系统式模型（HSM）、自我效能理论及较新出现的"联想—命题"过程评价模型

① 马向阳，徐富明，吴修良，等. 说服效应的理论模型、影响因素与应对策略 [J]. 心理科学进展，2012，20（5）：735－744.
② Liu Z，Liu L，Li H. Determinants of information retweeting in microblogging [J]. Internet Research Electronic Networking Applications & Policy，2012，22（4）：443－466.
③ 郭晓姝. 企业微博信息互动传播模式，途径与影响因素研究 [D]. 东北财经大学，2013.
④ Watts S A，Zhang W. Capitalizing on content：Information adoption in two online communities [J]. Journal of the Association for Information Systems，2008，9（2）：3；Cheung C M K，Lee M K O，Rabjohn N. The impact of electronic word-of-mouth：The adoption of online opinions in online customer communities [J]. Internet Research，2008，18（3）：229－247.

（APE），其中前两者运用最为广泛。本书仅借助 ELM 和 HSM 模型对品牌危机中微博信息分享行为的情景影响因素进行探索和挖掘。

关于信息形式的影响因素。流畅性理论强调，信息形式的差异影响人们对信息加工时所体验到的难易程度，从而影响人们对信息加工时的付出意愿。根据 ELM 说服效应理论，若个体有能力且愿意对信息进行深入思考和分析，他们更倾向于采用中心路径对信息进行加工；若个体不具有对信息进行仔细分析和审慎思考的意愿和能力，他们则更倾向于采用边缘路径对信息进行加工。然而，不同的信息加工方式会导致相同信息产生不同的说服效果，进而导致用户产生不同的行为方式。有学者通过对转发的微博信息进行分析，发现微博信息的形式对该信息是否被转发或评论具有重要影响。[1] 通常，视频型及图片型信息相对于冗繁复杂的信息对用户具有更大的吸引力。其中，新浪微博用户更倾向于对该类形式的信息进行转发和评论。[2] 同样，其他具有直观性、趣味性及轻松性的信息也能获得较高的转发率。该研究表明，用户面对文本型、图片型及视频型信息存在不同的转发频率和评论频率，而这些信息的差异又主要体现于信息可视化程度上的不同。由此可见，在微博信息平台上，信息可视化会对品牌危机信息的转发和评论产生重要影响。

关于信息内容的影响因素。根据 ELM，系统式加工体现了信息接收者对信息内在属性进行的深入分析和审慎思考，从而形成最终决策行为。在网络环境中，当人们通过计算机进行在线信息交流时，信息质量（IQ）成为了用户对信息进行系统式加工的重要影响因素。过去研究表明，信息质量会对用户转发行为产生重要影响，而信息的及时性、准确性以及信息与用户需求的匹配性均会使用户对信息产生更高的转发意愿。然而，用户对信息质量的感知则主要体现在信息论据、信息数量以及信息的情绪框架等方面。其中，关于信息的情绪框架，不同信息具有不同的情感成分，如正面情感、负面情感以及中性情感，而人们的行为通常会受到信息所传递的

① Zhao D，Rosson M B. How and why people twitter：the role that micro-blogging plays in informal communication at work［C］//Proceedings of the ACM 2009 international conference on supporting group work. ACM，2009：243-252.

② Yu L，Asur S，Huberman B A. What Trends in Chinese Social Media［J］. Social Science Electronic Publishing，2011.

情感差异的影响。① 因此，在微博信息平台中，情感类型及情感程度的差异会与信息的内容形式或人们固有的认知方式相互交织和作用，从而产生不同的说服效果，② 并最终形成不同的转发行为或评论行为。③ 由此可见，信息情感框架会对品牌危机信息微博转发和评论行为产生重要影响。

关于信息来源的影响因素。HSM 说服理论强调，启发式信息加工方式主要通过便捷和快速的方式获取直观线索对信息进行加工，而网络环境中的在线社区信息用户通常以信息的浅层特征作为启发式线索对信息进行加工。④ 然而，当人们进行信息加工时，信源用户特征则是影响人们对信息进行认知的最重要的表层因素之一。在微博平台上，用户特征则对微博中心性的形成产生着重要影响，其中微博网络的中心性反映了用户节点在该平台上的重要程度，如用户的权威性特征可以汇集大量用户，从而使信息的转发或评论行为产生群体效应，进而加剧信息的传播和扩散。⑤ 因此，信源特征对信息的说服效果具有重要影响。在用户对信息加工过程中，信息来源的可靠性、专业性、可信度、吸引力，以及所涉及的媒体的数量均会影响用户对信息加工方式的选择，而不同信息加工方式的选择则会导致用户形成不同的决策行为。⑥ 其中，信源的可靠性体现了信息来源渠道的权威程度，而专业性则体现了他们在特定领域的权威程度，两者均会对微博用户信息转发或评论行为产生重要影响。⑦ 信源可信度反映了信源在某些属性上具有的权威性特征，⑧ 通常可信的信源被定义为一个被信息用户

①　Donohew L，Sypher HE，Higgins ET. Communication，Social Cognition，and Affect（PLE：Emotion）［M］. London：Psychology Press，2015.

②　Petty R E，Cacioppo J T，Kasmer J A. The role of affect in the elaboration likelihood model of persuasion ［J］. Communication，Social Cognition，and Affect（PLE：Emotion），2015：117.

③　Stieglitz S，Dang-Xuan L. The role of sentiment in information propagation on Twitter：An empirical analysis of affective dimensions in political tweets ［C］. International Conference on Systems Science. Hawaii，2011.

④　Watts S，Zhang W. Online communities as communities of practice：A case study ［J］. Journal of Knowledge Management，2008，12（4）：55 - 71.

⑤　Pal A，Counts S. Identifying topical authorities in microblogs ［J］ . 2011：45 - 54.

⑥　Liu Z，Liu L，Li H. Determinants of information retweeting in microblogging ［J］. Internet Research Electronic Networking Applications & Policy，2012，22（4）：443 - 466（24）.

⑦　张媛伊. 微博博主和信息特征对消费者行为影响研究 ［D］. 浙江大学，2013.

⑧　Chaiken S. Heuristic versus systematic information processing and the use of source versus message cues in persuasion ［J］. Journal of Personality and Social Psychology，1980，39（5）：752.

认为是值得相信和信赖，且能够胜任的信息发送者，[①] 而信源的可信度和吸引力会对用户启发式加工方式的选择产生重要影响。[②] 由此可见，信源权威性特征会对品牌危机信息微博转发及评论行为产生重要影响。

上述基于 ELM 及 HSM 说服效应理论，分析了品牌危机中微博用户信息转发及评论行为的静态情景影响因素，并归纳出在信息分享行为过程中对信息说服效果产生重要影响的静态情景因素，主要包括信息形式、信息内容及信息来源等方面。其中，信息形式因素主要体现于信息可视化程度的差异；信息内容因素主要体现于信息情感性的差异；信息来源因素主要体现于信源权威性的差异。基于此，本书将品牌危机中微博用户信息分享行为的静态情景影响因素归纳和提炼为三个维度：信息可视化、信息情感性、信源权威性。

（二）动态情景影响因素

用户通过微博进行信息获取和传播，这并非仅仅在用户间进行简单的信息传输，它还为用户提供了一个可进行信息交流和互动的平台。该平台由诸多子环境构成，这些子环境又共同构成了一个巨大的环境体。用户聚集于该平台进行信息传播活动，其聚集后的场景营造出一种社会氛围，形成一种协同互动的环境，从而促进平台中的用户进行自发的信息交流和分享，该平台即构成了一个信息场。[③] 在该微博信息场中，存在各种不同类型的用户群体，他们在进行信息分享及信息交流过程中扮演不同的社会角色，这有利于该信息场的有效构成。在该信息场中，信息流可沿着任何方向进行流动和传递，在场的用户也可通过任何形式获取信息，并且可采用各种正式或非正式的方式进行信息交流与分享，其中相关信息的获取和交流则会对个体的生理、认知、情感，以及社会等具有重要的正面影响。[④]

在微博平台中，信息的传播不仅仅是把信息传递给其他用户群体，还能促进不同用户积极地进行信息分享和交流。在微博中，用户的信息转发

---

① Petty R E, Cacioppo J T. The elaboration likelihood model of persuasion [M]. NY：Springer，1986.

② Chaiken S. Heuristic versus systematic information processing and the use of source versus message cues in persuasion [J]. Journal of Personality and Social Psychology，1980，39（5）：752.

③ Fisher K E. Information grounds [M]. NY：Springer Netherlands，2005.

④ Pierce J R. An introduction to information theory：Symbols, signals and noise [M]. Chicago：Courier Corporation，2012.

和评论虽然未能对信息本身价值做出相应贡献，但这些信息行为却营造出一种能促进其他用户积极参与并进行广泛交流的环境和氛围。其中，微博平台上不断更新和变化的信息转发总数及评论总数、用户自身粉丝数及关注数、信源粉丝数及关注数，以及信息发布的时间距离等动态情景因素构成了一个较大的信息环境体，即微博信息场，该信息场会对其他用户的信息分享行为产生重要影响。在微博平台中，用户的粉丝量及关注量在一定程度上体现了他人追随自身的程度及自身对信息获取范围的广度和深度，该类情景信息则会显著地影响其他用户对自身信息转发或评论的意愿程度。有学者通过主成分分析法对大量博文数据进行分析，发现博文作者的粉丝量对该信息的转发具有显著影响，而博文作者发布微博的数量对信息转发的影响并不明显。① 若微博用户拥有较大的粉丝量或关注量，他们在所处的关系网络中则更具有影响力，他们的信息则更容易被转发或被评论。②

此外，除了受用户关注量和粉丝量影响外，信息分享行为还与信息发布的时间距离密切相关，且信息发布的时间距离对信息转发特征具有重要影响。解释水平理论强调，时间是人们对信息解释及行为选择的重要影响因素，针对不同的时间距离，人们对事物解释水平的差异会带来解释后不同效价大小的差异。对于一些事物，经过高水平解释后的效价要大于经过低水平解释后的效价；而对于另外一些事物，经过低水平解释后的效价要大于经过高水平解释后的效价。最后，不同大小的感知效价导致了人们不同类型和程度的行为选择和决策。而通常，时间距离越短，信息越容易被转发和被评论，并随着时间的推移，信息被分享的可能性逐渐降低，研究发现，90%的信息转发行为发生于信息发布后的一个月内。③

上述从信息场理论视角，分析了微博用户信息转发及评论行为的动态情景影响因素，认为对信息分享行为产生重要影响的动态情景因素主要包

　① Suh B，Hong L，Pirolli P，et al. Want to be retweeted？ Large Scale Analytics on Factors Impacting Retweet in Twitter Network ［C］// IEEE Second International Conference on Social Computing. IEEE，2010：177 - 184.

　② 孙会，李丽娜. 高频次转发微博的特征及用户转发动机探析——基于新浪微博"当日转发排行榜"的内容分析 ［J］. 现代传播（中国传媒大学学报），2012，34（6）：137 - 138.

　③ Lee C，Kwak H，Park H，et al. Finding influentials based on the temporal order of information adoption in twitter ［C］//International Conference on World Wide web. ACM，2010：1137 - 1138.

括相关用户粉丝数、相关用户关注数以及信息时间距离。在此基础上，本书将品牌危机中微博用户信息分享行为的动态情景影响因素，归纳和提炼为七个维度：信息转发总数、信息评论总数、自身粉丝数、自身关注数、信源粉丝数、信源关注数，以及信息时间距离。

三、微博群体信息评论行为的影响因素

近年来，公共事件受到网民的大量关注，在网络平台尤其是微博上造成了较大影响，引发全国范围内长时间的讨论。根据上海交通大学舆情研究实验室发布的相关报告，[①] 2003～2013 年网络舆情事件逐年递增，在2011 年和 2012 年出现了激增，2012 年出现了网络舆情事件的峰值（1293件）。网络舆情事件的体量较 10 年前有了大幅的增加。目前，有越来越多的公众认为互联网是最值得信任的信息来源，尤其是在实时信息传播、独家信息曝光以及互动交流等方面。[②] 尉建文指出，新媒体对群体事件存在显著推动作用，新媒体信息获取越便捷，新媒体信任程度越高，个体对群体性事件的参与程度就越高。普通网民的网络参与度，在新媒体的助力下，达到新的高度。一旦发生公共冲突尤其是群体性事件，无论何时何地，规模大小如何，都能引发群众围观，[③] 重大事件均能够很快形成网上舆论。[④] 当前，以微博、微信为代表的新媒体已经成为了舆论重地，许多事件在微博和微信曝光、发酵，引发了一系列不可估量的后果，为涉事主体的声誉和公信力带来了负面的影响。

微博的传播特点决定了它能够成为社会热点舆论事件的发声器和发酵器，曝光与传播社会舆论热点事件成为微博在公共危机中的两大重要作用。《2015 年中国互联网舆情分析报告》指出，在我国 2015 年的大众传媒舆论场上，以"两微一端"（微博、微信和移动客户端）为代表的新媒体进一步成为人们获取新闻时事的第一信息源，也是社会热点事件曝光和发

---

① 谢耘耕. 中国社会舆情与危机管理报告（2014）［M］. 北京：社会科学文献出版社，2014.
② Seltzer T，Mitrook M A. The dialogic potential of weblogs in relationship building［J］. Public Relations Review，2007，33（2）：227 - 229.
③ 原珂，齐亮. "旁观者"现象：旁观者介入公共冲突的过程分析及破解策略［J］. 社会主义研究，2015（1）：93 - 100.
④ 张春贵. 群体性事件中的新媒体作用透视［J］. 中共中央党校学报，2013（1）：67 - 70.

酵的主要信源,① 相对应的是报纸、杂志和电视等传统媒体的议程设置能力进一步下降。新媒体的发展大大降低了网民浏览信息和表达观点的门槛,使我国的网民社会结构日益向中国社会结构靠近,推动了网络话语权的均等化。与此同时,网民在网络活动中呈现出社群化和部落化的特征,网络舆论趋向于分层呈现。2009 年,人民网舆情监测室曾对 77 起具有较大影响力的社会热点事件进行分析,其中有 23 起事件最初是通过网络爆料而引发了公众的广泛关注,占比约 30%。② 2015 年 1 月 1 日至 2015 年 10 月 31 日的 500 起社会热点事件中,有 44.4%是通过新媒体披露的。

随着互联网及移动互联网的迅速发展,新媒体在公共危机事件的传播中扮演着日益重要的角色。新媒体传播从单一的"传者到受者"这一传播流程逐渐演变成了"受者亦传者",传统危机传播中的"受者"这一身份在新媒体中也体现出其传播的能力,受到了前所未有的关注。微博已经成为社会舆论热点事件的首曝媒介和主要曝光渠道之一,而且由于微博的出现,各类大 V 的转发及点赞无形中产生了舆论导向的作用,而这些所谓的舆论导向作用及其在公共危机中的社会意义不知不觉中就让这些大 V 成了某事件的意见领袖。李彪认为微博成了整个社会话语场域的"话语漩涡",扮演着话语策源地、信息桥和主导者等多重角色,最大限度地解构了传统的由社会话语精英所主导的话语权力格局,塑造了一种新的社会话语权力格局。而在这新塑造的话语权力格局中,传播的路径不仅仅是"组织—受众"的传播,在这两者之间还存在着"意见领袖",对传播的过程和结果起着重要的作用。③

公共危机传播中的意见领袖,是"危机事件中的高度关注者和积极传播者、占领话语空间的群体和利益主体的角逐对象",④ 也是"危机事件的揭露人、信息扩散的传播者、危机舆情的评论人和不同利益方的代言

①　祝新华,潘宇峰,陈晓冉.2015 年中国互联网舆情分析报告 [M] //2016 年中国社会形势分析与预测.北京:社会科学文献出版社,2015:238-259.
②　胡江春,祝新华,单学刚.2009 年中国互联网舆情分析报告 [M] //2010 年中国社会形势分析与预测.北京:社会科学文献出版社,2009:100-102.
③　李彪.微博中热点话题的内容特质及传播机制研究——基于新浪微博 6025 条高转发微博的数据挖掘分析 [J].中国人民大学学报,2013,27 (5):10-17.
④　刘丽芳.危机传播中的意见领袖研究 [D].中南大学,2012.

人"，① 发挥了"解释功能、扩散功能和议程设置功能"，② 在网络舆论形成期、扩散期、转折期和消弭期都发挥了重要作用。③ 意见领袖擅长通过其言论与公众互动引导舆论方向，与政府形成博弈态势。④ 刘丽芳指出，在危机传播中，信息是影响公众决策的重要依据。⑤ 而意见领袖在二级传播中扮演了中间信源的角色，为广大受众提供信息，可见，意见领袖对受众的认知和情感会产生重要影响。

在突发公共危机的传播中，意见领袖的行为对受众的影响愈发受到学界和社会的关注。在公共危机传播中，意见领袖的各种行为会对受众的传播意愿和传播行为产生积极还是消极的影响？清楚地认识到这个问题的重要性，并对其进行研究，以此作为理论指导实践的依据，这对做好危机管理尤为重要。如果能够有效利用意见领袖的正面影响进行舆论引导和社会情绪的疏散，就能在公共危机的处理中获得事半功倍的效果。

本书将参照意见领袖理论、框架效应理论和公共危机及网络传播的相关理论，对公共危机中意见领袖对网络传播意愿的影响进行研究，探索线上内容框架、线下实际行为，以及事件相关性三个变量对转发意愿及评论意愿的影响。

（一）线上主题框架

专家型微博意见领袖是微博上"活跃的意见表达者"，其发表的观点对其他微博用户产生很大的影响。专家型微博意见领袖作用于普通网民的主要方式是发布微博。对同样一个事件，专家型微博意见领袖可以选择从不同的视角、用不同的方式去进行阐述和描绘。对同一问题采用不同诉求模式的语言描述方式是进行框架效应实验的常用方法，而感性诉求与理性诉求是较为常见的诉求模式。框架效应诱发的是一种情感信息，从而对认知和行为产生作用。框架效应是普遍存在的，但随着研究的深入，众多研究者发现个体特征会影响框架效应的稳定性，这些个体特征主要包括人

---

① 宫玉斐. 危机传播中意见领袖与政府博弈研究 [D]. 上海交通大学，2013.
② 刘丽芳. 危机传播中的意见领袖研究 [D]. 中南大学，2012.
③ 季丹，郭政. 网络意见领袖对危机信息传播效果的影响因素研究 [J]. 情报杂志，2015（2）：22－27.
④ 杨军. 危机传播中意见领袖与政府博弈研究 [J]. 理论与改革，2013（2）：14－17.
⑤ 刘丽芳. 危机传播中的意见领袖研究 [D]. 中南大学，2012.

格、认知能力、认知风格、年龄和性别等。[①] 而本研究的实验对象为高校学生群体，相对于其他社会群体，该群体的个体差异性较小，群体特征集中度较高。至此，本研究认为，公共危机传播中，专家型微博意见领袖的线上内容框架会对受众的传播意愿产生影响。

以往关于理性诉求和感性诉求的内容框架研究，一般认为采用感性内容框架的内容更容易引起受众的情感反应，采用理性内容框架的内容更容易引起受众的认知反应。公共危机事件极易引发公众的情绪反应，感性诉求的内容与公众的情感诉求更为吻合，强烈影响公众反应。[②] 但受众对专家型意见领袖的期待从知识性和公共性两个维度展开，专家型意见领袖的角色定位要求这个群体具有知识权威性，在认知层面上进行内容传播，也就是进行理性内容框架的信息传播。当微博上的专家型意见领袖的所言所行更符合公众对其角色的期待时，其言论更易获得公众的信任和接纳，从而产生更高的传播意愿。由此，本研究认为，公共危机传播中，专家型微博意见领袖的理性线上内容框架会使受众产生更强烈的转发和评论意愿。

（二）线下实际行为

网络空间与现实空间之间存在着隔离与联通两种关系。近年来，随着网络空间与现实空间的进一步渗透和融合，两个空间之间的作用力也在整合。余丽等学者提出，作为整体信息世界，网络空间与现实空间是并列的关系，但两个空间中由信息引发的效应最终都将作用于现实世界。[③] 随着互联网和移动互联网技术的飞速发展，人类社会进入到网络空间与现实空间平行与交叉的双重时空。[④] 在这种交互作用之下，现实空间中的信息也在不断地进入网络空间，并对网络空间的生态产生一定的影响。

人是立体的，微博意见领袖也是立体的，网民对微博意见领袖的认知也越来越立体化。微博意见领袖主要活跃在线上，但他们在现实生活的行为也会影响网民对他们的判断和评价。比如王思聪，其线上行为主要是在

① 于会会，徐富明，黄宝珍，等. 框架效应中的个体差异 [J]. 心理科学进展，2012，20（6）：894－901.
② 闫岩. 人云亦云：在线评论对负面新闻感知的影响 [J]. 国际新闻界，2015，37（3）：52－66.
③ 余丽，王隽毅. 网络空间与现实空间的互动及其对国家功能的影响 [J]. 郑州大学学报（哲学社会科学版），2013（2）：5－9.
④ 周蜀秦，宋道雷. 现实空间与网络空间的政治生活与国家治理 [J]. 南京师大学报社会科学版，2015（6）：50－57.

各个事件中频繁发表意见，而对于其线下行为，网民主要感知到的是他和网红之间错综复杂的关系、他的富二代生活，这从网民对王思聪发布的线上内容的评价上或多或少有所体现。

根据在微博平台上观察到的现象，在公共危机中，部分微博意见领袖不仅在网络空间中有所行为，更伴随着现实空间中的实际行为，比如：在2008年的汶川地震中，不少演艺明星赴灾区救援，引发网友热切关注。在公共危机传播中，专家型微博意见领袖的线下实际行为会对受众的传播意愿产生影响。

（三）灾难事件相关性

在公共危机事件中，有相当一部分意见领袖与该事件具有一定相关性。意见领袖群体由三部分人群构成，第一部分是公共危机事件的直接利益相关者，由于切身利益相关并接近信源，他们具有成为意见领袖的强烈动机和先天优势；第二部分是公共危机事件的间接利益相关者；第三部分是公共危机事件的非利益相关者。利益相关的意见领袖，在整个危机传播过程中发挥重要作用，更多地从专业的角度、切身的体会来谈及事件。然而，信息的中立性和客观性是危机传播中更重要的两个因素，利益相关的意见领袖难免在这两点上让人产生一定的怀疑。由于先前出现了一些"专家"乱说话、说胡话的情况，公众对专家的言行抱有失望的态度，也由于专家面临着利益冲突和价值冲突，[①] 公众对其权威的信任度大打折扣。

在很多的公共危机事件中，如若意见领袖与事件本身并没有任何关联之处，那他就只是单纯客观地发表自己的意见。然而当公共危机事件与意见领袖本身息息相关的话，此时此刻意见领袖发表的言论则在很大程度上会给受众带来一种观念，即此时意见领袖的言论很大程度上是带有主观色彩的。这两种情况之下意见领袖的言论会对受众的转发行为分别产生不一样的影响。因此，本研究认为，公共危机传播中，专家型微博意见领袖的事件相关性会影响其线上内容框架对受众传播意愿的作用。

在公共危机传播中，当专家型微博意见领袖的利益相关性和价值相关性较低时，公众对其与事件本身的利益冲突和价值冲突的感知也较低。此

---

① 刘玉涛，卫莉. 冲突中的科学专家与公众的信任问题探析 [J]. 经营管理者，2014（12）：177-178.

时，专家型微博意见领袖更符合公众心目中对"关注民生的公共知识分子"角色的期待，从而获得公众的信任和认可，进而使其线上发布内容获得网民更高的传播意愿。而当专家型微博意见领袖的利益相关性和价值相关性较高时，公众容易将对专家不信任的态度带入，从而对该专家型微博意见领袖的立场产生怀疑，进而对其线上发布言论的中立性、客观性甚至正确性产生怀疑。由此，本书认为，公共危机传播中，专家型微博意见领袖的事件相关性在其线上内容框架与受众的转发意愿和评论意愿之间具有负向调节作用。

第五章

互联网群体信息与热门话题传播

第一节　互联网群体信息传播基础研究

一、互联网群体热门话题相关概念

（一）热门话题

网络上的热点事件通常首先表现为热门话题，热门话题则起源于话题。话题通常包含了一个核心事件或者活动，外涵了与核心事件或活动直接关联的所有其他事件和活动。[①] 在新闻报道或者信息传播中，如果讨论围绕着某一话题的核心事件或活动，则可以认为相关报道或者信息与此话题相关。诸如某次飞机失事事件引发的搜寻飞机失事的幸存者，以及相关的死难者安葬等。[②] 可见，当一个事件的发生引发了足够多的相关话题，且话题在信息传播和新闻报道的过程中逐步升温，受到社会较为深入广泛的关注时，便会使事件本身成为热点。

（二）网络群体事件

网络群体事件作为近年来受到关注的一个传播学概念，在早期的研究中被称为"网络集体行为"，侧重于网民自发或有组织地集聚于某一网络公共领域，通过网络发帖的表达行为；[③] 有学者指出网络群体事件通常是

---

①　丁伟莉. 中文 Blog 热门话题检测与跟踪技术研究［D］.哈尔滨工业大学，2007.

②　J. Fiscus and G. Doddington. Topic Detection and Tracking（TDT2002）Task Definition and Evaluation Plan. ftp：//jaguar. nesl. nist. gov/tdt/tdt2002.

③　夏学銮，刘曙光. 网络社会学建构［J］.北京大学学报（哲学社会科学版），2004，41（1）：85 - 91.

某些群体为了实现某种目的，利用网络散布传播某些信息来发泄不满、制造舆论，① 将网络群体事件定位在恶意动机；也有学者更为客观地看待网络群体行为，认为其是数量众多的网民为达共同诉求，采取通过网络集中参与社会事件的行为；② 后期的定义更加中肯，认为网络群体事件的本质是网民群体围绕某一主题，各有目的地以网络聚集的方式制造社会舆论、促发社会行动的传播过程。③ 至此奠定了网络群体事件在传播学中的中性基调。

（三）网络热点事件

网络热点事件作为网络和热点事件的集成，一般而言，是指在网络上广泛传播、网民广泛参与并引发全社会热议的事件。曾有学者为网络热点事件做出如下定义：经由网络媒体发布、形成舆论并引发关注的热点事件，④ 认为网络热点事件始于网络。⑤ 其实不然，网络热点事件确实不是由政府机构、部门或媒介催生的，但事件可能起源于互联网，也可能始于传统媒体。网络热点事件总是与社会热点问题、重要人物事务等息息相关，通常通过各类网站新闻、贴吧论坛、聊天室以及微博、博客等进行发酵，在其中获得高点击率、点赞量、转载量和评论量等，形成网民关注的焦点，来反映现实中的社会热点和个人情绪。⑥ 要形成网络热点事件，则必定强调网络群体对于事件的共同关注和热烈讨论。网民群体中形成的集聚效应，会产生巨大的舆论力量，与传统媒体间进行议题互动，不断推进事件的议题更新，从而在网络即时互动、意见表达多元的催生下，通过网络平台的力量将原有议题的影响进一步扩大，甚至最终影响现实社会中的舆论和事件进程。网民间会产生意见交锋、情绪共振，甚至会在网下参与相应的群体活动。⑦ 因此本研究中认为网络热点事件是在网络上广泛传播、引起网民共同关注、激发网络群体参与、形成舆论推动进程的社会事件或

① 郑大兵，封海东，封飞虎.网络群体性事件的政府应对策略 [J].信息化建设，2006（11）：34－35.
② 周湘艳.从传播学视角反思网络群体行为 [J].东南传播，2007（8）：58－59.
③ 杜骏飞.网络群体事件的类型辨析 [J].国际新闻界，2009（7）：76－80.
④ 丁柏铨，郭舒然.对2009年网络热点事件的传播学解读 [J].江南社会学院学报，2010，12（1）：27－30.
⑤ 唐琪.网络热点事件的科学传播研究 [D].湖南大学，2012.
⑥ 刘鑫.网络热点事件对大学生社会心态的影响及对策研究 [D].重庆工商大学，2014.
⑦ 胡冰.网络热点事件中的民粹主义倾向研究 [D].南京师范大学，2012.

事务。其中事件信息的首发、舆论的形成均不仅限于网络，而最终则可能影响事件的发展和走向。

二、互联网群体热门话题研究现状

（一）基于事件类型的传播研究

当前对于热门话题传播研究，比较明确的有体育热点事件类、政务微博（政治热点）类、旅游危机事件类以及公共卫生事件类。卢兴根据一段时间的热播体育事件，运用大数据分析在多极化的传播结构中寻找关键节点，揭示了体育事件在新媒体中的传播要素。[①] 刘雪艳不仅界定了政务微博中的网络热点事件类别体系，还对政务微博中热点事件进行了"5W"模式分析、信息可信度研究，并进一步讨论了政务微博中热点事件信息透明化影响机制，提出了相应的政策探索。[②] 付业勤综合运用案例研究、内容分析及数理统计等方法，对旅游危机事件中网络舆情的基本构成和发展机理进行了界定和实证研究，认为旅游危机事件中网络舆情由舆情客体、舆情主体、舆情本体和舆情媒体构成，而网络舆情的产生、发展和变化规律则由发生机理、传播机理和演化机理共同构成。[③] 蒋静针对公共卫生安全类热点事件从宏观、中观和微观角度进行了剖析，[④] 白菁则对突发公共卫生事件报道信息进行分析发现，网络中的不同表达会在网民中形成认知差异，网络谣言的极大负面影响会对其他领域产生衍生效应。[⑤]

（二）基于传播机制和模式的传播研究

关于热点事件的传播机制和模式研究，多借助于事件本身的议题或者网络中的舆论，也有学者对媒介在其中的权力运行机制，以及国家在其中的网络执政机制进行了相关研究。兰洁以凤凰网的某个论坛为例，借助议程设置理论以实证方式研究了网络舆论形成的机制，分析了网络话题上升

①　卢兴.体育热点事件微传播特质研究——基于微博传播关键节点的实证分析［J］.上海体育学院学报，2016，40（4）：37-41.
②　刘雪艳.政务微博中热点事件信息透明化影响机制研究［D］.北京邮电大学，2013.
③　付业勤.旅游危机事件网络舆情的发生机理研究［J］.合肥工业大学学报（社会科学版），2014，28（06）：15-21.
④　蒋静.公共卫生安全类事件的网络舆情研究［D］.湖南大学，2014.
⑤　白菁.突发公共卫生事件网络舆情演变研究［D］.陕西师范大学，2014.

至议题所需的条件以及网络舆论形成的过程。① 马静从网络热点舆论的形成和传播规律入手，以网络热点舆论传播过程中的可控环节作为切入点，探讨了网络舆论的控制机制。② 陈福集和胡改丽将案例分析法融入网络舆情的热点话题研究中，提出了网络舆情热点话题的六阶段传播模式，以及热点话题双核心的手抓哑铃式宏观传播模式。③ 陈福集和黄江玲则在演化博弈理论的基础上建立并验证了网络舆情热点话题的演化博弈传播模型。④ 赵红艳则从宏观网络社会管理视角，将生态学理论和社会网络分析方法引入网络媒介权力研究之中，全面研究了热点事件中网络媒介权力运行机制及其相应的管理策略。⑤ 窦锋昌和李华则以韩寒"代笔门"事件和"三亚宰客门"事件为例，讨论了新媒体时代热点事件传播路径的转变，指出了新媒体引发热点事件—传统媒体落地—网络转载—回归传统媒体的新传播模式。⑥

第二节　互联网群体信息传播结构特性

一、互联网信息结构特性

互联网是网络群体传播的载体和平台。对于互联网描述和研究，人们最常提到的就是其匿名性、交互性、中心缺失等特点，并且认为网络是难于控制、秩序混乱的，研究者较少通过技术层面去探索互联网中存在的"有序"。因此，我们引入复杂科学中的复杂网络理论，从网络结构、信息结构、复杂网络结构三个维度对互联网结构特性进行探讨。

---

① 兰洁.从话题到议题—网络舆论的形成机制研究［D］.华中科技大学，2012.
② 马静.网络热点事件舆论传播规律及其应对策略分析［J］.中国传媒科技，2012（22）：122－123.
③ 陈福集，胡改丽.网络舆情热点话题传播模式研究［J］.情报杂志，2014（1）：97－101.
④ 陈福集，黄江玲.基于演化博弈的网络舆情热点话题传播模型研究［J］.情报科学，2015，32（11）：74－78.
⑤ 赵红艳.热点事件中网络媒介权力运行机制及管理策略［D］.哈尔滨工业大学，2013.
⑥ 窦锋昌，李华.新媒体时代热点事件传播路径的转变——以韩寒代笔门和三亚宰客门为例［J］.新闻战线，2012（4）：40－42.

（一）互联网网络结构的复杂性

世界上对于复杂网络的研究，在大量网络现象的基础上抽象出两种复杂网络：一种是小世界（small world）网络，另一种是无标度（free-scale）网络。小世界网络具有高平均集聚程度与小的最短路径的特点。高平均集聚程度反映了网络集团化的程度，例如社会网络中总是存在一些关系圈，其中每个成员都认识其他成员。小的最短路径指网络的任意两个节点之间有都有一条相当短的路径。它反映网络实体间相互关系的数目可以很小但却能连接世界的特征。而无标度网络还具有幂律分布的特征，表现为一条斜率为幂指数的负数的直线。即系统中个体的尺度相差悬殊。如意大利经济学家 Pareto 提出的"二八定律"，即 20％的人口占据了 80％的社会财富。该定律便是简单的幂律分布。Internet/WWW 网络具有以下无标度网络的特征：①从互联网中的每台计算机来看，任意两台计算机之间都存在着一条相当短的路径。②互联网由大量网络如局域网、广域网等互联而成。这些网络就相当于一个个的集群（cluster），它们可以与本地或异地的不同网络相连，并且可以同时与多个网络相连。可知互联网也具有高平均集聚程度。③互联网具有幂律分布的特征。以网页被点击次数的分布为例，尽管中国向七千九百万网民提供的网站接近六十万个，但只有为数不多的网站能够成为热门网站。占节点总数 5％～15％的节点通常会拥有所有连接数的半数以上。④互联网系统的自组织性。自组织是复杂系统最重要的特性，即为在复杂系统其他特性如开放性、非线性、耗散结构等基础上自我自主地组织化、有机化。这是一个系统在内在机制的驱动下，自行从简单向复杂、从粗糙向细致方向发展，不断地提高自身的复杂度和精细度的过程。网络泡沫破灭后，互联网的发展由高度的自由走向规范和有序，这其间国家的立法和控制起了一定的作用。但互联网的内部力量也不可忽视，正是广大网民对网络及网络经济的认识回归理性，开始冷静地观察网络这个虚拟社会，并理性地对待和处理各类网络信息，互联网才日益走向组织化、有机化。从最初的网络交友泛滥到后来的 BBS、博客、播客，网民们的交流日渐走向有序化、理性化。⑤互联网有集散节点的存在。由无尺度网络幂律分布的特点可知，无尺度网络具有优先连接性。在新的节点加入网络的过程中，并不是按照随机网络理论中的假设随机选取节点建立连接，而是按照一定的优先次序、倾向性、范围或者是偏好加入网络中来，更倾向于连接具有较多连接数的节点。由此可知，无尺度网络存在着集散节点，即那些具有大量连接的节点。实际上无尺度网络对集散节点有着较大的依赖性。一旦集散节点消失则会对整个网络造成巨大的打击。在现实生活中，那些访问量巨大的网站或网页等网络实体就可以被认为是互联网中的集散节点。企业危机发生时，这些节点就是危机信息传播的重要枢纽。对这点节点的信息进行分析和控制是缓解危机的有效方式。此时，企业网站、竞争对手网站及行业相关网站也会迅速升级为危机信息传播的集散节点，企业对此也应当特别注意。

（二）互联网信息结构的复杂性

社会心理学中对"社会认知"的定义是：对各种社会刺激的综合加工过程，是人的社会动机系统和社会情感系统形成变化的基础。显然，人们对品牌的态度也是一种社会认知。因此，对品牌危机的发生机理可从社会心理学理论中寻求解释。

根据哈蒙德的基本透镜模式，当分属于不同系统的个体利用参考变数即线索对客观的环境系统中的事物或变数（criterion，判断评准）做出判断时，由于不同个体的价值判断标准不一致，对线索的运用方式也不一致，便可能产生认知冲突。在网络环境下，互联网的"小世界"特性导致信息传播的速度大大提高，传播范围扩大。会有很多线索影响人们的判断，这些线索可能来自正式发布渠道，也可能来自非正式发布渠道。很显然，这些真假难辨的信息混杂在一起，再分别被企业或公众提炼为线索时，线索与实际的、客观的判断标准之间的相关程度的强弱和方向性、不同人对线索的组合方式都有很大的差异。

另外，在网络环境下，人们利用线索作判断的一致性也会大受影响。即使在传统的媒介环境下，人们对事物判断的一致性也有较大差异。有些人非常坚持自己的看法，无论外界环境发生什么变化也不改变最初的判断。而另一些人很容易受环境或他人的影响，在接收新信息后就逐渐改变自己的判断。网络环境比传统的媒介环境变化得更快，信息无时无刻地进行更新，可以说是瞬息万变。危机事件发生后，网络谣言不断滋生，人们对品牌及企业的认知不断地受到各类信息流的冲击，于是很多人的决策过程受到影响，甚至可能导致最终的决断与最初的想法大相径庭。一般说来，企业由于组织架构庞大而复杂，决策过程比较长，而且判断的一致性比较强，常常会坚持用某种手段来保护品牌；与之相反，公众的决策是个体的判断，决策过程短，且决策中容易受环境影响，即判断的一致性较弱。

于是危机信息便以几何级数的传播速度在网上蔓延。在网络环境下，一旦有谣言露出苗头，就可能在极短的时间内被引爆为危机。危机发生之后，由于许多企业仍未建立有效的网络环境危机管理机制，企业与公众的冲突加剧。在网络虚拟社区中，使用者间可实时与多人进行线上谈话，讨论区或公布栏，则可允许多位使用者异步交流。此时可能会有群体思考（group think）的现象产生。群体思考的概念是指群体面临外部环境高压或在群体内部凝聚力的作用下形成的妨碍决策正确性的一种刻板思维模式。群体产生自我膨胀的现象，以为群体的决策是正确的。虚拟社区的群体思考行为使得虚拟社区成员将企业视为"敌对群体"，对其成见加深，致使品牌危机升级。

（三）复杂网络结构的有序性

互联网作为一个庞大的复杂系统，必然存在着无序的现象。网络上信息的流动完全不同于传统的单向线性结构，由于网络都是交互式的，所以传者与受者的界限非常模糊，传受双方的角色也处于不断的相互转化之中。传统的线型传播模式已经被一种全新的、开放式的非线型的传播样式所取代。而网络丰富多样的传播技术，也导致了传播者的零门槛化，由于传播者的大量介入，以及信息控制难度的加大，大量信息呈现出泛滥的态势，整个信息流也表现出一种无序化的特征。

然而同其他复杂系统一样，互联网也于无序中包含有序，因而了解互联网中的有序性才是帮助人们把握网络信息流动的有效途径。从全局角度来看，互联网是一个无标度网络，它虽然表现出很强的涌现性和生长性，即随时可能有网络实体接入，也随时可能有网络实体消失，但值得注意的是，整个互联网的骨干部分在一般情况下不会有大的变化，而联结这部分重要网络的节点可被认为是集散节点。集散节点被破坏或者通过它的信息被抑制对于网络中任意两台计算机的互联并不会产生很大的影响，但却会削弱网络中的信息。2004 年 10 月 16 日和 17 日，腾讯因服务器故障导致QQ 大规模掉线，虽然网民们可以通过 MSN 或其他即时聊天工具进行网上交流，但信息交流仍受到很大的阻碍和影响。

互联网有着明显的局部有序特征。互联网中的有序区域可分为两类：一类是以网络结构为基础的有序，如公司局域网和校园网等。人们由于工作或学习的需要接入一个较小范围的网络，以进行信息共享和信息交流。在这样的网络里，仍有"把关人"的存在，而且这些"把关人"往往能非常迅速地对信息进行筛选或加工处理。对于违反规则的成员，"把关人"能够对其进行惩罚。

另一类则是以网络虚拟社区为基础的有序。最早的有关虚拟社区的定义由瑞格尔德提出，他将其定义为"一群主要藉由计算机网络彼此沟通的人们，他们彼此由于有某种程度的认识、分享某种程度的知识和信息、在很大程度上如同对待朋友般彼此关怀，从而所形成团体"。[①] 可见互联网打破了传统社会关系的束缚，通过网络在对人们角色重构的基础上建构起一个个网络社区。但网络社区的形成与现实社会的"社区"有很大不同。现实中的社区更接近于一个空间上的聚合地。而在网络中，人们不需要以足够的了解和信任为基础就可以开始进行交流，只需要有一个简单的导向性因素作为向心力，就能促成部分网络人群的聚集。比较具有代表性的虚拟社区有通过大型网络游戏、异步聊天室（BBS）、新闻组（usenet）等聚集起来的网络组织。这种现象体现了互联网的自组织性的特征。在外表杂乱的网络虚拟空间中，形成了一个个有序的区域。这些虚拟社区与局域网或校园网最大的不同点就在于其"邻近"来自感知，而成员的实际距离不"邻近"，成员在现实中互相不认识，彼此之间以网络虚拟身份进行交流。在虚拟社区中，人们因为共同的志趣或需求形成一个网络集群进行交流，也需要遵守这个群体的规则。

二、互联网群体传播的结构特性

以上我们探讨了作为互联网群体传播平台和载体的互联网的结构特性，接下来我们引入社会网络分析的方法，以网络论坛中的舆论传播要素为研究对象，运用社会网络分析的几个重要指标来尝试描述互联网群体传

---

① Howard Rheingold. The virtual community：Homesteading on the electronic frontier the edge［M］. NY：Basic Books，1993：25－28.

播的社会网络结构特性。

社会网络分析（social network analysis，SNA）是由社会学家根据数学方法、图论等发展起来的分析方法。它提供了一种"交互"和"嵌入"的视角，倡导的不是单向的因果分析，而是一种双向的交互作用。在社会网络研究出现以前，人类社会的主流研究取向是采取抽样调查和民族志的方法，研究者们关注的是属性型数据（attribution data），而没有注意到关系型数据（relational data）的存在。他们忽视了社会成员实际上是相互关联的，并且是嵌入在一个社会整体中的，而非相互独立的事实。而社会网络分析正是对社会成员的互动关系及其关系结构进行有效分析的一种研究范式，在这一点上超越或者说弥补了以往的社会研究分析方法的不足。简单来说，社会网络用多个点来代表社会行动者，用各点之间的连线代表行动者之间的关系。社会行动者可以是个人，也可以是任何一个社会单位或社会实体。而关系有多种表现，在本研究中所关注的网络论坛用户之间的发帖与回帖的交流关系，也可以被视为一种社会关系的类型。

在社会网络分析中，已经有一些非常成熟的量化方法和指标来探讨群体中具有较大权力的特殊个体，如中心度分析、位置与角色分析等。同时也有一些较为成熟的概念来探索权力的结构性态势，如中心势分析、密度分析、凝聚子群分析等。

（一）互联网群体传播的度数中心度

节点中心度显示了个体在网络中所占据的战略位置，中心度越高的点在网络中具有越重要的地位。对中心度的计算有一种运用较为广泛的指标，即度数中心度（degree centrality），它考查的是与某一点相连的边数。在一个有向图中，度数中心度可以进一步被分为出度中心度和入度中心度。

采用度数中心度的指标，可以考察各网络中各用户的出度中心度和正向入度中心度。其中出度心度代表用户对外联结的程度，而正向入度中心度则代表了用户得到支持的程度，也被称为用户的"声望"（prestige）。在不同规模的网络之间进行比较时，则可采用标准化后的出度中心度和正向入度中心度，即将用户的实际度数除以该用户理论上的最大度数。

在一个有向图中，出度中心度代表的是网络成员向外部寻求联系的程度，成员的出度中心度越高，说明其在群体中的活跃度和外向性也越高。有学者认为，出度中心度为人们提供了更多通向获得各类促进成功的资源的捷径，① 因为信息渠道的多元化可以使人们获得更为全面的观点，并且减少人们对某一单一信源的依赖，使他们能够更好地发挥信息的效用。入度中心度代表个体所获得的外部联结的程度，而成员的正向入度中心度越高，说明其受到的支持或追随越多，在群体中的声望越高。而声望则是构成群体中意见领袖的影响力的一个重要方面。群体中的其他成员通常把"音量"高的成员认作意见领袖，并由此追随他们，而意见领袖则能够激励其他成员的持续参与，并培养一种群体内的社会认同感。一般而言，主贴发布者比一般的回帖成员有更高的"音量"。

（二）互联网群体传播的结构洞和中间人

中间人（broker）是网络中占据特殊结构位置的一群人。与中间人相关的一个概念是结构洞（structural holes）。结构洞是两个行动者之间的非冗余的联系。在图 5-1 中，A 与 B、C、D 中的任意两者之间的关系结构就是一个结构洞。因为，A 与 B、C、D 之间都有联系，但是 B、C、D 各自之间却没有直接的关系，相当于造成了信息空洞。A 就是占据结构洞的中间人，结构洞的存在为其获取信息和控制利益提供了机会，从而使他比其他位置上的成员更具有优势。

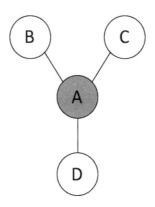

图 5-1　结构洞与中间人

---

① Sparrowe R T，Liden R C，Kraimer W. Social networks and the performance of individuals and groups [J]. Academy of Management Journal，2001，44（2）：316-325.

（三）互联网群体传播的网络中心性分析

"中心性"是社会网络分析中的重要研究对象之一，它可以用三类中心度来进行测度，分别是：度数中心度、接近中心度和中间中心度。节点的度数中心度越高说明其在社会网络中的权力越大，与其他点的联系也越多。节点的接近中心度是一种不受他人控制的测度，如果一个点与网络中其他节点的距离都很短，那么该点具有较高的整体中心度及接近中心度。节点的中间中心度测量的是这一行动者对资源控制的程度。如果一个节点处于许多其他点对的最短路径上，就说明该点具有较高的中间中心度。

（四）互联网群体传播的网络中心势

中心度（centrality）代表的是个体在群体中接近中心的程度，而网络中心势（network centralization）则是一个整体层次的概念，说明该网络是否具有较高的中心趋势。度数中心势通过计算点与点之间的连线数量来刻画网络的结构，网络的度数中心势越大，说明网络中点的度数中心度差异越大，越存在一个向核心聚拢的趋势。

度数中心势指数的计算方式是，首先找到网络中最大中心度点的值与其他点值的差，再将差值的总和除以理论上各差值的总和的最大可能值。

（五）互联网群体传播的网络密度

网络中心势考察的是网络中是否存在核心点，而网络密度则是指网络中的点对之间关系的密集程度。网络密度由图中实际存在的联结数量占所有可能联结的数量的比例来表示，它反映的是社会网络关系的密切程度，密度越大，表明网络成员之间的关系越密切。

通过无向化处理，可以考察到点对之间的互惠性。即仅保留两个互相联结的点对之间的连线。此时，一个网络的度数中心势越高，说明成员间的互惠性（reciprocity）越差，成员两两之间的互动程度越低，这也暗示了成员之间信息和情感的交流并不充分，而紧密的联结则通常在危机出现时，能为网络成员提供更多的情感、心理上的支持。

第三节　互联网群体信息传播构成要素

微博和微信是互联网群体传播的主要平台，并且成为公民参与舆论、体现自身存在的一个重要渠道。与微信相比，微博的裂变式传播为信息的快速扩散传播提供了可能，它赋予网民更多的话语权，并使单一用户能量聚集为群体，产生巨大的舆论场和影响力。因此，本节以微博为例，从传播主体、传播内容、群体互动、传播节点、传播效果层面探讨群体层面的信息传播模式。

一、传播主体：陌生人语境促发"蝴蝶效应"

传统媒体环境下，观众受内容和地域的限制，很难形成较为集中的舆论，即便是关乎民生的重要社会事件，由于人际传播具有地方性和模糊性，初级舆论场也难以越过地理边界和阶层边界，群体传播触点具有明显的地方化、阶层性的特征，牵制了事件传播力和影响力的扩散。在新媒体语境下，宽松的话语空间和与技术操作上的可行性，加强了社会公众交流的可能性和可行性。尤其是在牵涉公众利益和社会道德的公众议题与大范围的网友相聚时，这种匿名环境和"陌生人"社会机制的诉求欲望将发挥至极，将极小的事件点聚成大范围的舆论，完成网络传播"蝴蝶效应"的蜕变。

二、传播内容：碎片化内容助推传播能量

互联网群体传播研究者彭兰曾将传播内容的碎片化分为两个层面：第一个层面是事实性信息传播的碎片化，这里的碎片，更多的是指信息来源的多元化、观察视角的分散化、信息文本的零散性和信息要素的不完整性；第二个层面是意见性信息传播的碎片化，这个意义上的碎片，不仅指零散性，还指意见的异质性、分裂性。①

由上述两个层面我们可以发现，信息来源的多元化扩大了话语权的范围，使得"人人成为传播者"成为可能，补充了传统媒体的信息缺位，同时，观察视角的分散化也易于形成更加多元的舆论现状，在全民讨论的格

---

① 彭兰. 网络的圈子化：关系、文化、技术维度下的类聚与群分 [J]. 编辑之友，2019 (11)：8.

局中真理和真相更易脱颖而出。另外，在具有异质性和分裂性的网民意见中，价值观的差异开始显现，民主社会图景中自由讨论的氛围开始显现，其所牵动的社会效应随之出现。碎片的不断汇集、碰撞，也意味着我们逐渐接近真相，立体还原全貌，同时感知到一个事物在各个层面的辐射效应。同时，在残羹断壁、瓦砾砖头中，某一片断或者得以延续，甚至镶嵌于那些正统社会的文化精英们的演说之中，而我们对此却浑然不觉。

当然，对于具体的个人来说，由于受到其拥有的信息源的局限以及个人的信息素养等因素的影响，也许并不能在所有时候都能够把握整体，也可能会受到某些碎片信息的误导，碎片化肢解了信息的完整性，这也成为其屡遭诟病的原因之一。然而，无论是正面的事实真相的揭示和话语权分散后的民主意义呈现，还是负面的断裂和残缺不全引起的谣言四起和误解不断，都足以说明微博蝴蝶效应"牵一发动全身"的潜在逻辑。这时，单一层面的碎片化表达如果离开了特殊的微博传播机制即"非线性传播模式"的助推，恐怕也只能停留于个体层面的冥思和舆论效应的浅尝辄止，而无法达到大规模传播后的爆发效果，形成强大影响力。

三、群体互动：从"线上鼓与呼"到"线下跟与追"

早在 20 世纪 60 年代，马歇尔·麦克卢汉就提出媒介生态理论，着重于探讨媒介系统与社会系统以及受众系统之间的关系。多元非线性传播模式衍生的病毒式传播效应类似于微博传播的蝴蝶效应，将微小事件的影响因子以串联式和网络化的传播结构形成"话语能量"的凝聚释放、"渠道价值"的重构实现和舆论影响力的扩散壮这种碎片化的传播内容。结合粉丝路径和转发路径的非线性传播模式形成的滚雪球效应，网络的碎片化传播内容和非线性传播模式成为重大网络群体事件传播效应形成的重要基础，在碎片化的信息内核中，有实用价值的或有独特吸引力的内容凭借多元开放的讨论机制，结合网络强大的转发、评论功能，在多元化非线性传播模式中产生"牵一发而动全身"的蝴蝶效应。

四、传播节点：从公共人物到意见领袖

周俊和毛湛文曾在《敏感的螺旋：网络公共议题中敏感信息的传播渠道研究》一文中指出："关系网络中遍布的节点使敏感信息更容易流动，其传播和扩散的速度也自然随之加快。"[①] 因此，在分析网络群体传播的过程中，虽然传播内容、传播主体和传播渠道的交互影响作用很大，但其中的节点也功不可没，不容忽视。不难发现，以公共人物为代表的意见领袖作为网络群体事件传播过程中一个重要节点，发挥的作用更是无可比拟。很多事件的首发者即是通过网络公众人物为代表的意见领袖得以示众。同样，很多网络群体事件的关键性舆论起伏也与意见领袖的观点引导和话语权表达密不可分。因此，对于网络群体事件传播中意见领袖的角色和影响力的考察，成为进一步探析网络群体传播中"蝴蝶效应"形成机制的关键节点。

五、传播效果：非线性传播形成舆论共振

根据物理学中波的能量的相关原理，如果两个波传播方向相同，当两个波相交时，则振幅会根据两个波的能量进行振幅能量叠加。如果把个体的意见比作为一个个的波，由于没有碰撞的平台，彼此之间影响很小；其微小的能量，无法直接进行大规模的叠加。因此，在公共议题的吸引条件下，感性与理性相交融的网友正是在网络这一平台的特殊传播机制下才点燃一起起网络群体事件，网络的平台效应和传播机制便成为"蝴蝶效应"形成的关键。

在网络传播中，蝴蝶效应的首要触发机制便是直接关涉网民切身利益和自身权利的公共议题，社会敏感话题、关注点和兴奋点易燃起网民的参与和热议，使得网民群体前赴后继，使自身潜在的"集体成见"与负面事件形成"视域融合"，从而形成微博传播蝴蝶效应的第一重逻辑基础。网

---

① 周俊、毛湛文. 敏感的螺旋：网络公共议题中敏感信息的传播渠道研究 [J]. 国际新闻界，2012，34（5）：9.

络是"所有人面向所有人"的多元非线性传播结构，它颠覆了传统新闻传播"点对面"的传播模式，使得信息来源更加多元化，影响机制更加复杂化，重大新闻信息经过关注、转发、跟随等，在短时间内即可呈现几何级的增长。"一个吸引人的信息内容一旦在网络上发布出来，首先看到信息的粉丝就成了这种'病毒传播'的第一级传播通道，按照一个人平均有100个粉丝计算，被自己的第一级粉丝中的10％也就是10个人转发后，就会增加1000个人读到该信息。如果这1000个人中再有100个人转发，仅通过几层，信息被阅读的次数就会轻松达到数万、数十万甚至数百万"，即网络的信息拓展效应。网络的病毒传播源于病毒式营销，通常指在互联网上，利用普通网民之间口口相传、相互转发的口碑式传播渠道，快速而有效地把要推广的信息、品牌或产品扩散出去，形成一种"蝴蝶效应"。

第四节　互联网群体信息传播生成机制

一、互联网群体传播的生成阶段

互联网群体传播的潜伏阶段包括议题产生和有关事件的刺激性信息的产生。在议题刚刚发生的时候，关于议题的信息零散地存在于网络空间中，其浏览量也十分有限，尚没有引起公众的关注和议论。这个时候的信息传播还不能够称之为群体传播，但它的影响力是潜在的。

当互联网群体传播处在潜伏阶段时，信息的传播具有分散性，具体表现为起点分散、信息的分散和传播主体的分散。起点分散是指刺激性的信息一开始只是零散地分布在各个新闻网站、论坛页面、网民的跟帖之中，一般不能够引起人们的注意；同时，相关的信息来源渠道也是分散的，由某一个议题产生的信息由不同的网络个体披露，并不是集中在一个网站、页面或者专题上，而是分散在各个毫无关联的网站或页面上。这时，互联网群体传播信息的传播主体也是零散地分布在网络空间中，即使有网友注意到了，跟帖和回应的数量也不多，不会形成规模。最初网络信息的传播都是零散的，随着网络空间传播主体数量和信息量的不断增多，网民针对绝大多数的信息是不会发表个人意见和表达情绪的，只有少量的信息能够引起人们的普遍关注，形成态度和意见的汇集。这些能够引起人们普遍关注的议题的产生多源自社会矛盾的积累，并以社会问题、社会事件或者社会冲突的形式反映在现实生活中。这些事件或与网民的切身利益息息相关，或者是网民感兴趣和比较关注的焦点，它的发生将会刺激网民形成某种情绪、态度或者意见，并愿意通过网络表达出来；刺激性信息通过论坛、博客或微博复制和转载，让越来越多的网民了解到事件的始末，刺激强度和范围将提升到最大。互联网群体传播的潜伏阶段是控制和引导网络舆情的关键阶段，如果能够准确预见网络信息中的部分舆情信息可能形成的关注效应，就可以从源头上对互联网群体传播加以干预，既可以主动引发网络舆论，促使网络舆情的形成；也可以避免不必要的网络关注，引导互联网群体传播总体上平稳、有序地发展。

互联网群体传播的舆论场形成阶段。在舆论场的形成过程中，人们从众的心理发挥了主要的作用，这种社会天性会形成一种"沉默的螺旋"现象：网民在发表个人意见之前会对周围的意见环境进行观察，如果自己的观点是属于"多数"或者"主流"的观点时，便会积极主动地发表自己的观点；如果自己的观点是属于"少数"或者"非主流"的观点时，出于不愿意被孤立的考虑，在环境的压力下选择沉默或改变自己的观点去附和"大多数"人的意见。意见的表达和"沉默"的扩散成为一个螺旋式的传播过程，一方的弱化和沉默促成了另一方意见的不断增加，因为群体压力而改变想法的人就越来越多，使得"主流"意见越来越强，"非主流"意见越来越淡化，最终导致占压倒性优势的"主流意见"——舆论的诞生。受众在一定环境中生存，个体在特定时间对具体世界的体验，总是伴随环境与他人的影响趋向一体化，公众的共同意见必然是在相互依存、相互作用的特殊场合下形成的，这种场合就是舆论场。社会结构决定了舆论场的存在。社会由各种小团体构成，个人从属于其中的一个或多个。一旦出现社会问题或发生重大事件时，个人就会倾向于和自己关系密切的团体，这个团体就会在短时间内迅速形成容易引发意见一致的环境，从而形成"场"。在"场"的刺激和影响下，某一意见得到迅速传播，并很快被众人接受和支持，形成大量的共同意见。在这里，人与场的关系是互动和共时的，意见的出现决定于某一环境中出现的某种诱因，并和这种诱因发生呼应。

处于影响力形成阶段的互联网群体传播，媒体的议程设置发挥着重要作用，网民的参与程度进一步得到提高，社会和媒介的舆论压力进一步增大，舆情中民意诉求进一步集中和强化。从互联网群体传播的表象上看，对这一阶段所涉及的事件和相关责任主体可以用四点来概括，即社会传播的焦点、媒体报道的热点、学者研究的热点和政府处理的难点。在相关议题受到关注与舆论场形成之后，传统媒体的报道纷纷加入进来，因为面对不断流失的受众，传统媒体遭遇前所未有的挑战，它们也要借助该事件所形成的受众注意力资源来挖掘更深层次的信息，发布更全面的报道，利用其品牌形象和公信力，将事件影响力与媒体影响力有机结合起来，并使其进一步放大。这样，社会舆论在传统媒体舆论的推动下，也对相关舆情形成聚焦。而作为社会精英层的专家学者以意见领袖的身份参与互联网群体传播事件，对事件进行学理层面的分析和现实层面的批判，群体传播的压力进一步增强。面对强大的公共舆论压力，无论是对于事件的直接责任主体，还是作为社会管理者的政府，在处理舆情所涉及的问题上难度都成倍加大。而处理问题的关键是是否能够满足公众的利益诉求，处于舆论场形成阶段的互联网群体传播，已经被公众广泛关注，群体传播可能朝任何方向发展，既可能扩大积极的传播影响，形成正面的传播效果；也可能增加负面舆论，扩大消极传播的影响。这个阶段的关键就是如何把握互联网群体传播的走势，针对公众的意见和利益诉求加以科学的应对和有效的引导。简单地说，在互联网群体传播的舆论场形成阶段，网络传播危机已经形成，就看群体传播责任主体和有关部门是否能够转危为机、化危为安、乘机扭转局势。

二、互联网群体传播的生成路径

网络群体性事件意见扩散的总体路径主要有三条：第一种路径是由网络媒体率先将现实性事件发布出来，或者是在网络论坛将事件披露出来，然后在网民广泛关注的同时，各级传统媒体也迅速跟进报道，形成较为强大的舆论合力。第二种路径是由各级传统媒体率先对现实性事件给予报道，而后在网络门户网站大范围报道，网络公共论坛也随之对此进行关注，并大规模转载，在这个过程中传统媒体还在不断进行后续跟进报道，形成舆论潮，进而不断升级成为网络群体性事件。第三种路径由现实事件或虚拟现象引发，而后一直在网络平台中传播、升级，直至最后消退。路径模式如图 5-2 所示。

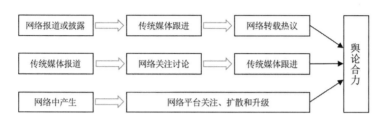

图 5-2　网络群体性事件舆论扩散路径

三、互联网群体传播的生成态势

（一）媒介融合效应

媒介融合是指各种媒介呈现多功能一体化的趋势，包括一切媒介及其有关要素的结合、汇聚甚至融合，不仅包括媒介形态的融合，还包括媒介功能、传播手段、所有权、组织结构等要素的融合。也就是说，"媒体融合"是信息传输通道的多元化下的新作业模式，把报纸、电视台、电台等传统媒体，与互联网、手机、手持智能终端等新兴媒体传播通道有效结合起来，资源共享，集中处理，衍生出不同形式的信息产品，然后通过不同的平台传播给受众。

目前用户最多、传播影响力最大的两类新媒体，一是网络媒体（以互联网为传播介质），一是手机媒体（以手机为用户终端）。新媒体造就了信息开放的新局面，造就了全时空传播的新局面，造就了一人一媒体、所有人向所有人传播的新局面，造就了信息爆炸和信息迅速更替的新局面。尤其是互联网新技术、新应用的推动，不断使传播形态更加丰富，推动了自媒体、私媒体、草根媒体、公民媒体、独立媒体、参与式媒体、社会化媒体等传播形态的形成。

网络空间中，互联网既是参与主体间交流不可或缺的纽带，又是消息传送赖以生存的基础，对于舆论的生成具有缺之不可的基础作用。互动网络是典型的嵌套式网络结构，即处于其中的每一个参与者都是互动网络的一个"节点"，同时又可以生成以自我为中心、大小不等的"次生网络"。

统一互动网络平面中主体的交流和消息的传递表现出平面运动的特点，而不同网络平面（跨次生网络间）的信息互动则呈现出立体互动的复杂特征。

媒体融合不仅使互联网群体信息采集渠道和传播通道趋向多元化，而且还可以根据多媒体的原始素材，综合整理提炼、加工，通过不同媒介传播，迅捷传达信息，表现受众和用户的情感情绪，从而强化信息传播的广度和深度。

（二）渠道联动效应

以互联网为主的媒体融合条件下的新闻传播应打破传统新闻传播业务单一工作的流程限制，要在全方位的技术运用和所有媒体形态的基础上进行重新整合，建立新的流程（见图 5-3）。在这样的背景下，采编不再是一报一台各行其是，而是跨媒体的团队合作，是多种媒体新闻生产流程的重组和整合。整合化的新闻采集是一次性完成的，新闻加工方式与发布渠道却是多元化的，而且接收终端是统一的，新闻产品链由此而形成。特别是整合化的新闻报道人员不再是报纸的记者或者电视的记者，而是集团组织中为所有媒体采集新闻的专业记者团队，是一个小组。他们的新闻作品是全方位的、多媒体形式的，有文字报道、新闻图片、现场录音、新闻录像等，一应俱全。在团队作业的前提下，新闻采集与新闻载体是分离的，团队成果不为某一个载体所独有，这样每一个媒体都能在成套的新闻产品中获得最适合自己的那一部分，载体的使用完全以新闻传播的整体效果最优化为目标。也正是这些新闻产品存在的差异性，如内容的差异、角度的差异、表现形态的差异等，才使新闻传播更加地个性化、新闻报道多样化、新闻内容全面化，从而使社会公众发布新闻信息和表达观点的权利得到充分尊重，新闻传播更加真实、客观、公正。

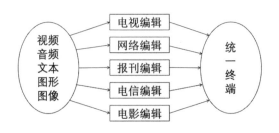

图 5-3　各个媒体的流程路径

（三）内容交互渗透效应

与现实社会中的社交不同，人们在网络上的交流和互动都需要信息中介的参与。在互联网传播中，信息的中间媒介就是消息。互联网是一个集各种信息资源为一体的资源网，由于政府、机构、企业、个人随时都可以在网上发布信息，因此网络资源增长迅速，成为无所不有的庞杂信息源，并具有跨区域、分布广、多语种、高度共享的特点。网络信息资源几乎无所不包，而且类型丰富多样，覆盖了不同学科、不同领域、不同地区、不同语言的信息，在形式上包括文本、图像、声音、软件、数据库等，是多媒体、多语种、多类型的混合体。网络信息包括学术信息、商业信息、政府信息、个人信息等。因此，其给用户提供了较大的选择余地。另外，由于互联网的开放性和自由性，网络信息的发布缺少质量控制和管理机制，网络上的很多资源并没有经过审核，网络信息繁杂、混乱，质量参差不齐，给用户选择带来困难。同时，由于信息储存形式及数据结构具有通用性、开放性和标准化的特点，它在网络信息环境下，时间和空间范围得到了最大程度的延伸和扩展。

（四）传受多重共生效应

在传播学意义上，网络传播的一大重要特征便是信息主客体边界模糊。由于同时具备"传者"和"受者"两大主要功能，绝大多数舆论参与者都是以信息发布者和接受者的双重角色活跃于网络平台，即任何参与者都可以自由选择信息从而成为某种类型的舆论客体，同时又有可能在发布或转发的过程中不自觉地成为舆论主体。因此在某种意义上，在网络平台中不存在严格意义上的单向主体或客体，只有舆论参与主体。同时，在互联网传播平台中信源主体呈现出多元化特征，在数字技术与网络传播的推动下，普通公民获得了从未有过的参与新闻传播的能力，他们借助手机、博客、播客、BBS、QQ、MSN等工具，已经形成了个人对个人、个人对多人、多人对多人的传播网络，发布新闻，表达观点，使信源主体呈现多元化的发展趋势。随着媒体融合进程的加速，这种信源主体多元化的发展趋势越演越烈，而且传者受众一体化将成为新闻传播的主体特征。当前，每天有大量的视频、音频、文本、图形、图像、短信发布，如此巨大的新闻信息源已成为传统媒体开发利用的对象。尽管提供信息的任务主要由政府、社会团体和企业等单位来负责，但承担采集与发布新闻信息的主要还是职业新闻工作者。专业媒体组织在新闻传播中依然占据主导地位，但不能否认的是，新媒体正在改变着大众传播局势，全世界范围内的"草根记者"在重大突发事件现场发布的新闻一次次产生了全球性的轰动效应。

第五节　互联网群体热门话题传播机理

一、微观层面的热门话题传播机理

在网络信息传播的微观层面，我们将从受众认知、传播主体和群体关系三个视角切入，探讨互联网微观层面的传播机理。

（一）受众认知视角下的传播机理

从受众认知视角展开，研究者们探讨了互联网层面的信息传播机理。从传播学视角展开，郭庆光根据拉扎斯菲尔德的二阶段传播理论，对于媒介传播的信息的观点，有部分受众会积极接受，并加以再传播，这些人即为"意见领袖"；[①] 而另一部分人则主要依靠与这些"意见领袖"的接触来指导自己的行动。有关信息传播模式研究分为三大类，也是三个阶段：线性模式、控制论模式、社会系统模式。谢新洲将网络信息传播的基本要素：传播者、接受者、信息、媒介、噪音等进行概括，建立了网络信息传播模式。[②] 亚光、袁毅等根据传统社交网络的特点，提出了社交网络传播机理；目前对于信息加工过程或者因素作用机理的分析更多地基于宏观的视角。双路线加工是当前被普遍认可的信息加工模型，其中系统启发式模型与精细加工可能性模型均指出受众在信息加工过程中会依据信息的丰富程度、受众对信息卷入程度、受众信息处理的能力与自我效能对相关信息进行加工，[③] 并且这种加工过程也被证实适用于网络环境中。[④] 然而受众在实际信息加工中的脑部活动更具有说服力，事件相关电位（ERP）和功能

[①]　郭庆光. 传播学教程［M］. 北京：中国人民大学出版社，2011.

[②]　谢新洲. 从网络传播研究到互联网研究［J］. 新闻与写作，2013（1）：44 - 45.

[③]　Eagly A H，Chaiken S. The psychology of attitudes［J］. Journal of Loss Prevention in the Process Industries，1993，8（5）：299 - 305.

[④]　Ledgerwood A，Chaiken S. Priming us and them：Automatic assimilation and contrast in group attitudes.［J］. Journal of Personality & Social Psychology，2007，93（6）：940 - 56.

性磁共振成像（fMRI）作为技术手段为微观真实探究受众的信息加工过程提供了技术可能性。因此使用认知与神经机制来探讨相关因素的作用机理变得十分重要。

　　对微观影响因子的探索，一直是互联网群体传播研究的重要内容之一。由于研究视角的不同，学者们对于网络群体传播的影响因子有着各自的见解。有学者从社会心理学的角度对网络群体传播的诱发因素进行分析，如黄蜺和郝亚芬主要从网络群体性事件发生前的网民心理和网络群体性事件发生后的网民心理进行分析，认为利他行为、从众效应、去个性化状态是网络群体性事件发生的社会心理原因。① 张敏等学者从社交情感距离视角出发，探究突发公共安全事件中公众社交舆情传播行为的影响因素。② 从情感距离的视角出发，探讨处于不同情感距离状态下公众对突发公共安全事件舆情信息的反应，在整合多级传播理论、动机理论、心流理论、解释水平等理论的基础上，综合考虑感知意见领袖、利己主义、利他主义、沉浸体验等多个影响因素。也有学者运用社会学相关理论对网络群体传播的作用机制进行分析，如赵会艳通过文献分析在众多理论的基础上提取出个体的认知与情绪、群体认知、群体情绪、群体效能四个变量。③ 以"孟连事件""陇南事件""瓮安事件""池州事件"为研究对象，以事件发生的过程为依据，验证研究中群体行为的涌现机制。蒋晓丽和何飞通过情感原型沉淀机制研究发现，导致线上线下情感传播差异的原因主要有传播环境、传播方式、表达约束、网络结构和用户行为等，同时，线上传播的冲动性和无约束性易造成用户情感表达的极端化。④

　　（二）传播主体视角下的传播机理

　　以网络论坛为例，网络论坛在传播中主要有四种角色，这些角色互为因果，相互影响，会对信息传播产生重要作用。

　　1. 论坛用户：信息的无限输入

---

① 黄蜺，郝亚芬. 社会心理学视阈下的网络群体性事件 [J]. 电化教育研究，2010（7）：39 - 43.

② 张敏，霍朝光，霍帆帆. 突发公共安全事件社交舆情传播行为的影响因素分析——基于情感距离的调节作用 [J]. 情报杂志，2016，35（5）：38 - 45.

③ 赵会艳. 群体行为涌现机理的理论模型构建 [D]. 云南师范大学，2013.

④ 蒋晓丽，何飞. 情感传播的原型沉淀 [J]. 现代传播（中国传媒大学学报），2017，39（5）：12 - 15.

网络论坛系统中每一个登录上网的用户都是信息的携带者，这些信息来自各人所处的现实社会背景以及网络背景。用户的数量可以是无限量的，因为网民是没有地域限制的。用户通过四种途径进入各自的分类板块：随机组合；共同话题（如军事、笑话等话题）；功能组合（如二手交易、挂牌、问路等）；固定群体，游戏版等比较常见此类用户。

2. 网络版面：信息的无限交换与整合

论坛的聊天单位是网络论坛分类板块（或版面），版面的设置数量是无限的，版面内部的信息容量也是无限的。用户根据上述四种方式进入各自论坛并开始讨论。用户之间的交流是匿名的、非即时互动的、平等的，彼此一般无法看到对方的表情、动作等其他符号语言。不同版面之间的交流相对容易和广泛，通过文章转载即可实现。这直接导致可能性的增多，这种交换和整合使得信息的紊乱度急剧增加。

3. "BBS达人"：他们是不固定的意见领袖

网络论坛中的意见领袖具有某些知识和传播技巧方面的特长。在网络论坛各个版面中都有一些被称为"BBS达人"的人，这些人在版面中享有很高的舆论威望，能在讨论中影响网民的观点。同时"达人"也受到来自站长的控制和影响，他们必须遵循站规和本版传统。他们是系统中的次中心，仅次于站长。

4. 站长：信息的无限储存与检索

网络论坛传播系统中的另一中心便是服务器，它是信息的集中点和论坛的控制中心。管理服务器的人一般是站长。论坛上发表的每一条消息都被储存到服务器里，用户可以通过搜索等途径随时从资料库里调出相应的信息。服务器的信息随着时间的增加而不断增多，因此，从长远看是无限的。可见，服务器与用户的信息交换是通过储存和搜索而实现的。论坛站长通过服务器对论坛各板块进行控制和影响。站长通过发布站规、任命版主、发布版规等措施进行系统控制。版主负责执行版规，通过删帖、敬告、封号等手段监视和控制用户。站长和版主也通过发表文章引导舆论等方式达到产生影响的目的。四种角色相互影响下的信息传播机理见图5-4。

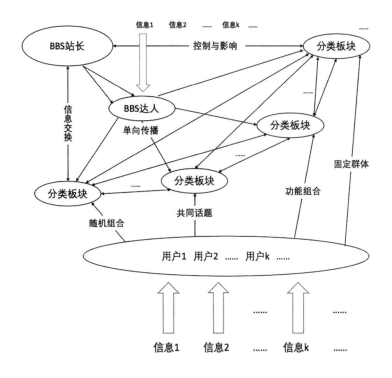

图 5-4　网络论坛传播的结构机理示意图

（三）群体关系强度视角下的传播机理

互联网群体传播既是信息内容和交互行为的链接网络，也是社会关系的联结网络。网络用户作为主体在互联网上创造和传播信息内容，构建了内容之间的链接关系和传播路径，由信息内容的聚合形成了人的社会关系的聚合，在彼此相关联的信息内容汇聚过程中，分散的网络用户通过强关系和弱关系叠加传播形成社会化网络。由互联网所构建的群体关系传播网络的社会化倾向已越来越明显。

其一是单向的"弱连接"，如普通用户对名人的关注。这种连接更多的是表达用户自身的情感，如对某个名人的喜爱或支持，同时也能展现自己的兴趣与品位，以此来建立和维护个人形象。

其二连接是双向的"强连接"，用户建立这种连接的主要目的，并非获取专业信息或知识，而是将其作为建立和维护社会关系的一种手段。有关"弱关系"的"弱连接威力理论"是马克·格兰诺维特所做的开创性研究。在传统社会，每个人接触最频繁的是自己的亲人、同学、朋友、同事，这是一种十分稳定但传播范围有限的社会认知，是一种"强关系"（或"强连接"，strong ties）现象；同时，还存在另外一类更为广泛的社会关系、认识比较肤浅的社会关系，即所谓的"弱关系"（或"弱连接"，weak ties）。格兰诺维特的研究发现，在信息的扩散和传播上，"弱关系"和"强关系"起着同等作用。克莱因伯格的研究称"弱关系缩小了这个世界"。另外，著名的"六度分隔"理论也说明，社会中普遍存在的"弱关系"发挥着强大的作用。可以说，中国用户在使用社会媒体中，已经较充分地认识到它是缔结有价值的社会关系，且大多数是"弱关系"的重要平台，并重视这样的"弱关系"。甚至这种"弱关系"还建立起一种新型的信任关系。

　　基于关系强度的群体传播还充分体现了群体的智慧，它是个体能量在社会化媒体这个分享平台上的发挥和集聚，也是第二代门户网功能的集中体现。个体的积极参与、用户创造的内容（UGC），全民织网，都是以人为核心的。群众的智慧是无穷的，就看如何激发、管理和利用好这样的智慧。我们甚至可以通过研究群体的行为，而寻找到社会许多深层的现象。例如，一条短短的微博很难包含太多的实际意义，但通过转发、评论的群体行为，从大量杂乱无章的短信息中，就会涌现出意味深长的社会现象。凯文·凯利认为，这就是社会化媒体的本质所在。但是正如许多人所关注的，社会化媒体中群体力量也明显存在松散、无序、乌合之众的特征，需要用合理的引导、宽松而有度的条件去孕育，才能让它成为正能量。

　　基于网络媒介交互视角的互联网群体传播是一个相对松散的无边界系统，网络空间的公共事件不会马上形成网络舆情，而是需要经过信息汇聚互动的演变过程。媒介交互性是指传播者与接收者具有直接互动与地位互换的基本特征，反映了在一定条件下，传播者与接受者对信息控制地位对等的理论可能性。信息的主要传播形式是网民与媒介之间的交互，依赖于个体的信息认同与传播者的行为特点。其一，对等性。交互性体现了群体传播活动中各传播主体相互对等的地位关系，它是网络媒介区分于传统大众传播媒介的最显著体现。其二，共享性。共享是群体传播的生命。各传播主体对网络媒介具有对等的控制能力，差异只是由于使用媒介的能力不同所致，但任何一方都不可能全部控制和占有网络媒介。其三，自主性。

信息在网络媒介中自由流动，各传播主体可以按需要选择或拒绝某种信息。人们使用媒介的交互行为直接影响了群体传播的广度和深度。

二、中观层面的热门话题传播机理

除了系统环境的影响因素以，以下中观层面因素也对互联网群体传播产生了影响：沈阳和吴荆棘对 2008～2012 年发生在中国的 320 个重大网络舆情事件进行了聚类分析，假设出 23 个影响网络舆情演变的舆情因素、5 个反映舆情发展结果情况的效果因子，通过结构方程模型构建因子模型——网络舆情推演模型，最后在此基础上选取 10 件热点事件进行实证推演，结果支持了假设的合理性。[①] 谢耘耕和荣婷以 2011 年和 2012 年热度靠前的公共事件微博热帖作为研究对象，发现微博传播中存在影响力不同的关键节点，影响关键节点的影响力取决于多种因素，如关键节点的类型、对舆情事件的介入速度、所发微博的特征对热帖的转发评论有显著影响，粉丝数量对热帖转发评论量的影响微弱。[②] 隋岩和曹飞认为在互联网群体传播中，文本、语境、信源和渠道等因素共同影响着网络用户的多样化信息交互。互联网传播的共享性和自主性，进一步强化了个人对信息内容的选择机制，它在更好地满足用户媒介体验和个体偏好的同时也常常导致意见极化的产生。[③] 柳军和蔡淑琴将网络群体传播归为信息内容和媒介交互的组合状态，对信息特征和媒介交互演化趋势进行分析，发现媒介交互所引发的信息内容汇聚的平等性和共享性等社会化特征，以及群体性事件的马太效应等是网络群体传播热点形成的主要原因。[④]

对互联网群体传播联结机制的研究首先应追溯到格兰诺维特提出"联结"的概念，从成员间关系的亲密程度、互动的频率、互惠交换的水平以及感情力量的强弱四个维度对联结强度做了区分。他认为群体内的联结强

　　① 沈阳，吴荆棘. 基于复杂因子的网络舆情推演研究 [J]. 情报学报，2013，32（12）：1315‒1325.

　　② 谢耘耕，荣婷. 微博传播的关键节点及其影响因素分析——基于 30 起重大舆情事件微博热帖的实证研究 [J]. 新闻与传播研究，2013，20（3）：5‒15＋126.

　　③ 隋岩，曹飞. 互联网群体传播中的信息选择与倾向 [J]. 编辑之友，2013（6）：62‒66＋73.

　　④ 柳军，蔡淑琴. 微内容的网络舆情传播特征分析 [J]. 情报杂志，2013，32（1）：1‒4.

度较高，说明群体成员间的事物认知、生活经历是相似的，这种情况下，他们的沟通交流更多的是相似知识和信息的分享和共鸣；弱联结群体成员间生活在不同的圈子，背景和信息源不同，彼此也不是十分熟悉，但又由于存在连接的纽带，他们可以通过这座桥梁连接不同的圈子，通过不同的信息源得到融合沟通，某一个群体可能获得其他群体的信息和知识等。Tajfel 等人认为在一个群体中，即使成员间缺少一定的联系，但是只要他们有群体身份，就会不自觉地产生群体偏好，这种现象说明了群体中的个人与纯粹的个人是存在差异的，也即基于社区身份的联结纽带，该纽带的核心在于"成员资格"。[①] Gruen 等认为社群成功的关键在于引发社区成员的承诺感以及参与行为，并提出用情感承诺、持续承诺、和规范承诺三个方面来衡量成员与成员、成员与社区的联结强度。楼天阳指出，基于物理关系的地理联结纽带可能影响用户的参与意愿和关系维系意愿，基于人际关系的心理联结纽带可能会影响用户的关系持续和线下联系意愿，基于社区身份的意识联结纽带可能会影响用户的线下联系和贡献意愿。[②]

由于网络空间传播形态的相互融合，群体传播变得复杂化多元化，很难再明确划分联结机制的归属类型。通过对现有文献的分析梳理，笔者认为互联网群体传播的联结机制呈现出内容和关系两大主流导向，其中关系导向型的联结机制又依据群体传播过程中主体和信息要素的组合分为强传播、弱交往模式和强交往、弱传播模式。内容导向型的联结机制更注重信息和知识的产生与共享，代表的社会化媒体如维基百科、百度知道、知乎等；关系导向型的联结机制更注重人际交流和社会关系的维系，代表的社会化媒体如微博、微信等。微博像是 Twitter 与 Facebook 的混搭，而微信更像是 QQ、TalkBox、Path 与 Instagram 的混搭，因此它们的特性也呈现出不同基因，微博属于强传播、弱交往模式（传播联结与交往联结比例约为 7：3），微信属于强交往、弱传播模式（传播联结与交往联结比例约为 3：7）。

（一）内容导向型群体传播中的信息

以微博为例，微博是一个内容导向型、基于用户关系信息分享、传播

[①] Tajfel H. The social identity theory of intergroup behavior [J]. Psychology of Intergroup Relations，1986，13（3）：7 - 24.

[②] 楼天阳. 虚拟社区成员联结机制研究 [D]. 复旦大学，2008.

以及获取的社交网络平台，为可单向、可双向两种，注重信息的时效性和广泛性，属于强传播、弱交往的传播模式，微博的信息传播模式如图 5-5 所示。

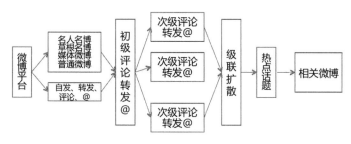

图 5-5　微博信息传播机理

（二）微博转发网络的结构机理

微博转发网络显示了节点与节点之间的转发关系。箭头出发节点是转发者，箭头指向节点是被转发者。如图 5-6 所示，整个网络的节点分布形态由内到外呈现"紧密—稀疏—紧密"的特点，并且由许多个体网组成。有的个体网规模较大，有明显的中心节点，即多数节点同时指向一个节点或一个节点同时指向多个节点；有的个体网节点相互联系，并没有呈现较强的中心节点。在整个转发网络中部，有一个明显的中心节点，外围一圈节点皆指向它，同时外围中的部分节点又成为其他节点的指向目标，直至扩散至整个网络。该中心节点很可能是重要信息发布的源头，首批跟随者转发此信息后，又带动其他跟随者纷纷转发。中部较为稀疏的节点是中心度仍较高的节点或与之相连的节点。外围一圈较密集的节点是中心度最低且不与高中心度节点相连的边缘节点。从箭头的传递性看，转发网络中存在大量同向箭头以连接各个节点，说明信息的流通性更强，更适合信息扩散。

（三）微博回复网络的结构机理

回复网络图显示了节点与节点之间的回复关系。箭头出发节点是回复者，箭头指向节点是被回复者。如图 5-7 所示，与转发网络相似，回复网络也由多个个体网构成。从"关系"角度看，许多个体网仅由两个或三个节点组成，网络流通性明显小于转发网络。但双向箭头明显比转发网络增

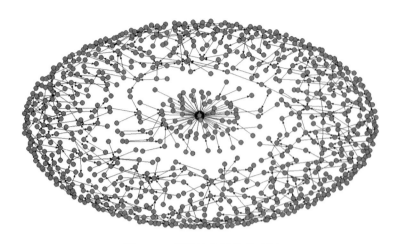

图 5-6　微博转发网络关系图

多，说明回复网络中微博主的双向互动性更强。但连接多个节点的同向箭头较少，大部分子网是简单的星形结构，使得信息难以从某个节点开始逐个传递到其他节点，信息的流通扩散性弱。就节点分布来看，回复网络的节点稀疏而均匀，说明微博主更倾向于转发信息而非评论信息，且在回复网络中不存在中心度特别高的核心节点。

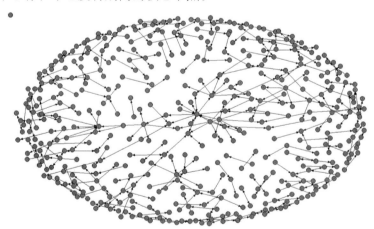

图 5-7　微博回复网络关系图

三、宏观结构的热门话题传播机理

　　许多研究者将社会舆情视作一个整体的传播模式，综合宏观探讨处于这一过程的影响因素。[①] 廖海涵和王曰芬结合"5W"传播模式和议程设置理论对信息传播因素提出假设，采用相关性分析进行验证，发现传播群体中意见领袖群体对传播效果影响最大，微博发布者属性与传播效果存在正相关关系，信息传播数量与传播效果呈负相关关系。[②] 洪亮等通过构建网络舆情回应的系统动力学模型，采用 Vensim PLE 软件对模型进行模拟仿真，发现舆情事件、网民、传媒、网媒及政府这五个作用主体与网络舆情存在较强的互动关系。洪亮等从事件危害程度及敏感度、网民情绪强度、媒体活跃度及政府信息公开度等影响因素进行分析。[③] 还有学者从宏观上对网络群体传播的演化过程进行了分析，如周磊基于霍曼斯的群体行为构成三要素理论，从活动、相互影响、情绪三个维度，对搜集到的 52 起群体性突发事件中的群体行为态势进行评估，并采用等级评估法对评估的结果进行等级划分，从群体结构特征、事件特征、环境因素三个方面选取变量，对群体性突发事件中群体行为态势的影响因素进行回归分析，结果表明事件发生地点、人员伤亡和群体内部关系这三个影响因素对群体行为态势的影响都很显著。[④] 季丹和谢耘耕对 2003～2013 年以来的热点舆情事件进行了文本挖掘，选取其中热度最高的 3343 个事件进行定量分析，从区域经济学、发展经济学与社会发展学的角度，建立经济发展与社会舆情发展之间的关联模型，发现我国东、中、西部间的经济社会发展差异显著影响了社会舆情传播的数量、类型、发布形式、干预方式、治理效果等特征。[⑤]

　　（一）舆论反转：互联网群体传播的新常态

　　在新媒体大背景下，新闻事件的传播具有不同于传统大众媒体传播的

　　① 郭庆光. 90 年代中后期新传播技术的发展趋热及影响［J］. 国际新闻界，1997（1）：9-13＋65.

　　② 廖海涵，王曰芬. 社交媒体舆情信息传播效果影响因素研究——以新浪微博"8·12 天津爆炸"事件为例［J］. 现代图书情报技术，2016（12）：85-93.

　　③ 洪亮，石立艳，孙永波. 泛在媒体环境下政府网络舆情治理能力提升研究［J］. 情报探索，2017（6）：20-26.

　　④ 周磊. 群体性突发事件中群体行为演化机理研究［D］. 中国科学技术大学，2014.

　　⑤ 季丹，谢耘耕. 网络危机信息传播效果的影响因素实证研究——以微博为例［J］. 情报科学，2014，32（7）：70-77.

模式和致效性，所造成的舆论格局具有多元化和多变性，受众价值站位具有反转性。2011 年，人民网舆情监察室首次统计出"舆论反转"的情况，2013～2014 年，新华网连续两年评选出十大"舆论反转"剧。

在有关"舆论反转"的理论说明解析文献中，几乎很少单独就舆论反转本身进行论述的文献，其中王国华等学者在《议程设置理论视域下热点事件网民舆论"反转"现象研究——基于"成都女司机变道遭殴打"事件的内容分析》中结合议程设置理论研究舆论反转现象，提出了热点事件网络舆论反转模式图（见图 5‐8）。[①]

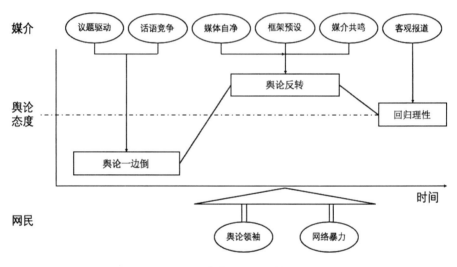

图 5‐8　热点事件舆论反转模式

通过文献梳理可以发现，舆论反转事件大致可分为三个阶段：第一阶段，忽略客观事实，片面的报道，片面的信息接收，舆论主观不理性，一边倒；第二阶段，事件传播范围进一步扩大，造成较大社会影响，舆论导向有一定的恶劣程度，各类媒体进一步跟进深入中立报道事实真相，舆论反转，开始出现理性中立的声音；第三阶段，大众理性客观看待事件，倾听多方意见，全面了解事件真相，第三方介入事件，事件真相澄清，舆论

① 王国华，闵晨，钟声扬，等. 议程设置理论视域下热点事件网民舆论"反转"现象研究——基于"成都女司机变道遭殴打"事件的内容分析 [J]. 情报杂志，2015，34（9）：111‐117.

回归理性，开始对事件的分析解决与反思。

舆论反转事件，是在新媒体时代背景下出现的一个新兴的现象。该现象由于出现时间较短，具体关键反转节点难以切实把握，在展过程与几个关键的传播理论，如议程设置理论、UGC、意见领袖理论等相互作用，难以单独分析解释，因此相关的文献资料尚不是十分翔实。但这也恰恰说明了，在新媒体日渐兴起的当下，在中国较为特殊的媒介信息传播管理体制下，对于舆论反转事件研究的重要性，以及对于群体传播中的舆论的管控与引导尚存在较大的进步空间，值得我们进行进一步研究。

（二）危机信息：互联网群体传播的助燃剂

在危机信息传播网络中，网络信息的传播模式可以分为"辐聚型"和"随机型"，"辐聚型"描述的是"强关系"连接，即在高度不确定的语境下，处于不安全位置的个体，通过建立强关系获得保护以降低其所面临的不确定性。强关系主要链接社会特征相似、具有同质性（homogeneous）的群体，行动者彼此之间具有高度的互动，在某些存在的互动关系形态上较亲密，这些人之间由于信息交流较为充分且来往较为密切，因此信息的重复度（冗余度）也很高，相对容易自成一个封闭的系统，交流双方获取的有效信息量相应地也较少；"随机型"描述的是一种"弱关系"连接，倾向于连接与行动者本人具有较高异质性（heterogeneity）的人群。由于这些人之间关系疏远，因此信息沟通很不充分，此时，由于弱关系充当了沟通不同群体的"关系桥"（local bridge），故此在信息的扩散传播方面，弱连接能够传递对于行动者来说可能是未知和新鲜的信息。由于弱连接比较容易在不同的团体间传递非重复性的信息，网络中的成员能够增加修正原先观点的机会，有利于联合其他网络位置的人来减低社会结构的限制以取得结构利益。

对于网络论坛的危机信息传播而言，网络论坛仅仅是其获取和交换信息的场所，大部分网民之前并不存在强关系连接且网络论坛的参与者不需要实名制，同时在现实生活中往往互不相识，因此，弱关系的连接在网络危机信息传播中占了主导地位。传播流理论提出了"意见领袖"的观点，将信息传播的过程拓展为多级传播，并分解为信息流、影响流和噪音流，这对于网络论坛危机信息流的传播研究有着非常重要的指导作用。之后，达根等构建的网络危机信息传播模式中，就以多级传播模式为基础，加入编码规则和同质性作为调节因素，将信息类型和获取知识意愿作为中介变量，建立了网络危机信息的传播模式。[①]

就网络论坛参与主体而言，论坛的活跃分子（高级会员、版主等）往往是信息的主要发布者，且发布的信息有着较高关注度、信任度和影响能力。以"天下足球网论坛"为例，其注册会员达到 31 万人次，平均在线超过 5000 人次，主题贴达到 19 万条，回复达到 269 万条。其中版主所发资源帖平均点击量达到 3 万次以上，回帖数量达到 1000 次；而普通会员所发资源帖平均点击量不到 1000，回帖数量不到 20。其他各种类型的网站也都存在类似的现象，即版主和高级会员成了信息主要的发布者和中转站，个人影响力和专长赋予了他们在网络论坛中的领导力，在危机事件信息传播中他们即是多级传播的意见领袖。[②]

就网络论坛的危机事件的内容传播阶段而言，危机事件的爆发期的传播内容主要是作为信息传播过程的信息流，即论坛网民对于危机事件的事实判断；在危机事件的持续期的传播内容主要是作为效果形成和发散过程的影响流，即论坛网民对于危机事件的价值判断；在危机事件的消退期，论坛网民对于危机事件的价值判断已基本定型，因此需要注意对于噪音流的控制与引导。在网络论坛的危机事件信息传播过程中，应该控制信息流、引导影响流、消除噪音流（强化有利信息，弱化不利信息）。但是在这个过程中，如何确定危机信息传播决策标准成了一个难题，对于危机信息的传播决策而言，它需要考虑多个方面的效果，对危机信息传播过程的各个属性进行有选择的控制，如何应用已有的数学方法和技术手段提出科学的定量决策方法，即是本文所要研究的重点内容。

（三）预警体系：互联网群体传播的关键依据

互联网群体传播实时舆情预警系统是一个非线性系统。在受到微小偏差扰动下会放大这些偏差，而在初值敏感性的反复作用下又形成了系统的复杂演化行为，即系统一方面对初始条件敏感依赖，另一方面又在有限范

---

① Duggan F, Banwell L. Constructing a model of effective information dissemination in a crisis. Information disseruination, crisis, crises, tuberculosis, dissemination of information, meta-ethnographic analysis, social marketing [J]. Information Research An International Electronic Journal, 2001, 15 (12): 1870 – 1876.

② 薛可，梁海，余明阳. 基于信息平衡的网络论坛传播模式研究 [J]. 上海交通大学学报（哲学社会科学版），2008, 16 (4): 8.

围内运动，这样就使那些初始状态和速度充分接近的轨道以指数速度分离。作为一种复杂的非线性网络系统，实时网络预警分级研判预警系统具有不确定性、时滞性、多变性、立体性、交互性和动态性以及节点之间的关联性和冲突性等复杂性特点。所以，经典数理经济理论中统计和线性的方法构建的静态网络舆情预警分级研判模型已无法深入刻画伴随着不断加快的互联网时代推进步伐而日趋复杂化的网络舆情动态演化的不规则行为。引入智能学习与动态演化进行研究将为网络舆情预警分级研判模型研究注入新的生机，为描述大数据环境下网络舆情的分级研判研究提供崭新的方法论。

从基于网络舆情特征的社会动员需求看网络舆情无舆情的状态时，公众舆情预警信息关注度很低，传播速度很慢，影响范围非常小，负面舆情尚未出现。但网络舆情的抬头往往从谣言或信息误传开始，为了遏制这些可能造成舆情的言论，政府应该在公众中建立良好的可信任形象，以便舆情出现时，可以通过政府引导得到公众信任与听从。为了提升政府信任度，应当使舆情始终处于良性与正向的发展状态中，政府应该在无舆情的状态下向公众传递政府对舆情的关注、对民生问题的重视、对误区的修正等大量正能量的信息，潜移默化地树立权威政府形象。所以根据网络舆情的特征与需求，网络舆情决策的重点在于取得公众信任，梳理良好的政府形象，其目的是为舆情出现后的社会动员积累正向的政府公信力与社会基础。当网络舆情表现为舆情处于萌芽，公众对各种信息开始猜疑，谣言开始扩散但范围狭窄，总体上舆情危害较轻。此时政府舆情决策的重点应该是及时进行正能量引导，占领网络舆论的主动权，让公众从谣言制造者变成正能量的传播者，使处在萌芽阶段的网络舆情得到化解。在社会化媒体时代，负面舆论会被人为放大的可能性得到空前显现。微博与微信的直播功能使某地方的局部危机可能演变为全网的集体讨论；网民的集体作用使负面信息的内容深度大大丰富；社会化媒体已经成为网民情绪宣泄的重要途径；负面舆论开始大量蔓延，猜疑和谣言形成规模并成为发展趋势，非常态舆情随时可能大爆发。在此状态下，政府社会动员决策的首要工作是基于大数据分析网络舆情蔓延的成因，找出负面信息中的关键语义，并由此对负面信息进行澄清与解读，对公众进行情绪上的心理疏导，防止负面舆情的进一步扩散。从网络舆情特征的社会动员需求看，负能量充满整个网络，公众信任水平降到最低点，网络中出现种种猜测与谣言，公众出现极端情绪，非常态过激行为一触即发。从现实层面看，来源于公众对公共突发事件的争论；从传播层面看，来源于网络和网络推手对虚假信息的轮番炒作和催化；从心理层面看，来源于公众心态的失衡，加之互联网日渐成为民众情绪宣泄的集散地，不同意见引起激烈和极端争论，产生网络舆情危机。在确定了网络舆情的导向性质和发展阶段以后，基于网络舆情预警状态纬度可以进一步判定网络舆情的发展程度，为社会动员决策提供更加准确而深入的决策支持。

（四）信息疏导：互联网群体传播的策略优化

首先，强化正能量信息传播中的道德环境建设，不论社会个体在年龄、性别、地域和阶层方面的差异如何，总会存在一些共同的价值认同，如在自然灾害面前，公众会因为对生命价值的社会认同而产生善意的行动意愿。因此，加强日常生活中自由公正、诚信友善和团结互助的道德意识，为公众在突发危机中的客观认知和行为意向树立正确的道德标准至关重要。其次，营造充满人文关怀的情感环境是正能量信息传播的又一重要部分。如关心个体的精神需求，尊重个体的社会价值，促进个体的自由发展等。积极正面的情感环境能够激发公众在危机状态下产生自觉维护社会道德的意识和善意的助他行为，从而抵御危机事件对社会精神层面的负面影响。此外，不论是信息环境的道德建构，还是情感共识，都离不开有效的制度保障与规范设立。如提升公众的媒介素养、推行社交参与的实名制、完善信息安全制度、加强信息服务机构的行业自律等都将为正能量信息在非危机状态下的有序传播创造有利环境。

在综合传播伦理、认知平衡、社会情绪、媒介效果理论在信息传播领域的相关研究成果的基础上，互联网群体传播正负信息的判别应基于哪些信息是在突发危机的网络传播中，能够符合社会基本的道德规范，满足公众的信息需求，促使公众产生全面客观的危机认知、积极健康的社会情绪，以及与之相应的公众行为，并最终减弱或消除危机事件的负面影响，使危机势态向理性、稳定、积极的方向发展的信息类型。正面信息在公众的客观评判和正向认知方面占据重要地位，但在正面情感、危机防护观念与公益活动参与度等方面仍显不足。为改善这一现状，本研究以公众需求为导向，在突发危机爆发期内，加大官方媒体的信息介入程度，并与网络意见领袖相配合，充分发挥非官方信息在正向认知方面的引领作用。我国的互联网群体传播发展处于井喷时期，众多网民所释放出的大量诉求必然在某个时间段内使表达的自由大于对自身的约束。但由于自身素质和事件的复杂性，意见主导者往往缺乏对现状的全面了解和分析，总是以点带面，甚至以偏概全，尤其热衷于抓住某一点不放，由一点不足扩散到对全部的否定。随着现代信息交互技术的进步，针对互联网群体传播中出现的负面信息亟待清晰明确的疏导策略。本书拟借鉴人工社会建模与仿真结果，根据与国防科技大学、中科院政策与管理所等动态仿真与计算实验集成平台参与单位的共同研究讨论结果，将互联网群体传播中正负信息对于传播影响效果的研究充分量化。根据国内外的相关研究成果，网络信息传播所造成的影响及其改变主要体现在物理层、信息传播层、社会心理层等三个层面上，其中信息传播是其中最活跃和最具有影响力的维度，对社会心理和物理层具有复杂的作用与反作用。并在此基础上提出具有针对性的应对策略，通过技术模型的仿真实验验证策略的可行性与优化程度。

第六节　互联网群体信息传播演化路径

一、互联网群体传播中非官方正能量信息的挖掘

　　媒介融合的时代环境为网络群体的信息传播提供了成本低廉、无时空限制、全民参与的信息聚集交流平台，驱动了热点事件燃爆之后的网络舆情发生。用户基数大、信息传播快、互动功能强的社交媒体，在为网络信息传播提供便利的同时，也磨砺了群体传播这把"双刃剑"。互联网群体传播一方面既反映了真实社会中民众的呼声，但同时又反作用于社会舆情，为政府的社会治理工作带来极大挑战。互联网群体传播源于热点事件中网络舆论的推动，而对于热点事件中的网络舆论，厘清其组成部分和层次关系，则有助于网络群体表达和引导工作的进行，也是本章节的主要研究内容。

　　值得注意的是，虽然研究者们普遍认同非官方传播在危机领域的积极作用，但在近年来发生的多起突发危机中，非官方传播平台上的负面、消极和非理性信息仍然占多数。而正能量信息不仅界定模糊，且总体数量依

然较少，并没能充分体现其传播优势和社会效应。那么，究竟什么样的信息才能称为非官方正能量信息？随着危机势态的发展，非官方正能量信息的演化进程会出现哪些变化？在时间节点上又有哪些结构性特征？是什么原因影响了非官方正能量信息的传播？我们又该如何扩大非官方正能量信息的社会效应？这些都是本章节研究需要深入探讨的问题。

本节以 2014 年 12 月 31 日发生的"上海外滩踩踏事件"为研究对象，运用文本挖掘、分词算法、短语匹配和词频统计等方法，对突发危机中非官方正能量信息进行采集与处理。

（一）数据采集

为了能准确和科学地描述突发危机正能量信息的生命周期规律，本节参照廉捷等提出的新浪微博挖掘方案，[①] 以"上海外滩踩踏事件"作为关键词搜索，利用新浪微博的数据应用程序编程接口（application programming interface，API）获取了共计 47019 条新浪微博信息。在剔除了重复信息、无效信息以及由官方媒体（认证媒体、认证政府、认真网站和认证企业）直接发布的 4368 条信息之后，最终得到 42651 条非官方信息样本，包括了用户的地域、身份认证、粉丝数、关注数和已发布微博数、发帖时间、信息来源、转发数和评论数等具体信息。其中，发帖人的相关数据显示，普通用户占比最多（81.99％），充当意见领袖的达人和认证个人分别占比 11.33％和 6.68％，大多数用户集中在上海（5788 人，占比 13.57％）、北京（4224 人，占比 9.9％）、广东（3371 人，占比 7.9％）、浙江（1943 人，占比 4.56％）和海外（1377 人，占比 3.22％），此外，使用 iPhone、Android 系统的手机用户发帖总量为 17065 条，占比 40.01％，移动互联网已经成为突发危机中非官方传播的重要媒介。

（二）信息演进的阶段划分

唐超在测量危机事件的网民发帖量时发现，网络情绪在演化的同时还会在各阶段中呈现从低谷、高峰再到低谷的波形特点。[②] 结合这一规律以及李彪关于危机信息网络传播周期的出现期、爆发期、蔓延期、缓解期、

---

① 廉捷，周欣，曹伟，等.新浪微博数据挖掘方案 [J].清华大学学报（自然科学版），2011（10）：1300－1305.

② 唐超.网络情绪演进的实证研究 [J].情报杂志，2012（10）：48－52.

长尾期六阶段模型，[①] 我们通过统计"上海外滩踩踏事件"新浪微博平台上的公众发帖量，对该突发危机事件的网络信息生命周期做了如下阶段划分（见图 5-9）：

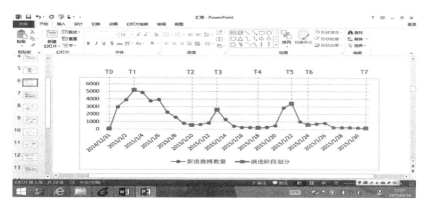

图 5-9　"上海外滩踩踏事件"网络信息演进阶段划分（新浪微博平台）

从突发危机发生（2014 年 12 月 31 日）之后 30 天的微博数量走势图来看，整个过程共计出现了三个阶段的舆论热议期，因此，我们将处于这三个阶段的波峰和波谷事件进行统一划分，依次分为爆发的起始期（T0-T1）、高峰至低谷期（T1-T2）、蔓延高峰期（T2-T3）、蔓延低谷期（T3-T4）、缓解高峰期（T4-T5）、缓解低谷期（T5-T6）和长尾期（T6-T7）七个时间段，分别对应了 12 月 31 日、1 月 3 日、10 日、13 日、18 日、22 日、24 日和 30 日共计 8 个时间点。

（三）关键词提取与筛选

首先基于层叠隐马尔可夫模型（hierarchical hidden markov model）的文本分词算法，调用 Ictclas 2.0 软件对 42651 条非官方信息做分词（segmentation）处理，共计得到 45536 个主题词。在去除介词、指代词、单个词等无意义词后，从中提取出具有实际意义的核心主题词 12914 个，并根据每个核心词在文本信息中出现的频率做排序，参照喻国明有关国家

---

① 李彪. 网络事件传播阶段及阈值研究——以 2010 年 34 个热点网络舆情事件为例 [J]. 国际新闻界，2011（10）：22-27.

两会舆论热词数据库的建构方法，[①] 选取了词频在 100 以上的 2847 个关键词作为这一突发危机事件非官方信息的热词。然后，采用人工编码的方式，分别由 3 名研究生负责关键热词的归类，根据我们之前有关突发危机中非官方正能量信息的概念界定和维度划分，编码人员分别将筛选后的 783 个关键热词分别归至道德性、认知性、情感性和行为性的四大维度，最终采取一致性的分类结果，构建了非官方正能量信息的核心热词库，继而为突发危机非官方正能量信息生命周期的计量分析提供数据支持。

为了能清楚地看到关键热词的关联性分布，我们借助 Ucinet6.0 社会网络分析软件的矩阵分析功能，对"上海外滩踩踏事件"的非官方正能量信息的关键热词做子群分析，得到了四个不同维度的热词分布可视图（见图 5-10、图 5-11、图 5-12、图 5-13）。与其他三个维度相比，道德性维度热词（包括真实性、权威性、公正性三个类型）数量最多，共计 184 个。其中，危机事件事实性描述热词 103 个，由权威人士对官方媒体信息的转发或评论热词 47 个，公众鉴于亲身经历或站在客观公正的视角发表的个人言论热词 30 个。此外，认知性维度涉及了危机的可控性、责任归因和危机应对共计 345 个热词，由于该危机事件造成了人员伤亡的严重后果，所以危机认知维度的热词大部分都集中在医疗救护（72 个）和进展通报（85 个），以及政府和公众的责任归因（58 个和 54 个），其次是危机的可转变性（41 个）和偶发性（19 个）。同时，对危机的认知也给公众的正面情感和行为意愿带来一定的影响。如行为性维度中参与哀悼、祈福和公益等危机响应活动的热词数量最多（共计 108 个），危机防护行为和心理警示的 53 个热词也传递了公众从此次突发危机中所培养的安全防范意识。相较而言，正面的情感性热词是四个维度热词中数量最少的一个维度，仅有 75 个。其中，以珍惜生命和祈求平安为主体的安全感热词 39 个，表达新年愿景和鼓励人们坚强勇敢的希望感热词 17 个，以及充满感激和温暖互助的团结感热词 19 个。

---

① 喻国明.基于语料库方法的舆论热词数据库的构建：以 2011—2013 年全国两会舆情中心词和关联词的发现与分析为例 [J]. 新闻与写作, 2014 (1)：54-60.

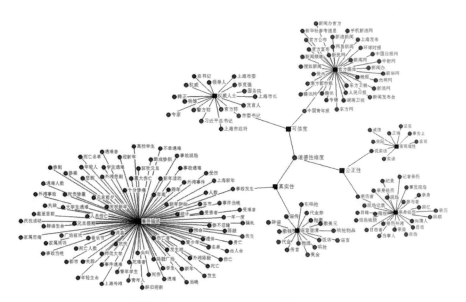

图 5‑10　非官方正能量信息的核心热词网络（道德性维度）

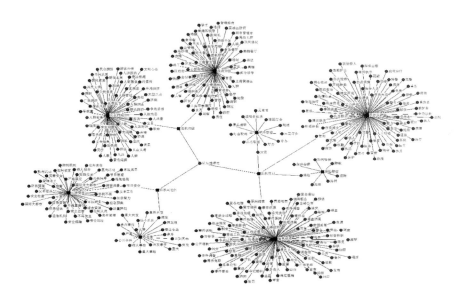

图 5‑11　非官方正能量信息的核心热词网络（认知性维度）

图 5-12 非官方正能量信息的核心热词网络（情感性维度）

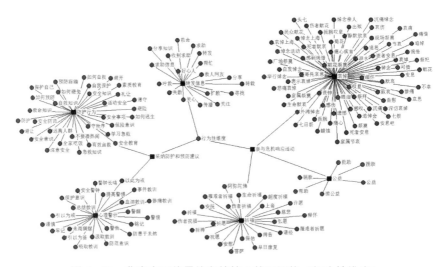

图 5-13 非官方正能量信息的核心热词网络（行为性维度）

（四）关键词匹配与效度检验

在得到突发危机非官方正能量信息的关键词分类结果后，通过短语匹配技术，将同类型的核心热词再次回归至微博信息中分别进行提取，最终统计得到道德性、认知性、情感性和行为性四个维度的 783 个热词每天出现的微博数，以此组成了"上海外滩踩踏事件"非官方正能量信息演进的

30 天周期图（见图 5 - 14）。

为了检验非官方正能量信息的热词分类的实证效度，这里采用博伦等分析微博客社会情绪与现实事件对应关系的检测方法。① 首先，按照时间序列将 2014 年 12 月 31 日—2015 年 1 月 30 日"上海外滩踩踏事件"的官方信息进行排序，发现转发量排名较高的信息主要为在新浪新闻网 1 月 3 日发布的"上海外滩踩踏事故致 35 人死亡 42 人受伤"、凤凰新闻网 1 月 13 日发布的"上海黄浦区部分领导踩踏事件当晚在外滩吃大餐"，网易新闻网发布 1 月 22 日的"上海发布外滩拥挤踩踏事件调查报告"等 14 条新闻内容。其次，将新闻内容与非官方正能量信息的演化趋势进行比对分析。图 5 - 14 显示，随着危机后果的公示和原因调查的不断深入，认知性维度的热词数量持续上升，直至缓解高峰期（T5）达到最高点，对事实的客观评判热词也随之增加，这也导致了公众的正面情感的减少，从而影响公众在危机蔓延期和缓解期（T3 - T7）参与危机响应活动的积极性。鉴于上述结果，本节所构建的非官方正能量信息四个维度的热词词库与事件发展存在密切的相关性，表明这种非官方正能量词库，结合微文本的短语匹配技术在分析"上海外滩踩踏事件"的非官方正能量信息方面是有效的。

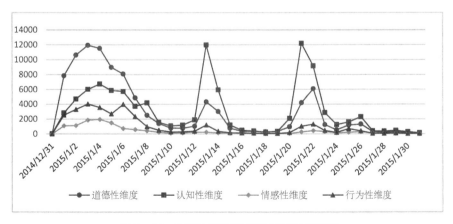

图 5 - 14　非官方正能量信息的演进周期图

---

① Bollen J，Mao H N，Pepe A. Determining the public mood state by analysis of microblogging posts ［C］. Proc. of the Alife XII Conference，Odense，Denmark，2010（1）：667 - 668.

（五）关键词的频次计算

不仅如此，非官方正能量信息的演进周期还是一个复杂的过程，信息传播的每个阶段中关键词的构成比例都有所不同。根据 Lansdall 等分析微博情绪变化趋势的做法，[①] 首先统计出含有非官方正能量信息四个维度下783 个热词的微博数量，之后将每个词每天出现次数除以该维度关键词当日的微博数，得到的比值即为每个关键词的频次。频次的高低代表着其重要性，出现频次高的热词对正能量传播的作用更大（见表 5 - 1）。通过进一步对各时间阶段的每类热词进行频次统计，非官方正能量信息在四个维度下的演进过程得以清晰呈现（见图 5 - 15）。

表 5 - 1　非官方正能量信息四个维度的描述性统计结果表

	词汇数量	均值	标准差	偏度	峰度	最小值	最大值
道德性维度	184	0.3582	0.0840	0.750	−0.153	0.2372	0.5490
认知性维度	345	0.4622	0.1304	−0.204	−0.571	0.1968	0.6885
情感性维度	75	0.0628	0.0261	−0.045	0.383	0.0136	0.1285
行为性维度	179	0.1168	0.0460	0.179	−0.162	0.0213	0.2144

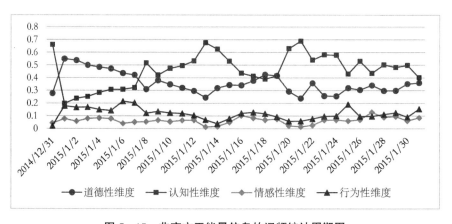

图 5 - 15　非官方正能量信息的词频统计周期图

① Lansdall-Welfare T，Lansdall T，Lampos V，et al. Effects of the recession on public mood in the UK ［C］// International Conference on World Wide Web. ACM，2012.

二、互联网群体传播中非官方正能量信息的演化

(一)道德性维度

互联网群体传播中非官方正能量信息的道德性维度,反映了公众从信息来源的真实性、客观性和权威性中所形成的正确判断。其中包括了事件的事实描述、谣言澄清、专业人士,以及普通用户以自身体会所发表的言论,含有这些高频词的微博动态体现了公众寻求危机客观事实的过程。

从图5-16中可以看到,公众更偏重于对事实性信息的转发与评论。与之相比,在整个事件引发讨论的30天内,唯一一则"拥挤踩踏事件系有人在外滩18号抛撒疑似'美金'引发"的网络谣言,在1月1日散布后的24小时内得到了官方澄清,在尚未引起公众关注的同时就被淹没在了大量的事实性信息中。这与王灿发的关于谣言传播与消除的研究结果相一致,[①]在形成阶段,对于无中生有类型的谣言一旦用明确事实予以澄清,便不会演变为树状的大范围传播。在经历了多个由谣言引发的突发危机事件(如由日本核泄漏引发的全市抢盐事件等),公众在网络谣言或不实信息面前表现得更为从容,对突发危机客观事实的判断能力也在不断提升。

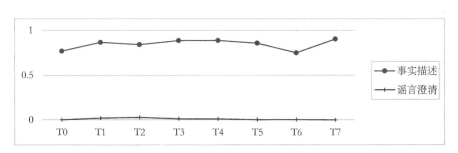

图5-16 道德性维度的事实性信息演进

另外,从客观性和权威性热词的演进图来看,在突发危机的爆发期内(T0-T2),公众发布的亲身经历占据了最大的比重(47.82%)。官方媒体的信息转载在之后的蔓延期(T2-T4)和缓解期(T4-T6)中呈现出逐

① 王灿发.突发公共事件的谣言传播模式建构及消解 [J].现代传播(中国传媒大学学报),2010(6):45-48.

步上升的趋势，而由专业人士发布的"上海外滩踩踏事件"事实性信息，其中包括医疗卫生、安全防护、城市管理等领域的专家意见，虽然总体平稳但占比略低，并未在这一突发危机事件中凸显意见领袖的力量。由此可见，相比网络意见领袖，官方媒体的信息转发和个人的亲身经历在引导公众形成客观评价的过程中有着更重要的影响（见图5－17）。

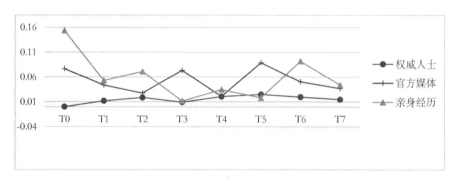

图5－17　道德性维度的权威性和客观性信息演进

（二）认知性维度

非官方正能量信息在认知性维度的研究结果表明，突发危机的可控性、危机发生的原因、社会各界对危机的积极响应最能使公众产生正向认知。此次事件的认知性维度热词主要涉及突发危机的偶发性、可转变性、责任归因，以及事故通报、医疗救护、保险赔偿和防范措施等危机应对。

相较危机可控性和危机应对，"上海外滩踩踏事件"责任归因热词词频占比更多（40.87%）。不同于以往公共危机中政府归因一边倒的局面，[①]公众对此次危机发生原因的认知更趋于理性，在危机爆发期（T0－T2），除了城市管理者"预估不足""公款吃喝"和"管理缺陷"等政府归因以外，节日期间景点游客所表现出的"凑热闹""拥挤无序""人群积聚""素质问题"和"文明心态"等公众归因也成为诱发突发危机的又一重要因素（见图5－18）。但在进入危机传播的蔓延期后（T3－T7），政府归因逐步替代了公众归因，成为危机的主要责任方。

---

① 吴小冰. 政府公共危机沟通策略探讨——归因理论与形象修复理论的视角［J］. 东南传播，2010（6）：28－31.

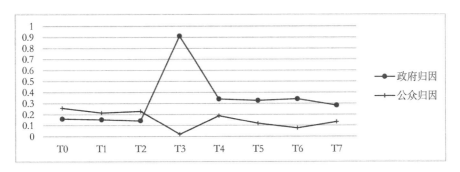

图 5‑18　认知性维度的责任归因信息演进

随着危机责任归因的逐步明确，公众反而对危机可控性有了更多的正向认知。由于"上海外滩踩踏事件"的突发性，在危机爆发的起始阶段，公众尚未了解事件发生的原因，因此"偶发性"占据了主导地位。而当政府责任归因的网络信息得到扩散和蔓延时，对危机的"可转变性"认知逐渐上升，直至到长尾期表现最为强烈（见图 5‑19）。简而言之，公众普遍认为这类突发事件的发生概率极小，若政府采取适当的预防措施，危机后果能够得到有效控制，同时，在加强防控及提高公众文明素养的情况下，类似危机也能避免再次发生。1 月 22 日"上海发布外滩拥挤踩踏事件调查报告"的信息受到广泛关注的同时，更加深了公众对这类突发事件的可治愈性、可转变性和可控性的正向认知。

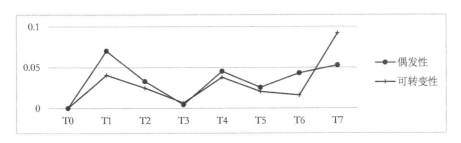

图 5‑19　认知性维度的危机可控性信息演进

（三）情感性维度

在突发危机非官方正能量信息的情感性维度下，安全感、希望感和团结感是最能激发公众正能量的情感类型。此次"上海踩踏事件"造成36人遇难的严重后果，公众在表达"愤怒""惊讶""惋惜"等负面情绪的同时，也产生了"坚强勇敢""新年祝愿""平平安安""珍爱生命""心怀感恩"等正面情绪。

从情感性维度的热词演进（见图5－12）可以看到，在事件发生一周后，正面情感在爆发期高峰期内（T0－T2）呈现出较大的波动，但在随后的蔓延期和缓解期则趋于平稳，总体而言，与希望感和团结感相比，安全感始终是正向情感占比最大的类型（见图5－20）。在危机结果发布的当天，与"平平安安"相关的主题词出现的频率最高，其次是"珍惜生命"和"新年祝福"等美好愿景，以及对危机受害者"坚强勇敢"的精神鼓励。第一波情绪高峰期过后，虽然危机责任的原因调查、追责惩罚或社会救助等信息形成了第二波和第三波热潮，但在公众的正面情感逐步减少并趋于稳定的同时，并没有发生明显的波动，对生命的敬畏依然是正面积极情感的主要情感。这正好与唐超对网络负面情绪演进的研究结果相反，后者认为随着危机事件推移，各类负面情绪会被逐步放大，并从有序变为无序。[①] 因此，在突发危机事件中，相较负面情绪，正面情感的构成往往更趋于一致，发展态势也更为有序。

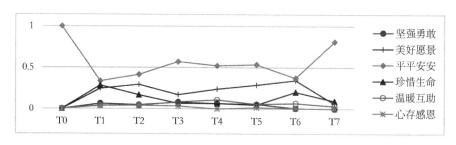

图5－20　情感性维度的信息演进

（四）行为性维度

非官方正能量信息能够促进公众在突发危机中行为意愿的产生，如采纳预防和防护的建议、转发对救助他人有益的信息、参与祈福、哀悼和捐

---

① 唐超.网络情绪演进的实证研究［J］.情报杂志，2012（10）：48－52.

助等危机响应活动。实证研究表明,"上海外滩踩踏事件"的微博热词中也同样涵盖了以上的信息内容。

行为性维度在事件发生的不同时间点都有着鲜明的特征(见图 5-21)。在突发危机的爆发高峰期(T1),"36 位遇难者名单公布"使表达悼念之情的关键词(如"逝者安息""生命默哀""深切哀悼"等)成为网络行为的主导热词,此后逐步降温,直至蔓延高峰期(T3),"转发有助于他人信息"(如"求助信息""寻找""失散"等)取而代之达到峰值。而当进入缓解高峰期(T5),"捐款""援助""救助"等公益活动热词数量也快速上升,与悼念类和助他类热词一起构成了公众的主要网络行为。值得注意的是,虽然"心理警示"和"预防和防护行为"热词出现的频次并不多,在突发危机的热议期也一直处于底部状态,但当危机传播进入缓解期和长尾期(T5-T7)时,"安全防范""学习自救""预防踩踏"等危机防护性热词,以及"引以为鉴""警钟长鸣""防患于未然"等心理预警类信息却成了公众的共识,呈现上升趋势。

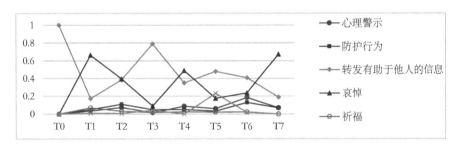

图 5-21 行为性维度的信息演进

正如陈华在研究中指出的,网络动员的特点除了一般社会动员的共性外,还具有动员范围更广、参与者互动性更强、公众认可度与参与程度更高等特点,[①] 公众在"上海外滩踩踏事件"中也确实表现出了较为积极的行为倾向。当此次事件尚未成为舆论热点时,公众的危机参与就已经开始,包括为对已故人员的悼念、转发利他信息、参与援助等公益活动、获取危机预防和防护知识,以及建立心理预警。虽然各类行为在每个时间节

---

① 陈华.互联网社会动员的初步研究 [D].中共中央党校,2011.

点上的构成并不完全相同，但"转发有助于他人信息"占比最高，足以体现公众在突发危机中对他人的救助意识。

此次突发危机中非官方正能量信息的演化同样经历了爆发期、蔓延期、缓解期和长尾期，每一阶段的高峰期和低谷期的时间分布，基本与突发事件的舆情走势保持一致。在为期10天的爆发期内，非官方正能量信息的道德性维度下含有事实性信息的微博数量波动最为显著，反映出公众在危机爆发初期急于了解事实真相的信息需求。当进入蔓延期，危机认知的相关热词数量呈快速上升趋势，尤其是责任归属由爆发期的公众归因转变为政府归因，从而导致正面情感的逐步减少。此后，随着官方媒体有关事件调查报告的出台，非官方正能量信息又形成一波小高潮，而此时正向的情感维度和行为维度却未受其影响，始终保持平稳状态，并最终与其他维度一同进入非官方正能量信息的长尾期。

第六章

互联网群体传播的模型与机制

第一节　互联网群体信息分享的模型构建

一、突发公共卫生事件中的信息分享传播模型

首先，互联网具有信息量大、信息传播速度快、交互性强等特点，当突发事件发生时，网络在传播健康信息方面发挥着正面积极的作用。其次，由于网络在技术上具有"充分扩散"和反控制的特点，当突发公共卫生事件发生时，很容易产生信息污染和信息爆炸。这些特点决定了，当网络在为公众提供一种新的信息渠道和话语空间的同时，也为错误信息和谣言的传播提供了条件。[①]

2002 年非典疫情暴发，随后，疫情迅速扩散，引起较严重的社会恐慌，直至 2003 年年中，非典疫情才逐渐平息。胡晓云结合广东省非典疫情及其处理应对措施，详细探讨了政府部门、专业机构、权威媒体在突发公共卫生事件的健康信息传播中应该扮演的角色，并归纳总结出突发公共卫生事件中的健康信息传播模型（见图 6-1）。[②]

---

① 胡鞍钢，胡琳琳. 从 SARS 危机看我国健康与发展 [J]. 中国卫生经济，2003，22（12）：1-7.

② 胡晓云. 突发公共卫生事件与健康信息传播 [C] // 第一届中国健康传播大会论文集. 2006.

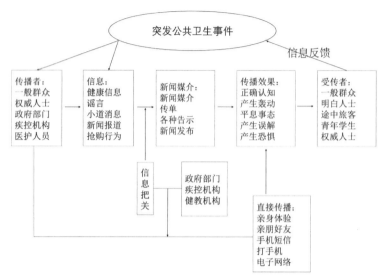

图 6 - 1　突发公共卫生事件中的健康信息传播模型

胡晓云认为，突发公共卫生事件中，受众的信息选择格外重要，人们每时每刻都在通过感官接受来自周围环境的大量信息刺激，并需要对信息作出选择。在突发公共卫生事件中，选择性心理是普遍存在的心理现象，它是导致信息传播中"公众现象"的原因，选择正确的、权威的、专业机构的信息会促进对"重要信息"的认知。在突发公共卫生事件中，如果不能够恰当处理健康信息的传播，受到选择性心理因素的影响，公众之间的信息交流就会出现障碍。因此，政府部门、疾控机构、健康教育机构一定要发挥应有的作用，起到信息把关的作用，预防和遏制谣言的传播。①

二、第三人效果、健康信息寻求及保护行为意愿的理论模型

闫婧和李喜根在总结前人对第三人效果理论及相关影响变量的研究成果的基础上，提出了"第三人效果、健康信息寻求及保护行为意愿的理论模型"（见图 6 - 2）。② 在这个模型中，他们假设"人们认为媒介对他人的

---

①　胡晓云.突发公共卫生事件与健康信息传播［C］// 第一届中国健康传播大会论文集.2006.

②　闫婧，李喜根.健康传播研究的理论关照、模型构建与创新要素［J］.国际新闻界，2015，37（11）：6 - 20.

影响大于对自己的影响","在健康传播领域,人们对某个话题具备的知识越多,或媒介接触程度越高,则感知到的媒介信息对自我及他人的影响越大","在搜集疾病信息和防治疾病方面,人们感知到的媒介信息对自我的影响比感知到的媒介对他人的影响更能驱使人们采取行动"。在理论模型的基础上,他们还进行了实测研究。

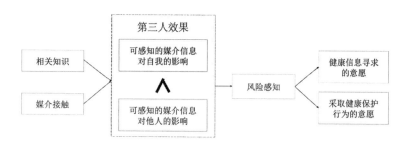

图6-2 第三人效果、健康信息寻求及保护行为意愿的理论模型

三、生命周期模型

生命周期模型最早于 2007 年由三位研究者在《An aging theory for event life-cycle modeling》一文中提出。其核心观点是,社会事件恰如自然中的生物,会经历出生、成长、衰退、死亡一系列发展过程,社会事件通过维持一定量的营养素得以存在,当营养素充分的时候,社会事件能够保持生机延续发展,而营养素衰减则会引起事件逐渐消亡。该模型同时认为,每一个社会事件可以被认为由一系列连续的时间窗口组成,社会事件的检测跟踪可以通过识别这些时间窗口中的信息进行。传统文本聚类和分类算法由于忽略了时间在事件发展中的作用而有一定缺陷,而生命周期模型将时间这一要素纳入建模体系中,对发展时长不同的社会事件均能起到良好的跟踪评估效果,弥补了传统研究方法的不足。该理论提出了三种对事件建模的方法:单纯增长型、固定衰减型和递归衰减型。研究结果显示,生命周期模型能够针对特定主题,使用特定的语料训练模型能使其结果更佳。

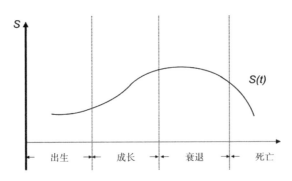

图6-3　生命周期模型示意图

在过去，已有多位学者利用生命周期模型建模研究传播学议题，并证明了这一模型在研究传播学课题时的有效性。有研究者利用生命周期模型对 BBS 站点信息进行研究，该研究首先使用聚类方法提取出候选主题，然后使用生命周期模型被用于评估选取出的的候选话题，从而得出话题的热门程度。也有一些研究者基于生命周期模型搭建了关键词跟踪体系，通过关键词计算 Twitter 中的营养素权重，以此跟踪信息走向。研究者首先基于生命周期模型搭建本文所需的模型并从推特抓取了所需文本素材，将短期内多次出现的同一话题定义为突发事件，随后，使用著名的 page rank algorithm 分析了用户的社交网络关系，最终，形成一个可行的话题图表，文章同时使用多个其他案例共同验证了模型的可靠性。刘志明、刘鲁基于 aging theory 模型构建了情绪监控预警框架并提出了应急机制，在该研究提出的模型中，研究者使用微博的情感强度和用户的社会影响力量化信息的营养素，实验证明，模型具有良好的社会情绪跟踪效果。然而，在这一研究中，研究对象为负面的社会情绪放大效应，主要针对负面情绪的放大提出应急机制，却没有考虑对于正面社会情绪放大效应的有效利用。并且，该文章并未考虑到网络群体信息环境对于情绪感染的中介影响。基于社会情绪和情绪感染的相关理论，个体在网络群体中会受到环境情绪正面程度的影响。因此，本研究除了将情感强度和用户社会影响力作为正面社会情绪放大效应的自变量，还添加网络环境正面情绪程度作为中介变量，形成研究框架如图6-4所示。

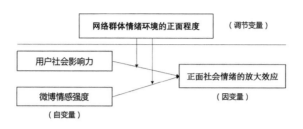

图 6 - 4　研究框架

四、其他相关模型

除以上研究外，不论国内还是国外都有不少突发公共事件的网络舆情传播模式的研究成果，对突发公共卫生事件中的健康传播研究，具有较高的借鉴意义。

首先，从国内来看，李彪以 2010 年发生的 34 个热点网络事件为研究对象，借助百度指数功能，将突发公共事件中的网络舆情分为潜伏期、爆发期、蔓延期、反复期、缓解期、长尾期六个阶段。[①] 曾润喜和徐晓林建构了突发公共事件的网络舆情预警机制系统和预警指标体系（见图 6 - 5、图 6 - 6）。他们认为，网络舆情预警机制系统需由监测子系统、汇集子系统、分析子系统、警报子系统和预控子系统 5 个子系统组成。它们分别具有监测舆情动态、汇集信息、分析内容、发出警报、采取预控措施等功能。[②]

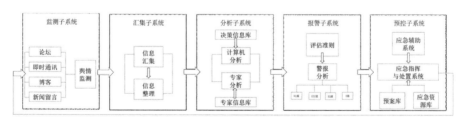

图 6 - 5　网络舆情预警机制系统

---

① 李彪. 网络事件传播阶段及阈值研究——以 2010 年 34 个热点网络舆情事件为例［J］. 国际新闻界，2011（10）：22 - 27.

② 曾润喜，徐晓林. 网络舆情突发事件预警系统、指标与机制［J］. 情报杂志，2009，28（11）：52 - 54.

网络舆情事件预警指标主要包括下列三类因素——警源，即产生网络舆情风险的根源；警兆，网络舆情风险在网络空间运行中暴露出的现象；警情，网络舆情风险走向现实社会的外部形态表现。由此，他们提出了网络舆情预警指标体系（见图 6-6）。

警源标志(R)	警兆标志(S)	警情标志(I)
国外重大政治事件 (R_1)	牢骚言论 (S_1)	集体上访 (I_1)
国内重大政治事件 (R_2)	激进言论 (S_2)	集体罢工 (I_2)
经济衰退 (R_3)	小道消息 (S_3)	暴力群斗 (I_3)
失业率 (R_4)	网络团体 (S_4)	恶性侵犯事件 (I_4)
通货膨胀 (R_5)	黑客行为 (S_5)	政治集会 (I_5)
基尼指数 (R_6)	政治争论 (S_6)	游行示威 (I_6)
干部腐败 (R_7)	政治动员 (S_7)	民族冲突 (I_7)
政策法规出台 (R_8)	网络实时播报 (S_8)	宗教冲突 (I_8)
政策法规后遗症 (R_9)	网上群体侵犯 (S_9)	动乱 (I_9)
违背伦理文化事件 (R_{10})		
重大治安刑事案件 (R_{11})		
突发公共事件 (R_{12})		

图 6-6　网络舆情风险预警指标体系

第二节　微博群体分享行为波动特征描述

近年来，随着微博的迅速发展和广泛应用，微博用户不断增加，它以巨大影响力占据着社交媒体市场，其迅猛发展被人们称为互联网时代的一场意义深远的"微革命"。微博以其信息传播和分享的便捷性及快速性吸引着越来越多的用户，无论是名人明星、意见领袖，还是普通草根阶层，在进行信息获取、信息传播、信息分享时人们正积极地从传统媒体、论坛、社区、播客等媒体转向微博信息平台。当社会事件发生后，微博成为信息尤其是负面信息迅速传播和扩散的重要途径。而在危机传播中，微博平台是一把双刃剑，它既可以帮助政府和企业通过该平台进行危机传播管理，化危为机，充当危机的化解助推器，同时也能使危机信息在短时间内迅速扩散，形成难以遏制的舆论势态。有关我国微博用户信息行为的调查结果显示，用户在使用微博时，其中信息转发、评论、关注、热门话题属于用户使用率最高的四大信息功能。其中，用户通过对信息的转发和评论可以实现对特定信息的分享，以及各种情感的表达和传递，这两大信息功能属于微博用户进行信息传播的主要行为方式。因此，微博用户信息分享行为的研究成为互联网群体传播中的一项有意义的重点内容。

一、研究模型的理论基础

自媒体盛行、社交媒体发达的媒介融合环境下，网络群体传播的存在形态发生了显著的变化。陈力丹曾经论述过舆论的三种形式：潜舆论、显舆论和行为舆论。潜舆论是存在于特定事件之前的公众对社会事物的既有情绪和意见，显舆论是事件爆发时得以公开表达的各种意见，行为舆论则是以行动作表征的意见[①]。当前环境下出现了潜舆论显化、显舆论复杂化和行为舆论虚拟化的现象，情绪的因素在舆论中的影响突出，并且真正的网络舆论更加难以确定[②]。

张志安和晏齐宏指出网络舆论直接反映出公众在网络空间中对社会议题的看法或观点，可见网络舆论首先蕴含有看法或者观点，换言之看法、观点是网络舆论的核心表达。并且他们认为从"作为结果的舆论"来讲，网络舆论中的大部分网民尽管非常活跃，但主要聚焦于层出不穷的热点事件，并非针对相对稳定的社会议题，因此更多属于事件型网络舆论而非议题型网络舆论。[③] 可见网络舆论多聚焦于热点事件，作为事件型的网络舆论，对于事件信息的明晰也应属于网民关注热点事件的核心。同时，他们指出网络环境下舆论形态的变化，在相关研究中更应该注重情绪分析的视角引入，这与陈力丹教授关于网络舆论中情绪因素影响突出的论断一致。

张志安将网络群体传播的研究分为三个层次：情绪层次、态度层次和行动层次。他认为"情绪"是个体或群体对某一特定事件的心理体验和情感反映，也指出从网络舆论的核心内容看，态度更多地指向情感和情绪，

---

① 陈力丹. 舆论学：舆论导向研究 [M]. 上海：上海交通大学出版社，2012.

② 陈力丹，林羽丰. 再论舆论的三种存在形态 [J]. 社会科学战线，2015（11）：174 - 179.

③ 张志安，晏齐宏. 网络舆论的概念认知、分析层次与引导策略 [J]. 新闻与传播研究，2016（5）：20 - 29.

这与经典的三元态度理论略有相悖。即使三元论的态度解析——认知、情感和行为意向，不等同于行为或行动本身，但态度中显然无论如何已经包含了情感本身。如果如他所言：情绪是心理体验和情感反映，则情绪层次的网络舆论似乎应该包含于态度层次的网络舆论之中，但无论从同一层次解析抑或分属于不同层次，网络舆论中包含了情绪情感的核心体现毋庸置疑。再借助态度理论的视角，热点事件中的网络信息要成为网络舆论的引领者，网民作为受众，首要跨越的即是认知层面，对于事件型网络舆论而言，也即事件信息的披露和公开。

在学者们的共识中，行为舆论除了表现为网络引发的现实集体行动，也可以在网络中进行话语抗争，同时随着网络表达方式的丰富，公众在实时直播行动中可以直接通过转发、评论、点赞等行为参与，这些均是行为舆论的网络表现。由此，本研究基于信息的使用与满足理论，可以认定：在热点事件中网络舆论的构成核心首先来自认知层面，即寻求热点事件信息的补充和完善。其次，事件网络信息蕴含有能够达成群体共识的看法观点才能引导多数网民，形成网络舆论，则看法观点同样是组成网络舆论的核心。而情绪情感作为众多学者们一致认可的舆论构成，同时也是态度的核心，同样是网络舆论构成中不可或缺的部分。网民对于热点事件爆发后的网络信息进行搜索查看，获得大量网民认同和认可的一部分得以广泛扩散，形成引导性的网络舆论。而在网络舆论的受众追随中，或认可或反对都是个体认同或不认同的行为表达，属于网络舆论的行为层次。

结合前文文献综述中的理论研究，以及针对热点事件网络舆论层次的核心构成论述，本研究对于网络舆论的核心构成模型如图6-7所示。

网络群体传播依旧为三个层次，情绪和态度的舆论层次合二为一，其中包含了看法观点、事件信息和情绪情感三大块核心构成，作为热点事件网络舆论的来源，在发酵之初倾向于事件信息的陈述、事件看法的表达和情绪情感的宣泄，以可视化的形式呈现于网络之中。从传播学的视角来看，是由网络舆论主体发出的舆论本体，因此对于网络舆论的引导和管控而言，属于起始之源。

行为层次的网络舆论则更多地以点赞、转发、评论等形式呈现于网络，是接受到网络舆论本体的网民做出的相关回应。虽然在互联网时代网民之间的信息传达多向交互，受众同时也是传播者，但在热点事件的舆论发酵过程中，常常都有一个或几个舆论的核心主题，并且指向共同的源头，因此，对于核心源头的舆论而言，之后跟随的网民都属于受众范畴。从传播学的视角来看，行为层次的网络舆论属于网络舆论客体做出的回馈和反映，受到网络舆论本体中事件信息、看法观点和情绪情感的影响和引导。

网络群体舆论本体的研究是受众行为研究的基础。由任何一个主体发出的热点事件信息本体在网络中能够得到普遍的认同、认可和喜好，才能够领导受众，形成舆论。基于图 6-7 中网络舆论本体的核心解析，研究进行了网络舆论的构成研究，即网络舆论测量量表的开发。

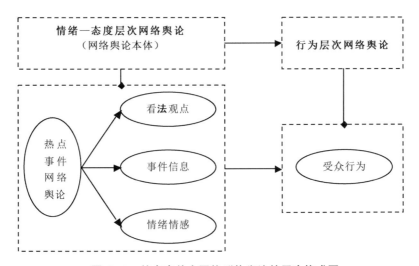

图 6-7　热点事件中网络群体舆论的层次构成图

二、数据收集与结果

（一）样本选择

当前，国内较为成熟的微博平台主要有新浪微博、网易微博、搜狐微博及腾讯微博。其中，新浪微博是当前运营最成功，使用规模、访问量、注册数及使用率均为最大的微博平台。中国互联网络信息中心（CNNIC）发布的《第 36 次中国互联网络发展状况统计报告》显示，自 2013 年开始，搜狐、网易、腾讯等公司对微博的投入力度陆续减少，微博整体市场进入洗牌期。截至 2015 年 6 月，微博市场品牌竞争格局已经明朗，用户逐渐向新浪微博迁移和集中。其中，新浪微博用户占 69.4％，一至五级城市的新浪微博使用率均在 65％以上，全面超越其他微博运营商，新浪微博一家独大的格局已经基本确立和稳定。[①] 同时，新浪微博数据中心发布的《2015年度微博用户发展报告》显示，截至 2015 年 9 月 30 日，微博月活跃用户数（MAU）已达 2.12 亿人，较上年同期增长 48％，其中 9 月份移动MAU 在 MAU 总量中的占比为 85％；9 月份日均活跃用户数（DAU）已达 1 亿人，较上年同期增长 30％。[②] 因此，本研究选取新浪微博作为微博平台样本，能够较好地代表微博信息平台的特征和属性。

在互联网信息的传播中，负面信息和危机信息的传播特征更为突出和显著，同时也是政府和企业关注的管控重点。由于国内微博主要于 2009 年后才得以逐渐发展和不断完善，因此，本文将互联网信息微博分享行为研究的样本时间框架确定为 2010 年至 2016 年，并且基于以事件为主体的考虑，为避免由于地方政府间政策执行力的差异，以及政府公信力和影响力不同带来的对事件信息的影响，本研究主要选取企业危机事件，来分析互联网群体在微博中的信息分享行为。通过对 2010 年至 2016 年所发生的企业危机事件进行梳理和分析，对品牌知名度、媒体报道程度、危机关注度、危机持续性、危机影响力及危机破坏力六个维度作为选择标准[③]，以及结合品牌中国产业联盟发展研究中心历年发布的"十大品牌危机事件"进行综合考量，最终确定选择 66 个具有代表性品牌危机事件，该样本涵盖了汽车、电子、食品、药品、家居、媒体、企事业等大多数行业的品牌。由于所选危机事件的综合影响力较大，且产品品牌均为人们日常生活所接触，参与程度整体上相对较高，可使研究结论具有较好普遍性。这些无地域性差异的企业事件中得出的结论，对于互联网群体信息的传播规律、管控方案都可以给各级政府很好的参考。

（二）数据收集方法

本章节主要采用新浪官方 API 及网络爬虫技术对样本数据进行采集。

---

① 中国互联网络信息中心（CNNIC）. 第 36 次中国互联网络发展状况统计报告［EB/OL］. http：//www. cnnic. net. cn/hlwfzyj/hlwxzbg/hlwtjbg/201507/P020150723549500667087. pdf，2015-7-23.

② 新浪微博数据中心. 2015 年度微博用户发展报告［EB/OL］. http：//www. useit. com. cn/thread-10921-1-1. html，2015-12-16.

③ 李华君，陈先红. 中国危机公关案例研究报告［M］. 武汉：华中科技大学出版社，2013.

（1）官方 API。API 属于一些预先设定的函数形式，这些函数可使程序开发人员在既不需要对源代码进行访问，也不需要对内部运行原理详细掌握的情况下，在某些软件或硬件上通过编写应用程序便可对网站中的一组例程进行访问，从而实现数据共享。^① 微博是建立在自身信息系统上的一种可为用户提供信息传播、交流和分享的开放性信息平台，在该站点中存储了大量用户资料、用户关系以及传播信息等相关数据资源，只要开发者或用户登录该站点，通过平台的开放性接口（open API）进行应用程序创建，在获得官方授权后即可访问和获取其中的相关数据资源。采用官方 API 获取数据资源通常具有准确性、高效性以及格式标准化等优点。^②

（2）网络爬虫。网络爬虫是一种根据某些特定搜索规则对网点页面信息进行自动解析和数据抓取的搜集技术，主要通过将对应站点上的网页存储于本地硬盘从而创建一个该程序访问过的页面的镜像备份，在此基础上，搜索引擎便可以快速地对保存的副本进行访问和检索。该方法可使得 web 上的一些链接得以自动执行或能够对 html 代码进行自动确认，还可以获取某些站点中一些特定的信息。^③ 在其数据抓取过程中，首先需要将站点中某一组需要访问的 URL（统一资源定位符）设置为爬行起点。这些初始的 URL 称为种子，通过对这些链接进行访问，并识别出该页面上其他全部的链接并逐一抓取 URL 对应的页面，然后将它们存储于 URL 列表中，反复上述 URL 的访问操作，不断从当前站点获取新的 URL 从而继续抓取新的页面信息和内容，依次反复爬行直至程序运行结束。

爬虫在对网页进行解析的过程中通常存在三种策略，即最佳优先、深度优先及广度优先，其中，深度优先策略在爬取时容易出现"陷入"困境，因此最佳优先和广度优先策略成为人们常用的网页爬取手段。本研究采用广度优先策略爬虫对网页进行抓取。广度优先（又称宽度优先），即从起始网页开始，抓取其中所有链接的网页，然后从中选择一个，继续抓取该网页中的所有链接页面。本研究采用广度优先策略爬虫，其中有如下

①　丁兆云，贾焰，周斌. 微博数据挖掘研究综述 [J]. 计算机研究与发展，2014，51（4）：691-706.

②　廉捷，周欣，曹伟，等. 新浪微博数据挖掘方案 [J]. 清华大学学报（自然科学版），2011，51（10）：1300-1305.

③　孙立伟，何国辉，吴礼发. 网络爬虫技术的研究 [J]. 电脑知识与技术，2010，6（15）：4112-4115.

优点：

第一，万维网的实际深度最大能达到 17 层，网页之间四通八达，因此存在从一个网页到另一个网页的最短路径问题。如果采用深度优先策略，则有可能从一个 PageRank 很低的网页爬取到一个 PageRank 实际很高的网页，不方便计算 PageRank。而且，门户网站提供的链接往往最具价值，PageRank 也很高，而每深入一层，网页价值和 PageRank 都会相应地有所下降。这表明了重要网页通常距离种子较近，而过度深入抓取到的网页却价值很低。然而，最佳优先，即按照某种网页分析算法预测候选 URL 与目标网页的相似度，或主题的相关性，并选取其中评价最好的一个或几个 URL 进行进一步的爬取，这会导致可能会有很多相关网页被忽略。

第二，采用宽度优先策略有利于多个爬虫并行爬取。这种多爬虫合作抓取通常是先抓取站内链接，遇到站外链接就爬出去，抓取的封闭性很强。

第三，广度优先策略的优点在于其设计和实现相对简单，且这种策略的基本思想是：与种子在一定距离内的网页重要度较高，符合实际。

本研究除了采用官方 API 方法外，同时采用网络爬虫技术对数据进行抓取，这可以降低对官方 API 方法的依赖程度，同时自主程度较高。[①]

（三）数据获取流程

（1）基于 API 的数据获取

新浪微博平台为了能让研究者共享和获取其中的数据资源，专门提供了可使用编程而调取数据的官方 API。人们在通过 API 获取数据资源时首先需要获得新浪官方的授权，在获得授权后，方可通过开放系统调取诸如用户资料、微博信息等相关的数据资源。[②]

（2）网络爬虫数据获取

通过网络爬虫对新浪微博平台的相关页面信息进行抓取，其工作流程为先设定种子 URL 作为页面爬取的起始地址，采用广度优先爬行策略对每个 URL 指向的页面信息进行抓取，并对页面中的内容进行解析，然后

---

① 徐远超，刘江华，刘丽珍，等. 基于 web 的网络爬虫的设计与实现［J］. 微计算机信息，2007（21）：119－121.

② 陈向阳，陈丽萍，姜振国. 基于 API 接口的腾讯微博数据挖掘［J］. 现代计算机（专业版），2015（9）：47－50.

继续抽取下一个链接的 URL 进行页面爬取和解析，依次反复爬行，直至程序运行结束，本研究的样本数据获取流程见图 6-8。

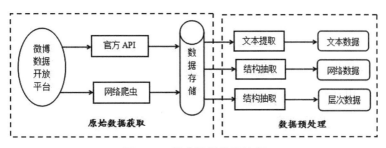

图 6-8 样本数据获取流程

（四）数据收集结果

本研究网络爬虫采用 java 语言程序编程。本研究综合考虑各品牌危机样本信息传播过程的有效时长，确定对各样本信息在新浪微博中的转发和评论行为跟踪时间为 21 天。在数据搜集过程中，为了数据整理和表达的方便，对所获取的数据进行统一编号处理，对每一位用户及其转发的信息赋予唯一的 ID 编号。在通过官方 API 及网络爬虫方法所获取的原始数据的基础上，对数据进行清洗，包括对数据一致性、重复数据、无效数据、缺失值、错误数据等可识别的不符合要求的数据和文件进行审查、校验、纠正和处理。经过数据清洗后，最后共获得有效转发数为 358014 条，有效评论数为 376492 条，并将所搜集的数据整理为两个数据集，即数据集 1 和数据集 2。数据集 1 为所采集用户的具体资料信息，主要包含如下变量：用户 ID、昵称、所在地、性别、生日、教育、职业、创建时间、认证状态，数据格式见表 6-1。数据集 2 为所采集用户的相关粉丝数、相关关注数及信息时间距离的数据资料，主要包含如下变量：YID（用户 ID）、WID（微博 ID）、ZF（是否转发）、PL（是否评论）、ZS（转发时间）、PS（评论时间）、ZZ（该信息转发总数）、PZ（该信息评论总数）、ZiF（自身粉丝数）、ZiG（自身关注数）、XF（信源粉丝数）、XG（信源关注数）、SJ（信息时间距离），数据格式见表 6-2。

表 6-1 整理后数据集 1 所含字段

用户 ID	昵称	所在地	性别	生日	教育	职业	创建时间	认证状态
1749267314	雪碧猫	湖北武汉	M	19860219	Null	XX 大学	6/1/2011	yes
1749267315	开心果	广西柳州	F	19710528	高中	XX 公司	9/3/2010	no
...	...	...	...	...	...	...	...	...

表 6-2 整理后数据集 2 所含字段

YID	WID	ZF	PL	ZS	PS	ZZ	PZ	ZiF	ZiG	XF	XG	SJ
1749267314	289144	yes	yes	23-Oct-2013 16：28：51	24-Oct-2013 21：46：29	25	1362	68	274	91	186	192′47″
1749267314	289145	yes	yes	24-Oct-2013 17：36：19	24-Oct-2013 11：25：47	1503	1695	68	278	126	249	34′6″
...	...	...	...	...	...	...	...	...	...	...	...	...

三、数据的描述统计

（一）样本特征分布

品牌危机样本特征分析主要包含品牌类型分布及样本时间分布，其对应的分布特征分别如图 6-9 和图 6-10 所示。

图 6-9 企业品牌类型分布特征显示，汽车品牌占 6.06%，电子品牌占 4.55%，食品品牌占 33.33%，药品品牌占 6.06%，家居品牌占 7.58%，媒体品牌占 19.7%，企事业品牌占 16.67%，其他品牌占 6.06%。由此可见，所选取的企业危机样本涵盖了人们日常接触的大多数行业的企业类型。

图 6-10 样本时间分布特征显示，2010 年样本数占 13.64%，2011 年样本数占 13.64%，2012 年样本数占 16.67%，2013 年样本数占 16.67%，2014 年样本数占 13.64%，2015 年样本数占 13.64%，2016 年样本数占 12.12%。由此可见，所选取的品牌危机样本涵盖了国内微博出现以来的所有年份时间。

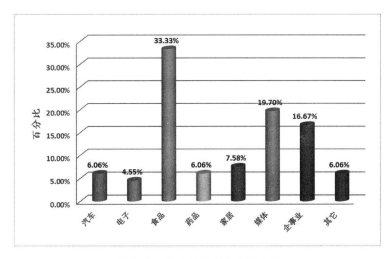

图 6 - 9　企业危机样本类型分布

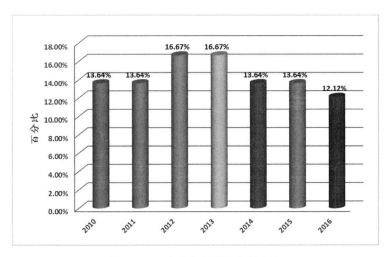

图 6 - 10　企业危机样本年份分布

（二）人口统计特征

该样本数据在性别、年龄、学历及职业四个人口统计变量上的分布特征如图 6 - 11、图 6 - 12、图 6 - 13 和图 6 - 14 所示。

图 6 - 11 至图 6 - 14 显示，在所有样本数据中，其中，性别比例分别为：男性占 65.81%，女性占 34.19%；年龄段比例为：29 岁及以下用户占 56.81%，30～39 岁用户占 28.48%，40～49 岁用户占 9.45%，50 岁及以上用户占 5.26%；学历比例为：小学及以下学历用户占 2.86%，初中学

历用户占 6.32%，高中或中专学历用户占 11.68%，大学及以上学历用户占 79.14%；职业领域比例为：政府机构用户占 21.58%，事业单位用户占 24.35%，企业团体用户占 42.09%，个体经营用户占 11.98%。总体而言，该样本数据在性别、年龄、学历及职业四个人口统计变量上的分布特征与新浪微博官方数据中心发布的相关数据相吻合，[①] 因此，该样本数据能够较好地代表新浪微博的整个用户群体。

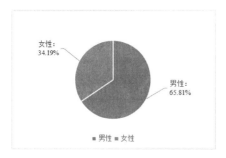

图 6-11 样本用户性别分布

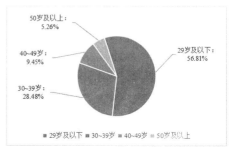

图 6-12 样本用户年龄分布

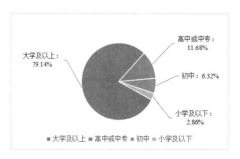

图 6-13 样本用户学历分布

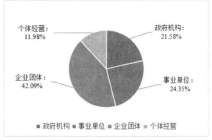

图 6-14 样本用户职业分布

（三）数据描述统计分析

在统计学中，平均值是一组数据集中程度的度量，能代表该组数中每个数据的特征，且在数学上能够使得误差值的平方之和实现最小化，即使得二次损失函数值达到最小，这表明它能够较全面地包含各成员数据的所有信息，能够较好地代表该组数据各成员的特征属性。但平均数的不足之

---

① 新浪微博数据中心. 2015 年度微博用户发展报告［EB/OL］. http：//www. useit. com. cn/thread-10921-1-1. html，2015-12-16.

处主要表现在，它容易受到该组数据中极值存在的影响。而在本研究中，由于品牌危机样本主要以品牌知名度、媒体报道程度、危机关注度、危机持续性、危机影响力及危机破坏力六个维度作为选择标准，所以各样本数据存在极值的概率将会相对很低。本研究采用样本的平均值进行数据处理和分析，由于它包含了其中各样本成员的信息特征，且通过样本的设计避免了极值的影响，能有效地利用和整合所有样本数据的属性特征，故能较好地反映所有样本数据所具有的普遍规律特征。为了从各危机事件样本数据中寻找出品牌危机信息在微博中转发和评论行为演化的普遍规律特征，本研究采用所有品牌危机样本在各时点上的转发数及评论数的平均值作为研究变量。其中，样本的转发均值和评论均值的条形及折线图分别见图6-15和图6-16。

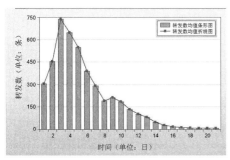

图6-15　转发数均值条形图及折线图　　　图6-16　评论数均值条形图及折线图

　　由图6-15和图6-16可见，品牌危机信息转发及评论行为的演化特征大体相似，表现出明显的潜伏期、爆发期、高潮期、衰退期及长尾期五个阶段的生命周期特征。在危机发生后的第一天，该阶段可称为危机信息分享行为潜伏期；在第二天至第三天之间，危机信息分享行为迅速上升，呈现爆发式增长，该阶段可称为危机信息分享行为爆发期；在危机发生后的第三天左右，信息分享行为达到高峰值，该阶段可称为危机信息分享行为高潮期；在信息分享行为的高潮期后，存在一个衰退过程，该阶段略有上下波动，约持续至第十四天左右，此阶段可称为危机信息分享行为衰退期；在信息分享行为衰减过程中，该信息行为并非立即消失，而是存在一个较长的余波过程，其影响力较小，持续时间长短则因品牌危机属性的不同而存在差异，该阶段可称为危机信息分享行为长尾期。

为了进一步了解品牌危机信息在微博平台中的转发及评论行为的分布特征，以便采用恰当的研究方法进行模型构建，在此先对转发数及评论数的均值进行直方图绘制及正态分布检验。对应的直方图及正态分布检验结果见图 6-17 和图 6-18。

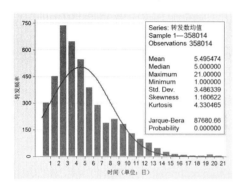 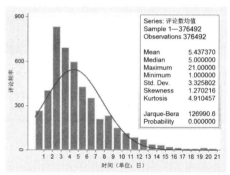

图 6-17　转发数均值直方图及检验结果　　图 6-18　评论数均值直方图及检验结果

图 6-17 和图 6-18 中的条形分别为转发数和评论数的频率分布，图中的抛物线分别为对应数据的标准正态分布曲线。其中，转发数和评论数的频率分布特征与对应的标准正态分布曲线存在较大差异。同时对应的正态分布检验结果显示，检验的 p 值均小于 0.05 的显著水平，因此拒绝样本数据服从正态分布的原假设，可以认为样本数据不具有正态分布特征，故后续相关模型的构建需对两序列进行相应转换或只能采用非正态分布数据的研究方法进行数据处理和分析。

四、转发行为波动特征分析

信息转发均值在整个传播过程中的折线图见图 6-19。

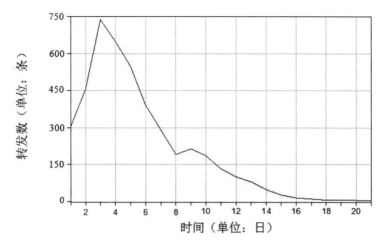

图6‑19　转发数均值整体过程折线图

由图6‑19可见，危机发生后的前三天呈现快速增长，于第三天达到最大值，其后快速下降至第八天存在一个较小的向上波动，接着存在一个缓慢下降的过程，整个演化过程逐渐按照潜伏期、爆发期、高潮期、衰退期及长尾期五个生命周期发展变化。该图表明，转发的整体过程折线走向特征并非简单的线性关系，而是一个较为复杂的波动过程。因此，仅通过描述性统计分析则难以发现该波动现象背后更深层、更具体的原因，而需借助较为复杂的特征成分分解方法对其相关特征要素进行精确分离，从而才能较好地分析引起该波动现象背后更深层的根源。然而，在整个传播过程中，由于转发波动特征具有自相关性，且由趋势特征、集群特征及不规则特征叠加而成，为了对转发行为的整体传播过程特征进行详细了解，需对转发均值序列进行自相关分析，以及分别对趋势特征、集群特征和不规则特征进行精确分离。

（一）自相关性

为了分析转发行为的自相关性，首先需对转发均值时间序列进行自相关和偏自相关分析，以探测该序列是否存在自相关特征。其中，自相关是指某一特定时间序列与该序列滞后 N 阶后所形成的序列之间相关性的度量；偏自相关是指某一时间序列在其他时间序列均给定的情况下与该序列滞后 N 阶序列之间条件相关性的度量。可通过如下算式进行计算：

转发行为的自相关系数：

$$r_{zhuanfa,k} = \frac{\sum\limits_{t=k+1}^{T}(y_{zhuanfa,t}-\overline{y}_{zhuanfa})(y_{zhuanfa,t-k}-\overline{y}_{zhuanfa})}{\sum\limits_{t=1}^{T}(y_{zhuanfa,t}-\overline{y}_{zhuanfa})^2}，其中 \overline{y}_{zhuanfa} 为$$

转发均值序列的样本均值；

转发行为的偏自相关系数：

$$\varphi_{k,k}^{zhuanfa} = \begin{cases} r_{zhuanfa,1} & k=1 \\ \dfrac{r_{zhuanfa,k}-\sum\limits_{j=1}^{k-1}\varphi_{k-1,j}^{zhuanfa}\,r_{zhuanfa,k-j}}{1-\sum\limits_{j=1}^{k-1}\varphi_{k-1,j}^{zhuanfa}\,r_{zhuanfa,k-j}} & k>1 \end{cases},$$

其中 $r_{zhuanfa,k}$ 为 k 阶滞后的自相关系数值，$\varphi_{k,j}^{zhuanfa} = \varphi_{k-1,j}^{zhuanfa} - \varphi_{k,k}^{zhuanfa}\varphi_{k-1,k-j}^{zhuanfa}$。

其对应的自相关和偏自相关 spike 图分别见图 6‐20 和图 6‐21。

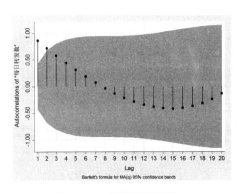

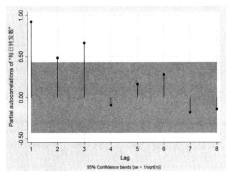

图 6‐20　转发数自相关图　　　　　图 6‐21　转发数偏相关图

图 6‐20 和图 6‐21 中的阴影区域标注了 95% 的置信区间，表明落在该区域之外的点的相关性个体显著。由图 6‐20 可见，转发时间序列的自相关性在滞后 2 期内显著；其偏自相关性在滞后 3 期内显著。由此可以判定转发数序列存在显著自相关性，即转发行为具有显著的自相关特征，且约于滞后 2 阶至 3 阶范围内较为明显。其中，转发行为的自相关函数呈指数衰减，但其衰减速度缓慢，因此可初步认为转发序列为非稳定序列。为了进一步了解转发行为自相关特征，需对转发均值时间序列进行 ARIMA 模型构建，从而进行深入分析。然而，为了防止伪回归的产生，ARIMA

模型构建需以平稳序列为基础，因此，在对转发数进行 ARIMA 模型构建前需先对序列进行平稳性单根检验。[①]

在上述转发序列非稳定性的粗略判断基础上，对其进行平稳性单位根检验，以便确定采用恰当的方法对序列进行转换使其变为平稳。为了减少数据较大波动引起的不稳定性，在检验前首先对转发数序列进行自然对数转换。其中 ADF（Augment Dicky-Fuller）检验为最常用的平稳性检验方法，[②] 本研究使用 Eviews 8.0 统计软件对其自然对数序列及其差分序列的平稳性进行分析，其检验结果见表 6-3。

表 6-3　转发数对数序列单根检验

序列	ADF 值	临界值			p 值	检验结果
		1%	5%	10%		
Ln（$zhuanfa$）	0.978	−3.808	−3.021	−2.650	0.994	非稳定
D（Ln（$zhuanfa$））	−4.540	−3.832	−3.030	−2.655	0.002	稳定

表 6-3 的检验结果显示，转发自然对数序列的检验统计量绝对值小于 5% 临界水平统计量的绝对值，即检验 p 值大于 0.05 显著水平，不能拒绝"存在单根"的原假设，表明 Ln（$zhuanfa$）序列至少存在一个单根，即序列非平稳。同时 Ln（$zhuanfa$）的一阶差分序列统计量的绝对值大于 5% 临界水平统计量的绝对值，即检验 p 值小于 0.05 显著水平，拒绝原假设，表明该序列的一阶差分序列不存在单根，即 Ln（$zhuanfa$）一阶差分序列平稳。

在转发对数 Ln（$zhuanfa$）的一阶差分序列平稳的基础上，对该差分序列进行自相关及偏相关分析，以识别和确定 ARIMA（p，d，q）模型中的 p 值和 q 值。其中，Ln（$zhuanfa$）的一阶差分序列相关性分析见图 6-22。

---

① Hamilton J D. Time series analysis ［M］. NJ：Princeton university press，1994.

② Box G E P，Jenkins G M，Reinsel G C. Time series analysis：forecasting and control ［M］. NJ：John Wiley & Sons，2011.

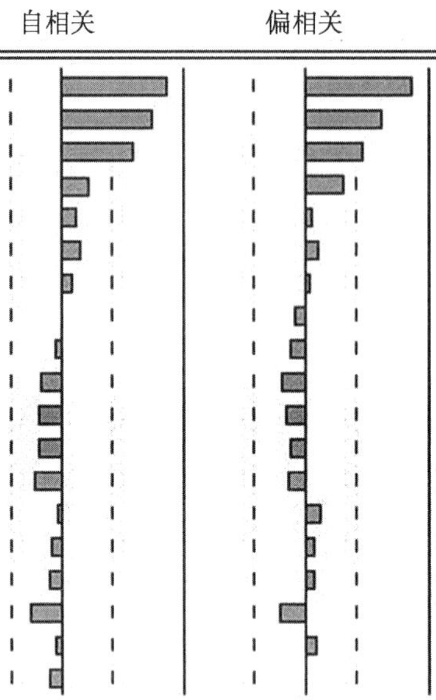

自相关	偏相关		自相关	偏相关	Q-统计量	显著性水平
		1	0.905	0.905	19.788	0.000
		2	0.776	0.703	35.079	0.000
		3	0.616	0.518	45.249	0.000
		4	0.206	0.343	50.908	0.000
		5	0.117	0.050	53.395	0.000
		6	0.162	0.111	54.040	0.000
		7	0.087	0.026	54.049	0.000
		8	0.005	-0.085	54.331	0.000
		9	-0.054	-0.120	55.613	0.000
		10	-0.177	-0.192	58.624	0.000
		11	-0.203	-0.170	63.965	0.000
		12	-0.189	-0.123	71.871	0.000
		13	-0.241	-0.148	82.542	0.000
		14	-0.031	0.130	96.242	0.000
		15	-0.090	0.080	111.39	0.000
		16	-0.100	0.071	126.17	0.000
		17	-0.274	-0.211	138.68	0.000
		18	-0.054	0.098	147.49	0.000
		19	-0.104	0.007	152.00	0.000

图 6-22　转发数对数一阶差分相关图

图 6-22 显示，转发数对数一阶差分偏相关函数在前 3 期超出了 95% 的置信区间，其余各期均位于置信区间内，且各阶函数值呈现缓慢衰减，表明 ARIMA（p，d，q）模型中的 p 值可试取数值 3；自相关函数在前 3 期超出了 95% 的置信区间，其余各期均位于置信区间内，且各阶函数值存在拖尾现象，表明 ARIMA（p，d，q）模型中的 q 值可试取数值 3。其中 d 值表示第 d 阶差分序列平稳，此处 d 值为 1，故可初步对转发对数一阶差分序列构建 ARIMA（3，1，3）模型。在此基础上，对该模型的有效性和适配度进行检验，其检验结果分别如图 6-23 和图 6-24 所示。

图 6-23 显示，转发对数一阶差分序列 ARIMA（3，1，3）模型残差的自相关及偏相关函数值在所有滞后阶上均位于 95% 的置信区间内，同时残差序列各阶相关性检验的 p 值均大于显著水平 0.05，即接受原假设，表明所构建的 ARIMA（3，1，3）模型的残差序列不存在序列相关性。图 6-24 显示，转发对数一阶差分的实际值与 ARIMA（3，1，3）模型估计值拟合效果良好，且所有残差值均位于 95% 的置信区间内，表明该模型设定及模型估计结果均有效。其中，模型 ARIMA（3，1，3）的相关性及

滞后显著期数表明，转发行为对自身行为在滞后 3 期内具有重要影响，即用户自身过去参与转发的行为对自身现在参与转发的行为产生显著影响，且现在的转发行为与过去的转发行为在滞后 3 期内存在显著依赖关系。

自相关	偏相关		自相关	偏相关	Q-统计量	显著性水平
		1	-0.123	-0.123	0.3671	
		2	-0.091	-0.108	0.5781	
		3	0.111	0.088	0.9113	
		4	-0.044	-0.029	0.9673	
		5	-0.012	-0.003	0.9720	
		6	-0.060	-0.081	1.0868	
		7	0.138	0.132	1.7429	0.973
		8	-0.195	-0.187	3.1585	0.924
		9	-0.017	-0.019	3.1704	0.957
		10	-0.146	-0.242	4.1031	0.943
		11	0.037	0.059	4.1705	0.965
		12	0.202	0.164	6.3580	0.897
		13	-0.161	-0.064	7.9180	0.849
		14	-0.017	-0.091	7.9372	0.893
		15	-0.029	-0.065	8.0032	0.924
		16	0.051	0.035	8.2575	0.941

图 6‑23　D（*Ln*（*zhuanfa*））序列 ARIMA（3，1，3）

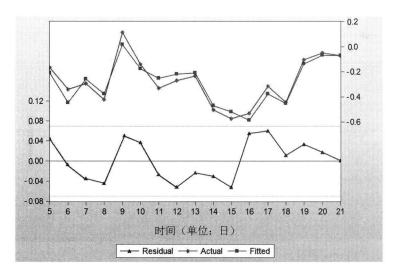

图 6‑24　D（*Ln*（*zhuanfa*））序列 ARIMA（3，1，3）

转发对数一阶差分序列的 ARIMA（3，1，3）模型估计结果如表 6－4 所示。

表 6－4 D（Ln（$zhuanfa$））序列 ARIMA（3，1，3）模型估计结果

变量	系数	标准误差	t-统计量	显著性水平
C	－0.2966	0.1009	－2.9384	0.0148
AR（1）	0.3110	0.2311	－4.5826	0.0008
AR（2）	0.3879	0.0768	5.0469	0.0005
AR（3）	－0.3866	0.0934	－4.1388	0.002
MA（1）	1.0760	1.2656	4.1459	0.0016
MA（2）	－1.1370	1.1216	－2.3767	0.0367
MA（3）	3.2390	1.1641	2.7822	0.0194
确定系数 R 方	0.9154	平均相关变量		－0.275
调整 R 方	0.8646	无限相关变量		0.1888
回归标准差	0.0694	赤池信息量准则		－2.2029
残差平方和	0.0482	施瓦兹准则		－1.8598
最大似然估计	25.7252	汉南-奎因准则		－2.1688
F-统计量	18.0342	德宾-瓦特逊统计量		1.6002
F 检检的 p 值	0.00007			

表 6－4 显示，模型中的截距项及各变量对应系数的显著性检验 p 值均小于 0.05 显著水平，同时模型的拟合优度指标 $R2$ 和调整 $R2$ 值均大于 86%，且模型整体性拟合度检验 p 值达到 0.001 显著水平，说明模型设定及模型估计结果均较佳，表明该模型可用于对转发数进行有效预测和估计。该模型 ARIMA（3，1，3）的表达式可写为：

ΔLn（$zhuanfa_t$）$= -0.297 + 0.311 \times \Delta Ln$（$zhuanfa_{t-1}$）$+ 0.388 \times \Delta Ln$（$zhuanfa_{t-2}$）$-0.387 \times \Delta Ln$（$zhuanfa_{t-3}$）$+ \hat{\varepsilon}_t + 1.076 \times \hat{\varepsilon}_{t-1} - 1.137 \times \hat{\varepsilon}_{t-2} + 3.239 \times \hat{\varepsilon}_{t-3}$

其中，该模型的脉冲响应特征如图 6－25 所示。

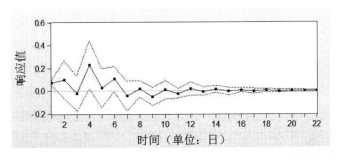

图 6 - 25　D（*Ln*（*zhuanfa*））序列 ARIMA（3，1，3）模型脉冲图

图 6 - 25 表明，品牌危机信息微博转发行为的每一次冲击均会对滞后第 1 期、第 2 期、第 4 期及第 6 期的信息转发行为产生较大影响，而对其余滞后期的影响相对较小。

（二）趋势特征

采用时间序列趋势分解法对转发行为波动的各特征变量进行分解，在整个传播过程的转发时间序列 Whole_zhuanfa 中，由于该时间序列为非季度或月度数据，则不存在季节要素的影响，故该序列的各特征成分可分解为：

$Y_{whole\_zhuanfa,t} = TC_{whole\_zhuanfa,t} + I_{whole\_zhuanfa,t}$，式中 $TC_{whole\_zhuanfa,t}$ 表示趋势循环要素，$I_{whole\_zhuanfa,t}$ 表示不规则要素。

其中，$TC_{whole\_zhuanfa,t} = Y^T_{whole\_zhuanfa,t} + Y^C_{whole\_zhuanfa,t}$，式中 $Y^T_{whole\_zhuanfa,t}$ 为时间序列中的趋势成分，$Y^C_{whole\_zhuanfa,t}$ 为周期成分。由于该时间序列为非季度或月度数据，则其中的周期成分 $Y^C_{whole\_zhuanfa,t}$ 不存在，即 $Y^C_{whole\_zhuanfa,t} = 0$，故 $TC_{whole\_zhuanfa,t} = Y^T_{whole\_zhuanfa,t}$。其中，可利用 Henderson 加权移动平均方法（MA）计算转发时间序列 Whole_zhuanfa 的趋势循环要素，即为：

$TC_{whole\_zhuanfa,t} = Y^T_{whole\_zhuanfa,t} = MA_{whole\_zhuanfa,t} = \sum_{j=-H}^{H} h_j^{2H+1} Y_{whole\_zhuanfa,t+i}$，$H+1 \leq t \leq T-H$

基于此，转发时间序列 Whole_zhuanfa 中的不规则要素成分可计算为：

$I_{whole\_zhuanfa,t} = Y_{whole\_zhuanfa,t} - TC_{whole\_zhuanfa,t} = Y_{whole\_zhuanfa,t} - Y^T_{whole\_zhuanfa,t}$

其分解结果如图 6 - 26 所示。

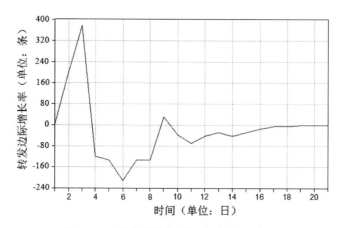

图 6‐26 转发数整体过程波动特征分解

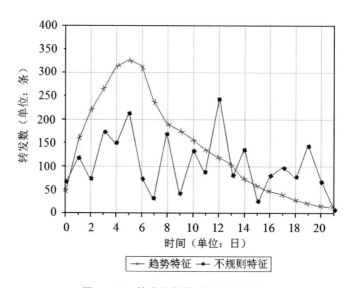

图 6‐27 转发数整体过程边际变化

　　如图 6‐27 所示，整个传播过程的转发趋势呈现单峰曲线特征，危机出现后表现为迅速上升，于危机发生后的第 4 天和第 5 天达到转发行为趋势的最大值，其后表现为迅速下降，于第 14 天后呈现缓慢衰减趋势。而转发的不规则特征曲线则呈双峰特征，不具有明显规律，表现为每一期增加紧接着下一期下降的波动特征，于第 5 天和第 12 天不规则特征的影响较大。

为了分析危机信息转发行为随时间推移的变化率特征，需对转发行为进行边际变化率分析。转发的边际变化率是指随着时间的推移，每单位时间内转发数的变化量，可用于分析单位时间转发增量的变化情况。该指标可用如下算式进行计算：

$$MQ_i（t）=Y_i（t）=\frac{\Delta Y（t）_{whole\_zhuanfa,i}}{\Delta t}，i$$ 为第 i 天，取值分别为

1，2，3，……，21。

其中 $\Delta Y（t）_{whole\_zhuanfa,i}=Y（i+1）_{whole\_zhuanfa}-Y（i）_{whole\_zhuanfa}$，$\Delta t$ 为单位时间。

其计算结果见图 6 - 27。危机信息转发行为直至接近第 4 天时其边际增长率均为正数，第 8 天与第 9 天相邻处的数值略有正向波动，第 17 天之后则趋向于 0，其余时段皆为负数。

（三）集群特征

在整个危机传播过程中，信息分享行为除了具有趋势特征及不规则特征外，还常常表现为在某一时期波动较小，而在另一时期波动相对较大的特征，即表现为波动集群性。为了分析危机信息传播过程转发行为的集群特征是否存在，先对转发行为的自回归条件异方差（ARCH）模型进行估计，根据转发行为为残差平方相关图，结合 ARCH 效应检验结果，从而判定整个传播过程的转发行为是否存在波动集群特征。

在构建 ARCH（q）模型时，为了减少数据波动带来的误差，先对 Ywhole_zhuanfa 序列取其自然对数。则对应的 ARCH（q）模型为：

$$\begin{cases} \ln Y_{wh\_zh,t}=\beta_{wh\_zh,0}+\beta_{wh\_zh,1}\ln Y_{wh\_zh,t-1}+\beta_{wh\_zh,2}\ln Y_{wh\_zh,t-2}+ \\ \quad \cdots+\beta_{wh\_zh,k}\ln Y_{wh\_zh,t-k}+u_{wh\_zh,t} \\ \sigma^2_{wh\_zh,t}=\alpha_{wh\_zh,0}+\alpha_{wh\_zh,1}u^2_{wh\_zh,t-1}+\alpha_{wh\_zh,2}u^2_{wh\_zh,t-2}+\cdots+ \\ \quad \alpha_{wh\_zh,q}u^2_{wh\_zh,t-q} \end{cases}$$

式中 i 为第 i 天，取值分别为 1，2，3，……，21。利用 Eviews8.0 对该模型进行拟合计算，其结果为：

$$\ln Y_{wh\_zh,t}=2.56+0.16\ln Y_{wh\_zh,t-1}+0.52\ln Y_{wh\_zh,t-2}+\hat{u}_{wh\_zh,t}，$$

其中，模型整体 F 统计检验 p 值为 0.000，表明模型整体上显著；常数项及各变量系数对应的 p 值分别为 0.024、0.000、0.017，表明各拟合系数

均显著；且 $\overline{R}^2$ 值为 0.995，表明拟合效果良好，故该模型的拟合结果有效。

其对应的残差平方相关图如图 6-28 所示。

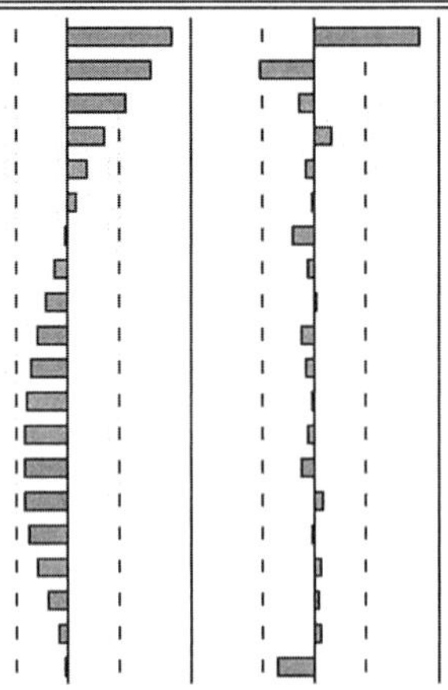 自相关	偏相关		自相关	偏相关	Q-统计量	显著性水平
		1	0.892	0.892	19.196	0.000
		2	0.701	-0.456	31.697	0.000
		3	0.484	-0.123	37.975	0.000
		4	0.307	0.150	40.657	0.000
		5	0.170	-0.076	41.533	0.000
		6	0.076	-0.009	41.721	0.000
		7	-0.016	-0.185	41.729	0.000
		8	-0.106	-0.064	42.148	0.000
		9	-0.187	0.014	43.552	0.000
		10	-0.254	-0.107	46.386	0.000
		11	-0.307	-0.077	50.947	0.000
		12	-0.340	-0.024	57.133	0.000
		13	-0.356	-0.061	64.782	0.000
		14	-0.369	-0.111	74.166	0.000
		15	-0.358	0.070	84.458	0.000
		16	-0.324	-0.011	94.592	0.000
		17	-0.258	0.063	102.62	0.000
		18	-0.171	0.026	107.34	0.000
		19	-0.067	0.057	108.43	0.000
		20	-0.019	-0.319	108.60	0.000

图 6-28　转发数整体过程残差平方相关图

如图 6-28 所示，残差平方的自相关和偏相关函数均存在至少滞后 1 期超出 95% 的置信区间，表明该序列相关性显著不为 0，且自相关函数呈现缓慢衰减势态，即"拖尾现象"。同时，其对应的 Q 统计检验 p 值均小于 0.001，即检验结果非常显著，从而表明整个传播过程的转发行为 ARCH 模型的残差平方序列存在自相关，即该序列存在 ARCH 效应。

在进行模型估计时，为了避免 ARCH 模型滞后长度 q 选择不当而可能导致违背 $\alpha_{wh\_zh,i}$ 值应为非负数的约束条件，致使条件方差 $\sigma^2_{wh\_zh,t}$ 为正值的条件得不到满足，从而使得整个模型估计无效，因此此处采用广义的 ARCH 模型（GARCH）对随机误差项的条件方差进行拟合。则对应的 GARCH（p, q）模型可表示为：

$$
\begin{cases}
\ln Y_{wh\_zh,t} = \gamma_{wh\_zh,0} + \gamma_{wh\_zh,1}\ln Y_{wh\_zh,t-1} + \gamma_{wh\_zh,2}\ln Y_{wh\_zh,t-2} + \\
\quad \cdots + \gamma_{wh\_zh,k}\ln Y_{wh\_zh,t-k} + u_{wh\_zh,t} \\
\sigma^2_{wh\_zh,t} = \alpha_{wh\_zh,0} + \alpha_{wh\_zh,1}u^2_{wh\_zh,t-1} + \alpha_{wh\_zh,2}u^2_{wh\_zh,t-2} + \cdots + \\
\quad \alpha_{wh\_zh,q}u^2_{wh\_zh,t-q} + \beta_{wh\_zh,1}\sigma^2_{wh\_zh,t-1} + \beta_{wh\_zh,2}\sigma^2_{wh\_zh,t-2} + \cdots + \\
\quad \beta_{wh\_zh,q}\sigma^2_{wh\_zh,t-p}
\end{cases}
$$

GARCH 模型最终拟合结果见表 6 - 5。

表 6 - 5　整体转发过程 GARCH 模型拟合结果

GARCH = C（4）+ C（5）＊RESID（-1）^2 + C（6）＊GARCH（-1）				
均值方程				
变量	系数	标准误差	z-统计量	显著性水平
C	0.119807	0.228161	2.19068	0.0285
lnY_{wh_zh}（-1）	1.539718	0.173131	8.89335	0.0000
lnY_{wh_zh}（-2）	-0.573092	0.178239	-3.215304	0.0013
方差方程				
变量	系数	标准误差	z-统计量	显著性水平
C	0.004668	0.003111	2.646242	0.0081
RESID（-1）^2	-0.199248	0.125982	3.881121	0.0001
GARCH（-1）	1.02175	0.187706	5.443347	0.0000
拟合指标				
R 方	0.984854	平均相关变量	8.451398	
调整 R 方	0.98296	无限相关变量	1.699413	
回归标准差	0.221835	赤池信息量准则	-0.433337	
残差平方和	0.787374	施瓦兹准则	-0.135093	
最大似然估计	10.1167	汉南-奎因准则	-0.382863	
德宾-瓦特逊统计量	2.093343			

表 6 - 5 拟合结果中均值方程及方差方程系数对应的 z 检验 p 值均达到 0.05 的显著水平，且整个模型的拟合指标 R-squared 值接近 1 值，故该模型构建及拟合结果有效。

由于整个传播过程转发行为集群效应的存在，在此基础上可通过 GARCH 模型的残差序列图及条件方差图对转发行为的集群特征进行分析。其对应的残差序列折线图及条件方差折线图分别如图 6 - 29 和图 6 - 30 所示。

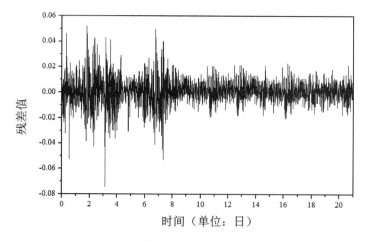

图 6 - 29 转发数整体过程残差折线图

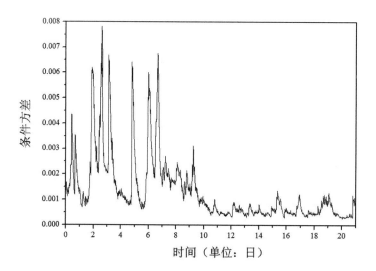

图 6 - 30 转发数整体过程条件方差折线图

残差折线图 6 - 29 显示，在危机发生后第 2 天、第 3 天及第 7 天均具有波动集群现象，且集群效应明显，而其余时段集群效应较弱。条件方差折线图 6 - 30 显示，危机发生后的第 2 天至第 7 天内条件方差最大，第 1 天及第 8 至第 10 天的条件方差较大，表明转发行为在相应时段存在较大波动，且于第 10 天后条件方差均较小。

第三节　微博分享行为情景影响因素探析

一、影响因素的选取

在过去信息行为理论研究中，一般性信息行为理论将用户信息行为视为一个有序的循环过程，以信息需求作为循环路径起点，以信息利用作为环路终点。信息需求是整个信息行为过程的重点，个体在进行信息寻求和信息利用过程中会受到多种干扰因素的影响，它们对用户的搜寻效果和利用行为既可能存在促进作用，也可能存在阻碍作用。在该过程中，存在多个动力机制环节，其中主动检索是个体信息行为的关键。[①] 同时，在该环路中存在多种中介变量会对信息行为及动力机制产生重要影响，主要包括心理特征、人口统计特征、社会角色、人际关系、环境特征以及信源特征等。其中，个体对信息的需求可能来源于工作需要或生活环境，也可能来自用户工作角色或个体自身等方面，且与自身处境相似的用户对他们的信息行为起着重要干扰作用。[②] 此外，信息行为一体化模型认为人们的信息行为几乎很少发生于一种完全独立的环境中，而是通常伴随着他人的信息行为，并与他人行为相互交织、相互影响，从而对自身信息行为产生重要影响和干扰，同时认为信息行为总是发生于某些情境中，即用户信息行为是特定情境的产物，且信息行为过程的各环节均存在动力机制作用。[③]

关于行为影响因素的研究，心理场理论认为，一个人的行为总是发生于特定时间和空间中，即心理生活空间，而该空间主要由个人和环境两大因素构成。人的行为会受到内部因素和外部环境的交互影响，即个体心理生活空间决定着他们的行为特征，人的行为特征是个体与环境因素交互影

---

① Wilson T D. Information behaviour：An interdisciplinary perspective ［J］. Information Processing & Management，1997，33（4）：551－572.

② Wilson T D. Models in information behaviour research ［J］. Journal of Documentation，1999，55（3）：249－270.

③ Niedzwiedzka B. A proposed general model of information behaviour ［J］. Information Research，2003，9（1）：9－1.

响的结果。① 在信息行为领域，信息使用环境理论认为，信息使用环境可促使用户形成信息需求，并驱动他们积极地进行信息搜索、查询及利用等行为，它是用户信息需求产生以及信息搜寻、评估和利用等一切信息行为的始点。② 用户通过对信息使用环境的分析，结合内部及外部信息，可实施对信息资源的利用、决策的制定、方案的提出及措施的改善等一系列活动。其中，信息使用环境主要包括用户个体、待解决的问题、应对策略、信息环境四个方面。③ 用户在信息使用环境中，会根据自身的信息需求而在特定时间内查询和获取对他们有价值的信息，而信息使用环境中的各种因素会对他们的信息甄别和选择产生重要影响，即信息在用户间的流动、传递和利用均受到信息使用环境的影响，信息使用环境可用以对信息进行有用性及价值大小的判断。该理论还指出用户的不同职业和社会角色会对人们的信息行为产生重要影响，这些因素在某种程度上培育了用户信息行为的不同特征。④ 此外，信息视域理论强调了社会网络关系、情景因素以及所处状况三个基本构念，认为用户信息行为主要由用户主体、情境因素、所处状况以及社会关系四部分组成，信息用户能够感知所处环境的变化，并对此进行评估及做出实时反应，而用户信息行为是由于他们缺乏某些知识而形成的一系列评估、选择及反应的行为过程。⑤ 用户通常会在自身信息视域范围内进行信息搜寻、信息获取及信息利用等信息活动，用户信息搜寻行为是个体不断调整自身行为而与信息资源保持互动、协同的过程。其中，用户信息视域包含多种信息资源，这些信息资源可用来应对他们所发生的情况，且在该信息视域中，用户则会根据自身条件采用最优方案进行有效的信息搜索、查询、获取及利用等信息行为。

---

① Lewin K. Field theory in social science, selected theoretical papers [M]. NJ: Harpers, 1951.

② Taylor R S. On the study of information use environments [C]. Proceedings of the 49th Annual Meeting of the American Society for Information Science (ASIS' 86). IEEE, 1986, 23: 331-334. (a)

③ Taylor R S. Information use environments [J]. Progress in Communication Sciences, 1991, 10 (217): 55.

④ Taylor R S. Information use environments [J]. Managing Information for the Competitive Edge, 1996: 93-135.

⑤ Sonnenwald D H. Evolving perspectives of human information behavior: Contexts, situations, social networks and information horizons [C]. Exploring the contexts of information behavior: Proceedings of the Second International Conference in Information Needs. Taylor Graham, 1999.

　　根据相关理论及过去研究成果，本节将从信息情景因素视角对危机信息微博分享行为影响因素进行挖掘和探索。在过去研究中，有学者基于认知模型及人因可靠性视角，分析了情景环境对人们行为模式产生的重要影响，运用控制科学理论探索情景环境如何对人们行为产生误差，并将情景环境分为静态情景和动态情景两种类型。根据该研究成果，本研究将静态情景定义为主要指主体、行为或环境所固有的属性维度，或不随时间变化而变化的因素；动态情景主要指主体、行为或环境中会随着时间变化而变化的因素。

　　首先，根据说服效果理论，在微博平台上，用户对信息的转发或评论行为可视为用户在接收信息后，在各种因素的影响下对信息进行评估并做出有关行为决策的活动过程。其中，个人的决策行为结果会受到他们所采用的信息加工和处理方式差异的影响。在微博平台上，不同情景特征的信息对用户产生了差异性生理刺激，进而使用户采取不同的信息加工路径，最后导致不同的用户行为意愿。在该过程中，信息情景因素直接作用于用户心理变量，最终产生不同的说服效果。针对用户进行信息搜寻、信息阅读及信息分享的过程，其中不同形式、不同内容特征及不同信源的信息，会形成用户对信息加工意愿及努力程度的差异，导致用户形成不同的信息分享行为意愿，从而不同程度地导致信息分享行为过程中波动现象的出现。

　　其次，在用户信息使用环境及信息视域中，可能存在多种情景因素引起了用户信息转发和评论行为的自相关性和集群性特征，同时也使得其总体波动分别由趋势成分、周期成分及不规则成分共同组合而成。在用户信息行为情景中，微博信息的转发总数及评论总数会对用户产生从众效应，由于受到群体趋同心理压力的影响而积极寻找心理上的某种"集体认同感"，用户会刻意将自身行为与群体行为保持趋于一致，从而使得用户信息行为波动具有一定趋势特征。在微博平台中，用户粉丝数及关注数在一定程度上体现了他人追随自身的程度以及自身对信息获取范围的广度和深度，所以用户自身粉丝数及关注数会延续或激发用户自身后期相似行为的产生，从而一定程度上引起用户信息分享行为波动自相关性的出现。而用户也可以根据信源粉丝数及关注数判定及选择与某类型用户群体进行信息分享和互动，从而导致不同用户群体间关系网络的自组织性和凝聚力差异的存在，于是便会使得信息分享行为呈现出一定的集群特征。此外，信息分享行为还与信息发布的时间距离密切相关，信息发布的时间距离对信息分享行为具有重要影响，不同长度时间距离会使信息被转发及被评论的频率不同。加之，微博作为社交网络，它属于一类自组织系统，具有自组织性和突变性，这可以使得用户信息行为在经过一段休眠后再次呈现频繁发布和分享的幂律分布的波动特征，从而形成信息行为的集群特征和周期特征。

最后，在微博平台上，不断更新和变化的信息转发总数及评论总数、用户自身粉丝数及关注数、信源粉丝数及关注数，以及信息发布的时间距离等动态情景因素便构成了一个较大的信息环境体，即微博信息场。在该微博信息场中，用户聚集后所营造出的氛围主要通过转发总数、评论总数、自身粉丝数、自身关注数、信源粉丝数、信源关注数以及信息时间距离来展示和显现，而用户个体也主要是通过这些情景指标来发觉、感受及进行体验。正是此类情景因素所构成的信息场，营造出了一种促进其他用户积极参与并进行广泛交流的环境和氛围，从而影响着其他用户的信息分享行为。

在上述分析基础上，根据本文对静态情景及动态情景的定义，以及结合微博用户信息行为所有可能的静态情景及动态情景影响因素特征，本章主要从信息的固有属性及相关维度对静态情景影响因素进行探索和挖掘，以及从信息分享总数、用户粉丝数和关注数及时间距离等动态差异的维度对动态情景影响因素进行探索和挖掘。

二、情景影响因素探索

（一）静态情景影响因素

说服效应是指在接收到具有说服性信息时，个体态度沿着信息观点方向改变并导致其决策行为发生变化的一种结果状态，[①] 它存在于生活中的各个方面，被广泛运用于消费者购买意愿、品牌广告、市场营销等诸多研

---

① 马向阳，徐富明，吴修良，等. 说服效应的理论模型，影响因素与应对策略 [J]. 心理科学进展，2012 (5)：735 - 744.

究领域，很多学者也积极运用该理论对信息学相关的领域进行研究。然而，随着各种新媒体的涌现，说服效应在网络媒体中的应用越来越广泛，其中由于微博成为近年来很受欢迎的社交媒体，不少学者也开始借助说服效应理论对微博用户信息行为进行积极地探索和研究。[①] 在微博平台上，用户对信息的转发或评论行为可视为他们在接收信息后，在各种因素的影响下对信息进行评估并做出有关行为决策的活动过程。其中，个人的决策行为结果会受到他们所采用的信息加工和处理方式差异的影响，[②] 因此，该类研究主题仍属于说服效应理论的研究范畴。

说服效应理论主要包含精细可能性模型（ELM）、启发与系统式模型（HSM）、自我效能理论以及较新出现的"联想—命题"过程评价模型（APE），其中前两者运用最为广泛。[③] 结合本研究需要，本文仅借助 ELM 和 HSM 模型对品牌危机中微博信息分享行为的情景影响因素进行探索和挖掘。

关于信息形式的影响因素。流畅性理论强调，信息形式的差异影响人们对信息加工时所感觉和体验到的难易程度，从而影响人们对信息加工时努力的付出意愿。根据 ELM 说服效应理论，若个体有能力且有意愿对信息进行深入思考和分析，他们则会更倾向于采用中心路径对信息进行加工；若个体不具有对信息进行仔细分析和审慎思考的意愿和能力，他们则会更倾向于采用边缘路径对信息进行加工。然而，不同的信息加工方式会导致相同信息产生不同的说服效果，进而导致用户出现不同的行为方式。有学者通过对转发的微博信息进行分析，发现微博信息的形式对该信息是否被转发或评论具有重要影响。[④] 通常，视频型及图片型信息相对于冗繁复杂的信息则对用户具有更大的吸引力，其中，新浪微博用户更倾向于对该类形式的信息进行转发和评论。同样，其他具有直观性、趣味性及轻松

①　Liu Z，Liu L，Li H. Determinants of information retweeting in microblogging［J］. Internet Research，2012，22（4）：443–466.

②　Cheung C M K，Lee M K O，Rabjohn N. The impact of electronic word-of-mouth：The adoption of online opinions in online customer communities［J］. Internet Research，2008，18（3）：229–247.

③　Okeefe D J. Persuasion：Theory and research［M］. CA：Sage Publications，2015.

④　Zhao D，Rosson M B. How and why people Twitter：the role that micro-blogging plays in informal communication at work［C］. Proceedings of the ACM 2009 international conference on Supporting group work. ACM，2009：243–252.

性的信息也能获得较高的转发率。① 该研究表明，用户对于文本型、图片型及视频型信息具有不同的转发频率和评论频率，而这些信息的差异又主要体现于信息可视化程度上的不同，由此可见，在微博信息平台上，信息可视化会对品牌危机信息的转发和评论产生重要影响。

关于信息内容的影响因素。根据 ELM，系统式加工体现了信息接收者对信息内在属性进行了深入分析和审慎思考，从而形成最终决策行为。在网络环境中，当人们通过计算机进行在线信息交流时，信息质量（IQ）成了用户对信息进行系统式加工的重要影响因素。② 过去的研究表明，信息质量会对用户转发行为产生重要影响，而信息的及时性、准确性以及信息与用户需求的匹配性均会引起用户对信息产生更高的转发意愿。③ 然而，用户对信息质量的感知则主要体现在信息论据、信息数量以及信息的情绪框架等方面。④ 其中，关于信息的情绪框架，不同信息具有不同的情感成分，如正面情感、负面情感以及中性情感，而人们的行为通常会受到信息所传递的情感差异的影响。因此，在微博信息平台中，情感类型及情感程度的差异则会与信息的内容形式或人们固有的认知方式相互交织和作用，⑤从而产生不同的说服效果，并最终形成不同的转发行为或评论行为。⑥ 由此可见，信息情感框架会对品牌危机信息微博转发和评论行为产生重要影响。

关于信息来源的影响因素。HSM 说服理论强调，启发式信息加工方式主要通过便捷和快速的方式获取直观线索对信息进行加工，而网络环境中的在线社区信息用户通常便会采用信息的浅层特征作为启发式线索对信息进行加工。然而，当人们进行信息加工时，信源用户特征则是影响人们

---

① 孙会，李丽娜. 高频次转发微博的特征及用户转发动机探析——基于新浪微博"当日转发排行榜"的内容分析 [J]. 现代传播（中国传媒大学学报），2012，34（6）：137-138.
② Chaiken S，Eagly A H. Heuristic and systematic information processing within and beyond the persuasion context [J]. Unintended Thought，1989，212.
③ 厉钟灵. 微博用户转发意愿研究 [D]. 浙江大学，2012.
④ DeSteno D，Petty R E，Rucker D D，et al. Discrete emotions and persuasion：the role of emotion-induced expectancies [J]. Journal of personality and social psychology，2004，86（1）：43.
⑤ Hansen L K，Arvidsson A，Nielsen F Å，et al. Good friends，bad news-affect and virality in twitter [M]. NY：Springer，2011：34-43.
⑥ Stieglitz S，Dang-Xuan L. The role of sentiment in information propagation on Twitter：An empirical analysis of affective dimensions in political Tweets [C]. International Conference on Systems Science. Hawaii，2011.

对信息认知的最重要的表层因素之一。在微博平台上，用户特征则会对微博中心性的形成产生重要影响，其中微博网络的中心性反映了用户节点在该平台上的重要程度，如用户的权威性特征可以汇集大量用户，从而对信息的转发或评论行为产生群体效应，进而加剧信息的传播和扩散。[①] 因此，信源特征对信息的说服效果具有重要影响。在用户对信息加工过程中，信息来源的可靠性、专业性、可信度、吸引力以及所涉及多媒体的数量均会影响用户对信息加工方式的选择，而不同信息加工方式的选择则会导致用户形成不同的决策行为。[②] 其中，信源的可靠性体现了信息来源渠道的权威程度，而专业性则体现了他们在特定领域的权威程度，两者均会对微博用户信息转发或评论行为产生重要影响。[③] 信源可信度反映了信源在某些属性上具有的权威性特征，通常可信的信源被定义为一个被信息用户认为是值得相信和信赖，且能够胜任的信息发送者，[④] 而信源的可信度和吸引力会对用户启发式加工方式的选择产生重要影响。[⑤] 由此可见，信源权威性特征会对品牌危机信息微博转发及评论行为产生重要影响。

上述基于 ELM 及 HSM 说服效应理论，分析了品牌危机中微博用户信息转发及评论行为的静态情景影响因素，并归纳出在信息分享行为过程中对信息说服效果产生重要影响的静态情景因素主要包括信息形式、信息内容及信息来源等方面。其中，信息形式因素主要体现于信息可视化程度的差异；信息内容因素主要体现于信息情感性的差异；信息来源因素主要体现于信源权威性的差异。基于此，本文将品牌危机中微博用户信息分享行为的静态情景影响因素归纳和提炼为如下三个维度：信息可视化、信息情感性、信源权威性。

（二）动态情景影响因素

用户通过微博进行信息获取和传播，这并非仅仅在用户间进行简单的

---

① Pal A，Counts S. Identifying topical authorities in microblogs［C］. Proceedings of the fourth ACM international conference on web search and data mining. ACM，2011：45 - 54.

② Liu Z，Liu L，Li H. Determinants of information retweeting in microblogging［J］. Internet Research，2012，22（4）：443 - 466.

③ 张媛伊. 微博博主和信息特征对消费者行为影响研究［D］. 浙江大学，2013.

④ Petty R E，Cacioppo J T. The elaboration likelihood model of persuasion［M］. NY：Springer，1986.

⑤ Chaiken S. Heuristic versus systematic information processing and the use of source versus message cues in persuasion［J］. Journal of Personality and Social Psychology，1980，39（5）：752.

信息传输，此外它还为用户提供了一个可进行信息交流和互动的平台。该平台由诸多子环境构成，这些子环境又共同构成了一个巨大的环境体，用户聚集于该平台进行信息传播活动，其聚集后的场景却营造出一种社会氛围，形成一种协同互动的环境，从而促进平台中的用户进行自发的信息交流和分享，该平台即构成了一个信息场。① 在该微博信息场中，存在各种不同类型的用户群体，他们在进行信息分享及信息交流的过程中扮演不同的社会角色，这有利于该信息场的有效构成。在该信息场中，信息流可沿着任何方向进行流动和传递，在场的用户也可通过任何形式获取信息，以及可采用各种正式或非正式的方式进行信息交流与分享，其中相关信息的获取和交流则会对个体的生理、认知、情感以及社会等方面具有重要的正面影响。

在微博平台中，信息的传播不仅仅是把信息传递给其他用户群体，而该环境体还促进了不同用户积极地进行信息分享和交流。在微博中，用户的信息转发和评论虽然未能对信息本身价值做出相应贡献，但这些信息行为却营造出一种能促进其他用户积极参与并进行广泛交流的环境和氛围。其中，微博平台上不断更新和变化的信息转发总数及评论总数、用户自身粉丝数及关注数、信源粉丝数及关注数，以及信息发布的时间距离等动态情景因素便构成了一个较大的信息环境体，即微博信息场，该信息场则对其他用户的信息分享行为产生重要影响。在微博平台中，用户的粉丝量及关注量在一定程度上体现了他人追随自身的程度以及自身对信息获取范围的广度和深度，该类情景信息则会显著地影响其他用户对自身信息转发或评论的意愿程度。有学者通过主成分分析法对大量博文数据进行分析，发现博文作者的粉丝量对该信息的转发具有显著影响，而博文作者发布微博的数量对信息转发的影响并不明显。② 若微博用户拥有较大的粉丝量或关注量，他们在所处的关系网络中则更具有影响力，他们的信息则会更容易

---

① Fisher K E，McKechnie L. Theories of information behavior ［M］. NY：Information Today，Inc.，2005.

② Suh B，Hong L，Pirolli P，et al. Want to be retweeted? large scale analytics on factors impacting retweet in twitter network ［C］. Social computing（socialcom），2010 ieee second international conference. IEEE，2010：177 – 184.

被转发或被评论。①

此外，信息分享行为除了受用户关注量和粉丝量影响外，还与信息发布的时间距离密切相关，且信息发布的时间距离对信息转发特征具有重要影响。② 解释水平理论强调，时间作为人们对信息解释及行为选择的重要影响因素，针对不同的时间距离大小，人们对事物解释水平的差异会带来解释后不同效价大小的差异。对于一些事物，经过高水平解释后的效价要大于经过低水平解释后的效价；而对于另外一些事物，则经过低水平解释后的效价要大于经过高水平解释后的效价。最后，不同大小的感知效价导致了人们不同类型和程度的行为选择和决策。而通常，时间距离越短，信息越容易被转发和被评论，并随着时间的推移信息被分享的可能性逐渐降低，研究发现，其中90%的信息转发行为发生于信息发布后的一个月内。③

上述从信息场理论视角，分析了微博用户信息转发及评论行为的动态情景影响因素，认为对信息分享行为产生重要影响的动态情景因素主要包括相关用户粉丝数、相关用户关注数以及信息时间距离。在此基础上，本文将品牌危机中微博用户信息分享行为的动态情景影响因素归纳和提炼为如下七个维度：信息转发总数、信息评论总数、自身粉丝数、自身关注数、信源粉丝数、信源关注数以及信息时间距离。

三、静态情景影响因素检验分析

（一）检验过程

为了对变量之间因果关系进行验证，首先需要通过量表和调查问卷对相关构念进行测量，进而使用 Probit 模型对相应的回归方程进行估计，从而实现变量间因果关系的分析。其中，量表和调查问卷的设计主要参考和借鉴过去相关经典量表及相关文献的研究成果，并结合本研究的具体需要

---

① 孙会，李丽娜. 高频次转发微博的特征及用户转发动机探析——基于新浪微博"当日转发排行榜"的内容分析 [J]. 现代传播（中国传媒大学学报），2012，34（6）：137－138.

② Savolainen R. Time as a context of information seeking [J]. Library & Information Science Research，2006，28（1）：110－127.

③ Lee C，Kwak H，Park H，et al. Finding influentials based on the temporal order of information adoption in twitter [C]. Proceedings of the 19th international conference on World wide web. ACM，2010：1137－1138.

进行修改而成。本研究量表主要由如下构念组成：信息可视化（IV）、信息情感性（IS）、信源权威性（IA）、转发意愿（FI）、评论意愿（CI）。其中，所有构念均采用李克特五点量表进行度量，"1"代表非常不适合，"5"代表非常适合。

表 6 - 6　研究量表设计

构念	测量内容	题项数量	参考文献
信息可视化（IV）	信息内容及属性实现立体化、图形式及动画式的视觉显示效果，将内容转换为视觉形式的程度	4	Card，Mackinlay，Shneiderman，2009.
信息情感性（IS）	信息在感性诉求上的程度，即融入诸如痛苦、愤怒、绝望及痛恨等情感成分的程度	4	Agarwal，Xie，Vovsha，et al.，2011.
信源权威性（IA）	体现于身份权威性、渠道权威性及专业权威性上	4	Fritch，Cromwell，2002.
转发意愿（FI）	在阅读该信息后，对信息进行转发的主观倾向、可能性大小、意愿强度及持续时间	4	Lin，2006.
评论意愿（CI）	在阅读该信息后，对信息进行评论的主观倾向、可能性大小、意愿强度及持续时间	4	同上

根据上述量表的构念名称、测量内容及题项结构，可进行本研究问卷设计。本研究采用的调查问卷主要涵盖如下内容：第一部分，主要微博中危机信息可视化、信息情感性、信源权威性、转发意愿及评价意愿等方面的题项；第二部分，主要为人口统计学特征题项，主要包含性别、年龄、学历及职业等方面。此外，在问卷中还设置了一些过滤性和干扰性题项，以提高调查结果质量。

本研究使用的数据主要采用官方 API 及网络爬虫获取相关用户资料信息，在此基础上针对曾参与危机信息转发或评论行为的用户进行随机抽样，进而实施问卷调查以获取相关数据。为了确保正式调查结果的有效性，在进行正式调查前先采用预调查对量表题项进行探测和净化，以保证问卷设计的效度和优度。在预调查中，选择于上海交通大学内随机发放问卷 150 份，回收问卷 105 份，其中不合格问卷 7 份，最后有效回收率为 65.33%。然后，对预调查问卷进行信度和效度分析，其统计结果显示，预调查问卷的 KMO 值为 0.836，大于 0.70 的标准值；Bartlett 检验的 p 值为 0.006，小于 0.01，拒绝"相关系数矩阵为单位阵"的原假设，表明变量间存在相关性，该量表内部及样本数据内部具有显著性关联，适合进行 EFA 分析。对整体量表进行 EFA 分析，结果显示，可提取 10 个因子，该 10 个因子累积解释方差为 87.92%，各分量表的累积解释方差均大于 84.06%，其中除了题项 PH4 的因子负荷为 0.51 小于 0.60 外，其余题项在对应变量上的因子负荷均大于 0.60。同时，各构念分量表的 Cronbach's α 值也均大于 0.70。而在纠正条款相关系数（CITC）分析中，除了题项 PH4 的 CITC 指数为 0.16 未达到 0.30 参考值外，其余项均大于 0.30，因此需删除问卷中的 PH4 题项，其余题项均保留。删除 PH4 题项后，再次对分量表及总体量表进行信度分析，结果显示原来 PH4 题项所属构念的分量表 Cronbach's α 值存在显著提升，而其余各分量表 Cronbach's α 值均大于 0.70，总体量表 Cronbach's α 值也大于 0.70，表明删除题项 PH4 后的问卷结构优度得以提高，说明删除题项 PH4 具有合理性。

在正式调查时，基于官方 API 及网络爬虫所获取的相关用户资料信息，对曾参与品牌危机信息转发或信息评论行为的用户进行随机抽样，以曾参与危机信息分享的所有用户作为抽样总体，以所获取的所有用户 ID 为抽样框，以新浪微博官方最近公布的《2015 年新浪微博用户发展报告》中的用户性别、年龄、文化及职业分布特征作为参考标准进行分层抽样调查设计，① 实施网络问卷调查以获取相关数据。

在调查时，主要采用网络问卷调查系统、E-mail 以及其他各种网络通信工具相结合的方式。同时，为了提高调查结果的准确性及问卷的回收率，在每次调查前，预先告知参与本调查的每位受访者在本次调查完成后

---

① 新浪微博数据中心. 2015 年度微博用户发展报告［EB/OL］. http：//www. useit. com. cn/thread-10921-1-1. html，2015-12-16. 由于本研究自 2015 年开始实施，于 2016 年进行数据收集及分析，故以当年数据为依据进行参照。

将获得价值 7 元的奖励，主要通过手机话费充值、微信红包、Q 币、支付宝以及银行在线支付等方式完成支付。本研究数据收集过程历时 3 个月，发放问卷 2 万份，回收问卷数为 2407 份，剔除其中不合格问卷 315 份，则有效问卷回收率为 10.46%。其中，有效样本数据的人口统计变量分布特征如表 6-7 所示。

表 6-7 样本的人口统计特征 （$N=2092$）

变量	类型	人数	百分比例（%）
性别	男性	1285	61.42
	女性	807	38.58
年龄	29 岁及以下	983	46.99
	30～39 岁	682	32.60
	40～49 岁	319	15.25
	50 岁及以上	108	5.16
学历	大学及以上	1306	62.43
	高中或中专	362	17.30
	初中	278	13.29
	小学及以下	146	6.98
职业	政府机构	359	17.16
	事业单位	437	20.89
	企业团体	961	45.94
	个体经营	335	16.01

由表 6-7 的人口统计变量分布特征可见，该样本数据涵盖了新浪微博的不同性别、年龄、学历和职业的用户群体，且该样本分布与《2015 年新浪微博用户发展报告》中的用户人口统计变量分布特征相似，表明该样本数据能较好地代表新浪微博中整体用户的总体特征。

（二）信效度分析

研究中的有效样本数为 2092，先通过绘制样本数据的箱型图对其中的极值样本进行处理，发现在 2092 个样本中共存在 21 个奇异值，故需将对应样本数据从中剔除以确保研究结果的准确性和可靠性。

1. 信度分析

使用 SPSS22.0 对问卷题项数据进行内部一致性检验，其处理结果显示，信息可视化、信息情感性、信源权威性、转发意愿及评价意愿各分量表的 Cronbach's α 值分别为 0.79、0.86、0.76、0.83、0.87，整体量表的总 Cronbach's α 值为 0.84，即各分量表及整体量表的 Cronbach's α 值均大于 0.70 的标准，说明该问卷设计及样本数据的信度较佳。

2. 效度分析

（1）结构效度

结构效度，表示量表设计能够有效反映出所要体现的理论结构及框架特征的程度，体现量表与理论之间的一致性。结构效度主要通过探索性因子分析（EFA）中的累积解释方差和因子负荷指标，以及结合单维度检验进行分析和判定。在对各变量进行 EFA 分析前，先进行 KMO 测定和巴特利球形检验，以确定样本数据是否适合进行 EFA 分析。处理结果显示，其中 KMO 值为 0.859，大于 0.70 的标准值；Bartlett 检验的 p 值为 0.002，小于 0.01，拒绝"相关系数矩阵为单位阵"的原假设，表明变量间存在相关性，该量表内部及样本数据内部具有显著性关联，适合进行 EFA 分析。首先，对整体量表进行 EFA 分析，结果显示，可提取 5 个因子，该 5 个因子累积解释方差为 94.02%。然后，对各分量表进行 EFA 分析，结果显示，各分量表的累积解释方差均大于 87.41%，其中除了题项 IV3 的因子负荷为 0.42 小于 0.60 外，其余题项在对应变量上的因子负荷均大于 0.60，因此需将 IV3 题项从样本数据中剔除。最后，对各题项进行单维度检验，以确定测量同一构念的多个题项只能负载于同一构念上。单维度检验结果显示，各检验值均大于 0.50 的标准值，表明各构念满足单维度性，整体上说明量表具有良好的结构效度。[①]

（2）聚合效度

聚合效度表示测量变量能有效反映其潜变量特质的程度，主要通过验

---

① 薛可，阳长征，余明阳. 新媒体语境对受众价值取向影响的研究 [J]. 西南民族大学学报（人文社会科学版），2015，36（3）：166-172.

证性因子分析（CFA）中的标准因子负载、平均提取方差（AVE）以及复合信度（CR）等指标进行分析判定。在上述结构效度检验基础上，将题项 IV3 从数据中删除后，对数据进行 CFA 分析，其分析结果见表 6-8，其中各测量题项与所度量的潜在变量间的标准负荷系数均大于 0.60 的标准值，各对应的显著性检验的 t 值均大于 3.31（此时 $p=0.001$）的临界值，表明各测量变量能用来对各潜变量进行有效的测量。平均提取方差（AVE）是指潜在变量能够解释其观测指标变异性的程度，表示指标能在多大程度上有效反映其潜变量的特质。潜变量的复合信度值（CR）是其所有观测变量的信度组合，该指标用来分析潜变量与各观测指标间的一致性程度。表 6-8 显示，各变量的 AVE 值均大于 0.50 的标准值，CR 值均大于 0.70 的标准值，表明测量变量能有效反映各潜变量的特质，各组测量指标间均具有较好一致性，说明量表及该样本数据收敛性较佳。①

（3）判别效度

判别效度表示各构念在测量时能被区分开的程度，当所有潜变量 AVE 值的平方根均大于该变量与其他变量对应的所有相关系数的绝对值时，表明该潜变量与其它变量间具有较好的判别效度。对各变量间的相关系数及 AVE 的平方根进行计算，其结果整理见表 6-8。结果显示，该量表中所有潜变量的 AVE 平方根（即表 6-9 中对角线上的值）均大于该变量与其他变量对应的所有相关系数的绝对值，说明该量表没有发生观测变量（即题项）横跨多个构念的情形，所构建的测量指标均落在预期的构念上，表明该量表及样本数据的判别效度良好。②

表 6-8 验证性因子分析结果

变　量	观测项	标准负荷	t 值	信度 α	平均提取方差值	复合信度
信息可视化（IV）	IV 1	0.67	N/A			
	IV 2	0.75	6.57	0.79	0.69	0.84
	IV 4	0.83	4.49			

①　薛可，阳长征，余明阳. 新媒体语境对受众价值取向影响的研究 [J]. 西南民族大学学报（人文社会科学版），2015，36（3）：166-172.

②　薛可，阳长征，余明阳. 新媒体语境对受众价值取向影响的研究 [J]. 西南民族大学学报（人文社会科学版），2015，36（3）：166-172.

（续表）

变　量	观测项	标准负荷	t 值	信度 α	平均提取方差值	复合信度
信息情感性（IS）	IS1	0.75	N/A	0.86	0.67	0.75
	IS2	0.75	8.61			
	IS3	0.67	7.26			
	IS 4	0.79	4.17			
信源权威性（IA）	IA1	0.82	N/A	0.76	0.73	0.74
	IA2	0.67	11.04			
	IA3	0.83	7.27			
	IA4	0.77	4.94			
转发意愿（FI）	FI1	0.76	N/A	0.83	0.76	0.82
	FI2	0.67	8.18			
	FI3	0.77	4.12			
	FI4	0.65	5.83			
评论意愿（CI）	CI1	0.84	N/A	0.87	0.69	0.85
	CI2	0.78	4.34			
	CI3	0.85	6.85			
	CI4	0.83	5.94			

注：N/A 即为 Not Available，表示该单元格无值。

表 6-9　判别效度分析结果

变　量	IV	IS	IA	FI	CI
信息可视化（IV）	0.83				
信息情感性（IS）	0.43	0.82			
信源权威性（IA）	0.61	0.51	0.85		
转发意愿（FI）	0.43	0.49	0.47	0.87	
评论意愿（CI）	0.56	0.64	0.57	0.51	0.83

注：对角线上的数值为 $V_{whole\_zhuanfa,t}^{T}$，其余的数值均为相关系数；未标 * 的数值表示该系数达到 0.05 显著水平。

（三）相关性分析

为了探索信息可视化、信息情感性及信源权威性是否对品牌危机中微博信息转发和评论行为产生显著影响，本文通过构建回归模型，对模型及其回归系数的显著性进行分析，从而判定各影响因素与转发及评论行为间是否存在显著性因果关系。由于回归模型的构建和估计需以自变量与因变量间存在显著相关性为前提，因此，在进行回归模型构建前，需对方程中的因变量与自变量间的相关性进行分析，以确保回归方程的建立及估计具有实际意义。而在两两变量相关分析中，主要采用皮尔逊相关系数、斯皮尔曼等级相关系数以及肯德尔秩相关系数三种相关性指标进行判断。然而，在上述三种指标中，可能存在一种或两种相关系数显著，而另一种或两种相关系数不显著的情况，在此情况下，若只选择其中某一种或两种系数作为判断标准，则可能得出不可靠的研究结论。因此，在对两两变量相关性进行分析时，为了增强相关性判定的可靠性，通常同时计算上述三种相关性指标，通过综合分析而最终得出相关结论。

本研究使用SPSS22.0统计软件对信息可视化、信息情感性及信源权威性与危机信息转发意愿及评论行为意愿的三种相关系数进行计算。其中，对应的各系数值如表6‐10所示。

表6‐10　各相关系数值

系数类型	分享行为意愿	系数及其检验	信息可视化	信息情感性	信源权威性
皮尔逊相关系数	转发	相关系数	0.521	0.474	0.648
		显著性（双侧）	0.012	0.005	0.000
	评论	相关系数	0.497	0.435	0.517
		显著性（双侧）	0.024	0.000	0.019
肯德尔相关系数	转发	相关系数	0.414	0.489	0.572
		显著性（双侧）	0.000	0.004	0.001
	评论	相关系数	0.531	0.376	0.463
		显著性（双侧）	0.08 *	0.000	0.016

（续表）

系数类型	分享行为意愿	系数及其检验	信息可视化	信息情感性	信源权威性
斯皮尔曼相关系数	转发	相关系数	0.379	0.342	0.496
		显著性（双侧）	0.014	0.001	0.063 *
	评论	相关系数	0.545	0.412	0.537
		显著性（双侧）	0.038	0.042	0.008

注：＊表示该项系数未达到 0.05 显著水平。

　　表 6-10 显示，除了信息可视化与评论行为意愿的 Kendall 秩相关系数显著性 p 值为 0.08，以及信源权威性与转发行为意愿的 Spearman 等级相关系数显著性 p 值为 0.063 未达到 0.05 的显著水平外，其余所有相关性检验 p 值均小于 0.05 的显著水平，表明对应变量间的相关性整体上均显著，即信息可视化、信息情感性及信源权威性与危机信息转发及评论行为意愿间均存在显著性相关。

　　由于相关分析主要是通过对两变量间相关系数的计算，进而判断变量间的相关性是否显著以及所存在的某种线性关联的强弱程度。而在多元相关分析中，由于受到其他变量的影响，两变量间的相关系数只能从整体上反映两变量间的关系，仅通过该指标难以保证对两变量的相关性进行准确判定。因此，在进行多元相关分析时，仍需将两变量之外的其他所有相关变量进行固定化，即将它们设定为控制变量，在此基础上进一步分析任意给定两变量间的相关性，即进行偏相关分析。偏相关分析主要用于计算变量间偏相关系数，以便更准确地判定变量间相关的显著性及相关性大小程度。其中，各静态情景变量间的偏相关系数如表 6-11 所示。

表 6-11　各偏相关系数值

分享行为意愿	系数及其检验	信息可视化	信息情感性	信源权威性
转发	偏相关系数	0.427	0.391	0.543
	显著性（双侧）	0.000	0.028	0.000
评论	偏相关系数	0.416	0.408	0.614
	显著性（双侧）	0.000	0.006	0.002

表 6-11 显示，其中各偏相关系数所对应的相关性检验 p 值均小于 0.01 的显著水平，表明各变量间对应的偏相关系数均显著。在上述相关分析基础上，结合该偏相关分析结果，可判定信息可视化、信息情感性及信源权威性与危机信息转发及评论行为间均具有显著相关性。

（四）因果关系检验

上述相关分析及偏相关分析结果表明信息可视化、信息情感性及信源权威性与危机信息转发及评论行为意愿均存在显著相关性。在此基础上，对相关变量建立回归模型，并通过对模型及回归系数的显著性分析，进而确定自变量与因变量间的因果关系是否显著，从而揭示信息可视化、信息情感性及信源权威性对危机信息微博转发及评论行为意愿是否具有显著影响。由于信息可视化、信息情感性、信源权威性以及转发意愿和评论意愿均通过李克特五点量表度量，其中各变量赋值均为介于"1"至"5"间的次序整数，故应选取有序 Probit 模型对样本数据进行拟合。其中，普通 Probit 模型可表示为：$P（Y=1）=f（X）$，即 $Y=1$ 的概率是一个关于 X 的函数，其中 $f（\cdot）$ 服从标准正态分布，而有序 Probit 模型则可视为普通 Probit 模型的扩展形式。

以危机信息转发意愿及评论意愿作为因变量，以信息可视化、信息情感性及信源权威性作为自变量构建有序 Probit 回归模型，并采用 STATA 13.0 对该回归模型进行拟合和估计。其拟合和估计结果如表 6-12 所示。

表 6-12　有序 Probit 模型估计结果

因变量	自变量	系数值	标准误	Z 检验值	检验 p 值	模型似然比卡方检验 p（chi2）值	准 R^2 值
转发意愿	信息可视化	0.61	0.093	4.257	0.000	0.000	0.794
	信息情感性	0.43	0.014	−8.513	0.000		
	信源权威性	0.75	0.048	−9.242	0.000		
评论意愿	信息可视化	0.54	0.072	−3.261	0.001	0.000	0.829
	信息情感性	0.39	0.036	6.839	0.000		
	信源权威性	0.62	0.059	4.603	0.000		

在表 6-12 中，为了保证参数的可识别性，STATA13.0 统计软件对参数进行了标准化处理，因此，表 6-12 中不包含常数项。表 6-12 结果显示，在分别以转发意愿和评论意愿为因变量的模型中，各模型的似然比卡方检验的概率 p 值均为 0.000，均达到 0.01 显著水平，拒绝回归模型无效的原假设，表明该模型构建显著性有效。其中，表中准 R^2 值用来衡量对数似然函数的实际增加值占最大可能增加值的比重，反映了模型中自变量对因变量变化的解释程度，能较好地衡量模型的拟合准确度。在上述两模型中，对应的准 R^2 值分别为 0.752 和 0.829（$R2$ 值越接近数值 1，表明模型拟合优度越高），两值均较大，表明两模型均具有较佳的拟合优度。同时，两模型中各系数 z 检验的 p 值均小于 0.01，表明两模型中各系数的估计值在 1% 的置信水平下均通过显著性检验，以及结合两模型中各系数的正负性，可判断信息可视化、信息情感性及信源权威性与品牌危机信息微博转发及评论行为间均存在显著因果关系，且均具有正向影响。

四、动态情景影响因素检验分析

为了探索信息转发总数、评论总数、自身粉丝数、自身关注数、信源粉丝数、信源关注数及信息时间距离是否对品牌危机中微博信息转发及评论行为产生显著影响，本研究分别从数据的时间序列层面及数据整体性层面分别对动态情景因素与信息转发及评论行为间的因果关系进行检验和分析，从而较全面地检验变量间因果关系的存在，以避免一层面因果关系显著而另一层面因果关系不显著的情况的发生，从而导致因果关系检验的不完善性。所使用的数据主要通过新浪官方 API 及网络爬虫技术获取。

为了从数据整体性视角探索信息转发总数、评论总数、自身粉丝数、自身关注数、信源粉丝数、信源关注数及信息时间距离是否对品牌危机中微博信息转发及评论行为产生显著影响，本文通过构建面板数据回归模型，并对模型及回归系数的显著性进行分析，从而判定各影响因素与转发及评论行为是否具有显著性因果关系。

由于回归模型的构建和估计需以自变量与因变量间存在显著相关性为前提，因此在进行回归模型构建前，需对回归方程的因变量与自变量的相关性进行检验分析，以确保回归方程的建立及估计具有实际意义。

（一）相关性分析

本研究分别对信息转发总数、评论总数、自身粉丝数、自身关注数、信源粉丝数、信源关注数、信息时间距离与危机信息转发及评论行为间的皮尔逊相关系数、斯皮尔曼等级相关系数及肯德尔秩相关系数进行计算。其对应结果如表 6-13 所示。

表 6-13　各相关系数值

系数类型	信息分享行为	系数及其检验	信息转发总数	信息评论总数	自身粉丝数	自身关注数	信源粉丝数	信源关注数	信息时间距离
皮尔逊相关系数	转发	相关系数	0.417	0.514	0.409	0.572	0.494	0.316	0.458
		显著性（双侧）	0.032	0.000	0.041	0.001	0.000	0.003	0.006
	评论	相关系数	0.372	0.431	0.326	0.461	0.479	0.442	0.596
		显著性（双侧）	0.000	0.007	0.000	0.011	0.019	0.001	0.043
肯德尔相关系数	转发	相关系数	0.464	0.597	0.427	0.301	0.515	0.419	0.437
		显著性（双侧）	0.042	0.004	0.000	0.016	0.031	0.012	0.000
	评论	相关系数	0.497	0.419	0.616	0.408	0.514	0.467	0.319
		显著性（双侧）	0.000	0.000	0.096*	0.006	0.007	0.000	0.024
斯皮尔曼相关系数	转发	相关系数	0.637	0.479	0.342	0.535	0.479	0.314	0.545
		显著性（双侧）	0.008	0.004	0.001	0.000	0.017	0.13*	0.000
	评论	相关系数	0.431	0.376	0.363	0.489	0.445	0.535	0.549
		显著性（双侧）	0.007	0.000	0.026	0.003	0.000	0.000	0.024

注：* 表示该项指标未达到 0.05 显著水平。

表 6-13 显示，除了信源关注数与转发行为的 Spearman 等级相关系数显著性检验 p 值为 0.13，以及自身粉丝数与评论行为的 Kendall 秩相关

系数显著性检验 p 值为 0.096，未达到 0.05 的显著水平外，其余所有的相关性检验 p 值均小于 0.05 的显著水平，表明各相关系数整体上均显著，即信息转发总数、评论总数、自身粉丝数、自身关注数、信源粉丝数、信源关注数、信息时间距离与危机信息转发及评论行为间均存在显著相关性。

在此基础上进一步对偏相关进行分析，其中各变量间偏相关系数如表 6-14 所示。

表 6-14　各偏相关系数值

信息分享行为	系数及其检验	信息转发总数	信息评论总数	自身粉丝数	自身关注数	信源粉丝数	信源关注数	信息时间距离
转发	偏相关系数	0.381	0.443	0.518	0.368	0.654	0.359	0.414
	显著性（双侧）	0.001	0.000	0.000	0.006	0.046	0.032	0.000
评论	偏相关系数	0.471	0.495	0.524	0.403	0.481	0.546	0.528
	显著性（双侧）	0.004	0.008	0.000	0.000	0.003	0.000	0.084 *

注：* 表示该项系数未达到 0.05 显著水平。

表 6-14 显示，在所有偏相关系数的显著性检验中，除了时间距离与评论行为系数的显著性检验 p 值为 0.084，未达到 0.05 的显著水平外，其余各偏相关系数的显著性检验 p 值均小于 0.01 的显著水平，表明对应各变量间的偏相关性整体上均显著。在上述各变量相关分析基础上，结合该偏相关分析结果，可以判定信息转发总数、评论总数、自身粉丝数、自身关注数、信源粉丝数、信源关注数及信息时间距离与危机信息转发及评论行为间均存在显著相关性。

（二）因果关系检验

在上述基础上，针对各变量构建面板数据模型，并通过模型及回归系数的显著性分析，进而确定自变量与因变量间是否存在显著性因果关系，从而揭示各动态情景因素对危机信息微博转发及评论行为是否具有显著影响。由于信息转发总数、评论总数、自身粉丝数、自身关注数、信源粉丝数、信源关注数、信息时间距离、转发数及评论数的数据均包含个体、时间及指标三个维度的信息，属于面板数据（panel data）结构。[①] 因此，在进行变量间关系检验时，应采用面板数据模型对数据进行拟合和分析。

面板数据模型通常存在三种形式：[②]

首先，混合回归模型。如果个体在时间序列上的差异性不显著，在横截面上的差异也不显著，则该模型中各解释变量的系数和截距项的估计值对于所有个体均保持不变。该模型可表示为：

$$y_{it} = \alpha + \beta X_{it}' + u_{it}, \ i=1, 2, 3, \cdots, N; \ t=1, 2, 3, \cdots, T$$

其次，变截距模型。该模型表明存在个体差异而无结构差异，模型中所有的解释变量对应的系数保持不变，而截距项估计值则存在差异，其中，根据截距项差异来源的不同可将变截距模型分为固定效应及随机效应两种类型。该模型可表示为：

$$y_{it} = \alpha_i + \beta X_{it}' + u_{it}, \ i=1, 2, 3, \cdots, N; \ t=1, 2, 3, \cdots, T$$

最后，变系数模型。该模型表明面板数据既存在个体成员上的差异，也存在结构上的差异，其中个体差异通过模型的截距项变化来体现，而结构上差异则通过解释变量的系数变化来反映。该模型可表示为：

$$y_{it} = \alpha_i + \beta_i X_{it}' + u_{it}, \ i=1, 2, 3, \cdots, N; \ t=1, 2, 3, \cdots, T$$

通常，面板数据模型一般可表示为：

$$y_{it} = \alpha_i + \beta_{1i} x_{1it} + \beta_{2i} x_{2it} + \beta_{3i} x_{3it} + \cdots + \beta_{ki} x_{kit} + u_{it}, \ i=1, 2, 3, \cdots, N; \ t=1, 2, 3, \cdots, T$$

在对模型进行选择和设定时，需分别对如下两个原假设进行检验：

H1：对于所有截面上的个体，模型中解释变量的系数保持不变（即斜率系数具有齐性特征），但模型中截距项却存在差异。该模型即变截距模型：

$$y_{it} = \alpha_i + \beta_1 x_{1it} + \beta_2 x_{2it} + \beta_3 x_{3it} + \cdots + \beta_k x_{kit} + u_{it}, \ i=1, 2, 3, \cdots, N; \ t=1, 2, 3, \cdots, T$$

H2：对于所有截面上的个体，模型中解释变量的系数及截距项估计值均保持不变。该模型即为混合回归模型：

① Baltagi B. Econometric analysis of panel data [M]. NY：John Wiley & Sons，2008.
② Hsiao C. Analysis of panel data [M]. Cambridge：Cambridge University Press，2014.

$y_{it} = \alpha + \beta_1 x_{1it} + \beta_2 x_{2it} + \beta_3 x_{3it} + \cdots + \beta_k x_{kit} + u_{it}$, $i = 1, 2, 3, \cdots,$ N; $t = 1, 2, 3, \cdots, T$

通过计算如下两个 F 检验统计量以对模型适配性进行检验:

$$F_2 \frac{(S_3 - S_1) / [(N-1)(k+1)]}{S_1 / [NT - N(k+1)]} \sim F[(N-1)(k+1), NT - N(k+1)]$$

$$F_1 \frac{(S_2 - S_1) / [(N-1)k]}{S_1 / [NT - N(k+1)]} \sim F[(N-1)k, NT - N(k+1)]$$

其中,N 为个体成员数量,T 为每个成员观测时间期数,k 为变量个数,$S1$、$S2$、$S3$ 分别为变系数模型、变截距模型及混合模型的回归残差平方和。分别计算检验统计量 $F2$、$F1$ 值,并与特定自由度对应的 F 分布的临界值相比较,据此判断是否接受原假设 H1 和 H2,进而确定面板数据模型设定的形式。

在本研究中,根据样本数据计算出 $F2$ 与 $F1$ 统计值,并查阅 F 分布表,可得 $F_2 > F_{2临界值}$,表明可拒绝原假设 F_2;而同时 $F_1 > F_{1临界值}$,即接受原假设 F_1,故采用变截距模型能较好地对样本数据进行拟合。为了进一步判定该模型应设定为随机效应形式还是固定效应形式,需对模型进行 Hausman 检验。其中,Hausman 检验结果显示,对应统计量数值小于 0.05 显著水平下的 χ2 临界值,不能拒绝随机效应模型中个体因素与自变量不相关的原假设,故应构建随机效应变截距模型,[①] 即可将模型设定为:

$y_{it} = \alpha + \beta_1 x_{1it} + \beta_2 x_{2it} + \beta_3 x_{3it} + \beta_4 x_{4it} + \beta_5 x_{5it} + \beta_6 x_{6it} + \beta_7 x_{7it} + u_{it}$, $i = 1, 2, 3, \cdots, N$; $t = 1, 2, 3, \cdots, T$

公式中:y 表示危机信息转发或评论数,$x1$、$x2$、$x3$、$x4$、$x5$、$x6$、$x7$ 分别表示信息转发总数、评论总数、自身粉丝数、自身关注数、信源粉丝数、信源关注数、信息时间距离,α 为所有品牌危机事件信息转发或评论数均值,γi 为随机变量,代表不同品牌危机的随机影响,用以反映不同品牌危机属性及特征的差异,u_{it} 为随机误差项。使用 Eviews8.0 统计软件对模型进行拟合和估计,其拟合和估计结果见表 6‑15(根据本研究需要,这里只列出各系数及截距项估计结果,而 γi 值均省略)。

① Baltagi B H. The Oxford Handbook of Panel Data [M]. NY: Oxford University Press, 2014.

表 6 - 15 随机效应变截距模型估计结果

因变量	自变量	系数值	标准误	T 检验值	概率 p 值	R² 值	调整 R² 值	模型 p (F) 值
转发数	截距项（均值）	86.125	3.6812	14.231	0.000	0.946	0.931	0.001
	信息转发总数	0.312	0.0125	23.891	0.000			
	信息评论总数	0.194	0.0206	3.129	0.003			
	自身粉丝数	0.156	0.0173	18.469	0.000			
	自身关注数	0.174	0.0204	14.236	0.000			
	信源粉丝数	0.131	0.0362	2.856	0.007			
	信源关注数	0.179	0.0146	37.805	0.000			
	信息时间距离	−0.104	0.0191	2.961	0.005			
评论数	截距项（均值）	69.827	2.9469	46.371	0.000	0.962	0.937	0.000
	信息转发总数	0.247	0.0285	2.799	0.008			
	信息评论总数	0.172	0.0107	35.468	0.000			
	自身粉丝数	0.139	0.0149	20.394	0.000			
	自身关注数	0.104	0.0161	3.046	0.004			
	信源粉丝数	0.098	0.0124	39.126	0.000			
	信源关注数	0.116	0.0295	3.262	0.002			
	信息时间距离	−0.075	0.0182	34.741	0.000			

表 6 - 15 的估计结果显示，两模型各整体 F 检验的 p 值均小于 0.01 显

著水平，表明所构建的两个模型整体上均显著。同时，拟合优度 R^2 值、修正 R^2 值均大于 0.90，说明两模型拟合效果优良。此外，各解释变量系数及截距项估计值所对应的 t 检验均达到 0.01 的显著水平，从而表明信息转发总数、评论总数、自身粉丝数、自身关注数、信源粉丝数、信源关注数、信息时间距离对危机信息转发及评论行为均存在显著影响。

五、研究结论与贡献

在对过去相关研究成果进行推理、归纳和分析的基础上，通过借助 Probit 模型及面板数据分析对互联网群体微博信息分享行为情景影响因素进行探析，可挖掘出对用户信息分享行为具有显著影响的静态及动态情景影响因素。通过研究发现，在网络空间中用户的信息行为会受到多种因素的影响，通常可以总结为个人和环境两大影响因素。由于用户信息行为总是发生于某一特定时间和空间坐标中，虚拟环境中的个体在任何时间点上的行为特征是个人因素与外部环境交互作用而产生的结果，且同时总是发生于某些情景中，该行为也为特定情景的产物。然而，环境因素并非孤立存在，它总是由诸多子环境及多种因素交织而成，所有这些子环境和多个因素便构成了一个巨大的环境综合体。而该环境综合体却能营造出某种社会气氛，使得处于该环境中的用户产生一种自发或偶然的信息分享行为。这表明信息在用户间的流动、传递和利用均受到信息使用环境的影响，而该信息使用环境可促使用户形成信息需求，并驱动他们积极地进行信息搜索、查询及利用等行为。

研究通过对信息行为理论、心理场理论、解释水平理论、信息场理论及信息情境理论在网络空间行为研究领域进行具体的结合与应用，获得了关于网络信息行为影响因素的一些新的发现和研究结论，可为今后关于用户其他信息行为的进一步探索及相关理论的构建提供一定的参考和借鉴，可也为信息行为理论、心理场理论、解释水平理论、信息场理论及信息情境理论在网络环境下对用户信息行为的进一步研究、深化及发展添砖加瓦。

本节基于情景因素视角，探索和分析了互联网群体传播中，微博用户信息分享行为的静态及动态情景影响因素。首先，在过去相关研究成果基础上通过推理、归纳和分析，挖掘了对品牌危机中微博信息分享行为产生显著影响的静态及动态情景因素，其中静态情景因素主要包括信息可视化、信息情感性及信源权威性，动态情景因素主要包括信息转发总数、信息评论总数、自身粉丝数、自身关注数、信源粉丝数、信源关注数以及信息时间距离。在此基础上，通过相关的数据处理和分析方法分别对各情景因素与信息转发及评论行为间的因果关系进行检验，以确定相关情景因素是否对品牌危机中微博用户信息分享行为具有显著影响。在静态情景因素对信息分享行为的因果关系检验中，主要采用了相关性分析及有序 Probit 模型等研究方法。在动态情景因素对信息分享行为的因果关系检验中，主要从数据的时间序列层面及数据整体性层面进行展开，采用了交叉相关分析、Granger 因果关系检验以及面板数据模型等研究方法。本小节的研究结论，为后续互联网群体传播中微博用户信息分享行为的静态及动态情景因素影响机制研究奠定了理论基础。

第四节　互联网群体分享行为的监控方法

一、行为监控时段定位

根据第五章第一节互联网群体微博分享行为波动特征分析的研究结论，以及对企业危机中微博用户信息转发及评论行为波动的自相关性、趋势特征、周期特征以及集群特征进行精确分析所得到结论，可以帮助企业管理者对信息转发及评论行为演化过程进行预测，使之清楚认识到品牌危机中微博信息传播管理过程在自相关、趋势规律、周期规律以及集群规律上的重点时段，进而将危机应对策略和公关活动重点放在波动边际增长率最大、行为波峰以及群体聚集的时间节点上，从而实现品牌危机信息转发及评论行为监控时段的精确定位。

（一）转发行为监控时段

1.行为预测及自相关性监控

根据研究中信息转发行为自相关性特征的相关研究结论，转发行为具有显著的自相关特征，且约于滞后 2 阶至 3 阶范围内较为明显。在进行

ARIMA 模型估计时，转发对数一阶差分的实际值与 ARIMA（3，1，3）模型估计值拟合效果良好，且所有残差值均位于 95％ 的置信区间内，表明该模型设定及模型估计结果均有效。在监控时段定位中可采用已构建的 ARIMA（3，1，3）模型对品牌危机信息微博转发行为进行预测，以便了解和掌握危机信息转发行为的发展趋势及特征。其中，模型 ARIMA（3，1，3）的相关性及滞后显著期数表明，转发行为对自身行为在滞后 3 期内具有重要影响，即用户自身过去参与转发的行为对自身现在参与转发的行为产生显著影响，且现在的转发行为与过去的转发行为在滞后 3 期内存在显著依赖关系。根据其自相关性，危机信息转发的每一次波动均会对滞后第 1 期、第 2 期、第 4 期及第 6 期的信息转发行为产生较大影响，表明每次转发行为波动后的相应滞后期应成为监控的重点，而其余各期的波动相对较小。

2. 趋势特征及周期监控特征

根据研究中信息转发行为波动的趋势及周期特征分解的相关研究结论，整个传播过程的转发趋势于危机发生后的第 4 天和第 5 天达到转发行为趋势的最大值，且直至第 4 天时其边际增长率均为正数。一周转发趋势于周一至周五表现为上升过程，周期特征表现为于周二上升较快，周三及周四均呈缓慢上升趋势，周一至周五边际增长率为正数。一日转发行为的变化趋势表现为于上午六时至下午四时呈快速上升趋势，晚上八时至十时快速上升，周期性表现为于上午八时至晚上十时呈上升特征，上午六时至中午十二时、下午两点半至四点半、晚上八时至十一时所对应的时段边际增长率均为正值。在监控时段定位中在整个传播过程中，趋势特征显示，危机爆发后的前 5 天转发行为呈增长趋势，同时边际增长率表明，前 4 天的转发行为处于增长时段，于第 9 天和第 10 天相邻处略有正向波动，相应时段属于转发行为监控的重点。在一周中，转发行为的趋势特征、周期特征及边际增长率均显示周二至周五为一周中的监控重点时段。在一天中，其中上午九时至十一时、下午二时至四时、晚上八时至十一时均为一日监控管理的重点时段。整个传播过程中，不规则变量显示，前 5 天呈上升特征，此外第 5 天、第 8 天、第 12 天及第 19 天均处于阶段性峰值。一周中，不规则变量主要于周二及周五均处于阶段性峰值。一天中，上午十时、下午二时、下午六时及晚上十时均处于阶段性峰值。上述不规则特征的对应时段可作为监控和管理的参考点。

3. 集群特征监控

根据研究中信息转发行为集群特征的相关研究结论，整个传播过程的转发行为存在 ARCH 效应，在危机发生后第 2 天、第 3 天及第 7 天均具有波动集群现象，且集群效应明显。危机发生后的第 2 天至第 7 天内条件方差最大，第 1 天及第 8 至第 10 天的条件方差较大。一周中，周三、周四、周五均具有波动集群现象，且集群效应明显，周四上午条件方差最大，其次为周三上午、周五下午、周二上午及周六上午。一日中，上午九时至十一时、下午三时至五时、晚上九时至十一时均具有波动集群现象，且集群效应明显。其中，上午八时至十一时、晚上九时至十一时条件方差最大，下午三时至四时条件方差较大。在监控时段定位中整个传播过程中，从残差折线图可见，前 4 天以及第 6 至第 8 天均存在集群现象，且对应的条件方差折线图显示，其中第 3 天、第 4 天、第 5 天及第 7 天的转发集群现象波动幅度较大，属于监控的重点时段。一周中，转发的集群现象主要集中于周三至周五之间，且条件方差图表明周三上午及周四上午的集群波动幅度较大，其次为周五下午，对应时段均属于监控的重点。一天中，上午九时至十一时、下午三时至五时、晚上九时至十一时均存在集群现象，且条件方差图显示，其中上午九时至十一时及晚上九时至十一时集群波动幅度最为明显，其次为下午三时至四时，对应时段均属于转发行为监控的重点。

（二）评论行为监控时段

1. 行为预测及自相关性监控

根据研究中信息评论行为自相关性特征的相关研究结论，评论数序列存在显著自相关性，且约于滞后 3 阶至 4 阶范围内较为明显。在进行 ARIMA 估计时，评论对数一阶差分的实际值与 ARIMA（4，1，3）模型的估计值拟合效果良好，且所有残差均位于 95% 的置信区间内，表明该模型的设定和估计结果有效。在监控时段定位中可采用已构建的 ARIMA（4，1，3）模型对品牌危机中微博信息评论行为进行预测，以便精确掌握危机信息评论行为的未来发展趋势和特征。其中，模型 ARIMA（4，1，3）的相关性及滞后显著期数表明，评论行为对自身行为在滞后 3 期内具有重要影响，即用户自身过去参与评论的行为对自身现在参与评论的行为产生显著影响，且现在的评论行为与过去的评论行为在滞后 3 期内存在显著依赖关系。根据其自相关性，危机信息评论的每一次波动均会对其滞后第 1 期、第 3 期、第 4 期及第 6 期的信息评论行为产生较大影响，表明每次波动的相应滞后期应成为监控的重点，而其余各滞后期的波动幅度相对较小。

2. 趋势特征及周期特征监控

根据研究中信息评论行为趋势及周期特征分解的相关研究结论，整个传播过程的评论趋势于危机出现后表现为迅速上升，于危机发生后第 4 天及第 5 天达到评论行为趋势效应的最大值，且至第 4 天时其边际增长率均为正数。一周评论趋势于周一至周五表现为迅速上升，于周五达到上升趋势最大值。周期特征表现为于周二和周三上升较快，周四达到周期效应最大值。周一至周五边际增长率为正数，其中周三至周五的边际增长率较高。一日评论趋势表现为上午十时、下午四时及晚上十时均达到阶段性峰值，且趋势效应较大。周期特征也表现于中午十二时、下午四时及晚上十时均达到阶段性峰值，且周期效应较大。上午六时至中午十二时、下午二时至五时、晚上七点半至十一时，其对应时段的边际增长率均为正值。在监控时段定位中在整个传播过程中，趋势特征显示，于危机爆发后的前 5 天呈增长趋势。同时，边际增长率表明，前四天用户的评论行为处于明显增长期，于第 9 天与第 10 天相邻处略有正向波动，相应时段属于评论行为监控的重点。在一周变化中，评论行为的趋势特征、周期特征及边际增长率均显示周三至周五为一周中的重点监控时段。从一天变化趋势来看，其中上午八时至十一时、下午两时至四时、晚上八时至十一时均为一日重点监控时段。整个传播过程中，不规则变量显示，前五天前呈上升特征，此外第 2 天、第 5 天、第 9 天、第 11 天、第 14 天、第 16 天及第 19 天均处于阶段性峰值。一周中，不规则特征于周二及周四达到阶段性峰值。一天中，上午十时、下午二时、下午六时及晚上十时均达到阶段性峰值。上述不规则特征的对应时段可作为监控和管理的参考点。

3. 集群特征监控

根据研究中危机信息评论行为集群特征的相关研究结论，整个传播过程评论行为存在 ARCH 效应，在危机发生后的第 1 天至第 4 天以及第 7 天均具有波动集群现象，且集群效应明显。危机发生后的第 2 天及第 3 天条件方差最大，其次为第 1 天及第 7 天。一周中，周三、周四、周五均具有波动集群现象，且集群效应明显。其中，周五下午条件方差最大，其次为周四上午、周三上午、周六上午及周二上午。一日中，上午八时至十一时、下午三时至五时、晚上九时至十一时均具有明显的波动集群现象。其中，一日中的上午八时至十时、晚上九时至十一时条件方差最大，下午三时至四时条件方差较大。在监控时段定位中在整个传播过程中，评论行为的残差折线图显示，于前四天及第 6 天至第 8 天之间均存在集群现象，且对应的条件方差折线图显示，其中第 1 天、第 3 天、第 4 天及第 7 天的评论集群波动幅度较大，属于重点监控时段。一周中，评论的集群现象主要集中于周三至周五之间，且条件方差图表明，周三上午、周四上午及周五下午的集群波动幅度较大，其次为周二上午及周六上午，对应时段属于监控的重点。一天中，上午八时至十一时、下午三时至六时、晚上九时至十一时均存在集群现象，其中上午八点半至九点半及晚上九时至十一时的集群波动幅度较大，其次为下午三时至四时，对应时段均属于监控的重点。

二、静态情景因素监控

根据本章第一小节"互联网群体微博分享行为静态影响机制研究"的结论，通过对互联网中微博信息可视化、信息情感性以及信源权威性分别对用户信息转发及评论行为具体的影响路径，以及各路径在不同性别、年龄、学历及职业群组间影响效应的差异进行分析，认为在互联网信息的微博传播管理中，可将相关情景因素视为危机信息分享行为的监控指标，用于识别何种情景特征的信息更容易导致用户的转发或评论行为，以及根据不同性别、年龄、学历及职业群体的差异特征采取有针对性的监管策略。

（一）信息可视化指标

根据相关研究结论，信息可视化通过各中介变量对用户转发意愿影响的总效应值为 0.22，通过各中介变量对用户评论意愿影响的总效应为 0.23，且对评论意愿的影响均大于对转发意愿的影响。所有路径系数均达到 0.05 显著水平，且路径系数均介于 0 至 1 之间。由此可见，信息可视化对危机信息的转发意愿及评论意愿均存在显著正向影响，因此在对危机信息分享行为进行监控和管理时，可根据信息可视化程度对相关信息进行筛选和分类，将可视化程度高的信息作为危机信息转发及评论行为监控的重点，从而提高监控的效率。

（二）信息情感性指标

根据相关研究结论，信息情感性通过各中介变量对用户转发意愿影响的总效应值为 0.13，通过各中介变量对用户评论意愿影响的总效应为 0.14，且对评论意愿的影响均大于对转发意愿的影响。所有路径系数均达到 0.05 显著水平，且路径系数均介于 0 至 1 之间。由此可见，信息情感性对危机信息的转发意愿及评论意愿均存在显著正向影响。因此在对危机信息分享行为进行监控和管理时，可根据信息情感性对相关信息进行筛选和分类，将情感性程度高的信息作为危机信息转发及评论行为监控的重点，从而提高监控的效率。

（三）信息权威性指标

根据本研究第五章信源权威性对危机信息分享行为影响的相关研究结论，信源权威性通过各中介变量对用户转发意愿影响的总效应值为 0.23，通过各中介变量对用户评论意愿影响的总效应为 0.24，且对评论意愿的影响均大于对转发意愿的影响。所有路径系数均达到 0.05 显著水平，且路径系数均介于 0 至 1 之间。由此可见，信源权威性对危机信息的转发意愿及评论意愿均存在显著正向影响，因此在对危机信息分享行为进行监控和管理时，可根据信源权威性对相关信息进行筛选和分类，将权威性高的信源作为危机信息转发及评论行为监控的重点，从而提高监控的效率。

（四）伤害邻近性指标

根据相关研究结论，伤害邻近性在知觉流畅性与感知伤害度间的调节效应模型中的交互项系数显著性 t 检验的绝对值 $|t|$ 小于 1.96，未达到 0.05 的显著水平，表明其对应的调节效应不显著。在伤害邻近性在认知专注度与感知伤害度间调节效应模型以及在线索依赖度与感知伤害度间调节效应模型中，各系数显著性检验的 $|t|$ 值均大于 1.96，达到 0.05 的显著水平，表明其对应的调节效应均显著。且伤害邻近性在认知专注度与感知伤害度间的调节效应小于在线索依赖度与感知伤害度间的调节效应。由此可见，伤害邻近性对危机信息的转发意愿及评论意愿均存在显著的调节效应，因此在对危机信息分享行为进行监控和管理时，可根据伤害邻近性对用户群体进行筛选和分类，将伤害邻近性高的群体作为危机信息转发及评

论行为监控的重点，从而提高监控的效率。

（五）群组差异性指标

根据相关研究结论，信息可视化、信息情感性及信源权威性对危机信息转发意愿和评论意愿的影响效应男性大于女性，表明在对应的各静态情景指标上应更加重视对男性用户群体的监控。关于年龄群组差异，其中各对应变量首先对"30～39岁"年龄段群体影响最大，其次为"40～49岁"年龄段，再次为"29岁及以下"年龄段，最后为"50岁及以上"年龄段，表明在用户年龄群组监控上，对各群组监控的重点顺序依次为：30～39岁、40～49岁、29岁及以下、50岁及以上。关于学历群组差异，其中各变量对"大学及以上"学历用户群体影响最大，其次为"高中或中专"学历用户群体，再次为"初中"学历用户群体，最后为"小学及以下"学历用户群体，表明在用户学历群组监控上，对各群组监控的重点顺序依次为：大学及以上、高中或中专、初中、小学及以下。关于职业群组差异，对"企业团体"用户群体影响最大，其次为"事业单位"用户群体，再次为"政府机构"群体，最后为"个体经营"用户群体，表明在用户职业群组监控上，对各群组监控的重点顺序依次为：企业团体、事业单位、政府机构、个体经营。

三、动态情景因素监控

根据本章第二节"互联网群体微博分享行为动态影响机制研究"的研究结论，通过品牌危机中微博信息转发总数和评论总数、自身关注数和粉丝数、信源关注数和粉丝数及信息时间距离分别对信息分享行为影响的时滞特征、脉冲扰动、边际影响力以及贡献率的动态变化过程和特征进行分析，认为在品牌危机信息的微博传播管理中，可将相关情景因素视为信息分享行为的动态监控指标，并将相关指标进行不同等级划分，并确定对相关监控指标进行跟踪的有效时间长度，以及预测各因素在不同时间节点上对分享行为产生扰动的效应大小，从而准确定位对各影响因素进行跟踪和监控的重点时段。

（一）转发行为监控

1.监控指标分级

根据本研究中信息转发行为的方差分解结果，各动态情景指标对转发行为波动的贡献率大小顺序依次为：转发总数、评论总数、自身粉丝数、信息时间距离、信源粉丝数、自身关注数、信源关注数。该贡献率的大小反映了不同因素对转发行为影响的程度，在对信息转发行为进行监控过程中可根据贡献率的大小对各动态情景监控指标进行重要性分级，从而优化对转发行为监控的效率和效果。

2. 转发总数及评论总数指标

根据本研究中转发总数及评论总数影响机制的研究，其格兰杰因果关系检验表明，转发总数及评论总数与转发行为均存在的显著因果关系，转发总数及评论总数的每一次波动均会对用户的信息转发行为产生重要影响。因此，可将两变量作为危机信息转发行为的监控指标。其影响的滞后长度及脉冲响应分析结果显示，当转发总数受到一个正向冲击时，该冲击就会立即传导至用户转发行为，第一期响应量约为 0.18；当评论总数受到一个正向冲击时，该冲击也会立即传导至用户的转发行为，第一期响应量约为 0.10。转发总数及评论总数对转发行为影响的滞后效应在整个传播过程中均较大。同时，转发总数对转发行为的边际影响力在危机刚发生时约为 0.28，评论总数对转发行为的边际影响力在危机刚发生时约为 0.18。其中，转发总数对信息转发行为的边际影响力在危机发生后的前十一天较大，评论总数对信息转发行为的边际影响力在危机发生后的前八天较大，表明危机发生后前十一天及前八天分别为转发总数及评论总数对转发行为产生重要影响的时段，则分别属于对两变量进行跟踪监控的重点时段。

3. 自身粉丝数及关注数指标

根据本研究中自身粉丝数及关注数影响机制的研究，其格兰杰因果关系检验表明，自身粉丝数及关注数与转发行为均存在显著因果关系，自身粉丝数及关注数的每一次波动均会对用户的信息转发行为产生重要影响。因此，可将两变量作为危机信息转发行为的监控指标。其影响的滞后长度及脉冲响应分析结果显示，当自身粉丝数受到一个正向冲击时，该冲击会立即传导至用户的转发行为，第一期响应量约为 0.16；当自身关注数受到一个正向冲击时，该冲击也立即传导至用户转发行为，第一期响应量约为 0.12。自身粉丝数及关注数对转发行为影响的滞后效应于危机发生后的前八天均较大。同时，自身粉丝数对转发行为的边际影响力在危机刚发生时约为 0.42，自身关注数对转发行为的边际影响力在危机刚发生时约为 0.29。其中，自身粉丝数对信息转发行为的边际影响力在危机发生后的前八天较大，自身关注数对信息转发行为的边际影响力在危机发生后的第六天至第十二天较大，表明各对应时段分别为自身粉丝数及关注数对转发行为产生重要影响的时段，则分别属于对两变量进行跟踪监控的重点时段。

4. 信源粉丝数及关注数指标

根据本研究中信源粉丝数及关注数影响机制的研究，其格兰杰因果关系检验表明，信源粉丝数及关注数与转发行为均存在显著因果关系，信源粉丝数及关注数的每一次波动均会对用户的信息转发行为产生重要影响。因此，可将两变量作为危机信息转发行为的监控指标。其影响的滞后长度及脉冲响应分析结果显示，当信源粉丝数受到一个正向冲击时，该冲击会立即传导至用户转发行为，第一期响应值约为 0.21，接着快速上升至第三期达到整个过程最大值 0.27。当信源关注数受到一个正向冲击时，该冲击会立即传导至用户转发行为，第一期响应值约为 0.05，接着快速上升至第三期达到整个过程最大值 0.11。信源粉丝数及关注数对转发行为影响的滞后效应于危机发生后的前七天均较大。同时，信源粉丝数对转发行为的边际影响力于危机刚发生时约为 0.44，信源关注数对转发行为的边际影响力于危机刚发生时约为 0.24。其中，信源粉丝数对信息转发行为的边际影响力于危机发生后的前八天及第十五天均较大，信源关注数对信息转发行为的边际影响力于危机发生后的前八天较大，表明各对应时段分别为信源粉丝数及关注数对转发行为产生重要影响的时段，则分别属于对两变量进行跟踪监控的重点时段。

5. 信息时间距离指标

根据本研究中信息时间距离影响机制的研究，其格兰杰因果关系检验表明，信息时间距离与转发行为存在显著因果关系，信息时间距离的每一次波动均会对用户的信息转发行为产生重要影响。因此，可将该变量作为危机信息转发行为的监控指标。其影响的滞后长度及脉冲响应分析结果显示，当信息时间距离受到一个正向冲击时，该冲击并非立即传导至用户转发行为，而是在时间推移一期后于第二期其响应值迅速上升至 0.045，第三期维持该响应水平。信息时间距离对转发行为影响的滞后效应于危机发生后的前八天较大。同时，在整个传播过程中，信息时间距离对转发行为的边际影响力于危机刚发生时约为 0.09，随后波动式快速上升至第 7 天达到边际影响力最大值约为 0.78。其中，对信息转发行为的边际影响力于危机发生后的第 4 天至第 11 天较大，表明对应时段为信息时间距离对转发行为产生重要影响的时段，属于对该变量进行跟踪监控的重点时段。

（二）评论行为监控

1. 监控指标分级

根据本研究中信息评论行为的方差分解结果，各动态情景指标对评论行为波动的贡献率大小顺序依次为：自身关注数、评论总数、转发总数、自身粉丝数、信息时间距离、信源粉丝数、信源关注数。该贡献率的大小反映了不同因素对评论行为影响的程度，在对信息评论行为进行监控过程中可根据贡献率的大小对各动态监控指标进行重要性分级，从而优化对评论行为监控的效率和效果。

2. 转发总数及评论总数指标

根据本研究中转发总数及评论总数影响机制的研究，其格兰杰因果关系检验表明，转发总数及评论总数与评论行为均存在的显著因果关系，转发总数及评论总数的每一次波动均会对用户的信息评论行为产生重要影响，因此，可将两变量作为危机信息评论行为的监控指标。其影响的滞后长度及脉冲响应分析结果显示，当评论总数受到一个正向冲击时，该冲击便会立即传导至用户评论行为，第一期响应量约为 0.67；当转发总数受到一个正向冲击时，该冲击也会立即传导至用户评论行为，第一期响应量约为 0.48。转发总数及评论总数对评论行为影响的滞后效应于危机发生后的前十二天均较大。同时，评论总数对评论行为的边际影响力在危机刚发生时约为 0.58，转发总数对评论行为的边际影响力在危机刚发生时约为 0.49。其中，转发总数对信息评论行为的边际影响力在危机发生后的前十天较大，评论总数对信息评论行为的边际影响力在危机发生后的前十二天较大，表明对应时段分别为转发总数及评论总数对评论行为产生重要影响的时段，则分别属于对两变量进行跟踪监控的重点时段。

3. 自身粉丝数及关注数指标

根据本研究中自身粉丝数及关注数影响机制的研究，其格兰杰因果关系检验表明，自身粉丝数及关注数与评论行为均存在显著因果关系，自身粉丝数及关注数的每一次波动均会对用户的信息评论行为产生重要影响，因此，可将两变量作为危机信息评论行为的监控指标。其影响的滞后长度及脉冲响应分析结果显示，当自身粉丝数受到一个正向冲击时，该冲击会立即传导至用户评论行为，第一期响应量约为 0.015；当自身关注数受到一个正向冲击时，该冲击并非立即传导至用户评论行为，而是于第二期开始迅速上升，于第三期达到扰动过程的峰值 0.011。自身粉丝数及关注数对评论行为影响的滞后效应于危机发生后的前十天均较大。同时，自身粉丝数对评论行为的边际影响力于危机刚发生时约为 0.84，于第一天达到整个过程的最大值 0.88；自身关注数对评论行为的边际影响力于危机刚发生时约为 0.48，其后小幅上下波动至第四天。其中，自身粉丝数对信息评论行为的边际影响力在危机发生后的前八天较大，自身关注数对信息评论行为的边际影响力在危机发生后的第六天至第十三天较大，表明各对应时段分别为自身粉丝数及关注数对评论行为产生重要影响的时段，则分别属于对两变量进行跟踪监控的重点时段。

4. 信源粉丝数及关注数指标

根据本研究中信源粉丝数及关注数影响机制的研究，其格兰杰因果关系检验表明，信源粉丝数及关注数与评论行为均存在显著因果关系，信源粉丝数及关注数的每一次波动均会对用户的信息评论行为产生重要影响，因此，可将两变量作为危机信息评论行为的监控指标。其影响的滞后长度及脉冲响应分析结果显示，当信源粉丝数受到一个正向冲击时，该冲击会立即传导至用户评论行为，第一期响应值约为 0.021；当信源关注数受到一个正向冲击时，该冲击并非立即传导至用户评论行为，而于第二期其响应值开始快速上升，至第三期及第四期达到整个过程最大值约为 0.012。信源粉丝数及关注数对评论行为影响的滞后效应于危机发生后的前十天均较大。同时，信源粉丝数对评论行为的边际影响力于危机刚发生时约为 0.18，其后第一天迅速上升达到整个过程的最大值 0.46，且于第二天及第三天维持于较高的影响力水平，信源关注数对评论行为的边际影响力于危机刚发生时约为 0.14。其中，信源粉丝数对信息评论行为的边际影响力在危机发生后的前九天较大，信源关注数对信息评论行为的边际影响力在危机发生后的第五天至第十六天较大，表明各对应时段分别为信源粉丝数及关注数对评论行为产生重要影响的时段，则分别属于对两变量进行跟踪监控的重点时段。

5. 信息时间距离指标

根据本研究中信息时间距离影响机制的研究，其格兰杰因果关系检验表明，信息时间距离与评论行为存在显著因果关系，信息时间距离的每一次波动均会对用户的信息评论行为产生重要影响，因此，可将该量作为危机信息评论行为的监控指标。其影响的滞后长度及脉冲响应分析结果显示，当信息时间距离受到一个正向冲击时，该冲击并非立即传导至用户评论行为，而是在时间推移一期后于第二期其响应值迅速上升至 0.02。信息时间距离对评论行为影响的滞后效应于危机发生后的前五天较大。同时，信息时间距离对评论行为的边际影响力于危机刚发生时约为 0.17，随后波动式快速上升至第六天达到整个过程边际影响力最大值约为 0.67。其中，对信息评论行为的边际影响力于危机发生后的第五天至第十一天较大，表明对应时段为信息时间距离对评论行为产生重要影响的时段，属于对该变量进行跟踪监控的重点时段。

第七章

互联网群体传播的效果研究

第一节 互联网群体传播效果的评估指标方案

毫无疑问，互联网群体传播正在迅速渗透到社会生活的各个领域和角落，人们对此现象的一个自然而然的问题就是：互联网群体传播的影响力到底是什么？它究竟如何改变了你我、改变了我们周围的人群、改变了我们的社会？这些都是效果研究需要回答的问题。效果研究一直是国际国内传播学界最热门的领域之一，即使在传播学发源地且至今拥有最多传播学学术话语资源的美国，效果研究也一直占据着学界研究的主流地位。

建立合理有效的互联网群体传播效果评估指标体系，既是学术研究的重要议题，也是互联网群体传播实践所提出的迫切要求。基于互联网群体传播在各个应用领域所展现出来的巨大影响力，人们迫切地需要对互联网群体传播的效果进行科学的认识、评价乃至预测，并且希望能够通过对互联网群体传播效果的评估指标体系的研究，反推出可能改善互联网群体传播效果的方式方法。

通过对客体属性内涵的分解，我们可以通过评估指标来对评估对象的本质、结构以及具体构成要素等进行客观描述，一般说来，评估指标既可以帮助我们明确评估对象的性质，又可以从数量上来具体描述这个评估对象。也就是说，评估指标体系具有定性和定量两个维度上的双重价值。因此，就互联网群体传播效果研究而言，评估指标体系的建立可以有效地帮助研究者从理论上把握互联网群体传播效果的概念、实质以及结构维度特征，并且从实践上增强了进行互联网群体传播效果实证研究，以及提出互联网群体传播效果具体提升策略的可能性。

一、互联网群体传播效果评估的特殊性

主要源于三个方面的原因：一是互联网群体传播特殊的信息传播机理与机制，其影响人与社会的效果也会相应呈现出特殊性；二是网络群体的认知与行为模式特点，使互联网群体传播效果研究中的受众与一般大众传播研究中的受众有很大区别；三是网络技术的进步，为效果评估提供了前述传播效果研究所不具备的新工具与手段。

基于以上三点原因，互联网群体传播效果评估的特殊性可以简单概括为以下三个方面：

（一）信息传播机制带来互联网群体传播的即时性、扩展性和多层次性

互联网群体传播依托网络媒介，突破了传统信息传播的时空障碍，呈现出传播效果的即时性。与一般的网络信息传播相比，互联网群体传播融合了群体传播的诸多要素，使效果显现的即时性更为明显。在互联网群体传播的信息传播机制下，不仅受众反馈呈现出即时性，并且受众的需求表达与内容再生产都呈现出即时性。

互联网群体传播弱化了传统的内容把关人角色，并使议程设置的功能下放至信息传播过程的各个阶段，从而使整体传播效果体现出强烈的扩展性。互联网群体传播往往给人以内容宽泛、层次丰富的印象，这恰恰是其特殊的传播机制所带来的影响，最终的传播效果可能波及与最初议题相去甚远的低关联度领域，扩展性是研究互联网群体传播效果不可忽视的重要特征。

互联网群体传播的特殊机制还带来了传播效果的多层次性。这一方面是指传播者与受众、信息发布者与接收者、信息生产者与消费者等这些相对角色的随时转换，以及这种转换所带来的传播效果上的双向性和交互性；另一方面也指互联网群体传播对受众个体影响的多层次性，包括认知、态度、行为等多个层级。多层次性特征是指互联网群体传播效果评估的指标体系也需要相应地考虑到多个层次的指标。

（二）认知与行为模式带来互联网群体传播受众前所未有的地位

互联网群体传播中的受众，具有不同于其他传播形式中的认知与行为

模式。从心理形态到情感观念、从认知结构到决策思维，网络群体的特殊性，使互联网群体传播效果评估中受众地位前所未有的提高。可以说，目前主流互联网群体传播效果评估的指标体系基本上依赖于对受众相关指标的分析与评价。

例如，互联网群体传播不仅为受众提供了获取信息的平台，更是提供了一个表达自我、建立社交关系、获取社会资本的平台，不仅受众个体会在互联网群体传播中形成新的行为特征，甚至会体现出集群行为的某些特征，这些都成为互联网群体传播效果评估的重要考量因素。

再如，互联网群体传播效果中可能会出现受众行为群集化的现象，在网络群体效果传播的评估中，研究者需要将情绪宣泄等其他传播类型中不常见的因素作为重要指标。有学者研究发现，互联网群体传播效果中，受众的情绪发泄具有对熟人发泄、自我发泄、虚拟发泄等不同的形式，需要在效果评估的具体指标体系中仔细进行考量。

（三）网络技术进步带来互联网群体传播效果的可测性与可精准跟踪性

可操作性是一个效果评估指标体系是否合理有效的重要评价标准之一，网络技术的进步为互联网群体传播效果的评估提供了高度可测性和精准跟踪的可能。由于互联网群体传播的信息都存储在云端或者网络服务器中，在不涉及隐私问题的前提下，研究者可以从服务器或云端管理日志中获取互联网群体传播的具体数据，为效果评估的各项指标提供客观准确的依据。

不仅如此，网络技术特别是大数据和机器学习技术的飞速发展，还为互联网群体传播效果评估提供对受众进行精准定位并持续跟踪的可能。这就意味着研究者不仅能够像传统效果研究那样对某一个时间节点的受众情况进行评估分析，还可以对互联网群体传播不同阶段的整体过程进行测量分析，这显然为互联网群体传播效果评估的指标体系建立平添了更多的可能性。

二、互联网群体传播效果评估的理论基础

（一）通信系统理论模型

通信系统理论模型源于香农的信息论，是经典的信息传播理论模型，强调信息接收端能够在失真范围内准确地接收、重现信源端发出的信息，它的基本模型见图7-1。

图7-1　通信系统理论基本模型示意图

基于通信系统理论模型，互联网群体传播效果评估的指标体系即围绕着信源、编码、信道、解码和信宿这五个要素展开，并根据五个要素的各自特点再展开更多的二级要素。例如，互联网群体传播的信源通常有复杂多变的主体，特别是在传播各个阶段和各个层次中形成的意见领袖；在编码要素上，传统把关人角色在互联网群体传播中分崩离析，网络群体的编码准确度以及网络群体的文化背景等都需要在这个要素中细化评价指标；在信道要素上，虽然互联网群体传播都依赖互联网，但不同的互联网渠道依然存在信道容量、信息传送水平、信道影响力等方面的细分差异；在解码和信宿要素上，互联网群体传播受众本身的主观因素、客观条件、其人际关系影响、其社会环境影响均可纳入二级指标的具体考虑范围中。

（二）传播效果理论模型

互联网群体传播效果研究与传统传播效果研究一脉相承，传统的传播效果理论模型，为互联网群体传播效果评估的指标体系建设提供了丰富的理论基础和学术思想源泉。结合前文效果研究历史沿革的简单回顾，目前互联网群体传播效果评估指标体系建设所依赖的传播效果理论模型主要有两个：

第一个是传统的"刺激—反应"模型。从最初佩恩基金会有关电影效果的研究开始，学者们就关注着受众在媒介或传播刺激之下的态度与行为变化，加上近年来学界对认知过程研究的逐渐重视，从受众认知、态度、

行为三个层次衡量，已经成为网络群体传统效果评估相关研究最主流的范式之一。大量互联网群体传播效果评估的指标体系，都是围绕着如何找到能够更加准确反映和测量受众认知、态度及行为变化的指标而展开。

第二个是20世纪70年代之后受到重视的"使用与满足"模型。该模型不从传播出发，而是从相反方向的受众需求出发，以传播是否满足受众需求为指标考察评估效果。基于该理论模型，互联网群体传播效果评估的指标体系不再聚焦于受众的认知、态度和行为变化，而是围绕认知、使用、满足的逻辑，探索主要评估要素及其更细分的具体指标。这方面的研究虽然不如上述第一个流行，但近年来也出现一些积极探索。

三、互联网群体传播效果评估指标体系的维度

基于不同的理论基础，互联网群体传播效果评估指标体系的建立也随之存在不同的维度。目前，学界最常见的互联网群体传播效果评估指标体系主要有三种维度：受众维度，即从受众个体认知、态度、行为变化的角度出发；传播者维度，即从传播者意图实现的角度出发；社会影响维度，即从其他利益相关体的反映与变化角度出发。

（一）受众维度

如前所述，与经典传播效果理论一脉相承，通过对受众在互联网群体传播中认知、态度、行为变化的观察与测量，来评估互联网群体传播的效果，是目前相关研究的主流范式之一，受众维度是互联网群体传播效果评估指标体系建立的最主要维度。同时，由于认知、态度相对于行为更加"隐性"，通常通过受众的自我报告来进行指标测定，大量的互联网群体传播效果评估集中在对受众行为指标的具体探索上。

以新闻在互联网群体传播中的效果评估为例，研究者从受众维度提出受众的消费行为和生产行为两个具体指标，在受众消费行为指标中又进一步细分为新闻点击量、标题浏览量、主题搜索量等二级指标，在受众生产行为中进一步细分为评论量、转发量、收藏量等具体二级指标。

（二）传播者维度

该维度重在考量传播者意图是否在互联网群体传播过程中得到实现，并以其实现程度作为效果评估指标。传播者维度受20世纪50年代效果研

究中颇有影响力的"劝服"理论的影响，该理论聚焦于受众态度与行为的持久性的改变，并且关注这种改变是否与传播者的意图一致。

从该维度来建立互联网群体传播效果评估指标体系的尝试常见于营销领域。如今，互联网群体传播已是品牌商努力驾驭的营销手段，在对互联网群体传播效果进行评估时，品牌商重在考量品牌的相关信息和理念等是否有效地传达给了受众（其消费者或潜在消费者）。营销评估机构通过网站套嵌等技术，精准收集互联网群体传播各个阶段的指标数据与受众反映指标数据，以此来更为精确地评估品牌的互联网群体传播效果。

（三）社会影响维度

互联网群体传播的效果不仅作用于受众个体，同时也会产生相应的社会影响。在建立互联网群体传播效果评估指标体系时，不可忽视的一个维度就是社会影响的维度。鉴于社会影响的范围之广，指标体系建立者通常会从效果评估的目的出发，有选择地将其他利益相关者的影响纳入指标中并确立相关权重。

从实践来看，目前从社会影响维度建立互联网群体传播效果评估指标的尝试，主要集中在两个方面的指标：一是影响力指标，即衡量互联网群体传播的社会影响力，其最常见的测量方法是考察媒体特别是主流媒体的反应行为；二是经济指标，即衡量互联网群体传播所带来的经济效果，以考察传播者或相关利益体的财务状况变化为常见测量方法。

四、互联网群体传播效果评估指标体系的构建方法

在确立了理论基础和主要维度的基础上，互联网群体传播效果评估指标体系的建立可以选择不同的具体方法。本节主要介绍了层次分析法和受众行为监测法。

（一）层次分析法

层次分析法主要指通过理论和实践分析，得出互联网群体传播效果评估的各级指标，并利用相关软件的计算，为各级指标确定相应权重。层次分析法多见于以通信系统模型，或传播过程模型为理论基础的指标体系建立中，在指标层次较多、涉及范围较广的领域应用较多，例如国家形象的网络传播效果评估等。

（二）受众行为监测法

对受众行为的关注始终是互联网群体传播效果评估的重点之一。受众行为监测法的核心仍然在于通过对受众认知、态度、行为变化的测量来确定具体指标的值，从而评估互联网群体传播的效果。尽管从认知信息处理上来说，互联网群体传播效果的产生是从受众认知到情感态度再到行为的过程，但对于效果评估的指标测量来说，则是逆向而行，由受众行为来反观其认知层面和情感态度层面的指标。

受众行为监测法的难点在于，如何在具体应用领域确定对传播效果评估最有价值的受众行为，并纳入指标体系。研究者利用实验法、问卷调查法、访谈法等社会科学实证研究的常见方法，来对受众认知、态度、行为等进行具体测量，通常会采取前测后测相结合的方式来进行对比式分析。网络技术的进步和网络监测工具的不断完善，为研究者监测受众行为提供了更多方法手段。

不难看出，从理论基础到主要维度再到具体方法，对受众个体在认知、态度、行为等层次的影响均是互联网群体传播效果分析的重中之重。本章也将从第二节起，重点讨论互联网群体传播的认知效果、态度效果和行为效果。

第二节　互联网群体传播的认知层面效果

20世纪二三十年代，传播效果研究渐成气候，之后相当长一段时间，传播的效果或影响研究实际上主要集中在态度变化，及其引发的行为变化上。直到70年代，研究者们认识到受众的认知本身就是重要的社会资源和政治资源，而传播效果中的很多具体方面实际上并非态度改变，而是与认知本身息息相关，例如身份认同、刻板印象等。可以说，认知是受众形成态度、做出行为决策的基础，本节就从认知层面讨论互联网群体传播的效果。

一、互联网群体传播认知层面效果的理论基础

主要理论基础有三个：一是李普曼的传播学经典思想，二是认知心理学特别是信息加工理论，三是认知神经科学的新兴研究。

（一）李普曼的经典理论

李普曼在其经典著作《公共舆论》中阐述的核心概念"外部世界与我们头脑中的景象"，对后续学界关于认知效果的研究产生了深远的影响。李普曼认为，人们需要通过了解外界来慢慢形成自己的意见和判断，而头脑中的虚拟环境是外部世界在人们头脑中形成的图像，人们思考和做出行为决策的依据恰恰是头脑中的虚拟环境。认知是人们了解外部世界、构建头脑中虚拟环境的过程，而传播的一个重要效果就是对这一过程的影响，传播提供了人们了解外部世界的渠道。客观存在的社会现实、受众头脑中的虚拟现实以及传播过程所呈现出的符号现实，这"三种现实"之间存在着复杂关系，厘清该复杂关系则成为认知层面效果研究的重中之重。

（二）认知心理学的信息加工理论

受众经由传播了解外部世界，并进而影响头脑中虚拟世界的经典思想，依然在"刺激—反应"模式的框架之内，一个始终未能得到解决的问题是刺激与反应之间，也就是对外部世界的认识与头脑中虚拟世界的构建之间，究竟是如何发生作用的，这个"黑匣子"伴随着认知心理学的发展才逐渐被打开。20 世纪 60 年代末 70 年代初，美国心理学界逐渐把研究重心从行为主义转向人的内部认知机制，认为认知机制在人的知识获得与使用中有重大作用，一个新的学科分支——认知心理学也随之诞生，这一阶段也被称为美国心理学界的"认知革命"。

信息加工理论将人的认知拆解成不同阶段的一系列步骤，人们的认知过程，就是一个对信息不断加工的过程，其间包含了知觉加工、模式识别、注意、记忆、信息检索、提取和使用等不同的环节，这些环节相互关联共同完成了人们的认知过程。

从这个角度出发，互联网群体传播的认知层面效果研究，更加注重受众在传播过程中的信息加工的不同阶段所受到的影响，互联网群体传播被视为具有独特机制和特征的信息流动过程，对受众的知觉、信息储存、信

息检索和使用等各个认知环节产生影响，从而解释互联网群体传播最终在受众情绪、态度或行动等方面的显性变化。

（三）认知神经学理论

认知神经科学将神经科学进一步引入认知研究中。对于认知层面的效果研究来说，人脑本身始终是一个"黑箱"，经典传播学和认知心理学都在知觉能够感受到的、经验观察的描述基础上尝试得出结论，而神经科学则通过观测人脑的内部活动信号，提供了研究人类理性意识之下的某些认知影响的可能性。

认知神经科学使用脑部活动成像技术等手段，来观测、判断人脑的活动细节，因此在研究受众对传播信息的微观认知加工方面具有独特的优势。尤其在传播认知层面效果的微观研究上，认知神经科学可以通过变化信息的传播方式，来观测受众的脑部活动差异，从而判断不同特征的传播能够带来怎样不同的认知层面效果。

对于互联网群体传播的认知层面效果研究来说，认知神经科学在两个方面提供了新的机遇。一方面，如前所述，认知神经科学提供了进一步探究微观认知过程和变化的可能性，尤其是受众对传播信息的即时处理效果；另一方面，认知神经科学的发展，也为这一新的研究切入点提供了脑成像技术等相应的研究方法与工具。

二、认知层面效果的主要维度

基于以上理论资源基础的融合发展，互联网群体传播的认知层面效果也逐渐被研究者们所挖掘、了解和拓展。对于认知层面的效果，研究者们依据不同的理论基础从不同的维度去阐释分析，即从不同维度来探究传播认知层面的效果究竟有哪些，以及这些效果是由什么影响因素导致的，过去几十年来已积累了丰富的研究成果，为我们充分认识互联网群体传播的认知层面效果，提供了有力的支撑。总体来说，目前互联网群体传播认知层面效果研究的主要维度有四个：内容影响维度、内容调节维度、认知过程维度、瞬间处理维度。

（一）内容影响维度

内容影响维度可以说是以美国经验学派为代表的传播效果研究的主要

传统之一。在"刺激—反应"模式框架下，李普曼的"三种现实"思想引导人们首先考虑的就是传播或者信息本身对受众有什么影响，即传播内容"是什么"以及"怎么说"等本身对受众认知有什么影响。在内容影响维度下，人们对认知层面的传播效果已有广泛的认识，并形成了议程设置、引爆、框架等经典理论。

议程设置理论成形于 20 世纪 70 年代，它提出传播对受众的认知序列有显著影响，具体而言，传播过程中某议题的重要性程度以及议题的重要性排列次序，会影响到受众对议题重要性的排列次序和重视程度。

与议程设置理论类似，同一时期诞生的引爆理论也关注于传播内容对受众认知序列的影响。由于人类的认知能力有限，当面对不确定的复杂环境时，人们通常会依据最容易得到的信息做出判断，因此，传播内容对某个主题的强调，会直接影响到受众从记忆中找到这个主题的容易程度，这个议题的重要性也就随之被体现出来，即被"引爆"了。某种程度上，引爆理论解释了为什么一旦某些传播内容被强调后，受众在认知过程中也总会最容易想起这些内容而忘记其他。

框架理论则非考察传播内容"是什么"，而是关注传播内容是"怎样"被传递的，传播内容"怎样说"对受众也会产生认知层面的影响，传播不仅影响了受众思考什么，还影响了受众如何思考。

对于近些年兴起的互联网群体传播，虽然传播内容在其特殊的传播机制中有特殊的生产和消费模式，但这些内容以及这特殊的生产消费模式都仍然是受众认知效果研究的重要领域，人们希望知道在互联网群体传播之中，是否同样发生传统的议程设置、引爆、框架等认知效果，或呈现出哪些特殊性，并以此作为调整传播内容和内容生产消费模式的依据。

（二）内容调节维度

与内容影响维度相辅相成发展起来的内容调节维度，可以说是传播效果研究的另一个主要传统。人们发现传播的内容虽然对受众认知有重要影响，但传播毕竟发生在复杂的社会环境中，是一个受到诸多社会环境要素，以及受众本身的个人或社会关系要素影响的复杂过程。因此，在内容影响维度之外，研究者们也同时孜孜不倦地寻找着影响内容效果的其他调节变量或中介变量，并获得了相应的成果。这也进一步扩大了人们对互联网群体传播的认知层面效果的理解。

在内容调节维度所产生的重要效果理论中，知沟理论和第三人效果理论是影响广泛的两个代表性假设。知沟理论关注的是受众的社会经济地位对传播内容的影响效果的影响，特别是受众的受教育程度。相关实证研究表明，当受众的社会经济地位差距越大时，受众在社会系统中接收传播信息后的认知差距也会加大，即所谓的"知沟"效果，这是对传播认知层面效果的长期的、结构性的影响。

第三人效果理论则采取了一个更为精巧的研究切入点，即传播对受众认知的影响是否，以及在多大程度上还受到受众对其他人受传播影响程度的认知的影响。也就是说，受众在接收传播内容信息的时候，同时对他人受此内容影响的情况产生一个认知或者说某种预期，而这一预期则又成为受众自己头脑中认知图景的基础。实际上，对他人受传播影响程度的认知，也是一种受众对舆论环境的判断，这种判断对传播效果最终的认知层面效果产生了影响。

第三人效果理论在目前互联网群体传播的认知层面效果的研究中也得到了广泛的应用。在互联网群体传播中，传播者和受众、信息发布者和接收者等身份处于动态变化之中，所谓的传播主体和舆论领袖也被分化到不同的传播阶段和传播层次中去，在这样一个复杂的传播架构和传播机制里，每个人都不免有意识或无意识地受到其对他人认知的预期与判断的影响，从而形成独特的互联网群体传播的认知层面效果。

（三）认知过程维度

当我们把视角投向受众个体认知的具体过程时，内容影响维度和内容调节维度的各种效果说的局限就显而易见了，毕竟这两个维度都是从中观或者宏观的角度来考察传播对受众认知的影响，有些甚至建立在对受众认知的长期变化跟踪调查的实证基础上。如同议程设置理论的提出者麦库姆斯所说，"尽管人们对议程设置做过很多研究，但还是有一个我们至今尚未透彻理解的问题，即议程设置是如何起作用的"。

认知心理学的兴起为解决这一遗憾或者说局限提供了新的维度——认知过程维度。人们把传播在认知层面效果的研究重点，转向受众在信息加工过程中受到哪些因素的什么影响。在认知过程维度下，心理因素、易接近性原则等是比较具有代表性的研究成果。

心理因素的认知效果研究主要考察受众接收传播信息时的心理准备、

心理需要以及原有倾向等心理因素对其认知层面的影响。可以说，受众本身已经具备了一定的人生观和价值观，在接触传播信息的时候，受众由于原本的倾向与接收当时的心理状态都会产生不同的认知效果。在这方面，研究者们对受众的心理定势、反射心理、联想心理、归咎心理和预期心理等心理现象的认知层面效果都有所涉及，并逐渐应用到互联网群体传播的效果研究中。

易接近性原则的认知效果假设则主要从社会认知的角度出发，提出受众通常根据最容易被从头脑中提取出来的信息来形成认知判断。因此，经常被激活或者新近被激活的传播信息更容易产生认知影响；越生动有趣或者越能在感觉上贴近的信息也越容易被受众从记忆中提取出来，影响认知结果；一个传播信息因为易接近性经常在受众的认知过程中被激活，那么与它联系紧密的相关信息也会更容易出现在受众的认知过程中。

（四）瞬间处理维度

互联网群体传播的认知层面效果研究的最后一个主要维度是瞬间处理维度。该维度同样关注的是受众的微观认知过程，但相比上述认知过程维度，瞬间处理维度更聚焦在受众接收信息后的即时反应，通常指大脑在500毫秒以内对信息的处理结果，因此也被称为瞬间效果。

瞬间处理维度的效果研究仍然依据认知心理学的理论基础并借鉴了认知神经科学的研究路径。在该路径下，人脑对信息的加工可以分为控制性加工和自动加工两种类型，前者主要指受众主动唤起的人脑加工过程，而后者则是那些甚至难以进入知觉层面的"黑箱中的黑箱"过程。也就是说，控制性加工和自动加工的根本区别在于这一信息加工的认知过程是否进入了人的理性意识层面。

毫无疑问，有关传播效果研究的传统成果都是对理性层面的认知效果的考察，通过对受众的问卷调查、态度测量、行为观察等研究方法来研究受众的主动认知过程。瞬间处理维度的研究，利用前述认知神经科学的先进工具，为探索冰山下的受众自动信息加工过程提供了可能，也大大拓展了互联网群体传播的认知层面效果研究的边界。

三、互联网群体传播与价值取向

以互联网和数字化为物质基础的新媒体，为受众提供了丰富的文化信息及互动交流方式，使媒体与受众之间以及受众与受众之间都可以建立一种横向与纵向交织的多元化交流关系，从而彻底改变了受众所处的信息传播环境。由于互联网群体传播具有互动性和匿名性等特点，它给受众个人和社会整体的发展提供了广大的自由空间，在对整个社会以及受众个人产生积极影响的同时，也给受众的思维方式和意识形态带来了一些不可忽视的负面影响，主要表现在道德判断力削弱、价值取向紊乱，自我中心化、功利化，以及人格扭曲、诚信危机、责任感缺失等方面。这些负面现象的出现和凸显，给社会稳定及管理带来了极大的冲击和挑战，成为了新媒体时代人们高度关注的社会问题，也是互联网群体传播在认知层面效果上的重要议题。

为了深入认识互联网群体传播对受众价值取向的影响，国内外学者一直以来都在从不同视角进行着探索研究，如有的学者的研究表明媒体显著地影响了人们的思维方式，比如他们的政治偏好及评价；[①] 一些学者认为在新媒体语境中人们的道德基本原则在很大程度上不复存在，然而在道德原则存在的地方，也主要是反应性的，以及受到功利主义或相对理性的驱动所产生；[②] 有的研究通过对亚洲未婚青年和成年人的调查显示，对大众媒体的接触和使用会对他们的性知识、态度和行为产生显著影响；[③] 蒋晓丽等认为新媒体技术的发展与普及对当代大学生的思维方式、行为模式和价值观念产生着广泛而深刻的影响，同时也为加强和完善高校思想政治教育工作拓展了新的渠道和手段；[④] 还有姚冰等认为新媒体呈现出开放性与

[①] Entman R M. How the media affect what people think：An information processing approach [J]. The Journal of Politics，1989，51（2）：347-370.

[②] Sama L M，Shoaf V. Ethics on the web：Applying moral decision-making to the new media [J]. Journal of Business Ethics，2002，36（1-2）：93-103.

[③] Lou C，Cheng Y，Gao E，et al. Media's contribution to sexual knowledge，attitudes，and behaviors for adolescents and young adults in three Asian cities [J]. Journal of Adolescent Health，2012，50（3）：S26-S36.

[④] 蒋晓丽，董子铭，曹漪那. 新媒体培养大学生核心价值观的交互机制研究 [J]. 湘潭大学学报（哲学社会科学版），2010，34（5）：146-152.

多元性、娱乐性和商业性以及去中心化与再组织化等新特点，这些特点在对农村青年群体产生积极影响的同时，也因其受到生活区域、受教育程度以及认知领域等方面的限制而对其形成诸多负面影响，主要表现为弱势与盲从、简单与沉迷以及肤浅与冲动等特征；[①] 张晓静的研究表明新媒介发展的迅速及其复杂性为社会生活带来的冲击是多方面的，对受众的观念、思维以及行为方式均产生显著影响，可以归纳为宏观和微观两个层面。宏观上，新媒介的发展促使受众所处的媒介生态系统发生变化；微观上，新媒介在受众对政治民主的参与、提高受众应对危机传播的能力以及建构新的日常生活方式等方面产生影响。[②] 因此，研究互联网群体传播对受众价值取向的影响具有重要的理论价值和现实意义。

（一）互联网群体传播、社会认同与受众价值取向

自从戈德马克首次提出新媒体概念以后，[③] 随着科学技术的不断发展、互联网和无线移动的出现，新媒体的内涵和外延不断扩大。就其特征而言，从传播形态上看，新媒体能够在新的平台把传统大众媒体的各种类型综合起来，实现复合型的传播；从传播范围上看，进行的是无边界传播；从在传播形式上看，强调传播的互动性，突出高度综合性特点；从传播内容上看，内容丰富且呈现多样化。[④]

社会认同（social identity）是指个体认识到他属于特定的社会群体，同时也认识到作为群体成员带给他的情感和价值意义。有学者认为，社会认同是社会成员共同拥有的信仰、价值和行动取向的集中体现，本质上是一种集体观念，是情感体验经历和价值感获得的心理历程。[⑤] 在其中，个体间的交往、共同活动、目标一致是构成群体的基本条件。[⑥] 当内外群体的差异标志出现或社会情境中对比线索凸显时，可以激活人们归属内群体的心理需要，诱导个体进行社会认同。在社会认同的形成过程中，首先，

① 姚冰，彭振芳，郭冬岩. 新媒体环境对农村青年群体价值观的影响及对策 [J]. 河北大学学报（哲学社会科学版），2014，39（1）：97-100.

② 张晓静. 新媒介对受众生活的影响 [J]. 青年记者，2008（28）：55-56.

③ Goldmark P C. Recording apparatus and medium with discrete level modulation：U. S. Patent 3354264 [P]. 1967-11-21.

④ 陈刚. 新媒体传播的特点及对营销传播的影响 [J]. 国际广告，2006（10）.

⑤ Tajfel H. Social identity and intergroup behaviour [J]. Social Science Information，1974，13（2）：65-93.

⑥ Sherif M. Group conflict and co-operation：Their social psychology [M]. London：Psychology Press，2015.

个体需要进行社会类别化与自我类别化，当个体将自己与某一类别建立起心理联系时，与其他相同类属的成员便形成了心理群体的关系；其次，个体把自己的信息与这一划分相联系，形成自己社会类别的所属定位，将自我与社会类别建立归属联系；最后，将各种群体或类别信息进行社会比较，即进行"我们"与"他们"之间的比较，群体成员形成了本群体或本类别的心理独特性。[1]

在新媒体语境下的互联网群体传播中，虚拟群体多种多样、千差万别，同时由于新媒体环境开放性、匿名性和包容性等特点，社会各方面信息从各不同视角得以全面性和全方位传播，包括社会各种负面信息也得到更全面、深入和及时的互动性传播，而这些群体的多样化以及负面信息的详尽性和深入性影响了受众社会认同形成的各个心理环节，降低了受众对社会的归属和认同程度。

价值观是指人们在认识各种具体事物价值的基础上形成的对事物价值的总体看法和根本观点，它一旦形成，便具有相对稳定性。一方面，它表现为价值取向、价值追求，凝结为一定的价值目标；另一方面，表现为价值尺度和准则，成为人们判断事物有无价值及价值大小的评价标准。而价值取向是介于价值观念和行为之间的中间环节，人们对价值的认识、判断均需通过价值取向才能在实践中实现。由于人员更替和环境的变化，社会或群体的价值观念并非一成不变，它会受到环境的影响而发生变化。在价值观的研究中，比较为人们所接受的维度划分主要包括理论性（重视经验、理性）、政治性（重视权力和影响）、经济性（重视实用、功利）、审美性（重视形式、和谐）、社会性（重视利他和情爱）及宗教性（重视宇宙奥秘）六个方面，人们的生活方式便是朝着这六种价值方向发展。[2]

过去的研究表明，社会认同会对组织凝聚力、国际关系、族群或族裔冲突、职业流动、社会影响（如从众）、社会运动、宗教行为和社会变迁等诸多方面产生显著影响。[3] 当人们寻求积极的身份认同时，社会认同的

---

① Social identity and intergroup relations ［M］. Cambridge：Cambridge University Press，2010.

② Allport G W，Vernon P E，Lindzey G. Manual study of values ［M］. Boston：Houghton Mifflin，1970；Vernon P E，Allport G W. A test for personal values ［J］. The Journal of Abnormal and Social Psychology，1931，26（3）：231.

③ 章志光. 社会心理学 ［M］. 北京：人民教育出版社，1996.

心理过程就会带来一些特有的后果或效应，当人们进行自我类别化、认同定位和社会比较时其结果是获"内群体"和"外群体"的概念。由内群体概念，个体形成群体自尊、归属感和内群体偏私，即为自己所属的群体特征感到自豪，在行为和态度上偏向自己所属的内群体；由外群体概念，个体形成对外群体成员的排斥和负面的刻板印象。而对内群体的认同，除了会增强内聚力之外，也会产生内群体成员典型性效应和外群体同质性效应[①]，以及一些内外区隔与内群体偏私效应。[②] 这些认知和情感性的倾向，在一定的经济、社会和文化条件下，可能会在污名化（stigmatizaion）的作用下引发歧视与偏见行为，从而导致"自我实现的预言"效应的出现，造成不同群体或类别成员的消极对立，从而影响社会群体间和谐的关系。因此，当个体对社会的认同程度高时，他们感知的内群体规模大于感知的外群体，社会的分歧程度低，个体有着较强的社会归属感和凝聚力，在心理上表现出较高的理性思维、和谐意识和亲社会意愿，而非情绪冲动、个人主义和功利导向。

接触（encounter）是指两个或多个互动（interaction）者所进行的相会，它可以促使受众进行深度参与，与其他受众互动沟通以及积极对话。关于触点理论，电通公司提出了含有网络特质的 AISAS 模式，这一模式不仅指出了互联网时代搜索（search）和分享（share）的重要性，而且也强调在 AISAS 流程上的每一步都有相应的媒介接触点进行支持，从而使得在整个接触过程中呈碎片化的媒介接触点在 AISAS 策略下得到整合。[③] 媒体碎片化的存在，使得媒体数量和信息供应量激增以及媒体形态呈现多样化，受众选择与使用媒体的自由度和个性化空前提升，加剧了分众状况，注意力持续时间缩短，从而使受众对某一个媒体的忠诚度不断下降。信息触点量是信息接触量多少的量度，人们对于信息的记忆程度，是信息内容

① Chiu C，Hong Y，Lam I C，et al. Stereotyping and self-presentation：Effects of gender stereotype activation [J]. Group Processes & Intergroup Relations，1998，1（1）：81 - 96；Jones E E，Wood G C，Quattrone G A. Perceived variability of personal characteristics in in-groups and out-groups：The role of knowledge and evaluation [J]. Personality and Social Psychology Bulletin，1981，7（3）：523 - 528.

② Cialdini R B，Borden R J，Thorne A，et al. Basking in reflected glory：Three（football）field studies [J]. Journal of Personality and Social Psychology，1976，34（3）：366.

③ Fumito K. The modeling of AISAS marketing process [J]. Journal of System Dynamics，2009，8：95 - 102.

储备过程和信息资料使用过程的集合，是自我在内心通过回忆来重温过去的感觉，或是将某一信息内容装载到感觉信号中，经由自己的身体器官表达出来的可能性程度。[①]

在互联网群体传播中，当受众对媒介接触的频率越高时，对大脑的刺激次数也越多，就越能提升信息的认知深度和有效记忆程度；当媒介接触多样性越强时，受众所接触到的信息内容的多样性也就越强，同时也可能会属于更多不同的虚拟群体，这使得他们有了更多群体来选择参与和依赖。

（二）调查研究结果与讨论

为了深入了解互联网群体传播、社会认同、受众价值取向以及媒体接触频率和接触多样性之间的关系，本书编写组针对上海市高校、企业、培训机构等不同行业和领域进行了抽样调查研究。该调查共历时 3 个月，共发放问卷 1500 份，回收问卷为 1426 份，有效问卷 1345 份。通过利用结构方程模型（SEM）对这些问卷结果进行数据处理分析后，本书编写组发现以下结论：

第一，新媒体语境通过受众社会认同中介变量，对受众价值取向的理论维度和社会维度产生显著负向影响，对政治维度和经济维度产生显著正向作用，对审美维度和宗教维度的影响不显著。其中产生的作用大小顺序依次为：经济维度、社会维度、理论维度、政治维度；

第二，新媒体语境对社会认同产生负向作用，社会认同对受众价值取向的理论维度和社会维度产生显著的正向作用，对政治维度和经济维度产生显著的负向作用，对审美维度和宗教维度的影响不显著；

第三，媒体接触频率和媒体接触的多样性在新媒体语境与社会认同关系中均具有显著负向调节作用；

第四，在主效应和调节作用中，均表现出对男性的影响大于女性，其影响大小并随着年龄的增加而呈减弱趋势。

以上结论的研究框架可以用图 7-2 的理论模型来展示。

---

① Dretske F. Knowledge and the Flow of Information [M]. MA：The MIT Press，1981.

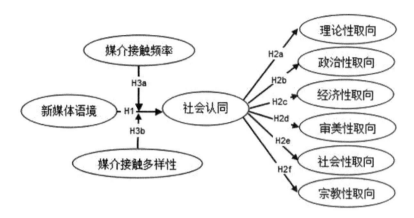

图 7 - 2　新媒体语境下的社会认同对价值取向的影响

在过去相关研究中虽然尚未存在与该研究框架类似的文献，但根据过去相关文献的研究结论，如有学者的研究结果表明暴露在那些描述性暴力行为影视中的受众会增加男性对女性暴力行为的接受程度；[①] 另有学者对两年的纵向调查进行数据研究，结果显示媒体暴露对不同形式的挑衅和亲社会行为具有预测力；[②] 也有研究表明媒体暴露对人口统计特征变量和关于风险判断的个人经历的变量有着部分影响作用；[③] 有学者认为大众媒体对社会政治中的民主产生影响，会使社会秩序产生混乱和危机。[④] 根据上述学者相关的研究结论，可以推出新媒体语境对受众价值取向的经济性、社会性、理论性以及政治性四个维度均存在显著影响，以及媒体接触频率和媒体接触多样性在新媒体语境与社会认同间调节作用的显著性。因此，本书的调查研究结论与过去学者的相关研究结论相吻合。

关于社会认同对价值倾向的审美维度和宗教维度影响的显著性，Hoove et al. 和 Mitchell et al. 的研究结论均得出媒体与宗教和文化均存在

①　Malamuth N M，Check J V P. The effects of mass media exposure on acceptance of violence against women：A field experiment ［J］. Journal of Research in Personality，1981，15（4）：436 - 446.

②　Ostrov J M，Gentile D A，Crick N R. Media exposure，aggression and prosocial behavior during early childhood：A longitudinal study ［J］. Social Development，2006，15（4）：612 - 627.

③　Slater M D，Rasinski K A. Media exposure and attention as mediating variables influencing social risk judgments ［J］. Journal of Communication，2005，55（4）：810 - 827.

④　Dagenais B，Raboy M. Media，crisis and democracy：Mass communication and the disruption of social order ［M］. CA：Sage Publications，1992.

紧密关联和相互影响的结论，[①] 但本研究结论未能对此进行验证，这可能是由于新媒体具有匿名性及包容性等特点，受众更容易产生自我中心化，表现出功利性导向，而价值观的审美维度和宗教维度并非新媒体语境下受众所关注的重点，因此在检验它们之间的关系时表现不显著。然而，产生该现象的具体原因以及它们之间的关系如何有待进一步地研究探索，这可以作为未来的研究方向。

四、互联网群体传播与利他价值取向

（一）互联网群体传播、移情意识与受众利他价值取向

新媒体环境下的互联网群体传播具有开放性、即时性和包容性等特点，用户可以在新媒体上随时随地地进行用户内容生产。由于匿名性特征，用户可以完全根据自己的认知和情感发布信息，无需担心诸如现实环境面对面交流时受到的影响。同时这些信息凌乱地分布于每个用户节点，各式各样，鱼龙混杂，呈现出碎片化特征。由于新媒体具有良好的联通性，用户可以根据自己的需要自由地选择自己偏好的内容阅读，以及在自己偏好的虚拟社区里进行即时互动，获得自己观点的认同。AISAS 模式（attention、interest、search、action、share）强调了互联网时代下搜索和分享功能的重要性，而不是一味地向用户进行单向的理念灌输，用户可以根据自己的注意（attention）和兴趣（interest）对新媒体中碎片化信息进行整合。相对于传统媒体，在新媒体平台上除了正面信息外，关于社会各方面的负面信息也骤然增多，使社会各种负面现象从不同视角得以全面性和全方位呈现。根据人们对负面信息的敏感性大于正面信息的认知理论，[②]用户通过新媒体上全面的负面信息对社会产生了相对于传统媒体更大的消极感知。在此基础上，随着用户使用新媒体的频率和多样性提升，用户对更为敏感的负面信息的认知深度得到不断强化，以及通过新媒体的联通性特征可以从更广的信源获取不同类型的信息，更利于社会负面信息获取的

---

①　Hoover Stewart M., Knut Lundby. Rethinking media, religion, and culture [M]. CA: Sage，1997.

②　Wildavsky A，Dake K. Theories of risk perception：Who fears what and why? [J]. Daedalus，1990，119（4）：41-60.

完整性。同时，不同节点上的信息所表征的社会镜像经过 AISAS 策略整合后，形成了一组倾向于完整的关于社会负面性的知识结构和图式，为社会负面性提供了更具说服力的信息证据，加深了对社会负面性的整体印象和整体认知，从而这种整合性的信息可以对个体的知觉、推理等认知过程产生负面能动性的操控作用。因此用户的媒介接触频率和多样化强化了他们对社会负面性的认知深度和广度。

移情是一个人设身处地站在他人立场为他人着想，从而识别并体验他人所处境况的情绪和情感的心理过程，移情意识则为移情产生过程的潜意识状态。移情意识以认知为基础，通过对他人所处境遇以及心理状态的认知和觉察来对他们产生移情，其中认知则是移情意识形成的主要影响因素。[①] 在心理发展的高级阶段，个体可以通过各种类型的信息，如他人的表达线索、直接情境线索，或者对他人状况的认识，从而对移情意识产生影响。[②] 西格曼认为认知在移情产生的过程中需要经历两个心理过程，即对相关线索的感知，从而做出移情判断，其中对线索的感知决定着移情判断结果。[③] 当在感知中存在负面性时，则会对移情的判断结果产生负面影响，进而形成不同程度移情意愿的潜意识状态。因此用户在新媒体使用中形成的对社会负面认知，影响了他们对社会现象的移情判断和意愿，从而对他们移情潜意识的形成产生了负面影响。

如前所述，价值观存在多方面的价值取向，如政治价值观、社会性价值观等，其中在利他价值取向方面，施瓦茨等人分别从三个维度对人们利他价值观进行了定义：社会责任规范，指人们有责任去帮助需要自己帮助的人；回报规范，指有义务回报曾提供过帮助自己的人；社会公平规范，指人

---

①　Hogan R. Development of an empathy scale [J]. Journal of Consulting and Clinical Psychology，1969，33（3）：307；刘俊升，周颖. 移情的心理机制及其影响因素概述 [J]. 心理科学，2008，31（4）：917 - 921.

②　Hoffman M L. Empathy and moral development：Implications for caring and justice [M]. Cambridge：Cambridge University Press，2002：863 - 864.

③　Sigman M D，Kasari C，Kwon J H，et al. Responses to the negative emotions of others by autistic，mentally retarded，and normal children [J]. Child Development，1992，63（4）：796 - 807.

们的所得与自己付出之间要形成合理比例关系的规范。①

过去对移情的研究发现，移情能力与个体能否获得社会支持紧密相关，一个人的移情水平高低会对他们的社会支持产生重要影响。② 社会支持是个体在与他人进行交流和沟通中所得到对方的尊重、支持以及理解的程度，它在个体产生利他行为的过程中具有重要的意义。丁道群和沈模卫的研究表明，不同移情水平特征的个体，在对社会支持的感受和评价以及获得社会支持的数量、质量方面均存在不同程度的差异，移情水平高的个体更容易感受和获得社会支持，③ 而当个体受到社会排斥而不是社会支持时，由此会使他们产生情感痛苦或缺失的感受，从而影响他们对利他行为实施意愿和强度。④ 卡尔韦特等人的研究也表明当人们在获得的社会支持时，倾向于增加亲社会行为，而减少攻击性行为意识。⑤ 从社会交换理论研究视角，也可以推知当一个人拥有较高水平的移情意识，因此获得较高程度的社会支持时，他们可能更倾向通过产生利他行为来作为社会交换的行为。⑥

哈特等人把道德认同界定为"对他人福利的行动路线促进或保护的一种自我承诺"。⑦ 科尔比等人认为，道德认同意味着"用道德原则界定自我"。⑧ 阿基诺等人把道德认同界定为"围绕一组道德特征而组建起来的自

---

① Schwartz S H. Normative influences on altruism [M] //Advances in experimental social psychology [M]. Pittsburgh：Academic Press，1977；Berkowitz L. Social norms，feelings，and other factors affecting helping and altruism [M] //Advances in experimental social psychology [M]. Pittsburgh：Academic Press，1972.

② Devoldre I，Davis M H，Verhofstadt L L，et al. Empathy and social support provision in couples：Social support and the need to study the underlying processes [J]. The Journal of Psychology，2010，144 (3)：259 - 284.

③ 丁道群，沈模卫. 人格特质，网络社会支持与网络人际信任的关系 [J]. 心理科学，2005，28 (2)：300 - 303.

④ Twenge J M，Baumeister R F，DeWall C N，et al. Social exclusion decreases prosocial behavior [J]. Journal of Personality and Social Psychology，2007，92 (1)：56.

⑤ Calvete E，Orue I，Estévez A，et al. Cyberbullying in adolescents：Modalities and aggressors' profile [J]. Computers in Human Behavior，2010，26 (5)：1128 - 1135.

⑥ 赵欢欢，张和云，刘勤学，等. 大学生特质移情与网络利他行为：网络社会支持的中介效应 [J]. 心理发展与教育，2012，28 (5)：478 - 486.

⑦ Hart D，Atkins R，Ford D. Family influences on the formation of moral identity in adolescence：Longitudinal analyses [J]. Journal of Moral Education，1999，28 (3)：375 - 386.

⑧ Colby A，Damon W. The development of extraordinary moral commitment In Mkiller，D Hart Morality in everyday life：Developmental perspectives [M]. Cambridge：Cambridge University Press，1999：342.

我概念"。① 道德认同可以视为个人的道德系统和自我系统的同化或融合，从而使道德观念和个人认同在一定程度上达到统合一致性。因此，道德认同能够激发道德品质和行为，在道德判断转化为道德行为的过程中起着自我调节作用。② 从社会认知视角，道德认同是通过对那些道德特征进行某种联结而组织形成的自我图式，这种图式涉及个体对道德意识的思考、体验及行为的心理过程，其中包含了关于道德行为的价值、目标、特质以及行为脚本等方面的意识。③

移情意识被认为是广泛存在且具有个体差异的一种心理过程。因此可以看作是一种有着个体差异的心理因素。④ 在用户的新媒体使用过程中，当用户的道德认同度高时，用户有着较强的道德意识和道德判断标准，使自己在面临不同情境时保持着较强的与自我道德概念一致的自我意识倾向，他们的意识会较少受到新媒体环境带来的负面影响，更多地坚持自身的道德判断，采取更符合道德规范的意识和行为。移情是道德意识和道德品质中的一部分，它作为一种个体差异的因素广泛地存在于人们思想意识中，高道德认同的用户表现为受到新媒体使用的消极影响较小，表现为较高的移情特征。

（二）调查研究结果与讨论

为了深入了解互联网群体传播、移情意识、受众利他价值取向以及道德认同之间的关系，本书编写组对全国 32 个省份和直辖市（不包括香港和澳门）的网民进行了抽样调查研究。该调查的数据收集过程历时 4 个月，发放问卷 2 万份，回收问卷数为 3607 份，剔除其中不合格问卷 415 份，有效回收率为 15.96%。通过利用 AMOS 和多元回归对这些问卷结果进行数据处理分析后，本书编写组发现以下结论：

第一，新媒体使用频率和多样性通过移情意识中介变量对用户利他价值观的社会责任取向、回报取向及公平取向产生显著负向影响。其中使用频率和多样性产生的作用大小顺序依次均为：责任维度、公平维度、回报

①　Aquino K，Reed I I. The self-importance of moral identity [J]. Journal of Personality and Social Psychology，2002，83（6）：1423.

②　曾晓强. 国外道德认同研究进展 [J]. 心理研究，2011，4（4）：20 - 25.

③　黄华. 社会认知取向的道德认同研究 [J]. 心理学探新，2013，32（6）：483 - 488.

④　David P. Farrington，Darrick Jolliffe. Personality and crime [J]. International Encyclopedia of the Social & Behavioral Sciences，2001，2（3）：11260 - 11264.

维度；

第二，新媒体使用频率和多样性对移情意识均产生负向影响，而移情意识对用户利他价值取向的社会责任维度、回报维度以及公平维度均具有显著的积极效应；

第三，用户道德认同水平在新媒体使用频率及多样性与移情意识关系中均具有显著负向调节作用；

第四，在主效应中，各路径系数对不同年龄段用户大小存在差异，对36～45岁年龄段的负向影响最大，其次是26～35岁年龄段，再次是46～55岁年龄段，最后是16～25岁年龄段。

以上结论的研究框架可以用图7-3的理论模型图来展示。

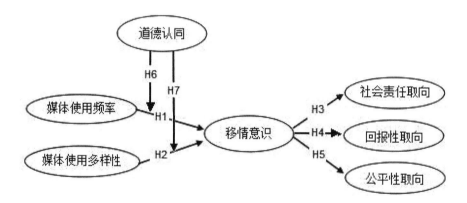

图7-3 新媒体使用对于受众利他价值取向的影响

现存的相关文献虽然并未直接就新媒体使用特征对利他价值观进行研究，但根据过去相关文献的研究结论，其中隐含着新媒体使用的频率及多样性对用户利他价值观的社会责任取向、回报取向及公平取向均存在显著影响，[①]，而本研究组的研究结论与过去的相关研究结论相吻合。由于新媒体技术的发展降低了用户使用的门槛，用户可以有更多的机会使用更多类型的新媒体并且更高频率地使用。新媒体以其显著的个性化、虚拟性、互

---

① Ostrov J M, Gentile D A, Crick N R. Media exposure, aggression and prosocial behavior during early childhood: A longitudinal study [J]. Social Development, 2006, 15 (4): 612 - 627; Slater M D, Rasinski K A. Media exposure and attention as mediating variables influencing social risk judgments [J]. Journal of Communication, 2005, 55 (4): 810 - 827.

动性和双向传播性特征，从根本上改变了传统媒体的信息传播的模式，成为了用户信息获取和交流的主要渠道，极大地改变了用户原有的沟通方式、生活方式、思维及观念方式。同时互联网信息传播的草根性特征及虚拟性使得用户可以几乎不受约束地按需生产内容和形成兴趣群体，这成为新媒体对利他价值取向产生负向影响的技术原因；各种传媒产业在经济利益的驱动下不断进行扩张和过度化发展，经济效益成为了新媒体发展的主要指标，人们的价值观受到市场规律发展的影响，这是利他价值观受到消极影响经济层面的原因；互联网等新媒体管理制度的不完善和落实不力成为了利他价值观负面影响的制度原因。[①]

此外，在新媒体环境下的互联网群体传播中，媒体的"议程设置"功能受到了很大程度的弱化，新媒体通过各种信息的渗透，随着用户对新媒体使用频率和多样性的增加，在开阔人们视野的同时，也通过群体传播方式肯定了社会某些负面行为的价值意义，并向用户传播它的价值观和行为方式，促使用户对这些行为及其主体进行效仿，改变着他们的认知方式，对用户产生着潜移默化的影响，形成了一种新的价值评价尺度和价值观念，并进一步植入深层次的价值观念之中，进而从根本上改变了个体和社会的价值标准体系和价值取向。但从社会学的视角看，价值观受到负面冲击影响的技术、市场和制度层面原因的影响，正深层次地反映了当下经济及政治资源上的分配不均衡、权力信任危机、社会结构上的失衡、社会角色上出现的精英群体的集体失语，而导致的新媒体传播在正逐渐深层次地改变着国民的整体价值取向。

第三节　互联网群体传播的态度层面效果

态度层面的观察与讨论一直是传播效果研究诞生以来的重中之重，甚至在 20 世纪 70 年代就有学者断言，态度改变几乎已经等于传播效果或者影响的代名词。时至今日，传播效果研究对态度层面影响的重视依然不减

---

① 李文冰，强月新.传播社会学视角下的网络传播伦理失范治理［J］.湖北大学学报（哲学社会科学版），2015（2）：13－18.

当年，互联网群体传播效果研究也不例外。本节将从互联网群体传播态度层面效果的重要性、特殊性、相关研究的静态与动态维度以及态度层面效果的不确定性等多个角度展开讨论。

一、态度层面效果的重要性

互联网群体传播中的态度挖掘已成为 web 2.0 时代的热点。一方面，海量的社交网络媒体数据以及用户生产内容等为互联网群体传播的态度层面效果研究提供了丰富的素材；另一方面，数据挖掘技术的不断进步也为当前互联网群体传播的态度层面效果研究提供了越来越多的可能性，相关的信息抓取、自然语言处理、信息检索等技术也都渐成体系。态度挖掘技术的不断成熟为互联网群体传播态度层面效果的研究提供了基础，其热度不减也从一个侧面反映了态度层面效果研究的重要性。

（一）态度与态度层面传播效果研究的前提假设

作为一个社会心理学领域中的重要概念，"态度"自 20 世纪 20 年代起逐渐受到学界的关注并发展成为跨学科的综合研究领域。对于态度的定义千差万别，其中比较典型的如将态度定义为个体对社会客体以特定方式做出反应时持有的稳定的、具有评价性的心理倾向等。但总地来说，社会心理学家用"态度"来代替先前的"本能"概念，强调人通过学习和接受外在刺激而非生理原因所产生的爱憎、好恶以及取舍的不同方向与程度。

在传播效果研究领域，人们遵循了社会心理学家对态度的一个基本假设前提，即态度或意见本身不会变化，除非人学习了新的经验或受到新的刺激，即改变态度的诱因强过了不改变态度的诱因，而传播学所要探寻的就是传播究竟如何提供了改变态度的诱因，并试图了解态度因此以何种方式发生变化。

（二）态度层面效果研究的重要性与时代背景

态度研究在传播效果研究中一直占据着非常重要的位置，究其原因与传播本身发展的时代背景密切相关。在本章第一节对传播效果研究的简单回顾中，我们不难发现，在传播效果研究萌芽起步的 20 世纪二三十年代，佩恩基金会最初的研究涵盖了受众影响的各个方面，包括态度、生理、知识获取、行动等，但随后的研究则迅速聚焦到态度和行为领域，并将行为作为内在态度的外在引申。正如有学者所问：为何研究者们从无数个效果研究的方向中唯独选择了态度或意见的改变呢？

答案可以回溯到 20 世纪三四十年代美国社会的时代背景中，作为功能主义倾向始终占据主流的传播学来说，当时的政治经济时代背景决定了传播效果研究急于回答传播在改变态度影响意见方面的作用。

一方面，"二战"前后的美国陷入空前的民主危机之中，政府应当如何与民众沟通、如何看待战时宣传的功能、公民如何通过传播提高在民主政治中的地位等，这一系列问题迫切需要传播学者给予解答，受众接收传播特别是宣传前后所产生的态度与意见的差异的测量成为焦点。另一方面，市场研究作为一个新兴领域几乎同一时期进入蓬勃发展阶段，原先聚焦在消费者对商品评价上的市场研究也开始逐渐转向调查消费者对广告、品牌宣传、品牌相关新闻等传播类型的反应，尤其是消费者对产品和服务的态度与倾向。这一时期的受众调查和市场研究也因此受到了大量商业机构的赞助，极大地推动了传播态度层面效果的研究。

延续了效果研究重视态度改变的传统，当前方兴未艾的互联网群体传播效果研究依然将态度层面的相关分析视为该领域的重点。纵观相关的学术研究成果和商业咨询机构报告，当前互联网群体传播的态度层面效果分析主要集中在危机管理、广告、谣言传播以及政治传播等应用领域，体现出政府、监管机构以及商业品牌等对于互联网群体传播态度层面效果的高度关注，态度层面效果研究的重要性不言而喻。

二、态度层面效果的特殊性

尽管态度层面的传播效果研究由来已久，但互联网群体传播复杂的传播机制和运行方式仍然给研究者们带来极大的挑战，使其不得不面对互联网群体传播中态度层面效果的特殊性。

（一）多层次动态变化中的态度

互联网群体传播态度层面效果的第一个特殊性在于态度的多层次动态变化。所谓多层次意味着互联网群体传播中不仅有受众个体态度的变化，也有群体态度研究，而且从个体态度到群体态度的形成还是一个动态变化的过程，网络则为个体态度、群体态度、从个体态度到群体态度的变化等各个层次提供了条件、情境和部分关键要素。

互联网群体传播与已有较完善研究体系的组织传播不同，组织是有相对规范结构与特定目标的群体，有鲜明而确定的共同观点或志趣，而互联网群体传播中的群体则是联系分散的一群人的暂时集合，并且通常自发形成，因此互联网群体传播中个体的态度仍然占据很重要的地位，但个体态度通过与群体之间的不断交互演进，最终又反映成群体态度。群体态度虽然会受到传播不同阶段个人态度的影响而动态变化，但对个人态度又起到一定的制约作用。

群体态度可细分为群体意识、群体思维、群体压力等多个视角的认识解读。群体意识是群体成员共有的意识，包括归属意识、群体感情等具体方面，它的形成与群体内部成员之间彼此认同、彼此感兴趣的程度密切相关，也有研究者称之为群体内部的黏合性。群体思维则是群体意识足够强时的一种群体态度表现，最早由社会心理学家贾尼斯提出，主要指群体成员中的个人宁愿主动顺从其他大多数人的意见而改变自己态度的现象，也从而导致群体态度缺乏批判思维。与群体思维类似的还有群体压力，群体压力是群体中大多数人的意见迫使个人放弃原有态度而与其他大多数人保持一致，这种态度层面的心理压力最终可能导致行动上的从众现象。

（二）多维度动态变化中的态度

互联网群体传播态度层面效果的第二个特殊性在于态度的多维度动态变化。所谓多维度强调的是互联网群体传播受众个体态度到群体态度的交互演进过程，在这个过程中，态度既是动因也是结果。这与互联网群体传播的社交属性有关，网民参与互联网群体传播不仅为了满足信息需求，同时为了满足社交的心理需求，因此互联网群体传播并非只是传统意义上的信息流动，而是信息与态度的双重交互流动。

关于互联网群体传播中个体态度到群体态度的多维度变化过程已经有不少相关研究成果。这些成果主要包括：网民态度的动态变化同时受到信息本身、个体情感以及群体的影响；个体态度从信息辨识到群体从众、再到个体认同可以分为顺从、同化、内化等不同阶段；网络群体内部存在态度感染效应等。

以互联网群体传播在谣言话题扩散中的态度效果研究为例。研究者发现，谣言作为一类特殊的信息，本身带有强烈的心理属性和社交属性，谣

言在网络群体中的传播是典型的信息与态度意见的双重流动，谣言的扩散
与网络群体的态度演变相互交织、协同作用，最后导致网络群体成员表现
出具有某些特征的外在行动。研究者们认为，如果只针对谣言的扩散或者
网络群体成员的个体态度进行分析，并不能准确认识谣言在互联网群体传
播过程中的本质规律和真正效果，只有对上述协同作用的态度交互演变过
程进行深入的多维度动态分析，才能够真正找到规制谣言扩散与影响的
核心。

三、态度效果研究的维度

（一）静态维度：影响因素与劝服

尽管互联网群体传播的态度层面效果具有多层次、多维度动态变化的
特征，将态度作为传播的结果来研究其影响因素仍然具有不可否认的重要
意义，本课题组称之为互联网群体传播态度效果研究的静态维度。静态维
度对于传播者或传播过程的监管者具有不言而喻的价值，它能够帮助厘清
影响态度的基本因素和启发影响态度的实践对策，而有目的地调整影响因
素，以尽量使态度效果符合传播者的预期，这实际上就是劝服。

在传播态度效果的影响因素研究领域，首先要提到的就是早期传播学
大师之一的霍夫兰，霍夫兰"执着地将态度改变作为因变量，开展了一系
列有关态度改变是如何被其他自变量所影响的研究"，重点研究了传播者、
传播渠道、传播内容以及传播对象这些"4W"要素的特征分别对态度改
变的影响。"4W"特征影响受众态度改变的研究框架一直延续在各种类型
的传播效果分析中，互联网群体传播也不例外。

例如，在传播者方面，对股民群体的网络传播效果研究发现，意见领
袖对股民的态度改变有显著影响，意见领袖不仅包括专业分析师等投资专
家，还包括受股民追捧的传奇股民或者股龄时间较长的资深股民；在传播
渠道方面，有关谣言的互联网群体传播研究表明，群体成员通过口头交
流、社交媒体等不同渠道获得谣言信息是其态度转变的重要因素。

受众个人差异是传播效果研究中从静态维度分析态度改变的第二个重
要视角。在早期传播效果分析中，研究者们就注意到受众个人差异对态度
改变的影响，并进行了相应的理论总结。其中，影响最为深远的两个成果

分别是易受影响性和选择性。易受影响性主要指受众个人是否能够对传播内容做出批判性思考的个人特质上的差异，这是受众个人在批判能力上的区分；选择性则主要指受众原来固有的态度或意见对传播效果的影响。

静态维度研究互联网群体传播态度层面效果的第三个重要因素是群体一致性影响。与其他类型的群体传播类似，互联网群体传播不可忽视的一个重要特征就是传播过程中群体成员与群体之间的相互作用及影响。在互联网群体传播的态度效果研究中，个体与群体之间一致性程度的高低是影响个体态度变化的重要因素。

（二）动态维度：交互与演进

基于信息和态度双重流动的特点，互联网群体传播的态度层面效果需要考察群体成员个人态度与群体态度之间交互演进的过程，这一过程不仅是态度层面的效果本身，同时也影响着最终的群体态度效果。在动态维度方面，研究者们综合借鉴传播学、信息学、系统科学、心理学以及社会学等多重交叉学科做出了有益的探索。

为了准确描述态度交互与演进的过程，研究者们试图通过动力学模型来判断网络群体成员之间的态度交互并预测群体的态度倾向，例如投票模型、多数统治模型、Sznajd 模型等。

投票模型关注特定空间内群体成员个体对某个具体问题的态度改变，在种族竞争问题中该模型表明个体受邻居的影响显著并会改变原有态度以与邻居相同；多数统治模型主要关注多数规则的使用，目标在于揭示多数规则之下的态度演化；Sznajd 模型与投票模型类似，区别在于个体态度不是受其最近的邻居影响，而是受最近邻居的邻居所影响。

在这些模型中应用最广泛也最基本的模型是 Ising 交互系统动力学模型，该模型主要关注个体态度受周边群体的影响，可以有效模拟出二者态度的演进。Ising 模型借鉴了物理学中的自旋概念，通过数值化的个体态度交互来分析群体态度演进的规律，并对个体态度与行为的关联性进行简化处理。

研究者们进一步发现互联网群体传播的态度交互演进过程还受到网民个体属性和网络环境的影响，并且从这些影响因素的角度更深入地探讨和拓展了互联网群体传播的态度交互演进过程。

互联网群体传播中的态度交互演进动态发展，最终将导致信息的扩散和群体态度的形成。如前所述，这一动态维度的研究综合了多学科特别是系统动力学方面的研究范式，对于互联网群体传播的态度层面效果研究而言仍有较大空间。例如，信息的扩散与态度交互演进之间也存在着相互作用和相互影响，其具体过程与机制仍有待进一步挖掘探讨。

四、态度效果中的受众态度

互联网群体传播为用户提供了丰富的文化信息及互动交流方式，可以让媒体与用户之间以及用户与用户之间任意建立一种"多点对多点"的交流关系，从而彻底改变了用户对信息的接收和处理方式。为了深入认识新媒体语境下互联网群体传播对受众社会态度的影响，国内外学者一直来都在从不同视角进行着探索研究。然而在过去这些研究文献中，虽然学者对新媒体语境下用户态度的相关维度进行过研究，但研究对象多集中于针对青少年以及大学生，而研究内容多集中于道德缺失、思维方式、政治民主以及性态度和行为等方面，[①] 且多为对各个变量的影响进行单独分析，而较少存在就媒体语境对用户的社会态度各维度的影响进行综合性研究。另一方面，在过去这些研究中学者们多采用定性研究方法，且多为分析这些现象之间的联系，而较少探索它们产生这些现象背后的更具体的作用机制和路径，这可能会使人们对这些研究结论感觉到难以理解，以及在实际运用中感到可操作性差。因此，本书编写组就互联网群体传播对受众社会态度的效果影响进行了整合分析。

（一）互联网群体传播、社会懈怠与受众社会态度

社会懈怠效应是指个人与群体其他成员一起完成某种任务时，或个人活动有他人在场时，往往个人所付出的努力比单独工作时偏少，由此所出

---

① 姚冰，彭振芳，郭冬岩. 新媒体环境对农村青年群体价值观的影响及对策 [J]. 河北大学学报（哲学社会科学版），2014，39（1）：97-100；蒋晓丽，董子铭，曹漪那. 新媒体培养大学生核心价值观的交互机制研究 [J]. 湘潭大学学报（哲学社会科学版），2010，34（5）：146-152；Sama L M，Shoaf V. Ethics on the web：Applying moral decision-making to the new media [J]. Journal of Business Ethics，2002，36（1）：93-103；Entman R M. How the media affect what people think：An information processing approach [J]. The Journal of Politics，1989，51（2）：347-370；Kang，Jaeho. The media and the crisis of democracy：Rethinking aesthetic politics [J]. Theoria，2010，57（124）：1-22；Lou C，Cheng Y，Gao E，et al. Media's contribution to sexual knowledge，attitudes，and behaviors for adolescents and young adults in three Asian cities [J]. Journal of Adolescent Health，2012，50（3）：26-36.

现的个人的活动积极性与效率下降的现象。① 由于以数字技术为代表的新媒体，其最大特点表现为海量信息、碎片化以及虚拟化信息的传播环境，打破了媒介间的壁垒，消除了媒体介质之间，地域、行政之间，甚至传播者与接受者之间的边界。从传播形态上看，新媒体能够在新的平台把传统大众媒体的各种类型综合起来，实现复合型的传播；从传播范围上看，进行的是无边界的传播；从传播形式上看，强调传播的互动性，突出高度综合性特点；从传播内容上看，内容丰富且呈现多元化特点。新媒体语境的这些特征，使得用户在虚拟社区中的工作不记名，他们各自所付出的努力是难以测量的，而所能测量的结果是整个群体的工作绩效而非个人的工作绩效，个体在该情况下就可能不对自己的行为负责任，因而自身被评价的意识就减弱；其次，每一个成员作为整个群体的一员，与其他成员一起接受外来的监督，那么当群体成员增多时，每一个成员所接受的外来监督就会被分散和减弱，因而个体自我监督的意识就会降低。② 在跨越时空的新媒体话语交流平台中，用户虚拟社区的规模很大，个人责任可被追究的可能性会变得很模糊，个人自觉遵守社会规范的意识就降低，因此，在这些因素的综合影响下，用户的社会惰化现象表现得很明显。

态度是消费者对某一事物或观念所持有的正面或反面认识上的评价、情感上的感受和行为上的倾向性，即个人对环境中的某一对象的看法，是喜欢或厌恶，是接近或疏远，以及由此所激发的一种特殊的反应倾向。它包括三个因素，即认知因素、情感因素和意向因素，具体表现为责任和公平意识、风险偏好、道德发展、极化行为倾向以及亲社会意识等方面。态度不是与生俱有的，而是在后天的生活环境中，通过自身、社会化的过程逐渐形成，主要受到个人的欲望、知识和经验的影响。它的形成主要经历"依从—认同—内化"三阶段的过程，③ 它的转变主要受到来自信息和背景

---

① Harkins S G. Social loafing and social facilitation [J]. Journal of Experimental Social Psychology, 1987, 23 (1): 1-18.

② Latané B, Williams K, Harkins S. Many hands make light the work: The causes and consequences of social loafing [J]. Journal of Personality and Social Psychology, 1979, 37 (6): 822.

③ Kelman H C. Compliance, identification, and internalization three processes of attitude change [J]. Journal of Conflict Resolution, 1958, 2 (1): 51-60.

的作用而产生，① 同时也是在社会交往过程中进行的。

道德是社会关系的产物，只有形成了人与人、人与社会之间的相互关系，并意识到自己与他人或集体的不同利益关系以及产生调解利益矛盾的迫切要求时，才会产生道德。从宏观上看，影响道德的因素主要是文化、社会制度和人的作用三个方面。作为社会个体，总是生活于具体的社会环境之中，群体环境作为人们工作和生活的一种环境，随时影响着人们的思想观念和价值取向。尽管个体之间存在某些文化差异，但经过群体环境的不断熏染和潜移默化，都有可能在一定程度上被统一于这种群体性格之中。当社会懈怠存在时，用户在其中的决策责任分散，风险共担，即使决策失败也不会由一个人单独承担，加之权责表现不分明，群体决策就不如个体决策谨慎，具有更强的冒险性，这会使得他们的责任和公平意识降低，道德意识也会下降。同样，因为社会懈怠的存在，如果一开始群体内成员的意见比较保守，经过群体的讨论后，决策就会更加保守；相反，如果他们个人意见趋向于冒险化，那么讨论后的群体决策就会更趋向于冒险。② 而且在讨论层层展开的过程中，这种激烈的情绪和观点不断复制，在群体感染机制影响下，传染给其他成员，造成态度极化。同时由于"去个性化"特征的存在，在群体决策中用户观点会趋于一致，容易促发网络群体极化现象。而在对社会的态度和行为中，后果意识和责任归因是与亲社会行为直接相连的一般特征，后果意识和助人行为的责任归因这两个人格因素会受当时情境的影响，即情境能唤起或激活责任意识的责任归因③。而在新媒体语境中，由于结构的松散性和包容性，社会懈怠的产生淡化了用户对后果意识和社会责任意识，从而使得用户亲社会意识就会减弱。

媒介接触是指两个或多个使用者之间所进行的交流和互动，它可以促使媒介用户就任何一个话题进行自由地参与和沟通。根据触点理论，在具有网络特质的 AISAS 模式中，它不仅说明了互联网所具有的搜索和分享这两个极其重要的功能和属性，而且也强调在 AISAS 流程上的每一步都有相

①　Hovland C I，Janis I L，Kelley H H. Communication and persuasion：Psychological studies of opinion change ［M］. New Haven：Yale University Press，1953.

②　Karau S J，Williams K D. Social loafing：A meta-analytic review and theoretical integration ［J］. Journal of Personality and Social Psychology，1993，65（4）：681.

③　Schwartz S H. Normative influences on altruism ［M］//Advances in experimental social psychology. Pittsburgh Academic Press，1977.

应的媒介接触点进行支持，从而使得在整个接触过程中呈碎片化的媒介接触点在 AISAS 策略下得到整合。[①] 新媒体的出现，使信息出现了碎片化，加剧了分众现状的存在，用户对某一信息的注意力时间趋向缩短。同时，大量而繁杂、有关与无关的信息被迫涌入每个用户的视野，这会使得用户在某种程度上产生抵触心理，从而对某一个媒体的忠诚度不断下降。信息触点量是信息接触量多少的量度，认知心理学理论强调，人们对于信息的记忆程度，是自我在内心通过回忆来重温过去的感觉。[②] 当用户对媒介接触的频率越大时，对大脑的刺激强度就得以不断强化，就越能增加用户对自身所需要的信息的认知深度和有效回忆状态；当媒介接触多样性越大时，用户所能接触的虚拟人际关系网络就越大，这使得用户可以有更多的虚拟社区或群体加以选择，这从而大大提高了他们能够选择及参与到符合他们自己兴趣和爱好的虚拟群体和空间的概率。根据 X 理论及操作性条件反射理论，在松散的虚拟群体规则下，用户对新媒体的使用频率和媒介的多样性均会强化用户在新媒体语境下的惰性程度。[③]

（二）调查研究结果与讨论

为了深入研究互联网群体传播与社会懈怠、受众的社会态度以及道德认同等因素的关系，本书编写组对上海市范围内的高校、企业、事业单位等不同行业和领域进行了调查研究，调查设计采用分层抽样法。该调查共历时 3 个月，共发放问卷数 1200 份，回收问卷数为 1158 份，有效问卷数 1103 份。该样本资料涵盖了上海市不同性别、年龄、文化程度和职业的抽样个体，从人口学统计特征来看，样本具体的人口统计学特征与上海市整体人口统计学特征相差不大，可以代表整个上海市的抽样总体体征。本书编写组利用结构方程模型对调查问卷结果进行了分析统计，得出如下结论：

第一，新媒体语境通过社会懈怠中介变量对用户社会态度倾向的五个方面产生显著影响，其中，对用户风险偏好和群体极化倾向产生正向作

---

① Fumito K. The modeling of AISAS marketing process [J]. Journal of System Dynamics，Vol.8，2009.

② Dretske F I. Précis of knowledge and the flow of information [J]. Behavioral and Brain Sciences，1983，6（1）：55-63.

③ McGregor D. The human side of enterprise [M]. Cambridge：McGraw-Hill Book Company，1960. Skinner B F. Science and human behavior [M]. NY：Simon and Schuster，1953.

用，对责任与公平意识、道德发展及亲社会意识产生负向影响，产生的作用大小顺序依次为：道德发展、风险偏好、群体极化倾向、亲社会意识、责任与公平意识；

第二，新媒体语境对社会懈怠产生正向作用，社会懈怠对用户风险偏好和群体极化倾向产生正向作用，对责任与公平意识、道德发展以及亲社会意识产生负向作用；

第三，媒体接触频率在新媒体语境与社会懈怠关系中具有显著正向调节作用，而媒体接触的多样性在其中的调节作用不明显；

第四，在主效应和调节作用中，均表现出对男性的影响大于女性，其影响大小并随着年龄的增加而呈减弱趋势。

以上结论的研究框架可用图 7-4 的理论模型图表示。

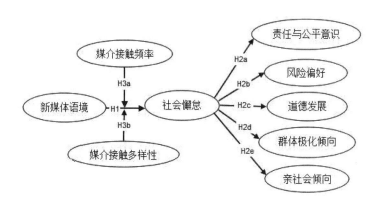

图 7-4　新媒体语境下的社会懈怠对受众态度的影响

在过去的相关研究中虽然尚未存在与该研究框架类似的文献，但根据过去学者相关的研究结论，[①] 可以推测出新媒体语境对用户社会态度的影响具有显著性，媒体接触频率在新媒体语境与社会懈怠间调节作用的显著性，以及新媒体语境对男性的影响大于对女性的影响，在这些方面本课题

① Webster J G. Audience behavior in the new media environment [J]. Journal of Communication, 1986, 36 (3): 77-91; Malamuth N M, Check J V P. The effects of mass media exposure on acceptance of violence against women: A field experiment [J]. Journal of Research in Personality, 1981, 15 (4): 436-446.; Ostrov J M, Gentile D A, Crick N R. Media exposure, aggression and prosocial behavior during early childhood: A longitudinal study [J]. Social Development, 2006, 15 (4): 612-627.

组的研究结论与过去的相关研究结论相吻合。关于媒介接触的多样性在新媒体语境与社会懈怠之间关系中影响的显著性，朔贝特等学者在对真实的在线社区进行探索性分析时得出，随着用户活动的异质性不断增加，只有少数人发表的帖子在不断增加。[①] 这表明用户活动的异质性会对用户社会惰性产生影响，但本研究结论与此结论不相符，这可能是由于随着新媒体语境的发展，多样化的媒介都在传递着大同小异的信息，这使得媒介接触的多样性并不成为用户社会懈怠程度影响的显著因素。因此，产生该现象的具体原因以及它们之间的关系如何有待进一步的研究探索，这可以作为未来的研究方向。

在上述研究结论中，新媒体语境下的互联网群体传播会对用户的社会惰性产生影响，从而传导至他们的社会态度。同时，用户的媒介使用频率在该影响过程中起着重要调节作用，而且从总体上看，新媒体对男性的影响要大于对女性的影响。该现象产生的主要原因可能有：一方面，网络信息传播具有及时性、互动性、虚拟性和匿名性，人们往往会为了一己私利而罔顾法律，使得低俗虚假信息泛滥，谣言传播无处不在，用户因此毫无顾忌地发表偏激言论，久而久之，这些信息便腐蚀了人们的社会道德，造成整个社会诚信丢失，投机主义盛行以及社会风气恶化等现象，对社会风气产生了负面影响。而大量网络虚拟群体的存在，使得情绪感染的潜在危机随时可能引爆，从而增加了人们的群体极化行为产生的可能。另一方面，由于国家在新媒体管理方面的法规制度还不够完善，政府对于网络舆情的监督和引导实施不到位，仍然缺乏对网络等新媒体完善的监督和审核机制。作为信息传播源头的很多供应商，在市场利益的驱使下，牟取暴利而罔顾社会责任，一些希望借助谣言传播来博得用户眼球的网络媒体不顾职业道德，大量散布虚假新闻，造成了网络信息真假难辨，使得网络大幅缺失公信力。同时，由于社会文化所传承下来的社会地位和社会角色中性别差异的存在，男性所面对的工作压力、社会压力及心理压力均大于女性，在当今高度社会竞争的境况下，男性在监控自己的情绪，并在识别和利用情绪信息指导自己的思想和行为方面的能力相对于女性较差，容易受

---

① Schoberth T，Preece J，Heinzl A. Online communities：A longitudinal analysis of communication activities［C］//36th Annual Hawaii International Conference on System Sciences，2003. Proceedings of the. IEEE，2003：10.

到情绪感染的影响，面对外来情境的干扰却难以保持稳定的情绪，在情绪管理方面表现比女性差。

五、态度效果中的受众说服

近年来，中国经济的巨大发展推动了社会阶层结构的变动，中产阶层的崛起以及各种新富群体的出现，推动了奢侈品行业在国内市场的繁荣，使得奢侈品市场在中国得以快速发展。我国成为全球第一大奢侈品消费国，高盛 2010 年底的数据显示，2010 年中国奢侈品消费高达 65 亿美元，连续三年全球销售量和增长率均排第一，[①] 也因此奢侈品品牌的互联网群体传播开始逐步受到研究者的重视。同时由于欧洲百年奢侈品品牌进入中国这个新兴市场，中国奢侈品市场面临着消费者的品牌忠诚度低、文化差异等严峻的问题。因此正确认识奢侈品品牌传播效果的影响因素及作用机制，建立消费者的品牌忠诚度成为了品牌竞争市场中致胜的关键。调查显示，24.71％的消费者是为了追求虚荣而选择奢侈品，[②] 而虚荣效应则是在消费者所在群体的无形压力作用下而产生的，因此群体的存在直接影响了消费者对品牌传播中的提示模式、释义模式和诉求模式等语意形式的偏好和敏感程度，而群体规范是其中一个较为重要的影响因素。本书以奢侈品品牌的互联网群体传播为例，探讨互联网群体传播态度效果中的说服这一概念。

（一）语意形式、受众文化程度、群体规范与态度说服

互联网群体传播中对奢侈品品牌的提示模式主要包括一面提示和两面提示。其中一面提示是在传播信息中仅向受众提示于己有利的判断材料；两面提示是既包含产品优点的信息，也适当暴露产品的不足。[③] 一面提示和两面提示可视为信息单面性的不同程度的两个极端。而说服效果则是受传者的态度沿传播者说服意图方向发生变化的程度。根据经济学理论，随

---

①　王海忠，秦深，刘笛. 奢侈品品牌标识显著度决策：张扬还是低调——自用和送礼情形下品牌标识显著度对购买意愿的影响机制比较 [J]. 中国工业经济，2012（11）：148 - 160.

②　彭传新. 奢侈品品牌文化研究 [J]. 中国软科学，2010（2）：69 - 77.

③　Wright C R. Mass communication：A sociological perspective [R]. 1959.

着产品价格的不断升高，消费者对其价格的边际敏感度会逐渐升高。[①] 然而在整个产品市场中，奢侈品价格整体上处于同类产品之上，其价格的边际敏感度较大，受众对其中的边际风险意识也较强，因此在该情况下受众对单面信息与双面信息的接受程度可视为一个风险决策过程，单面积极信息反映了感知确定性收益，两面提示中的负面信息反映了感知损失程度，根据前经济学中的大多数人属于风险规避者的研究结论，[②] 受众更倾向于选择单面提示的信息，而规避具有感知风险的两面提示，因此单面信息能产生更好的说服效果。

网络群体传播中对奢侈品品牌的释义模式主要包括明示结论和寓观点于材料，其中明示结论法向受众所展示的观点鲜明，受众易于理解传播者的意图和立场；寓观点于材料的释义法容易使所要表达的主旨隐晦、模糊，增加理解难度，不易迅速和简明地获知传播者的意图。[③] 奢侈品属于非必需品，它的有无不会明显影响人们正常的日常生活，同时由于较高的价格，消费者在作出奢侈品的购买决策时更为谨慎，在该情况下受众对其中的风险更为敏感，[④] 传播中的寓意的释义模式降低了受众品牌信息理解的准确性，增加了对购买后损失风险可能性的认知，而明示结论却降低了因语义含蓄而导致的感知风险，因此明示结论释义模式会产生更佳的说服效果。

诉求模式是指互联网群体传播中奢侈品品牌方有意识地运用各种策略，激发潜在消费者针对产品进一步搜集信息，形成或改变对该产品的态度和认知，并最终导致购买行为，[⑤] 主要包括理性诉求和感性诉求。其中理性诉求是指品牌方采取理性说服的方法，有理有据地直接论述产品的特性和长处，使受众经过概念、判断、推理等思维过程，理智地做出决定。

---

① Vickrey W. Measuring marginal utility by reactions to risk [J]. Econometrica，1945：319－333.

② Varian H R. Intermediate microeconomics：A modern approach [M]. NY：W. W. Norton & Company，2014.

③ Johnson B T，Eagly A H. Effects of involvement on persuasion：A meta-analysis [J]. Psychological Bulletin，1989，106（2）：290.

④ Aaker J L，Maheswaran D. The effect of cultural orientation on persuasion [J]. Journal of Consumer Research，1997，24（3）：315－328.

⑤ Wang C C，Wang Y T. Persuasion effect of e-WOM：The impact of involvement and ambiguity tolerance [J]. Journal of Global Academy of Marketing，2010，20（4）：281－293.

感性诉求则是指品牌方向受众动之以情，抓住受众的情感需要，向受众诉说该产品能满足其自尊、自信的特征，激发受众的情绪，影响受众对该信息和产品的印象，从而产生强大的情感上的感染力和影响力。① 奢侈品作为一种高雅的产品，往往可以给消费者提供一种与众不同的品味和象征价值，而感性诉求能够使其将积极的情感体验和品牌联系起来，增强其对品牌的喜爱程度，同时能够更好地降低价格的敏感性，② 增加受众购买的可能性，提高了品牌的传播效果。

知觉是人们对所接受到的刺激物赋予意义的过程，这个过程依赖于来自环境和知觉者自身的信息（即已有知识）。在人的认识和行为过程中，他们头脑中已有的知识结构对其产生决定性作用。完整的认知过程是"定向—抽取特征—比较"的循环过程，而知识在其中通过图式（schema）来发挥作用。③ 知识结构完善的人有较大的图式网络，而知识结构狭窄的受众的图式网络较小，因此文化程度高的人在信息处理和加工的过程中能够使用较大的图式网络运用发散性思维，具有较强的逻辑性，容易接受辩证性和理性推理的两面信息，也能更好地理解不同释义形式的信息，因此信息的单面性程度和感性程度会对该类受众产生较差的说服效果，结论明示程度能产生较佳的说服效果；而文化程度低的受众的图式网络较小，难以做到对事物进行辩证和理性的分析，对信息理解程度也较低④，因此信息的单面性程度和感性程度会对该类受众产生较佳的说服效果，结论明示程度则产生较差的说服效果。

群体规范是指人们在群体中共同遵守的行为方式的总和。个人独处时，各人的看法往往是不同的，当他们一旦结合成为群体，群体成员就会受到群体规范的约束和群体舆论压力，会潜意识地形成群体思维惯性，并

---

① McQuail D. Mass communication theory：An introduction ［M］. CA：Sage Publications，1987.

② Chevalier M，Mazzalovo G. Luxury brand management ［M］. NY：John Wiley & Sons，2012.

③ Ratneshwar S，Chaiken S. Comprehension's role in persuasion：The case of its moderating effect on the persuasive impact of source cues ［J］. Journal of Consumer Research，1991，18（1）：52－62.

④ Richardson P M. Possible influences of Arabic-Islamic culture on the reflective practices proposed for an education degree at the Higher Colleges of Technology in the United Arab Emirates ［J］. International Journal of Educational Development，2004，24（4）：429－436.

不自觉地通过自身的言行表现出来。① 严格的群体规范比松散的群体规范更能使群体成员产生严谨的思维方式和行为习惯，在接收到的信息的时候更倾向于采用理性和辩证的方式对信息进行加工和处理，同时由于规范的严格性，违反规范可能面对较重的惩罚和舆论的压力，② 在该心理压力下他们更偏好意义明确的信息表达方式，以避免理解不准确而产生的风险，而两面提示、明示结论和理性诉求正体现了该思维方式，因此信息的单面性程度和感性程度对处于该类群体中的受众能产生较差的说服效果，结论明示程度能产生较佳的说服效果。

（二）调查研究结果与讨论

为了深入了解在奢侈品品牌的互联网群体传播中，语意模式、受众文化程度、群体规范等因素与受众态度说服效果之间的关系，本书编写组以上海市全体市民为抽样总体进行了调查研究，该调查涵盖了上海市高校、企业、培训机构等不同行业和领域。调查采用分层抽样法，共分为两层，第一层先把抽样总体分为学校、服务业、制造业、培训机构、事业单位、党群机关等 12 大类，该层样本框为样本所在单位的类型名称，采用随机数表法进行随机抽样，从中抽取 6 个样本类型，即该层样本量为 6；第二层抽样亦采用随机数表法分别从第一层所抽取的 6 个类型中各抽取 2 个单位作为第二层抽样的样本量，样本框为该 6 个类型所包含的所有企业和单位的名单，样本量为 12，最后将所抽取的这些样本合并构成本次抽样的总样本。

该调查共历时 2 个月，共发放问卷 1769 份，回收问卷为 1528 份，有效问卷 1305 份，样本大小为 1305 人，有效问卷回收率为 73.77％（即有效问卷数除以问卷总数），样本具体的人口统计学特征与上海市整体人口统计学特征相差不大，可以代表整个上海市的抽样总体体征。

随后，本研究课题组按照图 7-5 的理论模型图所展示的研究框架，利用多水平线性模型对该调查的问卷结果进行统计分析，得出了三个结论。

---

① Tuddenham R D. The influence of a distorted group norm upon individual judgment [J]. The Journal of Psychology, 1958, 46 (2): 227-241.

② Terry D J, Hogg M A. Group norms and the attitude-behavior relationship: A role for group identification [J]. Personality and Social Psychology Bulletin, 1996, 22 (8): 776-793.

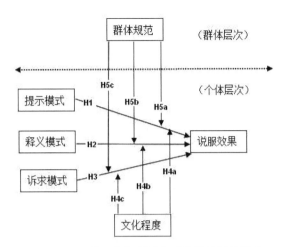

图 7-5　互联网中多种因素对说服效果的影响

第一，因信息的单面性程度、结论明示程度及感性程度与说服效果均呈正向相关，这表明单面提示、明示释义和感性诉求的语意形式会产生更佳的说服效果，双面提示、寓意释义及理性诉求的说服效果相对较差。而过去的多数研究结果则表明奢侈品在进行品牌传播时使用双面提示、明示释义和理性诉求的语意形式有着更佳的说服效果，[①] 本课题组的研究结论与过去传统研究结论则有一定程度的差异，这可能是由于信息技术的不断发展，不同形式的媒体不断涌现，各种信息充斥着人们生活中的每个角落，同时也改变了整个传播媒体的结构以及人们对信息的处理和接受模式，过去在传统媒体背景下进行的研究结论不再完全被当今媒介高度融合的现状所证实。

新媒体的出现，使得传播具有速度快、效率高、转载报道多、虚假报道多等特点，特别是互联网快速发展，使得更多人成为传播者，同时由于网络传播者传播水平有限，大量垃圾信息流入受众生活，很大程度上影响了受众对传播信息的信任度。在该语境下的品牌传播中的任何负面信息都可能被受众高度信任，甚至使得负面影响的范围和程度在受众的认知中会变得更大。同时由于新媒体语境下虚拟群体及舆论导向的作用表现更加突

————————

① Nueno J L，Quelch J A. The mass marketing of luxury ［J］. Business Horizons，1998，41
（6）：61-68.

出，受众更容易受到情绪等感性知觉的影响，[①] 因此奢侈品的单面提示和感性诉求的信息会产生更佳的说服效果。

关于释义模式，不管是在传统媒体语境还是新媒体语境下，受众对寓意性释义的理解均需要经过更多的信息节点和路径才能达到目标信息点，这常常使得受众对品牌信息的理解变得更模糊；而对于明示结论的释义方式，受众无需经过任何信息节点和路径就能迅速而准确地获知传播者的意图，[②] 避免了信息处理过程中的复杂性和不确定性，因此明示结论的释义模式就能产生更佳的说服效果。

第二，受众文化程度在提示模式、诉求模式以及释义模式与说服效果间均具有调节作用。社会学研究结果显示，文化程度较低的人通常会选择更为简单的信息加工模式对信息进行处理，在他们头脑中形成的图式网络较窄，难以运用发散性思维进行全面性思考，他们对接收到的信息多进行一些相对较直观和低层次的加工和处理，难以进行辨证性和逻辑性分析，他们难以理解两面性作为万物特征的常理，[③] 因此两面提示中的负面信息在很大程度上破坏了品牌的正面形象，不再会产生预防和免疫的效应，而单面提示中的单向信息却强化了他们对品牌形象的正面认识。

第三，群体规范在提示模式与说服效果间以及诉求模式与说服效果间产生调节作用，在释义模式与说服效果间的调节作用不显著。群体规范是一种行为准则，会产生一种无形的压力，它约束着人们的行为。群体成员如果违反了规范，就会受到群体舆论的压力，该压力迫使其改变行为，与群体成员保持一致，从而就形成一种群体压力和群体性思维惯性，改变他们对事物的思考方式，从而形成对信息提示方式和诉求方式的不同偏好，因此群体规范在其中产生了显著的影响力。[④] 然而群体规范属于一个外部环境影响因素，由于人们究竟会对直观还是含蓄信息产生偏好在很大程度上与受众生理上固有的性格特质相关联，主要受到文化教育等主动性条件

———————————

① Kahn R，Kellner D. New media and internet activism：From the 'Battle of Seattle' to blogging [J]. New Media & Society，2004，6（1）：87-95.

② Anderson J R. Cognitive psychology and its implications [M]. London：Macmillan，2005.

③ Glaser R. Education and thinking：The role of knowledge [J]. American Psychologist，1984，39（2）：93.

④ Postmes T，Spears R，Lea M. The formation of group norms in computer - mediated communication [J]. Human Communication Research，2000，26（3）：341-371.

的影响，而被动性的外部因素难以对此产生明显的改变，[①] 因此群体规范难以对此释义模式产生显著作用。

第四节　互联网群体传播的行为层面效果

互联网群体传播的认知层面以及态度层面效果最终触发了网络群体成员的行为层面效果。网络群体成员的行为既是其认知和态度的外在表现，同时本身也是互联网群体传播效果的重要体现。与认知层面和态度层面的效果研究类似，互联网群体传播的行为层面效果同样也遇到个体行为和群体行为两个层次的问题，且实践中个体行为与群体行为之间始终存在动态演化，无法完全切割。为了清晰深入地了解行为层面效果，研究者们通常在理论上对互联网群体传播中的行为进行划分，以确切剖析复杂的行为层面传播效果。

一、互联网群体传播中的行为分类

互联网群体传播是网络传播与群体传播的交叉领域，在行为层面上，互联网群体传播中既有个体行为与群体行为的划分，又有线上行为和线下行为的划分。值得注意的是，互联网群体传播的行为效果不仅发生在群体成员的网络传播行为上，还体现在网络之外的线下行动上。线上行为主要以信息的传播行为为主，而线下行为既包括各种线下沟通交流的传播行为，又涵盖其他与互联网群体传播直接相关的各种行动，范围极其广泛。

（一）个体行为层面

在个体行为与群体行为的基本分类基础上，人们在互联网群体传播中的行为还可以被进一步细化。从现有互联网群体传播的研究情况来看，个体行为层面的效果研究主要集中在个人线上传播行为。

个人线上传播行为包括群体成员在网络上的所有传播行为。从传播的

---

① Winograd T. Understanding natural language [J]. Cognitive Psychology, 1972, 3 (1): 1 - 191.

信息流角度，个人线上传播行为可以细化为发言、跟帖、转发、评论等不同行为，针对这些行为的数据搜集、测量、评估等均已形成较为成熟的研究框架；从传播的内容角度，个人线上传播行为又可以细化为围观、点赞、监督等不同行为，这些行为的专门分析在不少具体应用领域的互联网群体传播行为效果研究中也得到较大发展，比如研究者对互联网群体传播中的网民舆论监督行为的深入分析，研究者对谣言的互联网群体传播中出现的信谣传谣、不予理睬、理性求证等不同类型网民行为的对比分析等。

（二）群体行为层面

相比个体行为层面的效果研究主要集中在个人线上传播行为，互联网群体传播中的群体行为层面研究更为复杂。群体行为层面的效果研究不仅包括线上群体传播行为，还包括线下群体行动以及线上传播线下行动的综合群体行为研究。

以近年来受到研究者和社会管理部门高度重视的网络群体事件为例，对网络群体事件的研究就是典型的综合了网络环境下线上群体传播与线下群体行动的群体行为层面效果研究。在网络群体事件中，线下群体行动的成因、演化、分类等与线上群体传播行为密不可分，甚至在某种程度上线下群体行动的发生演化逻辑就是线上传播管理的过程。可见，如同复杂科学研究的其他对象一样，互联网群体传播的群体行为层面效果研究也充斥着大量相互作用的各类元素，给研究者提出了丰富而又具有挑战的命题。

二、互联网群体传播的个体行为效果

如前所述，互联网群体传播的个体行为效果主要指互联网群体传播对群体成员个体的线上传播行为的影响。个体层面的行为效果研究延续了传播效果研究的传统，并且被视之为认知和态度层面研究的引申，即当受众个体因传播的影响而发生认知和态度的改变之后，其行为也会随之发生改变。

（一）个体行为的特征

个体行为是个体表现出来的有目的的活动。通过对个体行为的大量研究，心理学家和行为科学家对个体行为的特征提出了不同解释，从各种角度来认识我们人类个体行为的特征。其中，有的学派强调个体自身内部因素的影响，有的学派强调个体行为对外部环境因素的反应，还有的综合内外因素进行考量。

例如，行为主义心理学经典认为个体行为就是对外界刺激的反应，除了最简单的反射以外，个体行为都可以通过条件反射从后天学习得来；格式塔心理学派则将个人视为一个能量系统，个人与外部环境构成某种心理动力场，并且通过自我状态和心理环境这两种力量的心理动力场来决定最终的行为；美国新行为主义理论则注重从整体行为的角度研究个体行为，把遗传、年龄、生理内驱力、过去的经验以及环境刺激等多种要素都考虑在个体行为分析模型中；精神分析学派则另辟蹊径，提出只有人格中的本我、自我、超我三个部分达到平衡时，个体才能做出恰当的行为等。

（二）个体行为的影响因素

虽然关于个体行为有上述诸多不同的研究范式与分析角度，但由于受到美国行为主义心理学发展的直接影响，经典传播效果研究从早期开始就建立了"刺激—反应"的研究范式。在这一范式下，互联网群体传播的个人层面行为效果的内在机制仍为从传播刺激到行为反应，中间经历了认知、态度变化等过程。从这一范式出发，与态度研究类似，互联网群体传播的个人层面行为效果研究重在挖掘影响个人行为的传播要素，例如霍夫兰研究传统之下的"4W"框架、个人特质影响要素、环境影响要素等。

对于有关互联网群体传播的个人层面，行为效果影响因素的挖掘是目前该领域的主流方向，特别是在各具体应用领域，仍然能够为传播者或传播监管者等提供实践中的对策启示。例如，在谣言领域的互联网群体传播个人行为效果研究中，研究者发现，谣言的信息数量和内容质量、谣言传播源的可信度和专业性、受众个体与谣言传播源的关系以及其自身知识水平、受众个体的归因心理和平衡心理等因素均对个人行为效果有显著影响；在股民的互联网群体传播中，意见领袖发布的内容不仅对股民的认知和态度起到重要作用，对股民行为决策的影响也十分显著。

（三）个体在传播行为的重要性与预测

在互联网群体传播的个体层面行为中，有一类行为尤其受到研究者们的重视，即群体成员个人的再传播行为或简单称之为转发行为。通过分析微博等社交媒体上互联网群体传播的拓扑特征，研究者们发现，转发行为对信息在互联网群体传播中的快速流动具有重要意义，是导致互联网群体传播能够在短时间内聚集能量的重要因素，可以说，转发规模在某种程度上直接反映了互联网群体传播的影响规模。

正是由于个体再传播行为的重要性，如何预测个体的再传播行为也成为互联网群体传播个体层面行为效果研究的重要方向。例如，利用线性阈值模型（LTM）预测网络群体成员的转发行为，以某节点的周围激活节点个数增加幅度来预测该节点被激活的概率；从社交媒体的信息内容、受众个人特质以及相互关系等方面提出核心特征，分析影响转发行为的因素，再结合逻辑回归（LR）算法提出转发行为的概率预测模型等。这些有关互联网群体传播中个体再传播行为的预测研究已广泛应用在市场营销、舆情热点发现、舆情监控等领域。

三、互联网群体传播的群体行为效果

群体行为效果分析是互联网群体传播效果研究的特色之一，它综合了网络传播和群体传播的复杂特征，是充满挑战的研究领域。对于互联网群体传播的群体行为效果，人们不仅试图为纷繁复杂的群体行为归纳出可供判别的共性特征，还努力挖掘影响互联网群体传播群体层面行为效果的内外因素，并找出群体行为动态演化过程背后的规律以便于预控制。

（一）群体行为的特征

群体行为是由临时、分散的群体所进行的活动，群体行为与有明确目的和清晰等级的组织行为存在明显的差异。研究者们从社会学、心理学、传播学等不同学科视角出发归纳总结群体行为特征，主要有以下三个方面：一是不可预料性。由于互联网群体传播中的群体缺乏持久固定的结构，因此无法像组织那样的固定群体具有行为可预料性，并且常常呈现出反常或奇特的现象。二是去个性化与从众。群体中的个体在参与群体行为时较少受到个性的支配，反而更多地追随群体，因为群体成员的匿名性，个体在群体中通常无法被识别出真实身份，这种个体因匿名而不必为群体行为负责的状态也加剧了个体的去个性化。与此类似，即使群体成员希望保持个性时也容易受到群体压力的影响而放弃原有的行为决策，与群体其他成员保持一致可以帮助个体在群体中避免感到孤立、不安和恐惧，从众通常是群体行为的显著特征。三是社会助长或抑制。群体行为中的个体的

行动可能与这些个体单独行动时存在明显差别，当个人在群体行为中被激发出竞争感和被评价意识时，群体行为就会为个人的行动效率等带来提升作用，即群体行为的社会助长。但当个人在群体行为中被激发出的竞争感和被评价意识过于强烈时，这种感觉反而会干扰个人的正常思维活动和行动，体现为行动效率的降低，即群体行为的社会抑制。

具体到互联网群体传播中，除了具备以上群体行为的主要特征外，互联网群体传播的群体行为效果还具有一些典型特征，主要包括以下三个方面：

第一，群体行为参与者不仅与互联网群体传播的成员互动，同时与互联网群体传播之外的成员保持线下互动。互联网群体传播影响了群体成员的行为，但这些成员的群体行为还同时被置身于整个社会环境之中，其他线下传播行为等行动共同影响了群体行为效果。

第二，群体行为的参与者及其网络结构处于动态变化中。在互联网群体传播引发的群体行为中，虽然群体行为可能持续一段时间，但群体行为的具体参与者却不断地在退出或加入，这样不仅带来其行为组成结构的复杂性，也导致该群体的网络关系网络结构随时处于动态演进之中。

第三，群体行为的不平衡性与放大性。互联网群体传播通过对成员个体的认知、态度、行为的影响，经由个体态度的交互演进，最终形成群体态度并引发群体行为，尽管这是一个动态的追求平衡一致的过程，但不可否认群体成员个体之间、不同利益的子群体之间都存在着不透明性和不对称性，因此群体行为的参与者始终具有不平衡性，且这些不平衡因素随时有可能被网络放大，影响群体行为新的走向。

（二）群体行为的外在与内在影响因素

寻找影响因素是效果研究的基本出发点和目的之一，也是干预影响传播效果的起点之一，互联网群体传播的群体层面行为效果研究也不例外。总的说来，研究者们主要从群体外在因素和内在因素两个方面来探究群体层面行为效果的影响因素。

在外在影响因素方面，研究者们发现，无论互联网群体传播掀起怎样的群体行为风暴，其群体行为效果总是有限的，因为互联网群体传播成员的注意力和影响力都是有限的，因此群体行为效果首先受到互联网群体传播的系统生长能力以及网络资源环境的影响。

此外，互联网群体传播引发群体行为后，社会环境的反应也会对群体行为的效果产生显著影响。例如，职能机构对相关互联网群体传播的作为或不作为、次生群体行为是否发生、大众媒体对互联网群体传播的响应及再次扩散等都可能成为群体行为效果的影响因素。

外在影响因素无法完全解释互联网群体传播的群体层面行为效果时，研究者们又将目光投向群体行为的内部，探索群体行为的内部动因对其最终效果的影响。这方面的研究与群体动力学的发展密切相关，群体动力学最早由心理学家勒温于 20 世纪 30 年代提出，他借用物理学中的"力场"理论来解释群体行为的内在机制，强调群体内部的活动与相互影响构成了群体行为的动力。

群体动力论的观点与心理学中的小群体理论一脉相承。在互联网群体传播的群体行为中，群体动力论主要揭示了群体内聚力、群体目标与个人目标、群体压力、群体标准等影响群体行为的内在影响因素。例如，群体内聚力指协作性的群体中不同成员在相互交流中产生新的认识并共同完成目标任务，这种内聚力是群体行动的能量动力；群体压力则是群体成员为了与其他大多数成员保持行动一致而感受到的压力，是群体中从众行为的最主要影响因素等。

（三）群体行为的演化模型

在探究群体行为的外在与内在影响因素的基础上，研究者们进一步探索了群体行为动态演化的过程，试图揭示这一动态过程背后的规律。由于互联网群体传播的群体层面行为效果的复杂性，目前研究者们通常是借用数学的抽象方法，用数学工具来描述剖析互联网群体传播的复杂行为，以此来动态把握互联网群体传播的群体行为效果。根据研究对象的细分，互联网群体传播的群体行为演化研究大致可以分为两类：

第一类是针对互联网群体传播的线上群体传播行为建立演化模型，揭示出转发、再传播等线上群体传播行为的动态规律。例如，借鉴病毒感染传播的 SIS（susceptible-infected-susceptible）模型，研究者们将互联网群体传播的成员个体视为一个个网络中的节点，成员个体之间的接触便是两个节点之间连接成一条边，从而将 SIS 模型引用到互联网群体传播的群体行为研究中。同时又考虑到互联网群体传播毕竟与一般的病毒传播不同，其成员具有异质性，至少成员之间的有效传播率存在明显差异而非完全一致，因此研究者们在 SIS 模型基础上进一步改进，利用异质节点复杂网络模型来探寻网络群体行为的演化规律；还有的研究者借鉴演化博弈论的框架，将互联网群体传播引发的群体行为视为成员个体行为、单群体行为以及群体间行为等随机交互多次博弈的动态过程，由此建立演化博弈模型来描述群体行为的演化规律。

第二类则综合考虑线上群体传播行为和由此引发的线下群体行动建立演化模型。其中的典型研究是有关网络群体事件的分析，网络群体事件是由互联网群体传播引发的群体行动，是同时夹杂了线上群体传播和线下群体行动的动态变化的过程。对于这样的复杂现象，研究者们同样借鉴数学方程的思维，将网络群体事件的复杂演化过程归结到时间序列上，通过建立 logistic 生长曲线方程来描述网络群体事件的发展演化趋势。例如，在对微博群体传播引发的群体事件分析中，研究者对事件发展过程中的微博累积发言量进行 logistic 方程拟合，根据该方程曲线的拐点将群体事件的过程分为开始潜伏期、快速扩散期、事件缓和期、事件消退期四个阶段，每一个阶段又可以被定义为群体行为中的子事件，这些子事件在整体事件的自组织演化过程中也存在各自的演化过程，从而呈现出整个网络群体事件以及各子事件的螺旋上升式的分段演化发展规律。

四、互联网群体传播与个体现实行为

本书以亚文化的互联网群体传播为例，探讨互联网群体传播对受众个体现实行为的影响。亚文化（subculture）是整体文化的一个分支，是由各种社会和自然因素造成的各地区、各群体文化特殊性的方面。如因阶级、阶层、民族、宗教以及居住环境的不同，人们在统一的民族文化之下，形成具有自身特征的群体或地区文化。亚文化作为与主文化相对应的非主流的、局部的文化现象，在主文化或综合文化的背景下，以其特有的观念和生活方式在特定的范围内存在，其不仅包含着与主文化相通的价值与观念，也有属于自己独特的价值与观念。这些文化极少被专业出版物、媒体与展示单位所介绍，甚至也不为专业的文化学者所重视。一些具有亚文化思想的人们在现实生活中由于社会关系的制约，不敢表露自己的真实思想；即便敢于真实表露自己的思想，由于传播范围有限，其影响也大大受到限制。

但是，在互联网群体传播中，发言者由于身体的缺失和身份的隐匿，愿意真实、充分，甚至略带夸张地在尽可能多的人面前表达自我，其在现实生活中隐藏深处的非主流的思想也得到肆意释放。特别是在播客兴起之后，这种非主流的思想和行为得到更为公开、广泛的传播，并对社会个体的现实行为产生了潜移默化的影响。本研究课题组对 20～39 岁的青年人群随机抽取 100 个样本进行了有关播客认知程度的调查（回收有效率为96％），在此调查基础上从播客现象来分析亚文化的互联网群体传播对受众个体现实行为的影响。

（一）播客现象与亚文化的互联网群体传播

"播客"又被称作"有声博客"，是 Podcast 的中文直译。播客们用麦克风、电脑录下自己的音频版日记，然后传到自己的播客上，与网友分享。播客们上传的音视频文件内容包括八卦杂绘、娱乐艺术、动漫游戏、每日流水账、情感、工作等。播客发展潜力巨大，市场广阔。这种带有"草根"色彩的传播方式正受到传统传媒巨头 ABC、NBC、ESPN 等的追捧，这些媒体陆续在其网站上推出了免费的"播客"服务。个人电子消费品巨头苹果公司也在 iTunes 内置"播客"功能。本书编写组的调查结果显示，有高达 84％的被调查者了解播客，其中 11％非常了解（见图 7-6）。另外，47.2％的被调查者表示完全接受播客，不太接受和非常反感播客的比例还不到 20％（见图 7-7）。这些数据都表明，大众生活正在经历一场前所未有的"播客现象"的变革。任何一个人，只要愿意，都可以成为播客的焦点，成为网络"红人"。

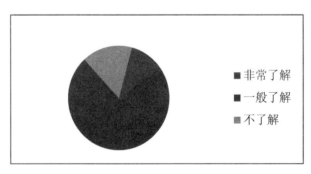

图 7-6　受调查者对播客的熟悉程度

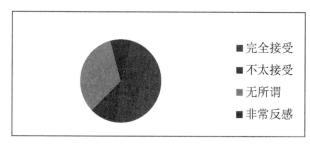

图7-7　受调查者对播客的接受程度

借助互联网群体传播，播客主要有三个方面的传播特点：

第一，深度颠覆传统媒体的传受双方角色。从某种意义上来说，播客是一个以互联网为载体的个人电台和电视台，是传统媒体的综合产物，具有巨大的影响力。播客让每个人的声音（甚至声像）都有机会平等地在世界范围内展示。它改变了传统媒体对传播内容的绝对控制，也改变了传统受众对传播内容的完全受制性。播客使普通人可以录制、上传自己的音频（视频）文件。同时，播客也让人们可以任意播放、下载甚至订阅自己喜欢的播客内容。传统媒体的传受关系在网络播客的冲击下被颠覆。

第二，多样化地体现传播内容的个性化和创造性。"播客"中存在着大量原创作品，即"播客"作者根据一些素材，包括现实事件、虚拟故事、心情表白录制一段音频、视频文本，粘贴到自己的"播客"中。这些文本通常较为粗糙，但它们所展现的自由个性和真实贴近却是传统媒体无法比拟的。除了原创以外，"播客"中还存在一种文本再生产方式：即对已经存在的现成文本进行一定的加工处理，形成新的媒介文本。这些素材包括电影、电视剧、电视新闻、综艺节目、广告、音乐录影带等。这些具有个性和创造性的新文本，如果构思巧妙、给人以独到享受，就极易借助网络的力量迅速家喻户晓。网络恶搞短片《一个馒头引发的血案》就是一个很好的例子。另外，播客的素材更加广泛、随机。2004年底的南亚大海啸期间，世界各地的播客们提供了大量受灾地区的一手音频和视频。这些信息的传递比传统媒体更加地快捷与及时，事件全程贴近自发报道的特征异常明显，包括事后募捐和寻找失踪人员等。从这个角度讲，播客对大事件的信息反映和信息运动的效率，本质上体现了自由、民主和独立的人性价值。因此，播客是传播效率、广度、深度、独家等方面的绝佳统一媒体。

第三，深含义地体现网络传播的"草根"色彩。无论是原创的作品还是再生产文本，大众播客作品都是普通百姓的一种构思和创造。这种完全在百姓群里炮制出来的作品具有很浓郁的百姓味道。另外，播客使人们在网络上由无声表达走向了有声表达，从文字图片表达走向了音频视频的立体表达。播客还带来了话语规则的改变。传统声频媒体的主持人，需要讲标准的普通话，把握适当的说话频率，并时时坚守着自己的媒体人身份，而播客则颠覆了传统声频媒体的程式化播报风格，让各具特色的民间声音和口语化的信息得以传播和共享。

播客给渴望表达自我的人们提供了一个网络化的虚拟平台，从而化解了人们在现实生活里表达思想的欲望与现实生活的制约所产生的矛盾。人们压抑于内心的思想以网络文字、音频（视频）文件的形式表现出来。当前中国播客节目的内容类别较多，有广播节目、音乐、情感空间、娱乐搞笑、学习和教育、艺术文化、体育、儿童天地、宗教信仰、家居生活等。

在本次的问卷调查中，课题组发现从数量和受关注程度看，播客节目以娱乐搞笑和情感交流为主。两者的受欢迎比例分别高达 55.3% 和 89.5%。更有 63.4% 的被调查者将娱乐搞笑作为首选喜爱的节目。同时，我们也可以发现关注另类现象的人占有近 40% 的较高比例，略低于包含体育、文化、生活等内容的其他类目（见图 7-8）。在受关注的播客作品中，有一部分是表达主流文化的作品，虽带有草根色彩，但表达的是一种积极向上的价值取向，当然其中也包括一些脱离社会实际、近乎完美的理想主义的作品。另外很大一部分是颠覆传统文化的恶搞性作品，或是反映现代人空虚和迷惘的作品，或是表达一种极端偏激思想的作品，或是表现抑郁症患者、街头流浪者等边缘人群和弱势群体的作品，或是表现同性恋等敏感话题的作品。如果没有网络，没有播客，这些非主流但却又真实存在的思想是很难如此通畅地被我们接触和感知的。

对于大多数网民来说，亚文化的播客作品有别于主流文化作品。这些新奇的播客作品由于迎合了当今社会尤其是年轻人猎奇心理的需要而大受欢迎。如这几年火爆网络的恶搞播客作品，使传统文化受到前所未有的挑战。从《大史记》到《分家在十月》再到《一个馒头引发的血案》，这些基于既有文化素材的网络播客作品，以特有的夸张、嘲弄、调侃的叙事方式，微妙地和社会现实紧密结合，使得严肃沉重的社会主题显得无足轻重。网络扩张了现代网民的触角和欲望，使他们有一种颠覆的快感，一旦他们发现什么，就会火速通过"自己的网络"再度传播出去。播客不拘一格的传播风格和主题思想以个人化的语言传播着亚文化，并升级和扩张这种文化以鼓动更多的人认可并加入他们的群体。

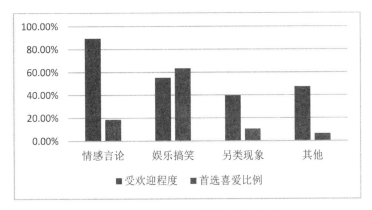

图 7-8　各种播客内容的受欢迎程度

（二）互联网亚文化群体传播对受众现实行为的正向引导

传播亚文化的播客作品广受欢迎和迅速蔓延让我们看到，亚文化正以相当快的速度和迅猛的势头侵入现实生活。主流文化的传播渠道主要是学校教育、传统媒体等，而亚文化则往往是在"随风潜入夜，润物细无声"的状态下不知不觉地成为人们思想、意识、规范的一部分。亚文化对人们的影响虽隐蔽但更为持久，具有潜移默化的影响，对于整个社会价值的均衡与和谐，将起到积极的作用。

第一，亚文化的网络传播能够引发广大社会个体对弱势群体给予关爱和帮助。在经济高速发展的今天，虽然人们的整体生活水平得到很大提高，但社会弱势群体在权力、财富、社会地位、知识、生存能力等社会资源的占有上仍处于劣势，网络给了他们和关注他们的人们一个诉说和表达诉求的平台，让千千万万的网民通过文字、图片、音频视频文件了解他们的故事和内心的痛苦。笔者调查发现近九成的网民关注这些反映边缘群体的播客作品，只有 11％的人不太关注（见图 7-9）。这是一股强大的积极力量，能够给弱势群体以精神上的鼓励或者经济上的资助，并且用网络舆论的力量为其鼓呼。

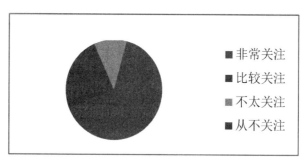

图 7‑9　受调查者对反映边缘群体的播客作品的关注程度

　　第二，亚文化的网络传播能够引导广大社会个体对患有心理疾病或思想偏激的群体给予关爱和帮助。社会的迅速发展和巨大的社会压力致使现在患有心理障碍的人越来越多。他们中，有的人尽管取得事业的成功，但内心的苦闷却始终得不到化解；有的人把现实生活的不如意扭曲成一种偏激、消极的价值观，对社会和周围人充满敌意；有的人沉迷于消极的游乐中，逃避现实生活。他们对世界的诠释大都是违背主流文化和主流价值的负面思想，他们通过网络把自己的这种负面思想宣泄出来，并广泛地传播。但与此同时，一些持有正确价值观并乐于助人的人们也通过网络传播把积极的、正确的价值观、人生观传播给这些有心理障碍的人们。就如笔者所调查，87.5％的被调查者表示会劝慰和教育那些价值观和人生观出现偏差的网友，其中超过 15％的人经常这么做（见图 7‑10）。身份的隐匿此时便成了建立彼此信任的重要因素，偏离的亚文化思想也可在信任和关爱中得到有效的修正。

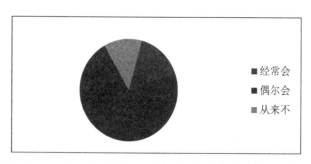

图 7‑10　被调查者对网友错误的价值观、人生观等的批驳和劝慰

第三，亚文化的网络传播有利于个人价值的实现。以播客为代表的网络亚文化传播，能够使得部分人得以施展所学，自我价值得以体现，并被社会与他人认同。播客是他们生命中必不可少的一部分。一个人只有不断地得到自我实现和自我提升，才能把自己的智慧和能量发挥至最大。而网络的传播所具有无门槛性、即时性、互动性、全球性与个性化的特点，为个人社会价值的实现创造了完美的平台，给每个人展示自我的舞台。

（三）互联网亚文化群体传播对受众现实行为的负功能

从性质上看，网络只是个人公开表达想法和思想的一种渠道，属于民间舆论的一种。播客表达也仅仅只是个人意愿的表示，缺乏公共引导、合理辨评和公平裁定等第三方机构，故而严格地区别于公共会议、BBS、论坛等组织型表达方式。因此，一方面，播客具有真实表达人们思想意愿的特征；但另一方面，博客上也很容易出现不负责任，甚至是虚假的和恶意的信息，给社会造成一定的负面影响。

第一，引发个人主义和集体主义的价值冲突。现代社会个体渴望超越他人的引导，而遵从自我意识的引导。他们崇尚自发性、直接性以及某种以自我为中心的情感强度。个人主义的价值观通常在正常的学习和工作环境下是被隐蔽起来的，但在网络亚文化传播的激发下就会冲破束缚而浮现于意识层面，借助网络的力量在现实或者想象的反抗与抵抗之中强化其反社会的诉求。久而久之，这种意识在现实生活中就有可能转化为对现实的反叛和颠覆。

第二，引发消费欲望与现实生活的矛盾。在全球化时代，以欲望为中心、以个体为寄托的消费意识形态借助于现代大众传播媒介广泛流布。而大众借助网络传播的力量以解构文化权威的方式，将脆弱、易逝和弱势的消费欲望导入文化母体之中，引发了母体文化霸权的崩溃。亚文化播客作品反射了主流文化以及新生的大众文化之中的盲点，释放了一直被压制在文化母体之中的潜在裂变力量。在一定的社会环境中，消费总是以社会化的形式出现的，个人的情感宣泄、释放、满足、表达或沟通并不是一个随心所欲的过程，总是受到社会条件和社会结构的制约和影响。而网络传播开辟了社会个体的另一种消费形式，这种消费形式使社会个体在现实生活中不能满足的欲望得到满足，同时看轻在现实生活中不能实现的欲望，使得一部分人能够逃避现实的痛苦，他们中，一部分人做到淡泊名利，也有一部分人颓废消极。

第三，引发自我实现和责任规范的碰撞。网络传播让各个角落持相同亚文化思想的人相遇，在彼此的网络作品中引起共鸣并得到慰藉。他们在网络中寻求虚拟的完美人生，消极地对待有缺陷的现实生活。他们在网络上生活得越是自由自在，越是难以积极应对复杂的社会生活。他们通过在网络上发表反映内心思想的作品试图推陈出新、标新立异来引起社会的关注及并进而产生道德恐慌，但他们自己却不愿意直面现实，公开地捍卫自己的权利，而只是躲在自己的小圈子里，表现自我。他们寻求"真"，却正在丧失主体意识；他们追求独特的风格，但自我却被弄成了一堆碎片。现实的不满和现实自我的迷失让他们不惜以违背现实的法律道德规范来满足自我实现的追求。

综上所述，以播客为代表的亚文化互联网群体传播为处于社会从属地位的广大网民所接受，这种从属、次要与支流的文化，既受制于主流文化，又向主流文化渗透。虽然亚文化的表现形式主要是颠覆和反叛，但却是相对的。它作为主文化的另一面而存在，能否引领社会个体的现实行为朝着积极向上的方向前进在于对它的价值引导。同时，网络是亚文化传播的土壤，也为现代文化根据时代变迁而重新整合起着积极的推动作用。

第五节　互联网群体传播的舆情层面效果

随着移动端的普及以及社交媒体的兴起，我国网民使用手机上网的比例至 2018 年 12 月已达到了 98.6％。其中，微博的用户规模达 35057 万，网民使用率高达 42.3％。虚拟世界与现实世界相互渗透，各种形式与功能的社交媒体的兴起，使人们能够随时随地借助网络社交化平台，向公开的公众场域发送文本、图片、视频、音频等数字化信息，且操作的便捷性使发送的成本与要求降低，从一定程度上促使了大量用户创造内容得以在网络空间生成。

突发事件使网络的即时性凸显，公众有了更多样的渠道来即时快速地表达自己的意见与观点，并且个体的意见与观点也往往成为了网络突发事件的起源与舆论导向的发展动力。未经由"把关者"审核的大量用户创造内容，成为了人类现实社会行为、社会关系向网络社会行为、网络关系转化和融合的重要纽带，使大量来自不同国家地区、机构组织、个人的信息能够便捷快速地经由网络传播，并引起更大范围受众的关注与扩散。

网络的信息流通速度较快，信息获取便捷的特点，均在一定程度上强化了网络舆论对人们的影响作用。一方面，网络表达门槛的降低导致人们表达欲望的提升，信息获取的碎片化一定程度上使信息的传递、观点的表达容易发生突发聚集效应；另一方面，"标题党""一面提示"等简化夸张信息的形式的存在，以及"谣言先起"的现象使得舆论具有极化的特征；并且，受众媒介素养的水平参差不齐，导致对事件的判断能力与回应言辞控制能力不一，从而进一步促进了事件的发酵。

突发事件原因的复杂性和突发事件本身所具有的突发性、破坏性、多变性、刺激性等特点，[①]以及滞后于舆情的缓慢的事件澄清与调查过程，使得网络舆情可能在事件细节的揭露过程中进行了相应的转向。微博网络突发事件中的舆情转向现象，容易引发网络暴力甚至触发一定的过激行为，并影响社会稳定和谐。因此，深入探讨微博网络突发事件舆情转向的关键节点，对分析研究突发事件的网络舆情演化进程，稳定网络环境具有重要的参考意义。

本书将立足于微博这一开放式网络信息平台，基于突发事件中的微博舆情信息转向点视角，对微博内容影响力、态度标定以及态度相似性、文本情感强度进行测量。通过对舆情信息转向点的测量与锁定，为分析舆情的演化与转向过程提供更好的研究范式。

本书围绕对于突发事件网络舆情演化过程的分析，主要从舆论信息转向点的视角展开。通过对舆论信息转向点进行测量、文本情感强度等数学模型完成相关变量的定量计算，并与内容分析法相结合，对突发事件的网络舆情演化过程进行相关的研究与分析，创新性地提出相应的研究范式。研究框架见如 7 – 11 所示。

---

① 王平，谢耘耕. 突发公共事件网络舆情的形成及演变机制研究［J］. 现代传播（中国传媒大学学报），2013，35（3）：63 – 69.

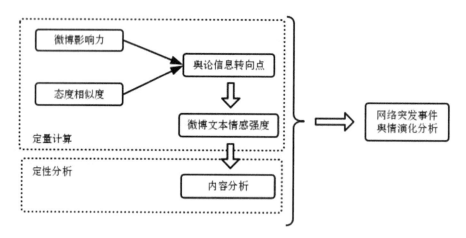

图 7‐11　网络突发事件舆情演化研究方法框架

首先，微博影响力和态度相似度两个维度的测量，共同建立起舆论信息转向点的计算模型。并且在实际计算中，上述两个维度的测量需基于具体微博突发事件的各项指标，如点赞数、评论数、转发数等。在本研究中，舆论信息转向点的测量方法，旨在为分析突发事件中网络舆情演化过程提供更好的分析研究范式。

其次，人们对于某一突发事件的情感强度会随着该事件的演化过程的不同阶段而产生变化，但最终是趋于情绪理性的。直观来看，人们对于事件的情感强度可由其文字的情绪化程度得以体现，在微博平台中即表现为微博原创文本的情感强度。

因此，在测量舆论信息转向点后，本书需通过微博文本情感强度的测量来研究分析突发事件的网络舆情的发展阶段。通过第三方自然语言处理 API 分析突发事件中微博的文本情感强度，来表现突发事件的演化阶段。

在得到上述的定量分析结果后，再结合现有研究中常见的内容分析法，能够构建出更为精确和清晰的突发事件中网络舆情演化研究范式。

一、微博文本社会影响力测量

社会影响力通过对群体中其他参与事件的个体的行为、态度、观点等产生影响的程度得以体现。在突发事件中，人们一方面试图了解事件背后的真相，积累相关信息，从而形成自己的观点并在群体中进行表达；但另一方面，人们容易受到来自具备较高社会影响力的主体舆论意见的引导，跟随并模仿"意见领袖"的思想和行为。因此网络舆情的演化过程普遍存在着"羊群效应"或"从众效应"。对于网络突发事件的舆论转向，舆情的演化本质上便是人们思想观点的变化过程。这种变化存在一个较短时间的发展过程，并通过微博文字等载体上的具体行为进行记录。理论上通过对用户行为的量化和分析，能够较为准确地实现影响力的度量。

目前研究者围绕微博用户的社会影响力度量问题，将时间窗口的概念加入至测量模型，综合在一定时间窗口中该用户发布微博的被转发数量、被评论数量以及其共发布微博数量，计算微博用户的社会影响力。而基于已有文献对网络突发事件的舆情演化研究与实际的数据观测，网络突发事件最初的信息源往往为当时影响力较小的当事人或相关人士。随着事件影响范围的扩大和公众讨论热度的增加，这些用户的影响力逐渐增大。因此仅仅针对那些本就具有较高社会影响力的微博用户、意见领袖进行观测，不能够很好地帮助研究和理解相应的舆情演化过程。因此笔者将微博用户的影响力研究与测量转变为对影响事件转向的关键性微博的测量与评估。

在实际微博环境中，网络群体基于社交媒体平台进行的交互行为往往包含转发、评论、点赞等行为，以此来表达用户的自身感受。基于现有研究，本文考虑用户的点赞行为，将点赞数量引入对社会影响力的测量模型中。一方面，由于将用户行为简单地组合相加会导致网络分布中长尾的微博数被忽略，也过于突出转发、评论、点赞数较高的微博；另一方面，由于用户对于点赞行为付出的努力，即过程、时间较短，因此所占比重应较另外两者低。因此，这里基于以上研究，提出以下公式，实现网络突发事件中微博的社会影响力的测量：

$$influ(wb_i^T) = alog(ret(wb_i^T) + 1) + blog(rep(wb_i^T) + 1) + clog(lik(wb_i^T) + 1) \tag{7-1}$$

其中，$influ(wb_i^T)$ 代表某一微博 wb_i^T 在发布后时间窗口 T 内的社会影响力，由分别代表微博 wb_i^T 在时间窗口 T 内转发数、回复数、点赞数的 $ret(wb_i^T)$、$rep(wb_i^T)$ 和 $lik(wb_i^T)$ 经对数加权求和得到。a、b、c 则分别代表转发数、回复数以及点赞数量的权重。

在计算得到微博文本的社会影响力后，需要注意的是，若某一条微博能够对突发事件中的网络舆情演化产生较大影响，微博本身需要有一定的影响力。但也应该注意，并非所有具有影响力的微博都对舆情产生了转向的影响，存在部分影响力较大的微博属于对事件细节的进一步补充，以及分析目前事件发展规律等内容，因此并未对事件的转向产生影响，因此针对影响力大的微博也需要进行有效地甄别和分析。另外，影响力较小的微博，因为受到的关注度较小，转发量与点赞量几乎为零，因此难以对整体舆情造成较大的转向影响。

二、多维态度标记及舆论场态度相似度测量

突发事件在网络各媒体中发布后引起广泛关注，人们往往会根据现有信息以及已知信息在网络空间内发布对事件的看法与表达关注的意愿。舆情在人们持续跟进事件真实信息的过程中逐渐发展演化。

本研究提出的舆论场态度相似度测量的方法，则是基于与突发事件网络舆情紧密相关的微博文本内容，利用多维空间标记方式量化出舆论场态度，并直观地计算与测量具有较大社会影响力的微博对原有舆论场的影响作用。进一步通过舆论场态度相似度与微博的社会影响力两个指标的共同影响，分析挖掘出突发事件中网络舆情的舆论信息转向点。

在舆论场态度相似度的测量中，需考虑三个重要的维度。首先是测量单条微博的态度立场，其次是通过多条微博态度立场测量得出舆论场态度即多条微博的"态度中心"，最后根据每个时间阶段舆论场态度中心的计算结果，测量得到阶段之间的舆论场态度相似度以及各阶段舆论场态度与标志新阶段开启的微博文本信息的态度相似度（见图 7 - 12）。

首先，测量单条微博的态度立场。

Deffuant 认为个体观点以连续的方式在选择过程中发生变化，[①] 即量化个体观点时，取值区间应为闭区间 [0，1]。在本研究中，出于鲜明表示态度立场的目的以及更为鲜明地表示支持、反对、中立的目的，我们将个体观点的支持与反对立场取值区间扩大至闭区间 [-2，2]。并由于大量

---

① Deffuant G，Neau D，Amblard F，et al. Mixing beliefs among interacting agents [J]. Advances in Complex Systems，2000，3 (1/4)：87 - 98.

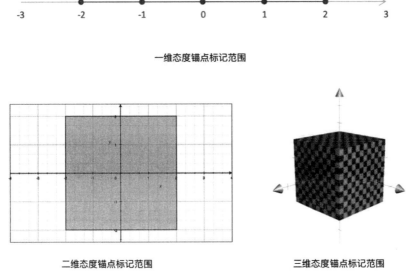

图 7‑12　态度锚点多维空间中标记示意图

事件牵涉方的复杂性，将在突发事件中牵涉的对立方，分别取作一个单独的维度。如在罗一笑白血病募捐事件中，将支持罗一笑父亲以及反对罗一笑父亲，即支持募捐以及怀疑诈捐，取作一个维度；在榆林产妇坠楼案中，取医院方与家属方两个维度；在江歌案中，将江歌母亲、刘鑫以及陈世峰取作三个维度进行分别地编码。

本研究中，根据内容分析法进行态度的 N 维编码（以下公式均以二维为例），得到态度锚点（attitude anchor）$AttAnchor(wb_i^t) = Anchor_i^t = (x_i^t, y_i^t, \cdots)$。

其次，在反映舆论场态度的测量中，本研究通过多条微博文本态度的测量，计算其锚点中心，从而得出舆论场的态度：

先对抽样得到的微博进行内容分析，从而进行态度锚点的测量，得到 200 个 $AttAnchor(wb_i^t)$，随后将 200 个 $AttAnchor(wb_i^t)$ 进行梯度下降的计算（在一维态度中使用求导方式进行计算），得到该阶段 $Period_t$ 的多维舆论态度。舆论态度量化的取值空间因对应网络突发事件自身复杂性的不同，其维数从 1 到 N 不等。后文态度相似度的测量等以二维空间为例进行说明，相应测量方式能够较为简单地拓展到多维空间中。

在二维坐标系中，点间距离的测算有多种方式，包括欧氏距离、曼哈顿距离、余弦距离等。在舆论态度相似度测量的场景中，舆情事实上是由占表态多数人的舆论态度反映了当时客观的舆论态度，而少数人的舆论态度对整体的舆论场态度产生的影响较小。因此测量抽样得到的微博态度锚点的欧式距离（Euclidean distance）中心（以下简称为态度中心）能够更好地代表 $Period_t$ 阶段的舆论态度。具体的计算方法如下：

假设 $Period_t$ 阶段微博态度锚点在欧氏空间中的中心表示为 $AttCentre(Period_t) = Centre_t = (x^t, y^t)$

那么该中心符合：

$$\min f(x^t, y^t) = \min \sum_i \sqrt{(x^t - x_i^t)^2 + (y^t - y_i^t)^2} \tag{7-2}$$

其中，$AttAnchor(wb_i^t) = Anchor_i^t = (x_i^t, y_i^t)$ 为 $Period_t$ 时间阶段范围内单条微博 wb_i^t 的态度锚点。

为了求解得到 (x^t, y^t) 满足 $f(x^t, y^t)$ 最小的条件，对于舆论场的态度的测量，可抽象为求解二元函数极值问题，计算其梯度向量：

$$\nabla f(x^t, y^t) = \begin{bmatrix} \sum_i \dfrac{x^t - x_i^t}{\sqrt{(x^t - x_i^t)^2 + (y^t - y_i^t)^2}} \\ \sum_i \dfrac{y - y_j}{\sqrt{(x^t - x_i^t)^2 + (y^t - y_i^t)^2}} \end{bmatrix} \tag{7-3}$$

利用 python 编程实现梯度下降算法，可计算得到每一阶段的态度中心 $Centre_t = (x^t, y^t)$，即反映当前时间阶段舆论场的态度。

最后，根据每个时间阶段舆论场的态度中心，得到阶段间的舆论场态度相似度以及各阶段舆论场态度与标志新阶段开启的微博信息的态度相似度：

以态度中心位置 $Centre_t = (x^t, y^t)$ 的相对变化，即事件相邻阶段 $Period_t$ 与 $Period_{t+1}$ 的舆论态度差异；或新阶段开启时新微博信息的态度差异性，即 $Centre_t$ 与关键微博 $Anchor_0^{t+1}$ 的差异，反映舆论态度的变化情况。由于欧式距离侧重描述态度强烈程度的差异，余弦距离侧重描述态度相似性的差异，所以本文给出的用以体现态度相似度的舆论态度差异公式将二者结合，平衡程度因素与方向因素，具体为：

$$AttDiff(Period_t, Period_{t+1}) = Distance(Centre_t, Centre_{t+1})$$

$$= (\sqrt{(x^t - x^{t+1})^2 + (y^t - y^{t+1})^2}) *$$

$$\cos^{-1}(\frac{x^t * x^{t+1} + y^t * y^{t+1}}{\sqrt{(x^t)^2 + (y^t)^2} * \sqrt{(x^{t+1})^2 + (y^{t+1})^2}}) \qquad (7-4a)$$

$$AttDiff(Period_t，wb_0^{t+1}) = Distance(Centre_t，Anchor_0^{t+1})$$

$$= (\sqrt{(x^t - x_0^{t+1})^2 + (y^t - y_0^{t+1})^2}) *$$

$$\cos^{-1}(\frac{x^t * x_0^{t+1} + y^t * y_0^{t+1}}{\sqrt{(x^t)^2 + (y^t)^2} * \sqrt{(x_0^{t+1})^2 + (y_0^{t+1})^2}}) \qquad (7-4b)$$

三、舆论信息转向点测量

本研究中，具有较高舆论影响力微博的发布事件被认为是突发事件中网络舆情演化中的关键舆论信息转向点。这一转向点体现的是突发事件的舆情演化进入下一阶段，这个舆情演化过程与事件自身发展的规律相关，而并非仅仅是某单一微博的发布对舆情整体产生的影响。因此舆论信息转向点的测量关键在于衡量微博对突发事件网络舆情演化过程的影响。

在计算单一微博对于网络突发事件舆论走势的影响，即微博舆论影响力时，分别将此微博文本社会影响力、该条微博与当时舆论态度差异代入进模型相乘，微博舆论影响力 $AttInflu(wb_0^t)$ 的具体计算公式为：

$$AttInflu(wb_0^t) = AttDiff(Period_t，wb_0^t) * influ(wb_0^t) \qquad (7-5)$$

其中，$AttDiff(Period_t，wb_0^t)$ 代表单一微博 wb_0^t 自身计算得到的态度锚点与微博发出时的舆论场态度中心间的差异，由将微博 wb_0^t 态度锚点代入舆论态度差异公式计算得到；$influ(wb_0^t)$ 为单一微博 wb_0^t 对于网络突发事件在相应时间阶段 Periodt 的社会影响力。

微博舆论影响力数值较大，意味着该条微博可能在事件中起到了带动舆情转向的作用。并且在相似的发布时间段内，有与此条微博态度立场等方面相似的诸多微博发布，可共同标志着相应突发事件网络舆情演化过程发展或者舆论转向现象的发生。

四、突发事件网络舆情演化案例分析

为了进一步阐述本文提出的突发事件网络舆情演化过程的研究方法，

验证该方法在实际突发事件案例中分析研究的可行性和有效性，同时更深入地探讨突发事件的网络舆情演化过程，这里以"榆林产妇坠楼事件"为例，基于微博数据，完成案例分析研究。

研究使用 python3.6 环境下的 scrapy 网络爬虫架构建立爬虫工具，同时结合 selenium 工具模拟浏览器对于微博页面访问。由于微博自身具备的反爬虫机制和访问频率限制以及微博网页版单页上限显示50条微博等因素不利于大量数据爬取，因此对于微博网络，选择使用爬虫工具通过微博移动端页面访问获取数据。

数据采集步骤包括：① 模拟用户登录访问；② 以事件舆情主体为关键词传入搜索操作；③ 选取微博页面分类中，"综合""实时""热门"三个页面下内容包含相应关键词，且微博发布时间点处于该突发事件演化阶段内的微博；④ 获取选中微博用户 ID、内容、发布时间、转发数、评论数、点赞数等维度数据；⑤ 通过 openpyxl 库导出数据至 excel 表格中用于进行后续分析。由于上述方法中通过内容关键词、发布时间维度获取到的微博数据存在冗余或无效信息等，因此需要对信息进行数据预处理操作。

首先是信息去重。在突发事件网络舆论演化过程中，相关微博数量巨大，而获取到的微博数据重复情况主要由于技术层面上爬虫过程中断带来的重复爬取。因此可通过各条微博数据用户 ID 与精确到秒的发布时间，判断同一用户在同一时间点是否产生多条微博信息，来完成冗余信息筛选与剔除。与此同时，重要信息多平台发布也是产生重复数据的重要因素。伴随突发事件舆论转向的往往是权威信源对于事件的信息披露，该类信息大多内容客观，并被微博众多其他用户以原文转载形式发布。因此通过内容筛选与人工筛选结合的方式，去除此类重复数据。

其次是对于转发微博的处理。用户无新增内容的微博转发行为数据，也会被上述的网络爬取方法捕捉获取。这里研究的受众态度等基于微博内容的文本分析，而该类转发微博不包含代表微博用户自身的态度倾向的文本内容，同时这一转发行为已被纳入对微博影响力的计算中。因此对于此类微博以内容筛选"♯转发微博♯"的方式进行去除。

案例：榆林产妇坠楼事件网络舆情转向演化

2017 年 8 月 31 日 20 时左右，在陕西榆林市第一医院绥德院区妇产科，一名孕妇从 5 楼的分娩中心坠下，因伤势过重，经医护人员抢救无效身亡。事发后，围绕"究竟是谁拒绝为产妇实施剖腹产"，医院和家属各执一词。

针对榆林产妇坠楼事件，获取该事件期间的相关微博数据并将其进行数据预处理，最终得到有效微博数据 6310 条。对于每条微博数据，将微博点赞数、评论数、转发数等相关数值代入微博社会影响力公式（7 - 1）。根据微博社会影响力数值对微博进行排序与筛选，提取微博社会影响力排名前三十的微博，并对其相同信息、相同文本进行合并整理，提取出十条微博。依照时间顺序对其排序，并依照十条微博发布时间节点，本事件被划分为十个发展阶段 $Period_i$，$i = 1$，$2, ..., 10$（见表 7 - 1）。

表 7 - 1 榆林产妇坠楼事件——最具影响力的十条微博划分产生的发展阶段

i	时 间
1	2017/9/5 8：59 — 2017/9/5 11：54
2	2017/9/5 11：54 — 2017/9/6 1：03
3	2017/9/6 1：03 — 2017/9/6 10：17
4	2017/9/6 10：17 — 2017/9/6 11：01
5	2017/9/6 11：01 — 2017/9/6 13：40
6	2017/9/6 13：40 — 2017/9/6 17：18
7	2017/9/6 17：18 — 2017/9/7 9：46
8	2017/9/7 9：46 — 2017/9/7 12：26
9	2017/9/7 12：26 — 2017/9/8 7：02
10	2017/9/8 7：02 — End

从每个阶段中的微博进行随机抽样，抽取 20 条微博进行人工态度立场编码，得到对应的 20 个态度锚点 $AttAnchor(wb_i^t)$。在榆林产妇坠楼事件中，将家属方和医院方作为两个维度进行态度的测量，$AttAnchor(wb_i^t) = (x_i^t, y_i^t)$，$x$ 表示针对医院方的态度，y 表示针对家属方的态度。态度不明，未表达对双方的态度，对事件表达同情没有站任何一边的立场，等待处理结果暂时不做评论等较为客观理性态度的，标记为（0，0）；完全支

持医院方，即认为医院方没有过错，完全反对家属方，即认为家属应承担所有责任的，将上述态度标记为（2，－2）；针对双方都进行了客观的表述性支持，则标记为（2，2）；仅表述医院方，或仅表述家属房的支持性言论细节，则标注（2，0）或（0，2）；并根据以上信息的支持绝对度和措辞，进行［－2，0］，［0，2］之间的态度变化的标记。

之后，利用梯度下降的计算方式，计算得到每一阶段抽样微博的欧氏距离态度中心 $AttCentre$（$Period_t$），$t=1，2，…，10$，以此作为相应阶段的舆论场态度中心（见图7-13）。

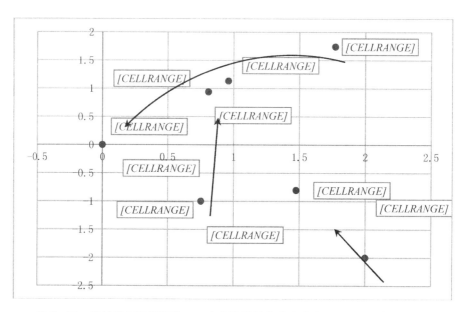

图7-13　榆林产妇坠楼事件——十个阶段的态度中心点 $AttCentre$（$Period_t$）

从图中可以发现，在第一阶段，态度中心为（2，－2），此时的舆论场态度完全支持医院方，反对家属方；在第二、三阶段，双边态度有所缓和，但舆论场的态度依旧更为支持医院方，反对家属方；在第三和第四阶段时，舆论场的态度第一次发生了转向，即从更为支持医院转为更为支持家属的言论，且总体而言趋向同时包含双方表述性言论；第五、六阶段，舆论场的态度趋向于更为理性的立场，双方立场均得到了表达，并通过不断补充事件细节，态度趋向于（2，2）；第七阶段起至第十阶段，态度趋向于（0，0），舆论场趋向于理性，等待官方的事件处理说明，表达对事件的同情与关心但未明确站任何一方的立场。

将之前得到的各个阶段的态度锚点中心坐标与十个影响力最高的微博态度锚点坐标代入公式，得到曲线 $AttDiff(Period_t，wb_0^{t+1})$，即社会影响力较大的微博 wb_0^{t+1} 与该微博发布前时间窗口 $Period_t$ 舆论场态度相似度测量；曲线 $AttDiff(wb_0^t，Period_t)$，即社会影响力较大的微博 wb_0^t 与该微博发布后时间窗口 $Period_t$ 的舆论场态度相似度测量；曲线 $AttDiff(Period_t，Period_{t+1})$，即社会影响力较大的微博发布前时间窗口 $Period_t$ 与该微博发布后时间窗口 $Period_{t+1}$ 之间的舆论场态度相似度测量。

另外，将十条社会影响力较大微博的影响力数值代入公式（7－5），并与曲线 $AttDiff(Period_t，wb_0^{t+1})$ 相乘，得到其舆论影响力 $AttInflu(wb_0^{t+1})$，代表该微博 wb_0^{t+1} 与原有舆论场的态度差距，同时考虑社会影响力的作用。当微博自身的态度立场与当时的原舆论场态度距离较大或者微博自身的社会影响力较大时，对整个舆情的转向演化会作用更为明显。将以上数据整合作出折线图（见图 7－14 和图 7－15）。

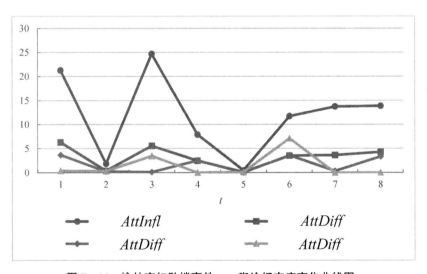

图 7－14　榆林产妇坠楼事件——舆论场态度变化曲线图 a

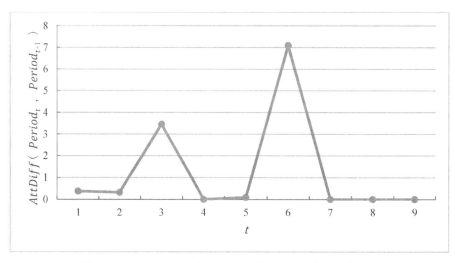

图 7‑15　榆林产妇坠楼事件——舆论场态度变化曲线图 b

图 7‑14、图 7‑15 显示，$AttDiff(Period_t，wb_0^{t+1})$ 和 $AttInflu(wb_0^t)$ 曲线，$t=3、6$ 处的差异性较强，表示 $Period_3$ 和 wb_0^4，以及 $Period_6$ 和 wb_0^7 阶段，所产生的新的信息与原有舆论场的态度信息差异性较大，且微博影响力放大了差异性的影响作用；曲线 $AttDiff(Period_t，Period_{t+1})$ 代表新信息出现前及出现后的舆论场的态度变化，同样地，也在 $Period_3$ 与 $Period_4$、$Period_6$ 与 $Period_7$ 阶段出现了较大的差异性表现。故作出判断，两处阶段分界时间点（2017/9/6 10：17、2017/9/6 17：18）附近发生了舆论转向。

另外从曲线 $AttDiff(Period_t，Period_{t+1})$，$Period_7$ 之后的态度数值变化可以看出，从阶段七开始，舆情变化趋缓，较为稳定。

表 7‑2　榆林产妇坠楼事件——关键时间点微博文本信息

t	时间	文本信息
3	2017/9/6 1：03	榆林一院：【产妇坠楼事件医院凌晨公布监控截图：两次下跪与家属沟通被拒】陕西榆林市第一医院绥德院区发生产妇坠楼事件后，医院方面今天凌晨公布监控截图并解释 5 个争议点：事发窗台高 1.13 米，无意外坠楼可能；助产士未料到该产妇进入备用手术室坠楼身亡

（续表）

t	时间	文本信息
	2017/9/6 10：17	《北京青年报》：【坠楼产妇家属二度发声：监控中不是下跪，是疼痛时的下蹲动作】陕西榆林产妇坠楼事件后，家属和医院双方就"谁拒绝了剖腹产"一事各执一词。9 月 6 日，院方再次发表声明，称产妇曾下跪，多次"与家属沟通（剖宫产）被拒绝"。随后，家属方告诉北青报记者，监控画面中并未记录声音，"下跪"画面系因产妇疼痛难忍下蹲，并称产妇数次要求剖宫产，其丈夫都答应了。记者了解到，目前，榆林市卫计局已介入调查此事
6	2017/9/6 13：40	澎湃新闻：【连线榆林坠亡产妇家属，主治医生停职】8 月 31 日，陕西榆林市第一医院一产妇从 5 楼坠亡。目前主治医生被停职，以配合警方调查。家属称曾要求医生剖腹产被拒。院方则两次发声明表示，拒绝剖腹产的是家属
6	2017/9/6 17：18	头条新闻：【坠楼产妇丈夫出示聊天记录：未觉妻子有情绪异常】今日凌晨，陕西榆林一院针对产妇坠楼第二次发布声明。但死者丈夫对院方声明内容并不认可。"不是下跪，她是疼得受不了，人往下瘫软，我扶都扶不住"。他还出示了与妻子的聊天记录，说未感觉到妻子有情绪异常

　　根据所确定的时间点文本内容（见表 7 - 2），可以分析得知，在 $t=3$ 的时间段起始，信息由医院官方发布，内容为"产妇坠楼事件医院凌晨公布监控截图：两次下跪与家属沟通被拒"，文字内容中表述的信息将产妇坠楼归因为家属方拒绝剖宫产，因此后续的舆论场呈现了偏向支持医院立场而抨击家属做法的舆论态度；2017 年 9 月 6 日，上午 10 点 17 分这个时间点左右，有媒体为家属方发声，澄清之前医院所展示"证据"的片面性，即"下跪"的动作并非哀求，而是由于身体的正常疼痛反应，且家属方已经同意进行剖宫产，此时舆论开始发生转向。具体的事件内容信息与图表分析的舆情转向的节点完全吻合。

　　根据不同阶段的态度锚点测量可得，$t=6$ 时的舆论场态度趋向于（2，2），即表现为此阶段的舆论信息为客观表述双方观点，且进行相关细节的补充（见图 7 - 16）。可以发现，表中呈现的内容信息，语气内容客观，信息与事件总体发展趋势吻合，且与实验数据拟合。

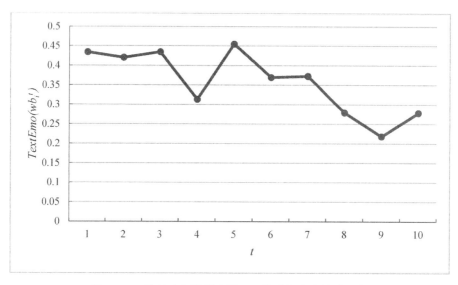

图 7‑16　榆林产妇坠楼事件——舆论场文本情感强度

　　通过微博文本情感强度的测量，结合十个阶段态度中心点 $Centre_t$ 的变化，可以分析得到事件的发展趋势。通过计算每个阶段平均文本内容情感，由图 7‑16 可以发现在事件发生的前期数值在 0.3 以上，$Period_8$ 及之后阶段降至 0.3 以下，可以认为事件逐渐平息。具体分析 $Period_8$ 之后的微博内容，可以发现其主要内容与客观事件细节补充、事实客观陈述等相关。并且，从态度中心点 $Centre$（见图 7‑16）中可以发现态度中心点与原点高度重合，吻合文本情绪强度曲线的趋势，同时反映并验证事件逐渐平息的事实。

　　通过上述讨论与分析，可以基于舆论信息转向点视角，具体分析微博网络中的突发事件舆情转向演化。以榆林产妇坠楼事件为例，自事件伊始，由"榆林一院"发布《关于产妇马 XX 坠楼事件有关情况的说明》，各大媒体进行转载，事件开始引起网友的关注，此时由于关键信息为"医院方无过错，产妇家属拒绝剖宫产"使得舆论场表现为（2，－2），即完全支持医院，谴责家属；当事件发生至第三阶段，2017 年 9 月 6 日，上午10 时 17 分，《北京青年报》发布家属观点"坠楼产妇家属二度发声：监控中不是下跪，是疼痛时的下蹲动作"使得舆情开始出现真正的转向；在第六阶段之后，舆情趋向于平缓，此时微博信息大都为补充性信息，且发布人较为权威，表述没有偏向性，没有煽动性，较为客观，使得舆情趋缓，渐渐消退。

值得注意的是，在榆林产妇坠楼事件中，家属的二次发声才真正对舆情产生了影响。事实上，第一次支持家属方的信息由《北京青年报》于2017年9月5日，上午11时54分发布，内容为"医院称孕妇想剖腹产被家属多次拒绝后坠楼，家属：曾两次主动提出剖腹产"，而此时的舆论场依旧表现为一边倒地谴责家属，可以发现在突发事件的舆情转向演化中存在一定的舆情与信息更新不同步，舆情滞后于信息的现象。

第八章

互联网群体传播的社会引导策略

第一节　互联网群体传播社会引导的原则

一、互联网群体传播引导的三大误区

当前，地方政府在应对网络群体性事件中存在的问题主要表现在三个方面：一是对网络群体性事件的认识有误，二是处理问题时方式方法失当，三是处置力量薄弱。此外，对群体性中的网络舆情管理仍然存在诸多的误区。

（一）反应迟缓

当公权力遇到网络舆情这个"放大器"，政府部门一旦反应迟钝就可能引发社会危机。"邓玉娇事件"等群体性事件的直接引发原因都是因为信息未能及时公开，掀起了舆论狂潮。一些政府部门在突发事件面前反应如此迟缓主要是因为缺乏网络舆情危机的预警机制或干脆无视网络舆情。

（二）鸵鸟政策

当今网络社会中，如果突发事件发生后，仍然按照惯性思维对相关信息和报道采取"封""堵""压"的"鸵鸟政策"，那么去中心化的网络信息和舆情传播就会偏离正常的轨道，激发舆情危机狂潮，效果适得其反。"鸵鸟政策"，主要是相关管理部门存在着传统守旧的思想，迷信"家丑不可外扬""谣言不攻自破"的思想，害怕信息公开危及社会稳定，习惯向上级汇报却忽视向公众解释等。

（三）一味否认

习惯报喜不报忧，于是只要遇到事情，习惯先一味否认。一味否认的管理误区多是由于政府管理部门企图淡化责任和侥幸心理作祟造成的，以期通过否认蒙混过关。这种一味否定的应对方式不仅违背网络信息传播规律，也意味着主动放弃了公众，放弃了网络舆论的引导权。

二、互联网群体传播引导的四大原则

网络舆情引导的原则与传统媒体条件下社会舆论引导原则本质上是一致的。但是在网络开放的舆论环境中，需要更加注重以平等的意见交流态度和方式，以意见内容内在的价值和逻辑力量，以负责任的意见吸纳和落实，引发网上舆论的共鸣，赢得舆论的制高点。对网络舆情引导原则的概括和提炼，可以从引导态度、引导内容和现实要求出发，表述为坦诚、真实、负责、主动。

（一）引导态度——坦诚

坦诚是政府对群体性事件网络舆情进行引导必须始终秉承的态度前提，只有对公众坦诚地进行信息共享和意见交流，才能打开公众的内心，实现舆论的"生效"引导。这里所谓的"生效"是指在网络双向传播的环境中，只有公众愿意接受政府提供的信息，愿意与政府进行开诚布公的意见交流，政府舆论引导才能产生效果。否则，在公众充分掌握网上信息传播路径的情况下，如果不愿意接受来自政府的声音，那么政府意见虽然发布在网上，却因个体拒绝接受而不能到达公众那里，舆论引导自然也就不可能生效。在网上平等、开放的传播环境中，要让公众接受政府的信息和意见，任何强制都是无效的。唯有政府以坦诚的姿态面对公众，而不是以高高在上的施教者面目出现，才能让政府发出的声音易于为公众所倾听，乐于为公众所分享。

（二）引导内容——真实

真实是政府对群体性事件网络舆情进行引导必须牢固坚守的内容基础。只有用真实的人物、故事、数据，才能让公众信服，实现舆论的有效引导。任何意见都不是凭空产生的，而是人们在一定的价值坐标中针对具体事实形成的，特别是公众在网上对政府工作的意见、建议往往都有着具体的事实依据或诉求指向。那么，政府要进行有效的意见引导，就必须向公众介绍真实的情况，依据国家利益至上、公共利益优先、社会福利共享等价值选择，使政府的主导意见在公众那里得到认可，产生共鸣。当然，在政府提供大量真实信息的基础上，让公众自发产生与政府主导相一致的意见，则是舆论引导的最佳效果。假如政府用非真实的信息去支撑某种意见或观点，无异于欺骗公众，必定会被网上汇聚起来各种信息和社会智慧所揭穿，最终损失的是政府公信力。

（三）现实要求——负责

负责是政府对群体性事件网络舆情进行引导必须积极作为的现实要求。只有将政府在舆论引导中的"怎么说"与现实工作中的"怎么做"相统一，言必行、行必果，才能树立和积累起公众对政府的信任、信赖和信心，实现舆论的长效引导。舆论的力量归根结底来自行动的力量，公众不仅要看政府怎样负责任地表态和承诺，而且关键是看政府如何履行职责和承诺。要将政府网上舆论引导与政府工作的问责有机结合起来，主动通过网上舆论对政府工作进行有效监督，以网络问政为互动平台，听取和吸纳公众意见，处理和答复公众投诉，以政府工作的积极成效和改进完善作为舆论引导中最有说服力的传播内容。只说不做的空谈或者多说少做的虚论，其舆论力量必定是薄弱的，舆论引导也无法维持下去，政府网上舆论监督与问责制的建立是实现长效舆论引导的关键所在。

（四）积极传播——主动

在互联网群体传播的引导过程中，也要挖掘积极传播的力量，构建舆论引导新机制。本课题组研究团队在多项实证调查中发现，网络空间中负面信息平均占比约54%，正能量信息占比仅为28%，中性信息数量最少，仅占18%，因此，正向社会舆论引导的格局并未真正形成，网络空间"非清朗化"状况仍不容乐观。近年来，突发危机作为自然灾害、道德治理、城市管理和法治建设等社会问题的外化表现，正呈现出日益常态化的发展趋势，给我国的社会结构、经济体制等带来了深刻的影响。随着新媒体技术的广泛普及，原本处于主导地位的官方媒体，在信息传播、舆论引导和社会影响力方面受到了互联网媒体的强烈冲击，使突发危机的非官方传播呈现出传播速度更快、信息自由度更高、舆论倾向负面化和信息长尾效应更显著等特点。面对多元化的危机事件，政府的网络舆情管控机制往往过于单一，在缺乏有效的社会引导机制情况下，传统单一的管控策略，更容易激化公众的负面情绪。互联网群体传播中需要大量的积极信息，用以满足公众的信息需求、情感维系和人文关怀，促使危机势态的理性发展。然而，在实际的突发危机中，含有正能量的积极信息不仅数量有限，且其传播力和引导力仍表现较弱。因此，本课题组在基于前文研究的基础上，提出通过挖掘和设置正面议题，扩大正能量信息的传播路径，提升正负信息的对冲效应，培育信息环境与健康心态等传播策略，在提升网络空间的积极传播力量的同时，也能为政府提供切实可行的信息治理方案。

第二节　基于生命周期的群体舆情传播引导方案

虽然不同事件有着不同的网络舆论传播量级，但却有着相同的发展规律。客观世界中，任何物质的运动过程都是一个持续的过程，其间必然经历着变化、发展、高潮和衰亡等不同阶段。"生命周期"常常指生物体的生命周期。生物生命周期本质上是指从出生、成长、衰老到死亡的过程，现代科学研究中，越来越多的研究领域采用了这一分析概念。管理学中的危机生命周期理论指出，危机不是静止不变的，随着风险因素的变化，危机会呈现出不同特征，其过程可分为潜伏期、爆发期、扩散期、衰退期和恢复期这个五个发展阶段。在应急管理理论研究中，学者们根据突发事件不同种类和性质，及其发展演变周期的不同特点，对突发事件应急管理阶段做出了划分，并提出了不同的应急阶段模型，典型的有三阶段、四阶段、六阶段模型等。

本书参考和借鉴各种标准的优劣，将互联网群体传播引导阶段分为如下五个时期，并针对不同时期的特点，提出不同阶段的引导重点。

一、潜伏期：密切关注及时控制

在突发事件管理这一命题上，罗伯特·希斯曾提出了经典的"4R"理论，即缩减（reduction）、预备（readiness）、反应（response）和恢复（recovery）。根据这一理论得出结论：避免危机最经济也最成功的管理方法就是将其消灭在萌芽状态。

潜伏期的网络舆情具有分散性、无序性、浮动性等特征。此时主要表现为（网民）情绪的不满。这一时期的矛盾形成基本上是由各种利益矛盾引发的，矛盾诱因具有复杂性，涉及范围具有广泛性。突发事件初期，网络群体作为旁观者仅看到碎片化的局部面貌，会对事件进行初步责任归因。在事件发酵过程中信息被补充完整，网民会对事件重新进行责任归属探究，情感摇摆不定，群体组织化程度不高。

此时舆情的爆发力量仍处于积蓄状态，因此，应针对其中所透露出的民众关注的热点信息和事件，通过信息公开、及时沟通等方式进行化解。对于群体性事件中潜伏期的网络舆情，舆情的搜集和研判是重点。具体做法如下：

对网络舆情实行全天实时地分析；

多渠道多手段整合网络舆情；

建立网络舆情研判的科学机制；

对可能的舆情危机信息进行预警；

关注网络舆情热点事件，及时消解民众的负面情绪。

二、酝酿期：读懂危机对症下药

酝酿期的网络舆情转向聚集，这一时期群体性事件中网络舆情的风险更加难以辨别。要找到那些可能引发群体性事件的信息，就必须对群体性事件有着深刻的认识。

首先，酝酿期需要专门的网络舆情搜集和研判机构，从庞大、复杂、动态的网络舆情中筛选出值得关注的信息，并对症下药，通过传统媒体和网络意见领袖的正确引导将网络舆情引向理性的方向。最主要的是，通过政府强有力的、有针对性的措施消除民怨，尽量满足民众的利益诉求。

其次，在酝酿期中，人们意见倾向尚不稳定。在个人的态度、意见或情绪汇聚为舆论的过程中，同时产生着个人之间、个人与群体意志之间的影响、说服、模仿等影响，甚至是某种有形无形的精神与物质的压力。那些将个人意见交织为舆论的因素，既影响着个人意见的形成也影响着群体性舆论的最终形成。在这个时期，政府及相关机构应该及时给予关于网络突发事件较多的真实信息，同时辅以极具说服力的解释性说明，这样才能形成有利于突发事件良性发展的健康舆论，也有利于社会矛盾和冲突在相对较短时间内化解和消除。

三、爆发期：抑制火势防止蔓延

当群体性事件不可避免地爆发，对其网络舆情更加需要密切关注，通过连续不断地监测，采集热点信息，对实践中的网络舆情进行研判，并从中发现可能会影响网络舆情发展、消亡的关键因素。具体方式有三种：

一是关注主流新闻门户网站中的新闻和评论；

二是关注博客微博中与该事件相关的热点词汇出现的频率和所用的情绪化的词汇，判断民众对事件的关注度和意见态度；

三是针对论坛进行监测，关注帖子标题、发帖时间、点击数量、回复数量及回复中体现出的主要态度等。

爆发期是整个网络突发事件气氛最紧张和冲突极度对峙时期，如果应对不力还可能引发又一轮危机。

为了把握突发事件的导向性，政府一方面要继续发布有效的权威信息和加强与网民互动，帮助公众了解事件的来龙去脉和事件的深层内涵，快速反应，说真话，说实话，利用官方媒体的权威性，传递事实真相，减少因自媒体的无端猜测而引发的网络群体恐慌；另一方面，还应综合利用传统媒体和网络媒体的各自优势，共同作用。

在重大公共事件爆发期内，官方媒体要敢于触碰敏感话题，要讲真话、讲实话，不要刻意回避和掩盖社会矛盾，构建危机传播议程设置，加大官方媒体的信息介入程度，起到引导社会讨论热点的作用。随着公共事件的逐步蔓延，在负面信息的疏导过程中，主流媒体应积极与网络意见领袖，与各种非官方媒体密切合作，以亲民感来增强公众正面情绪的信息导向。主流媒体可多发布危机应急处理过程、社会各界积极参与危机减灾行为等方面的信息，缓解危机高峰的负面情绪，使公众关注点从事故责任的归属问题转变为对社会良性运行的思考。对于强关系的网络社群采用积极的信息框架以快速消减负面信息，对于弱关系的网络社群，因群内信息流较为复杂，采用消极框架的辟谣信息更容易获得认同，产生说服效果。

由于我国的大众传媒也具有较强的政治性，因而它们对个人意见和群体意见的影响十分强大。在舆论高峰期可以运用一定的技术手段，如在网络突发事件发生后对论坛中出现的一些过激帖子进行正确疏导。对于在论坛中出现的虚假和错误信息，甚至是内容偏激、蓄意破坏的帖子，要做到及时删除。即便如此还应以引导为主，包括第一时间表明立场、澄清事实，同时还可加强权威意见，通过邀请权威专家访谈或转载权威人士的观点，进一步强化网络舆论的正确导向。

最后，有关部门还可以通过主流媒体和可靠的自媒体的议程设置进行传播，加大现场的信息量报道，加强与自媒体的合作，用政府正能量行为信息和友好自媒体的亲民形象，缓冲网络谣言的蔓延，抢在爆发期前把危机的火苗扑灭。面对负面舆情，秉持公正严明的处事态度，以民众利益为准则，客观、公正地处理问题，才可能顺利获得民众认可，使舆论发生转向，迅速提升正面舆论占比。

四、衰减期和平息期：冷静观察免生意外

随着群体性事件逐渐平息，其相应的网络舆情会走向衰减，相关的网络讨论也会趋向低潮，走向平静。舆论的衰落有两种不同形式，即暂时性衰落和持续性衰落。两者的区别在于事件本身是否得到解决。其中，暂时性衰落呈现的关注度下降是暂时的，可能由于公众的注意力转移或舆论的淡出而出现"假落"。"假落"并不意味着事件的真正解决和舆论的彻底消失，积淀在公众心底的成见有可能在新的导火索刺激下会再次爆发。因此，相关部门绝对不能掉以轻心，仍需对网络舆情进行密切的注意和观察，免生意外。政府部门在做好各种善后事宜的同时应避免舆情再次反复，防止新的群体性事件的发生。

公共事件的衰减期应充分发挥媒介融合的传播优势，扩散以民生为主的"中性信息"，潜移默化地将正能量议题与活跃在网络空间的中性议题结合起来，在满足网民对各类软需求的基础上，形成对国家、社会的认同，将公众的关注热点与主流媒介进行有效融合。关注引导主体、叙事方式、话语特征等都需贴近公众的日常生活和人性化特征，以充分发挥中性议题的积极效应。在公共事件的平和期，虽然信息的总体数量并不多，但

其对今后同类事件的影响却不容小觑，因此，通过非官方媒体推送和转发的防御措施和慰藉故事等的信息，可推动网络舆论正能量信息的累积，使负面信息在网络上产生更快速的自发性衰减，并提升公众积累防护知识和识别谣言的能力，为今后网络危机事件的正能量信息的转发和扩散创建良好的生态环境。

传统的舆论周期呈现单一峰值特征，舆情发展可进一步细分为"苗头—爆发—高潮—衰退—消亡"五个阶段。但是有时情况会更加复杂，在媒体和公众的"加料"以及舆论交锋的作用下，舆情峰值反复，舆情发展过程表现为"苗头—爆发—高潮—衰退—（小高潮—再衰退）＊N—消亡"的过程。以"上海外滩踩踏事件"后30天的共计42651条新浪微博数据为例，从网络舆情走势图来看，整个过程共计出现了三个阶段的舆论热议期，并依次分为爆发的起始期（T0—T1）、高峰至低谷期（T1—T2）、蔓延高峰期（T2—T3）、蔓延低谷期（T3—T4）、缓解高峰期（T4—T5）、缓解低谷期（T5—T6）和长尾期（T6—T7）七个时间段（见图8-1）。

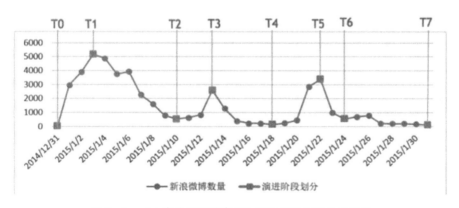

图8-1 "上海外滩踩踏事件"网络信息演进阶段划分

此外，网络舆论周期延长，话题热度波动持续。这种"舆论涟漪"效应普遍存在于当前新媒体环境下的舆论热点传播过程之中，贯穿话题发酵、扩散、峰值和衰减的不同阶段，而对其发生机理、扩散路径的影响效果的深入观察，也必然会成为未来有关部门有效把握社会舆论动向的重要能力。

第三节　基于多元参与的群体传播主体引导模式

网络群体性事件的参与主体具有多元性和广泛性的特征。网络群体性事件的参与主体是动辄几万、几十万乃至上百万的虚拟网络用户，表现出多元化的性质。在网络群体性事件中，网民通常采用的是点击、跟帖、转载等行为方式，在这种情况下，传统的地理辖区失去意义，网络群体性事件往往以网络服务平台为核心多点扩散，不可能只局限在某个地方政府的辖区内，而是大范围传播，造成广泛的影响。

此外，网络群体性事件的参与主体还呈现出复杂性的特征，网络群体的参与者都是具有网络使用习惯的网民，但并不是所有的网民都会参与网络群体性事件。在不同的网络群体性事件中，参与者有所不同，不同参与者的参与程度也有所不同，这是探讨网络群体性事件参与主体的特征所需要明确的。由于教育背景、文化素养、生活经历、社会地位等不同因素的共同作用，不同的参与者在网络群体性事件中所起的作用不同。

我国拥有全球人数最多的网民。群体结构之复杂、思想激辩之多元、意识形态斗争之激烈，尤其在重大公共突发事件中表现出来的突出矛盾，全球罕见。在大多数情况下，网络舆情易受人为因素影响，特别当核心资源（话语权、传播权、定性权）被社会媒体、公知大 V、舆情智库等舆论场金字塔顶端力量所掌控，舆情被人为炒作、扭转、掩埋的概率明显增加，衍生出来的情绪暴戾、网络谣言、谩骂攻击，对舆情的发展和次生舆情的演变，乃至对社会的稳定、经济的增长、国家的发展都会产生重大的影响。

在社会转型期的过程中，面对复杂多变的网络舆情，各级政府要提高新形势下网络舆情的分析能力，及时准确地掌握社会舆情动态，科学引导网络舆情。政府在树立科学的网络舆情引导观念上要注意以下三点：

第一，认知观念的转变。要积极重视网络舆情，勇敢面对网络舆情并及时作出回应。政府在引导网络舆情过程中，要尽快改变思想观念，把网络舆情的监督从被动回复变为主动回应，将一种潜在的压力变为积极的动力。政府要对网络舆情进行及时的判断和处理，第一时间通过网络或新闻媒体澄清事实，表明立场，及时引导网络舆情的发展，把负面的影响降到最小，化解各种矛盾并成功处理好问题，只有这样才能得到网民的支持，增强政府的公信力。

第二，思维观念的转变。运用理性判断网络舆情，把握网络舆情的导向性。政府要站在大局的立场上，冷静地分析网络舆情，既要综合分析各方面的意见，又要及时合理地处理问题。通过积极采纳网民提出的有建设性的意见和建议，增强网民群体的参政热情，为实现网络民意和公共政策的良性互动创造条件。

第三，学习观念的转变。主动学习网络知识，提升网络技术的操作能力。政府部门的领导干部要有网络运行的掌控能力、网上信息的识别能力以及网上舆情的处理能力。平日里要善于运用网络来及时搜集信息，从而把握社情民意；通过加强网络操作能力的学习，加强政府网络信息的及时发布，增强政府与网民之间网络互动交流的能力。

一、普通网民层面

新媒体技术降低了民众参与社会热点事件的门槛，网络空间的话语结构逐渐实现了转型，它聚焦事件发展的全程和细节，将细节连缀成全景画面，对事件发展过程进行时空结合的全程关注，促进了多重价值观念和参与主体的深度交互。然而，传播的平等性在网络传播中得到了充分的体现，但在缺乏主流意见引导的网络碎片化时代，公众的实用性与功利化思想取向更为明显，主要表现在道德判断力削弱，价值取向紊乱，自我中心化、功利化以及人格扭曲，诚信危机，责任感缺失等。这些负面现象的出现，给社会稳定及管理带来了极大的冲击和挑战，成为新媒体时代冲击主流意识形态主导权的主要因素。

网络信息良莠不齐，在开启全民参与方式的同时，也必然会充斥着各种虚假信息与非理性言论。笔者团队曾以新浪微博末日谣言事件（中央电视台新闻中心官方微博"央视新闻"播报了一条小行星"战神"到达近地点的消息，引发网友的末日猜想及担忧）为例，通过问卷调查的方式，对微博用户的转发行为和转发动机进行了分析。研究结果表明，用户对于末日谣言微博的转发行为更多的是出于一种娱乐心理和吸引他人注意的心理，而转发行为的道德责任意识严重缺失。

同时，网民的信息安全素养十分薄弱，社交媒体为政治、军事、经济等各领域爱好者提供了信息交流和切磋的网络空间，但如果对信息的敏感性不够，也会给这些方面造成损失。

此外，当前互联网群体事件频发，其舆论引爆源的自发性和不可控性，以及爆发之快、传播之迅速、影响力之强大，使得管控难度加大。"网民平等、民主，参与意识不断增强"成为网络群体性事件发生的原因之一，开放且匿名的网络舆论又常在不经意间扭转群体态度，使网络舆论发生转向。更糟糕的是，网络盲从和群体极化现象也在网民群体中常有发生。

随着我国互联网及移动互联网的高速发展，网络空间中的信息量呈爆发式增长，未来仍将保持指数型增长的趋势。在这种网络信息极度过剩，缺乏信息过滤网的情况下，如何分辨信息的真伪和进行价值判断正逐渐成为网民素养的一部分。

网民在使用网络时，要时刻保持网络自律，优化网络舆论环境，营造和谐、健康、有序的网络舆论氛围。网络舆论环境的净化需要每一个网民个体的努力。

当前，自媒体已成为民意聚散的重要平台和渠道。自媒体时代，"塔西佗陷阱"正随着传播方式的变迁，成为社会管理需要频繁应对的挑战。互联网和移动网已彻底改变信息传播的社会状态。如果有关部门遇"事"不能及时给出事态真相，人们就会寻找信息。民间自发解释信息行为就会涌现，不仅鱼龙混杂，各种谣言还可能引发社会混乱，政府公信力随之进一步失落。要走出信息公开问题的"塔西佗陷阱"，首先，就必须走"诚信信息及时公开"的道路，这也是舆论引导应走的道路。

其次，加强网民媒介素养，培养良好的价值取向，是对网民进行引导的基础。媒介素养即是"人们具备正确使用媒介和有效地利用媒介的能力，并形成对媒介所传递的信息能够理解其意义以及独立判断其价值的认知结构"。在当前网络信息庞杂、虚假信息繁多的传媒环境中，如果网民本身媒介素养不高，就容易迷失在的网络中，对自身及群体的信息行为没有恰当的把握。加强媒介素养教育可以提高网民正确使用网络和抵御网络不良信息影响的能力。加强媒介素养教育，提高网民辨别真伪的能力，对于突发公共事件中及时发现并举报虚假信息、控制虚假信息的传播，有效引导网络群体信息行为是一个重要的途径。"媒介素养教育能赋予网民完善的知识结构，提供给网民解读媒介信息的正确视角，重点在于培养网民识别信息真伪的能力，不被媒介信息所牵制，从而掌握信息使用的主动权"，以理性的网络群体信息行为对待突发公共事件。媒介素养提高才能使公众对媒介所传递的信息独立判断其价值，因此事实判断和价值判断的能力相应也得到提高，公众应培养"以事实为根据，以价值为准绳"的价值取向，使网络群体信息行为中的价值判断符合对社会有益的主流价值判断，行为过程中的信息增益达到最大。

最后，从历史的经验与现实的考量来看，引导网络舆论还要对民众的偏激心理进行合理引导，在信息公开的基础上加强对话沟通，以疏为主。

第一，政府舆论要及时介入，防止民众盲目从众心理的发酵。盲目从众是网络舆情发酵的重要因素。经历了事件曝光时网民的爆炸扩张心理，随着网络事件的进一步发酵，群体中的网民容易迷失自我，失去理性，从而选择盲从其他人的观点。特别是在舆论形成的阶段，盲目从众心理是舆情发酵的助推器与加速剂。引导网民盲目从众心理最有效的方式就是政府舆论的及时介入，用权威的意见合理有序地引导网民。在网民最需要权威信息的时候，如果政府角色缺位的话就会使得小道消息盛行。

第二，查清真相，慎下结论，防止民众对抗闹大心理发酵。对于网络群体性事件，相关部门不能根据自己的喜好或者在不加调查的基础上就下结论。要想制定有针对性的政策必须首先了解事情的原委，最大限度地还原当时的情形，了解发帖者的需求，了解他们的不满与真实的困难，了解跟帖评论者的用意。要充分调动各方面的资源，通过社区人员、治安人员等各种关系了解事件，最大限度地挖掘其资料，最详实地了解事件发生的内情，并充分运用媒体资源，掌握舆论的发展方向与脉搏，跟踪最新的信息，力求在最短时间内查明事实的真相然后予以回应。

第三，引导网民自律，防止民众法不责众心理的发酵。网民人数众多，网络舆论呈现爆炸式扩张，往往给某一特定的事件附上全民关注的色彩，而网民的言论会直接影响网络群体性事件的发展方向。因此，尽快出台相关的法律法规是迫在眉睫的事，也是网络能否健康发展的大事。"网民应该具有一种理性的意识、理性的思维，有自己对事物真假、丑恶的辩证认识，对网络中所传播的良莠不齐的信息有自己辨别的能力"。

二、意见领袖层面

社会网络分析理论和方法的兴起，为我们研究互联网群体传播中的"意见领袖"又提供了一种新的视角和途径。社会网络理论起源于 20 世纪二三十年代，是由著名的英国人类学家 R. 布朗提出。社会网络理论认为，社会是由一群行动者、这群行动者间的关系以及这些关系所构成的网络结构所组成的。而信息的流传正是受社会关系与社会网络结构所影响的。

1992 年，伯特提出"结构洞"概念，即"非冗余联系之间的分割"。两个行动者之间的非重复性关系，被定义为"结构洞"。结构洞是人际网络中普遍存在的现象。在具有结构洞的网络中，占据中心位置的个体可以获得更多、更新的非重复信息，具有"保持信息"和"控制信息"两大优势。结构洞中的经纪人是一种可以带来新思想和新行为的"意见领袖"。

如图 8-2 所示，a 网络中由于 B、C、D 三个行动者之间没有联系，只有行动者 A 同时与这三个行动者有联系，因此 A 有三个结构洞，相对于其他三个人，A 处于中心位置，起到"意见领袖"的作用。而另三个行动者则必须通过 A 才能与对方发生联系，行动者 A 明显具有竞争优势。由于 A 在个人网络结构中的位置优势决定了其在信息传播中会经常成为沟通的纽带。但是这种信息的传播并不一定都是正面的。意见领袖也极有可能成为危机信息（流言）的核心扩散者。当结构洞中的"意见领袖"有意控制信息的流动时，结构洞的存在也有可能会成为阻绝信息流通的瓶颈和制造蓄意竞争的空间。因此，在危机情境下，加强对"意见领袖"的管理、引导和控制是进行互联网群体传播中信息管理的关键。

而图 8-2 的 b 网络中各行为者之间各自建立互相联结，不存在结构洞。在这样的网络结构中，"熟人效应"使网络成员之间多属"强关系"，因此所获得的信息同质性较高。这种网络结构比较稳定，但却弱化了"意见领袖"的作用，制约了新信息的传播和扩散，不利于"创新"思维的形成。

图 8-3 则表示，在品牌危机信息传播的社会组织网络结构中，原本相互间并无联系的三个网络，在品牌危机事件突发的特定情境下，通过其中

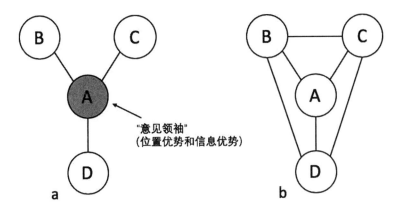

图 8-2　个体结构洞示意图

一个网络中的"意见领袖"（A1）把相互独立的三个群体联系起来，形成了一个整体网。行动者 A1 及其所在网络成员具有明显的位置优势，是整体网中最核心的"意见领袖"，在信息获得和传播方面起到了"桥"（bridge）的关键作用。以此进行推演，则极有可能以"意见领袖"为节点，形成互联网群体传播的庞大网络，出现信息扩散的"涟漪效应"。

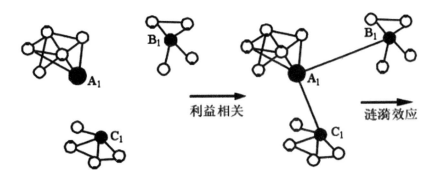

图 8-3　品牌危机情境下整体网结构洞示意图

　　网络意见领袖的概念脱胎于前文中描述的意见领袖，网上表现活跃、能够掌控信息和透视信息的草根网民可以称之为意见领袖。网络中意见领袖形成的条件首先是要为其他网友所熟知，其次是见解能得到别人的认可，这与发帖的数量和质量密切相关。此外，网络意见领袖借力于新媒体的高传播速度，其威望的形成比传统意见领袖更迅速。网络上的意见领袖也呈现出多元化、个性化、影响范围更大、说服力更强的特点。对于"舆论领袖"影响力（作用）的扩散路径，周裕琼认为，传统的"舆论领袖"通过人际交往或职业行为对追随者施加影响，而在虚拟的网络社区中，"舆论领袖"的影响力借助以下技术和管理机制得到发挥：首先，有见地的帖子往往能得到很多人的回复，吸引大量点击，迅速成为网上的热点；其次，如获版主垂青，可获"加精"，成为精华帖；再次，论坛通常有"置顶"功能，以突出引发深入、长久争鸣的精华帖；最后，有些帖子会被其他论坛或媒体所转载，获得广泛的社会关注。

纵观近年来典型的网络群体性事件，网络意见领袖不仅起到了信息加工与传播的作用，且引导和协调了事件的发展，还扮演着舆论监督和反思的角色。对于互联网群体传播中"舆论领袖"的角色和作用，以往也有不少学者已经加以探讨。总的来说，"舆论领袖"是互联网群体传播中的核心成员，是信息扩散的关键节点，他们的存在具有紧密维系社区、传播重要信息、引导互联网群体传播中舆论的重要作用。

在一定情况下，"舆论领袖"也有可能成为互联网群体传播中危机信息（流言）的核心扩散者。网络意见领袖在群体性事件传播过程中依然存在一些问题，如对可靠性信源判断失误、受自身立场的影响而产生网络约架乱象、社会不稳定和刻意炒作等。由于"舆论领袖"在舆论传播中所处的核心地位及其个人强大的号召力，他们所能造成的流言传播危害可能要远远大于其他普通的成员。当"舆论领袖"有意控制信息的流动时，有可能会形成阻绝信息流通的瓶颈和形成蓄意竞争的空间。可见，在危机情境下，"舆论领袖"的存在虽然可能帮助化解危机，但如果不加以适当引导，则也可能使得流言四处扩散，危机进一步升级。因此，对于互联网群体传播中"舆论领袖"的作用，必须辩证地加以看待，有效地加以引导。

近几年来，国内外的每一重大事件，几乎都在网络社区中引起了强烈的反响和激烈的辩论。各个事件中的网络意见领袖不但能为网络社区成员设定议题，还可以引导和改变网络舆论的走向，影响传统媒体甚至国家的一些重要决策。他们的力量从网上蔓延辐射至现实社会。网络意见领袖的影响力正日益壮大并形成一定规模，现在已成为一股不能忽视的舆论力量。

作为意见领袖，应清晰明确地意识到自己在公共危机事件传播中所发挥的作用，并使自己的所作所为对广大网民具有正向作用，对舆论环境的发展起到引导作用，对网络空间的净化发挥推动作用。发挥微博意见领袖"第三方信源"的正面作用，化解公共危机，促进社会的和谐发展。

对于网络意见领袖的引导，主要聚焦在建立双向对话机制，培养网络长期稳定的意见领袖。

三、专家学者层面

有研究将"专家学者"宽泛地定义为那些在知识方面较普通公众和其他社会群体而言拥有比较优势的人。专家学者通常比普通网友具有更多的专业知识和更深入的思考，占有更多的资源，而其形象又异于政府，显得更客观，因而更容易得到网友的信任。因此，在网络群体性事件中，专业学者具有相当的话语权，从而引导舆论甚至影响事件的走向。专家学者可以分为公共知识分子型和信息技术专家。通过观察近年来典型的网络群体性事件，专家学者可以将热点事件反映的"个体困扰"上升为"公众议题"，也推动公共舆论的监督和公民社会的形成，还推动着社会价值体系的形成和进步。

杨立华等发现外部专家学者对群体性事件的治理与解决有重要影响，且群体性事件的自身特征也影响了外部专家学者在群体性事件解决中的参与，专家学者在利益诉求型等群体性事件中的参与度较高，此外，外部专家学者要成功促进群体性事件的解决与治理，需满足七个基本要素：具有良好的专业知识和个人素质、促进群体性事件中对立双方的信息沟通、保证及时的信息反馈、提供理性的组织行动策略、在对立双方谈判时，提供专业真实的谈判依据、和内部学者形成良好的互动、获得一定的其他社会主体的支持。在互联网群体传播中，对专家学者的引导可以参考杨立华等研究中的一些讨论：

第一，发挥外部专家学者在群体性事件解决中的独特作用。群体性事件往往是由于长期的社会矛盾在短期激化而产生的，其成因较为复杂，需要如法律知识和环保知识等的各种知识去支撑才能进行正确分析。此外，群体性事件是带有激情性的活动。如何维持事态稳定，站在战略高度看待问题至关重要。外部专家学者不仅具备专业的技能与素质，而且与事件无直接利益关系，便于以独立客观的视角为置身事件中的群体提供理性的行动策略及真实可靠的谈判证据。发挥外部专家学者在群体性事件解决中的独特作用，其实就是突出外部专家学者的知识性和客观性这两大特点。此外，外部专家学者往往具有良好的社会关系，能充分调动相关社会主体的参与，这也有助于事件最终圆满解决。

第二，外部专家学者虽然有上述的独特作用，但针对不同特征的群体性事件可能会有不一样的效果。因此，我们需要根据群体性事件的自身特征优化外部学者的参与。就群体性事件的类型而言，在利益诉求型群体性事件中，外部学者能够有效回应群体的专业知识需求，并搭建沟通桥梁，促进谈判，从而达成事件的解决。而在泄愤型的群体性事件中，面对群体存在的有待纾解及由于长期社会矛盾而累积的负面情绪，外部学者则更需要注重同内部学者的联系，共同号召群体保持事态稳定，使事态在群体激情性消退后逐渐缓和乃至消解。就群体性事件发生空间而言，外部学者在网络空间的群体性事件中的影响日益增强，且相较于发生在现实空间中的群体性事件更易发挥作用。就群体性事件的发生层级而言，事件的不同发生层级会对外部学者跟进事件的及时程度和参与深度造成影响。在层级高、影响大的城市类事件中，外部学者参与更多更好。就群体性事件的领域而言，专家学者应该加强对非环境类群体性事件的关注和研究。

第三，按照成功参与的七要素优化外部专家学者参与群体性事件解决的实际效果。外部专家学者在群体性事件的解决中发挥着重要的作用，而成功参与的七要素则与群体性事件解决的结果息息相关。只有按照这七要素构建并完善外部专家学者参与群体性事件解决的机制，才能提高群体性事件解决的实际效果。首先，要建立灵活、高效的外部专家学者参与群体性事件的"立场—信息—策略"系统，外部专家学者要想介入到群体性事件中，必须具备扎实的专业知识和明确的目标立场。其次，要获得其他社会主体的支持，充分调动其他社会资本。外部学者和其他主体之间的联系与合作也是解决群体性事件中的一个重要因素。只有获得其他社会主体的支持，外部学者才能掌握更多的资源和信息，去伪存真，促进群体性事件的解决。最后，积极运用现代网络技术，促进外部学者参与群体性事件的治理。现代信息通信技术和网络技术的发展，从以下三个方面促进了外部学者参与群体性事件的治理：第一方面，它们促进了专业知识在专家与民

众中的传播。网络技术的发展使知识的获取和学习越来越便利，便于外部
学者及时有效地提升专业素质，从而得出科学的判断，提出切实可行的解
决方案。第二方面，社交网络的普及降低了外部学者与其他社会主体建立
并维持有效联系的成本，有助于外部学者获取第一手消息，明确对立双方
的利益诉求点。第三方面，移动互联网技术的发展，使点对点的信息交流
越来越高效，从而促进了整个群体性事件实时信息系统的建立。这一信息
系统的建立使外部学者可以更方便快捷地向群体性事件的对立双方提供谈
判依据和解决对策，以促进群体事件的解决。

四、新闻媒体层面

一旦网络群体性事件发生，政府主管部门都应在第一时间同媒体合
作，将掌握的信息资料发布出来，让真相走在谣言前面，以主流意见引导
非理性的声音，并随着治理工作的进展及时补充、更新信息，从而最大限
度地减少事件带来的消极影响。人民网舆情监测室提出了"黄金24小时"
原则，"指的是新闻发布的及时性，政府第一时间发声、第一时间处理问
题，做突发事件的'第一定义者'"。这也凸显出网络群体性事件中媒体
的责任十分重大。媒体在互联网群体传播中的引导模式主要包括以下
内容：

第一，落实政务信息公开机制。由于媒体是公众实现知情权的传播渠
道，所以媒体必须坚持正确的舆论导向，在设置舆论焦点中塑造地方政府
的良好形象，使事件的处置朝着正确的方向发展。媒体在进行新闻报道时
要考虑社会影响力，不能忽略自身对网络群体性事件治理带来的负面影
响。同时避免使用一些吸引眼球的敏感词汇，如"豪车""富二代"等，
否则不仅降低了媒体的公信力，还会造成群情激愤，一发不可收拾。媒体
要有良好的新闻专业素质和媒介操守，坚持正确的舆论导向，协助政府把
好信息传播这一关。否则会因为自己的失范而导致危机扩大，带来更大的
负面影响。

第二，增强信息传递工作的针对性和精准性。充分发挥上情下传和下
情上达的桥梁作用。媒体在危机事件中可双向沟通政府与公众，传递双方
信息、想法，有利于控制事件发展状态，通过有效的信息沟通，让公众了

解事态进程，创造利于危机事件解决的良好环境，在满足网民信息需求中保证社会正常运转。在事件治理过程中，媒体可以通过及时的宣传报道，追踪事件发展，向网民传递信息，安抚情绪，促使事件向好的方向转化，最大限度地减轻谣言造成的影响及损失。要知道网络上参与讨论的都是普通网民，他们有丰富的想象力、分析力和判断力，但是没有足够的资源，而所有的想象、分析和判断都是需要现实资料支持的，在政府缄默的情况下，媒体也保持沉默的话网民的热议就容易引发事件。

第三，设立畅通有序的公众参与平台。畅通的利益表达机制是释放民怨的解压阀。"网友爆料台"等相应平台的设立，为弱势群体、社会公众、广大网民提供了一个信息空间和话语空间，有利于避免他们通过极端的形式、手段来表达与发泄不满。

第四，加强新老媒体互动，发挥舆论引导与监督功能。传统媒体权威性强，强调的是一种"自上而下"的舆论导向，相对刻板。而近年来，微博、博客、贴吧、论坛等一些新兴媒介所造成的影响力，是传统媒体远远比不上的，但是其上的观点多来自于网民个体，因此经常出现虚假信息。并且网民话语责任感不强，言论随意，情绪偏激，立论分析缺乏深度。传统媒体需要新媒体带来新鲜的血液，而新媒体也需要获得传统媒体权威的支持才能发挥更大的作用。新老媒体的互动互补更容易掀起舆论风潮，制造舆论压力，起到舆论监督的作用，督促政府做出公平公正的裁决。

第五，借助新媒体消减"第三人效果"。公众转发谣言，一方面是由于道德责任意识的缺失；另一方面，"第三人效果"也在其中起着作用。大多数公众在面对大众媒介的劝服信息时，往往会认为自己受到的影响很小，而自己以外的"他们"所受的影响更大。在转发行为上，即使在明知是虚假信息的情况下，不少公众也抱着自己不转别人也会转发的心理，撇开自己的责任，为博人眼球而转发虚假或是谣言微博。因此，合理地使用新媒体，消减"第三人效果"的影响，使公众获取网络信息更加便捷的同时，提高公众对意识形态领域"什么是对错"的判断能力。

第六，利用社会化媒体的传播媒介提高意识形态的正向凝聚力。正能量信息是指在网络信息传播过程中，符合社会基本的道德规范，满足公众的信息需求，促使公众产生全面客观的事实认知、积极健康的社会情绪，以及与之相应的公众行为，并最终使意识形态向理性、稳定、积极的方向发展的信息类型。如：阐述危机真相的事实类信息、公正和不带偏见的评论类信息、有益于救助他人或疏导负面情绪的公共类信息等。

第七，加强官方媒体对社会化媒体环境中的引领作用。笔者在突发危机网络传播的研究中发现，社会化媒体环境下的正能量信息的阶段性波动受到了官方媒体的重要影响。其中，在非官方正能量信息波峰形成的时间点分别都与官方信息（如危机事件导致的后果、发生的原因和调查报告）的集中转发有着密切的关系，官方媒体的信息发布依然是影响网民的道德判断和正向认知的重要因素。因此，在突发危机日益常态化的当下，充分重视官方媒体的力量，加强意识形态的正向引导，不仅可以有效控制社会矛盾的扩散和激化，也能改善公众的道德意识和自身行为，激发公众参与社会活动的热情，引领"和谐社会"的发展。

五、政府部门层面

作为公共管理的重要主体、网络舆情的主要监管者，政府部门有责任协调处理好公众所普遍关注的舆情事件。必须通过政府主导，采取政府干预和投入来积极应对网络舆情，为公众及时提供经过科学分析的、具有较高知识含量和综合性、权威性的信息，满足公众对监管透明度的诉求。

互联网作为现代社会运行的基础设施，其独特的信息交流模式已经深刻地影响和改变着中国社会的各个层面、各个领域，同时也改变着大众的思维方式、交流方式和行为方式。政府部门应密切联系广大网民，从网民中来，到网民中去，倾听网民声音，回应网民关切，主动接受网民的监督，依靠网民群众，从广大网民当中汲取政府部门进一步提升和发展的力量。

目前，我国政务网站、政务 app、政务微博、政务微信公众号、政务头条号在内的互联网政务平台，都成为相关机构发布权威信息、回应公众关切的重要平台。但是政府网络平台表现却参差不齐。对网络平台上群众反映的问题，有的政府网络平台套用"万能回复模板"，复制一句"协调办理中"等官话敷衍搪塞；有的政府网络平台引用文件上的一句大话空话，让群众在"已作部署"中等待渺茫的希望；有的政务微博自说自话，对网民留言不闻不问，对群众关切避而不谈或澄而不清；有的政务网站和微博"僵尸化"，政务信息陈旧。网上群众路线绝不是对线下群众路线的简单复制。网民会把线下的态度、诉求和情绪带到网上，但这种转移不是简单的复制和平移。因为网络情境有其不同于现实社会的规律性。在现实空间，由于受制于空间和社会壁垒的限制，群众态度和情绪难以大面积集结，形成规模效应。但在网络上，超越了时间和空间的限制，网民的意见、态度容易聚合，形成舆论共振，会释放出巨大的舆论压力。政府的网络群众工作由现实空间向虚拟空间延伸，其根本目的是更好地解决问题，政府部门需要有效统筹"线上线下"与"网上网下"两个领域，把"上网访民意"与"下网解民忧"相对接，"网上问政"与"网下施政"相联动，"上网察民意"与"上门送服务"相结合。

公共危机事件中的政府，应该充当"危机事件的观察协调者、事件应对与信息发布者、危机引导与动员者以及危机恢复的反思评估者"的角色。

搭建沟通渠道平台，积极主动与各类微博意见领袖沟通。重大突发公共危机涉及面往往并非局限于某一部门或某一群体，而是整个社会系统。意见领袖的产生是不分行业、不分阶层的。我国突发公共事件中涌现的微博意见领袖，既有公共知识分子，如专家学者、媒体人士，也有专业技术人员，还有草根网民。为此，应在现有重大突发公共事件的应急处理组织体系中吸纳各类微博意见领袖的加入，搭建与微博意见领袖沟通交流的平台，发挥网络意见领袖的积极作用；同时可不定期地组织微博意见领袖参观、学习、考察、调研，使他们对相关部门应急处理情况有更为深入全面的了解，并可采纳其提出的建设性意见。

培养官员微博意见领袖，重视传统媒体出身的微博意见领袖。笔者建议，应积极培养自己的意见领袖，鼓励政府官员开通微博等社交媒体，并在应对突发公共事件中，力争成为意见领袖，与公众进行广泛的沟通交流，听取民意，拓宽危机应对的方式和渠道，引导网络舆论；另外，政府还应该高度重视传统媒体出身的微博意见领袖。传统媒体从业者是微博意见领袖中最多的群体，他们媒介素养高，在微博中表现活跃、影响力大。由此，建议各级党委和政府鼓励他们积极发声，各级宣传部门也要加强对在我国主流媒体机构中工作的微博意见领袖的引导和教育，使他们真正发挥舆论引导的作用。

面对公共危机事件，政府更为重要的是通过树立科学的执政观念，建立健全危机应对与危机传播体制，拓宽民意表达渠道，强化多渠道监督等方式，通过改革增强危机传播能力，构建政府公信力。

此外，还应完善我国互联网管理，建立一套行之有效的互联网管理体系。

第四节　基于事件类型的群体内容传播引导策略

一、自然灾害类事件互联网群体传播引导

（一）自然灾害类事件传播内容的引导

自然灾害的发生不可避免，科学的自然灾害网络报道在当今显得尤为重要，而自党的十八大提出要让网络释放更多的正能量，体现正能量也成为了网络报道的要求之一。构建原则是对模式构建的路径引导与规范，它对自然灾害类网络舆论引导模式的构建提出基本要求，使模式构建具有科学性。结合网络传播理论和舆论模式理论，构建自然灾害类网络舆论引导模式应遵循以下原则：

第一，方向性原则。自然灾害类突发事件的网络舆论引导模式构建的方向性原则，是指该模式的构建要始终坚持达到预定的目标，保持正确的方向。这一原则的确立，有助于自然灾害类突发事件的网络舆论引导模式始终坚持维护人民的利益。由于关切到人类最基本的生存需求，因此对自然灾害突发事件舆论的引导，首先应考虑如何发挥网络舆论统一思想、凝聚人心的作用，从而协调网民的行为，有效地控制突发事件，最大程度地保护公众的利益，维护社会的安定团结。

第二，系统性原则。自然灾害类突发事件的网络舆论引导模式构建的系统性原则，是指该模式的构建要以系统整体目标的优化为准绳，协调系统中各分系统的相互关系，使系统趋于完整、平衡。这一原则的确立，有助于自然灾害类突发事件的网络舆论引导模式保持结构的合理性和科学性。由于自然灾害突发事件网络舆论引导是一个复杂的系统工程，涉及的部门众多，因此在网络舆论引导中应坚持统一原则，各引导主体各司其

职，加强彼此间的交流和互动，对外信息发布统一口径，防止口径不一引起更大的混乱。

第三，动态性原则。自然灾害类突发事件的网络舆论引导模式构建的动态性原则，是指该模式的构建不是固定不变的，模式内部各要素之间都是在不断运动变化中相互调节的。这一原则的确立，有助于保证该模式有效适应现实情况的变化。在自然灾害突发公共事件发生、发展及消亡的每一个阶段，不同的网络舆论引导主体应发挥不同的作用，引导的侧重点也应该是有差别的。

（二）自然灾害类事件互联网群体传播引导机制

自然灾害类突发事件网络舆论引导模式构建，需以科学理论为指导，遵循舆论引导模式的构建原则，进行整体设计。这个框架体系主要由政府部门、媒体以及广大网民等要素构成，形成一个既各自独立、又相互联系的有机整体。

首先，政府在网络舆论引导中发挥主导作用。政府对突发事件的网络舆论引导是指针对网民围绕突发事件产生的言论，政府通过各种途径和方式来影响媒体观点和公众态度，最终使舆论朝向符合事实方向发展的一种过程行为。具体来说，政府对网络舆论的引导主要体现在以下三个方面：

第一方面，及时传播信息以把握舆论引导的主动权。自然灾害具有突发性、危害性、难控性等特征。灾害发生后，作为社会最高管理者的政府是唯一能够获取及时准确信息的组织，必须第一时间把握住信息传播的主动权，通过官方自有机构新闻发言途径统一发文，或是借助主流媒体传递信息，为舆论引导工作指明方向。

第二方面，设置积极正面的议程以掌握舆论引导的主导权。人们通常只意识到媒体的"议程设置"功能，而忽略了舆论引导中政府的"议程设置"功能。韦斯特利曾经指出，社会中具有强大势力的集团或特殊团体，在某些情况下，可以通过一些策略人为地将预期议题强硬地插入媒体议程，以获得所需效果。也就是说，作为社会管理的主体，政府完全可以设置相关的新闻议程，使正向舆论的势力越来越大，从而实现政府的舆论引导功能。政府应放弃强制的命令来实现自己的意志，而持合作性的态度主动引导媒体，从而形成两者间一种良性的互动关系。

第三方面，以实际行动引导网络舆论。有时候过多宣传式的言语可能不利于正向舆论的发展，这时可以通过政府的实际行动将政府的意志展示给公众，使政府所要传递的信息更为生动和形象。以汶川地震为例，从地震发生到救灾的全过程，公众都可以通过媒体报道或其他途径来了解政府关于抗震救灾的一系列行动。我们可以看到，政府在用直接的行动来间接地引导舆论，功效更加地直接，具有权威性，令人信服且印象深刻。

其次，媒体在网络舆论引导中发挥关键作用。媒体在突发公共事件中的舆论引导，主要是指媒体在政府统一领导下提高整个社会的应对效率，推动社会从受到强烈冲击的非常态进入健康的常态。自然灾害发生后，媒体在灾情报道、影响舆论走向方面的作用日益增强。具体说来，媒体对自然灾害突发事件网络舆论的引导具体体现在以下两个方面：

第一方面，传统媒体引导与网络媒体引导相结合。传统媒体和网络媒体所具有的传播功能使其能发挥政府与公众之间的桥梁作用。在自然灾害事件报道中，网络媒体以其丰富的信息量和交互功能受到了公众的普遍认可，而其虚拟性特点却大大降低了网上信息的可信度。传统媒体是新媒体重要的新闻来源之一，其信息较高的可信度与权威性赢得了公众的信任，具有品牌效应。因此，在突发事件的宣传报道中，应充分发挥传统媒体和网络媒体的各自优势，形成舆论引导新合力。

第二方面，官方网站与商业网站相结合。在突发事件报道中，传统媒体承担着更重的网络舆论引导责任，与其相对应的官方网站也应发挥积极作用，承担更多的责任。但现实情况并不乐观，官方网站的市场占有率远远不及商业网站，对公众的影响有限。因此，官方网站必须采取有力措施占领更多的市场。应该把传统媒体和新媒体各自的优势更好地融合在一起，使之成为其他官方网站效仿的典范。当然，商业网站也并不是没有作为，它们应兼顾经济效益与社会效益，不断加强自律，需谨慎发布和转载与突发事件相关的各类信息，自觉充当"把关人"的角色，辅助官方网站做好突发事件的网络舆论引导工作。

最后，在突发事件网络舆论引导过程中，网民既是被引导的对象，同时也是引导的主体。也就是说，网民不仅在政府、媒体的引导下规范自己的言论，还可以通过自我约束、相互影响的作用来达到使网络舆论朝着有利于事件解决的方向发展。网民对网络舆论的引导主要体现在以下两个方面：

第一方面，发挥舆论领袖的"风向标"作用。灾情发生后网上会出现各种不同的声音，这时候舆论领袖需要从众多意见中依据自身的价值取向来选取有用的信息，并将这些信息加以概括总结，以形成新的意见进行传播扩散。

第二方面，增强网民在突发事件网络舆论中的自律。从有利于突发事件的解决、维护社会正常秩序的角度出发，每个网民也都应该保持独立的话语权利和思考能力，在网络舆论中保持自律。

二、事故灾难类事件互联网群体传播引导

（一）当前事故灾难类事件互联网群体传播引导存在的问题

相较于传统对传统媒体在突发事故灾难事件中的管理控制，政府对该类事件的网络舆论管理有很大的进步，但是进步并不代表完善。具体而言，对于事故灾难事件，网络舆论管理存在的问题主要有：

一是重"堵"轻"疏"。受传统思维定势的影响，政府对突发事故灾难事件的网络舆论管理中有明显的重"堵"轻"疏"的现象。删帖等封堵信息都是不可取的。

二是引导方式和方向失当。事故灾难事件本身的特性，使其往往会成为网络议论的热点和重点，在事件处理过程中，政府的任何一个失当行为，都会引来汹涌如潮的批评和指责。采用行政手段，通过权威性"强制性的命令"指示和规定来进行突发事件的网络舆论进行强制管理；利用属下媒体或更高级别的媒体大肆宣传其在处置事件中"积极组织救助""迅速作出决策，遇害者家属情绪稳定"等，都是引导方式、方向的失当。

（二）事故灾难类事件互联网群体传播引导机制

事故灾难类网络舆论是指网民借助网络工具围绕正在发生或已经发生的事故灾难所发表的具有一定影响力、带倾向性的意见或言论。面对事故灾难的网络舆论，我们可以构建政府主导、网络媒体推动、网民参与和网络意见领袖介入的"四位一体"的引导模式。

政府主导。政府是公共危机管理的天然主体，有着其他非政府组织无可比拟的强制力、权威性和组织性等，需要而且有必要对舆论进行积极引导，在事故灾难发生时也不例外。

网络媒体推动。这里的媒体主要是指媒体网站，包括政府综合网站和重要商业网站等。事故灾难发生后，如果说政府是事故灾难信息的"发声器"，那么各网站包括政府网站就是事故灾难信息的"发声器"或"传播器"。各网站应充分尊重政府的权威性，真实具体地报道事故灾难。

网民参与。在事故灾难发生时，网民对事故的言论、态度在事故的发展过程中起着重要的作用。因此，要引导网民正确看待事故灾难的发生和发展，提高网民的素质，引导其慎重、客观、理性地发表言论。

网络意见领袖介入。在公共事件的网络传播中，理想的状态是将网络意见领袖作为政府与民众之间的沟通桥梁，这便有赖于政府机构对网络意见领袖的引导与培育。政府机构应当在尊重网络意见领袖的公共话语表达的基础上，加强与网络意见领袖之间的有效沟通，例如运用研讨会、访问团、网络调查团等形式，让网络意见领袖群体参与到政府活动中来。另外，政府机构也可以利用新兴平台参与到网络传播中来，现在我们也看到不少政府机构和官员都开通了官方微博，是一个好的开始，然而如何去运营这个账号，增加与民众的互动，塑造自己的形象，成为意见领袖，这是需要进一步努力的方面。

三、公共卫生类事件互联网群体传播引导

（一）当前公共卫生类事件互联网群体传播引导存在的问题

第一，思维方式上以"维稳"为主要目的。网络舆论有着极大的随意性，语言显得比较随意和混乱，这是其给人们的直观感受，对这些看似不干净不和谐的网络舆论进行封杀，反而容易引发舆论反感。

第二，反应时间滞后。在网络媒体出现以前，舆论引导虽然在时间上也有紧迫性，但由于当时突发事件的传播主要依靠的是传统媒体，因此政府只要控制为数不多的几家报纸和电视台就可以使突发事件的传播速度放慢，并人为地放缓舆论形成和发展的脚步，从而有更宽裕的时间上传下达、协调组织、周密部署、想对策、做宣传。然而网络媒体出现之后，传统媒体失去了垄断性，消息源的增多和传播速度的加快迫使政府不得不紧跟"网络时代的脚步"，密切跟踪，提高新闻敏感度，及时作出回应，否则就会发生一连串严重后果。

第三，引导的效果不佳。未形成系统的理论和科学规范的流程，效果不佳。

（二）公共卫生类事件互联网群体传播引导机制

突发公共卫生事件中，政府还应建立社会舆情汇集和分析制度，加强对互联网信息内容的监管，严防利用互联网、手机短信传播谣言。突发公共卫生事件舆情收集的内容包括：突发公共卫生事件发生后，人们对此事件所表达的信念、态度、意见、建议、要求和情绪表现；人们的所思所想、所急所盼；带有苗头性、倾向性的问题。各级政府应急管理机构要加强舆情汇集和分析机制建设，通过设置新闻热线，开辟政府网站专栏，通过手机短信平台等多种形式，畅通社情民意反映渠道。

媒体在公共卫生类事件相关的舆论中应从正面引导大众，正本清源，以稳定民心为中心，做到以下四点：

第一，辩证地看待问题。媒体为了追求新闻的快、新、异，容易忽略了公共卫生事件中的科学问题，但这恰恰是公众最关心的因素。信息的缺失造成了社会公众的恐慌，新闻工作者应当辩证地看待公共事件中出现的问题，借助专业渠道，获取相关专业信息，实事求是，不能耸人听闻夸大其危害性，否则会客观上加大公众的心理压力。在所有信息都充分公开透明的情况下，非专业的普通公众也会作出正确的判断。

第二，网络媒体要正面引导舆论。网络媒体在进行新闻传播效果的评估时，既要关注业务层面的效果，又要关注社会层面的效果。由此出发，网络新闻的报道，不仅要正确报道事实还要达到正确反映舆论、引导舆论的目的。在公共卫生类事件的报道中，媒体要对消费者的质疑给予解答，对其不安给予抚慰。

第三，网络媒体要避免同类信息重复传播。如"食品添加剂"这个词一冒出，网站新闻、论坛、博客、微博上几乎都是报道"食品添加剂"对于人体有危害的新闻，或是转载、评论，有的报道甚至是同一篇稿件在几个网站发表，这不仅浪费了网络资源，也耽误网民的阅览时间，同时会引起网民对同类信息的厌倦或是恐慌。为了更好地体现新闻事件的价值，网络媒介在新闻报道中应该为受众提供一个客观的、真实的、全面的信息环境。

第四，媒体应该履行提高受众科学素养的职责，增强受众的科学判断能力。在日常生活中，公众不可能对所有科学知识都深入了解，当公共卫生类事件中涉及化学或生物科学知识时，平时较少接触而产生的陌生感往往会引起公众对添加剂的猜疑或恐慌，无法用科学的方法辨别其中利害关系。如果媒体时常对公众进行科普宣传，当突发事件发生时，公众就能运用所知道的知识对事件进行理性分析。

四、社会安全类事件互联网群体传播引导

（一）当前社会安全类事件中互联网群体传播引导存在的问题

第一，政府对新媒体的重视程度不够。现实中，当突发事件发生后，冲在最前方的本应是新媒体，然而政府往往将传统媒体送上前线，将有价值的新闻留给传统媒体，有时还会出现封杀新媒体的现象。在新媒体如此发达的今天，真可谓是极大的资源浪费。而由于新媒体所发出的信息难以保证其真实性，所以很容易造成"流言、谣言"的不胫而走，严重时可能会造成大规模群体性事件的发生，对处理事件以及维护社会稳定带来负面影响。

第二，信息公开不到位导致政府公信力不高。信息公开是政府取信于民，提升政府公信力的必要条件。如果用之得当则会大大提高政府公信力；反之则可能会降低政府在公众心目中的公信力，不仅对政府形象产生危害，而且不利于事件的解决。信息公开的过程中还存在着一些问题，主要表现为：重形式而轻实质。经常关注网站，我们可以清楚地了解到，有的政府机关虽然建立了网站，但网站信息很少更新。政绩宣传内容过多，而一旦真的发生了突发事件，有些政府部门却往往选择封锁消息，公众真正需要的信息往往得不到满足，就会导致"流言、谣言"肆意传播，不仅对突发事件的解决带来阻碍，更使政府在公众心目中的公信力降低。

第三，部门间协调机制缺失。如果各个部门之间不能有效地协调及信息共享，则处理此类事件的效率则会大大地降低，加大对社会的负面影响。

第四，舆论引导方式不遵循网络传播规律。不善于发布信息，引导方式缺乏艺术性。首先，新闻发布语焉不详、用词含糊、不熟悉适用于网络的用语，往往导致受众猜测和质疑。其次，政府及媒体站在制高点的批评

性语言也常常会加重广大民众反感，诸如"一小撮""别有用心"等词汇的使用，会使政府、媒体与公众之间拉开距离。

第五，别有用心势力操控网络，导致议题偏颇、网络失控。网络"意见领袖"作为对他人施加影响的活跃分子，被传播学者定位为"某个群体关系的轴心"。尽管绝大多数社会安全事件的发生都是由特定社会矛盾引起的，这其中固然有社会现实、网民自身心理等原因，但其中也存在着网络舆论被一些心怀叵测的人所利用、推动和驱使的成分。在网络传播效应下，这些信息源通过某些特殊议题的设置，往往会激发民众的某些非理性情绪，使事件本身发生变质，甚至混淆真相，使情绪发泄超过理性判断，从而迅速激发民众极端情绪，使这种非直接利益冲突产生的心理共鸣经过网络媒体的层层放大，最终产生巨大的负面影响。

（二）社会安全类事件互联网群体传播引导机制

社会安全事件自身的一系列特点决定了其网络舆论的特殊性，也大大增加了对其引导的难度。对此，政府和媒体都应当有清醒的认识，应当强化责任意识，高度重视，积极面对，充分利用和发挥网络危机传播的优势效用，努力有所作为。

第一，发挥"瞭望塔"功能，做好危机潜伏期的网络预警。重大社会安全事件具有人为性、预谋性的特点，更加需要媒体尤其是网络媒体发挥"瞭望塔"功能，对初始事件舆论进行积极引导将成为预防重大社会安全事件发生的第一道屏障。

第二，第一时间发布事件关键信息，保证信息公开透明真实。在社会安全事件爆发之时，第一时间发布关键信息，并保证信息的公开、透明、真实是化解危机的第一法则。一般来说，重大社会安全事件发生的 24 小时内，是争取话语主导权的黄金时期，事件发生后，政府应积极应对，主流媒体应第一时间及时发布政府权威信息，并如实展示事件真相，力争以新闻事实为事件定调，做到关键时刻不"失语"。

第三，强化信息选择，改进报道方式，保证正确的舆论导向。重大社会安全事件一般都具有政治敏感性，其网络传播的灵魂和核心、关键和难点在于正确把握网络舆论的政治导向，特别是对于重大社会安全事件中的网络舆论，这就要求媒体尤其是网络媒体，应始终坚持把社会责任放在首位，把人民利益放在首位。面对重大社会安全事件，媒体自然需要满足公众知情权，需要最大量地公开信息，但是对信息的选择也是至关重要的，它直接影响着舆论导向。

第四，培养网络意见领袖，政府、媒体和受众三者良性互动。互联网时代的网民具有多、杂、散、匿的特点，网民的社会经济地位、文化素质、受教育水平以及价值观等都有所不同，所以意见、观点也会不同，舆论呈现多元化的特点。一旦重大社会安全事件发生，各种不同的声音就会纷至沓来，这时候，意见领袖在引导舆论走向的过程中会充当重要角色。因此，培养好网络意见领袖，在网络上形成主导意见流，引导网络舆论走向理性，自然有利于危机的加快解决。

第五节　基于舆论生态的群体传播舆论生态体系构建

一、互联网群体传播舆论生态平衡策略

（一）互联网群体传播舆论生态特点

第一，整体态势：从空间开垦扩张转向秩序重建，民意的底色是"正能量"。

第二，发展涟漪：突破传统舆论周期，舆情峰值反复多变。

第三，生态自净：舆论对冲机制凸显，自净功消解负面舆情。

（二）舆论生态环境的善治建议

如何通过"善治"提升积极信息成为网络舆论场中的中坚力量，形成良好的网络空间生态是党的十八届四中全会的主要议题，也是社会安宁、国家形象的重要支撑点。主要建议如下：

1. 基本思路：积极引导下的善治管理

网络社会舆论生态的治理除了建立基本的法制保障和采取必要的强制性手段对重大突发事件进行应急处置以外，重在治"心"，必须在满足社会心理需求并符合人们心理接受水平的前提下，更多地采用"软"手段并利用具有重要影响力的各类"软"资源来提高网民的认知能力，使其树立理性思维观念，通过网民的自觉和自律行为来达到根本的治理目标。如果仅仅通过诸如删除、屏蔽、实名制等强制性治理措施来处置问题，必将与

人们在网络空间中获取信息、发泄不满情绪的心理需求相冲突，难以达到理想的治理效果并极易造成多方面的负面影响。

应充分利用大数据挖掘和云计算技术挖掘信息，通过重置议程设置，调整正面议题在网络空间中的结构性比例，由原先的"倒金字塔式"信息结构，调整为正面信息和负面信息均等，中性的无害信息占比适合的"橄榄形"信息结构。

2. 机制措施：心理视角下的协同共治

为加强网络舆情工作的主动性，各级政府部门大量引进网络舆情监测软件，实时监控网络舆情突发事件，实现对复杂舆情的自动识别。然而，过度迷信与依赖技术，将网络舆情应对捆绑在技术之上，缺乏实地调研与第一手材料而过分倚重监测数据，往往会阻碍对网络舆情的真实判断，例如网民心理因素就无法用大数据技术直接追踪呈现。当今的舆情引导应该采取多法并举的方法，消弭网络负面舆论形成的社会基础，应畅通民意表达渠道，加强政府与公众之间的沟通，化解网民的偏激情绪，积极争取民心，科学把握并正确运用议题设置、多法渗透、因势利导、先声夺人等主要策略，不断强化舆论引导的说服力、感染力和凝聚力，实现网络空间中传播生态的清朗化。我们提出动态舆情防控治理模式——当不涉及政治安全时，充分发挥平台企业或媒体平台的自治权。当与国家和社会普遍利益发生冲突时，应由主管部门——网信办负责召集平台企业、政府部门、媒体、机构和个人等利益相关方群体代表进行协商，共同厘清平台企业的舆论信息治理的权力边界。从而努力消除网络负面影响，形成舆情引导的中坚力量，不断推动网络正能量的传播。

应构建"以政府为主导的，多利益相关方参与"的应急互动防御平台，开创政府主导，多方协同共治网络空间舆论生态治理模式。

3. 策略技巧：理性思考下的情感沟通

互联网是一个开放包容、匿名共享的舆论平台，网络的健康发展离不开网民的自觉参与，只有通过在讨论中辨识和掌握真理的路径，锻炼和提高网民捍卫自己精神家园的意识和能力，才能促使网络思想摆脱怨气戾气，走向理性探讨的氛围，建设积极健康的网络舆论生态环境。当今网络表达个性化、碎片化，从公序良俗和公共利益的角度出发，通过加强"正能量"信息的传播，可提升网络舆论的引导能力。

具体包括：①弘扬主流价值观，做大做强主流舆论。主流媒体要积极"唱盛"而非消极"唱衰"，当"引导者"而非"旁观者"，用中国梦和社会主义核心价值观凝聚共识、汇聚力量，用正能量对冲负能量；②加强网民特别是青年网民的媒介素养教育。媒体平台要提高自身的内容（特别是推送内容）品位，高校要培养学生鉴别网络信息真伪的能力，避免误传和轻信，学会理性讨论，以包容的心态展开交流对话；③有活力接地气地进行情感沟通。例如发挥自媒体的力量，通过带有正能量信息主旨意图的趣味传播形式（如动画宣传片等），以中国博大精深的文化感染人心，进行舆论引导，从而利用情理，增进认同。

4. 重视"中性信息"作用

十三五规划提出"牢牢把握正确舆论导向，健全社会舆情引导机制，传播正能量""加强网上思想文化阵地建设，实施网络内容建设工程，发展积极向上的网络文化，净化网络环境"。笔者的研究发现，网络空间中负面信息平均占比约54%，正能量信息占比仅为28%，中性信息数量最少为18%，因此，正向社会舆论引导的格局并未真正形成，网络空间"非清朗化"状况仍不容乐观。

"非清朗化"问题的产生很大程度上折射出中国改革进入深入期的诸多问题。例如，由于社会竞争和生活重负的加剧，公众的心理压力直接或间接地导致了各类负面情绪的产生，并在突发危机的刺激下，引发群体性联动效应，对社会的稳定谐构成更大的威胁。不仅如此，网民的结构也在变化：一方面网民的年龄、学历、职业、收入等呈现下降趋势，另一方面网民向高龄人群渗透。就目前的网络管控方式而言，单一地控制负面信息反而会激发公众对政府的不信任感，而一味地增加正面信息又会出现无人理会的尴尬局面。因此，如何在互联网全社会覆盖的新趋势下，调整信息格局，重拾并发挥"中性信息"在社会舆论导向的积极作用，是有效解决网络空间"非清朗化"问题的有效方法。

第一，"中性信息"是以公众生活娱乐为导向的无害议题。"中性信息"是指那些不具有明确的正面或负面信息极性的议题，即不直接涉及政治、经济和民生等核心价值判断，多为公众感兴趣的生活需求、情感沟通和兴趣爱好等话题。我们可以利用大数据挖掘与分析技术，根据参与人群、活跃程度、议题内容等不同维度，对其进行类型划分，并分别对每一类型议题的参与主体、信息特征、传播渠道、传播方式、社会影响等进行议程设定，为网络管理部门对无害议题的分门别类管理和引导提供相关数据。

第二，丰富"中性信息"的议题设置，打造"橄榄形"信息结构模型。要使网络空间清朗起来，不仅仅要减少负面议题，增加正面议题，还要凸显满足广大网民需求的无害议题。优化"中性信息"在网络空间的结构性比例，打造两头小（正面信息和负面信息），中间大（中性的无害信息）的"橄榄形"信息结构模型。这需要网络媒体摒弃"带血的点击率"的经营理念，不能一味追求眼球效应，过多地设置过于极性的信息，而要从满足网民对软性议题的需求出发，挖掘、增设和再传播更多"中性信息"，也要广大网民摒弃非此即彼的二元对立的价值判断，积极参与无害议题的建构与传播，更加真实地呈现现实社会。

第三，主流媒体的人性化介入，扩大"中性信息"的社会放大效应。充分发挥媒介融合的传播优势，在挖掘、发现和重构网络空间的"中性信息"基础上，将公众的关注热点与主流媒介进行有效融合，通过主流媒体的社会放大效应使"中性信息"得到更快速、更多渠道、更跨媒介的有效扩散。潜移默化地将社会主义核心价值观、和谐社会建设等国家议题与活跃在网络空间的中性议题结合起来，在满足网民对各类软需求的基础上，形成对国家、社会的认同。但中性议题的正面宣传效应，大大不同于传统媒体的正面宣传，其引导主体、叙事方式、话语特征等都需贴近公众的日常生活和人性化特征，以充分发挥中性议题的积极效应。

第四，适度放宽"无害宣泄"渠道，建立"由堵到疏"的信息管控方式。以往针对网络负面信息"一刀切"式的删帖方式，容易激发公众对该议题的广泛关注，从而加深对政府职能部门的不满情绪。因此，政府职能部门应适当放宽负面情绪的管控，对网络负面信息进行分类式管理，针对不同类型的负面信息，做更具体和细致地分析，建立"无害宣泄"网络渠道，以此作为化解突发危机和消除社会矛盾的基础。此外，构建分类式信息管理平台，加速消除"负面信息源"也是信息沟通成效的最大化根本保障。将公众信息的发布、接收与反馈等大量信息融合到分类式信息管理平台，为公众的信息参与与问题解决，构建有效及时的沟通渠道，从源头上直接消除不实信息的负面效应。通过从社交网络中找出潜在传播该负面信息的主要节点用户（一般指占据度值较大的节点用户），从而及时降低其传播的可能性，减弱信息扩散趋势，为促进"中性信息"的传播与扩散奠定良好的社会基础。

第五，建立"心理雾霾"的长效疏导机制，增加公众对"中性信息"的关注度。网络上承载负面情绪的信息不断积聚，往往容易在一定程度放大现实生活中的种种矛盾，从而加剧公众的"心理雾霾"现象，并对社会稳定和和谐发展造成极大的影响。因此，社会治理的政府职能部门应该认识到公众"心理雾霾"非仅靠突发事件时的心灵抚慰就能够消除。一方面应将帮助公众清理"心里雾霾"作为一项日常工作，建立长效心理疏导机制，充分发挥网络空间与现实社会双重治理的联动效应，持续不断地对公众的负面社会心态加以干预与积极引导；另一方面，加强"中性信息"的话题锁定和议程设置，改变公众对负面信息过度聚焦的现状，转而投向对多元化"中性信息"的积极关注，从而稀释公众的"心理雾霾"。

第六，规范"中性信息"传播秩序，培育积极健康的网络环境。相比在突发事件或社会矛盾背景下，构建适度的信息管控方式、有效的信息接收与反馈之外，培育健康积极的网络空间信息环境更具有显著的长期效应。加快政府角色转变、提升公众网络媒介素养、保障网络信息的安全流动都是行之有效的举措。其中，政府转变角色、多采取网络问政、问计民间的态度会使优质的网民（这里主要是指有良好知识背景和教育背景的人，如学者等）在网络上积聚，从而降低"网络暴民"的比例，整体上净化网络环境的参与者，提升对于各种问题的客观认识和自身素养，减少各种不利于社会发展的有害活动的滋生，使"中性信息"的传播与扩散更为畅通。此外，借助法律规范、行业自律和信息实名制等措施，能够为保障"中性信息"的有序和安全流动营造健康安全的网络环境。

第七，规避网络空间"中性信息"的风险演变，保障其在正能量传播中的积极作用。与发挥网络空间中"中性信息"的正面传播效应相对应的是，我们同样也需要谨防"中性信息"的负面化演变风险。导致网络空间无害议题负面化转变的原因众多，既有政府管理和引导不力的因素，也有可能是网民在未了解全情的情况下的无意传播，还有可能是一些人或组织别有用心的借题发挥，即便是"中性信息"，也具有潜在引发网络风险、转变为负面议题的可能性。因此，政府、传统媒体和网络媒体仍然需要对

"中性信息"的发展势态进行适时监控，及时发现那些有可能偏离主流价值观的"中性信息"，并对网民无害议题讨论进行积极引导，以及对不怀好意者进行及时的正面回应，以有效预防"中性信息"的负面化演变，保障其在营造社会主流价值观、正确引导社会舆论发挥积极作用。

二、互联网群体传播舆论转向引导策略

（一）舆论转向的触发因素

1. 事件性质：事实真相是舆论转向的重要拐点

突发事件初期，网络群体作为旁观者仅看到碎片化的局部面貌，会对事件进行初步的责任归因。在事件发酵过程中，信息被补充完整，网民会对事件重新进行责任归属探究，并从情感变化引发行动倒戈。

在2016年3月21日的"大妈碰瓷玩具车"事件中，从最初对大妈故意碰瓷的舆论一边倒，待老人送去医院确诊骨折，并婉拒女孩家人更多赔偿的新闻公布，舆论迅速发生转向。究其原因在于网络群体最初的"老人碰瓷"刻板印象，在老人真实受伤、责任归咎于女孩时，看到事情性质发生改变，群体态度随之发生反转。

从碎片化信息到整体事件，一旦网络受众看到事件性质本身的责任归咎出现扭转，将会颠覆和打破原有的舆论，不仅会从态度上出现变化，加诸原来的误解和愧疚之心会使网络受众在评论行动上更加坚定支持现在一方。

2. 信息来源：可靠的信源是舆论转向的诱导因素

网络群体对信息源的信任度存在排序。亲历事件的个人或机构发布的最新消息不受发布渠道影响，第三方机构的舆论具有意见领袖的力量。

网络受众如果直接从事件当事者处了解到最新通告，无论是传统媒体还是社交媒体，往往不再通过其他渠道去搜寻更多信息，并且通常对当事人或机构持积极正面的态度；但如果受众从第三方机构获得信息，会在原渠道上搜索更多信息进行验证。

从当事人到第三方机构，在事件中的表现姿态和应对策略都会间接左右受众的认知，对受众的态度具有可控的诱导性。社交媒体中热点事件的当事人对于事件通常是简单直白的描述，而第三方机构适当的引用则可影

响受众的态度倾向，进而影响舆论方向。

3. 事件与自身关系：强关联更可推动舆论转向

网络群体普遍关注与自身关联度强的信息。与自身关联程度强的信息认知，会对态度产生影响进而反映在所发表的网络舆论中。

远在天边的大事件不是舆论热议的，也不是网络受众真正在乎的。人们关心的往往是事件本身引发的周边话题，这些周边话题一旦干涉自身生活的稳定，则成为舆论聚焦的热点，不仅分散了受众对源发事件的关注度，也弱化了原有的舆论态度，成功引导舆论走向。

（二）舆论转向的引导对策

基于上述群体传播舆论转向影响因素的归纳，我们认为对于事件性质的改变无法受控制，信息的来源有部分可控因素，而事件与自身关系的强度则可间接控制转化。为此，我们从责任归因、第三方机构、情感认同和焦点转移等方面提出以下引导策略，以有效对冲负面舆论的群体影响力。

1. 明晰责任归因，积极应对事件

热点事件中的负面事件是网络舆论治理中的重点。在公共事件尤其是危机事件中，首先是归咎于人或企业组织的错误型事件，最容易受到关注，成为群体传播的热点；其次是外力造成的受害型事件；最后才是由于技术跟不上造成的事故型事件。无论哪一类型事件，组织或当事人的正面应对，都会使受众产生积极的舆论态度，有利于占据舆论先机，弱化负面舆论。

2. 借助第三方组织，使之成为有效的意见领袖

与当事人或组织有关联的第三方组织，对舆论的影响日益扩大，他们可成为有力的意见领袖，在事件中披露实施全貌，并适当发布自己的观点，影响网民的意见和态度，引发网民情绪变化，进而影响舆情走向。第三方组织可用间接引用或推论的方式，将网民引向理性思考和平静看待的状态，在事件未能水落石出前不过早下定论，不盲从，不激动。

3. 唤起情感共鸣，引导舆论态度的积极认同

当事人或第三方组织在处理问题时，如果适当将受众情绪作为考虑沟通的因素，将会对舆论产生不同的影响。容易唤起受众的情感、获得需求上的共鸣的信息，更容易影响舆论并获得更好的传播效果。社交媒体中的当事人如果对于事件未能积极有效披露和处理，第三方组织依然可以部分

借用，适当推论，来引导舆论走向积极的方向，避免负向舆论的白热化。

4.改变视角切入点，成功将舆论焦点转移

热点事件总会存在多个参与主体、多个解读视角，会有不同的相关性信息围绕着事件。选择其中被受众认定与自身关联度强的、与个人日常生活息息相关的话题核心，容易使受众主动认知和积极参与，无形中对其态度产生影响，进而左右舆论评论，并且一旦新的话题核心被认为更加符合自身利益，则舆论发生转向的可能性增大，舆论焦点转移的可能性极强。

三、互联网群体正能量传播的引导策略

纵观近年来突发危机的网络传播，面对多元化的危机诱因，网络舆情管控机制往往过于单一。在缺乏有效的社会引导机制情况下，仅仅采用删帖等管控策略，更容易激化公众的负面情绪，增加对政府行为的不信任感，以及对不实信息或负面信息的关注度。因此，如何构建适合正向舆论导向的传播新机制，改善目前非官方传播的负面信息占主导、正面信息无人理的尴尬局面，是当下网络危机传播急需解决的现实问题。

（一）网络信息传播环境的优化

我们在基于此前研究结论的基础上，提出通过挖掘和设置正面议题，扩大正能量信息的传播路径，提升正负信息的对冲效应，培育信息环境与健康心态等传播策略，在提升网络空间的积极传播力量的同时，也能为政府提供切实可行的信息管控方案。具体包括：

第一，从之前的研究中，我们不难发现，不论突发危机处于何种状态，公众对事件客观真相、社会公正和平等、充满人性的互助和关爱等基本道德观念始终存在。正能量信息不是一个简单的黑与白、是与非、对与错的判别问题，而是一项涉及道德伦理、信息认知、社会情感和公众行为等多维视角下的信息类型。因此，充分利用大数据挖掘和云计算技术，挖掘、设置和调整正面议题在网络空间中的结构性比例，由原先的"倒金字塔式"信息结构，调整为正面信息和负面信息均等，中性的无害信息占比适合的"橄榄形"信息结构显得尤为重要。

第二，在信息结构优化的基础上，改善"供给侧"模式。形成由官方媒体、第三方组织机构和社交网络用户共同参与的放大正能量信息的传播

策略，建立"社交网络用户—官方媒体—第三方组织机构—社交网络用户"正能量信息的传播路径。如以官方媒体参与下真实信息的扩散对冲公众对不实信息的偏听偏信，以权威组织影响下客观信息的发布对冲主观信息导致的片面性，以网络社群环境下正面话题的交互对冲公众对负面话题的关注。

第三，将现有网络空间的封闭环境转变为开放环境，改善公众的负面心态与信息参与行为，将有助于提升积极传播的力量，例如：建立"无害宣泄"网络通道和"由堵到疏"的信息管控方式，改变现有民众舆论诉求无序传播的现状，持续不断地对社会负面心态加以干预与疏导；构建利于正面信息流动的全媒体模式，通过优化非危机状态下的信息传播环境，以培育健康积极的社会心态。这些都将有助于提升公众的心理防御能力，改善突发危机中公众情感的负面化趋向，促进非官方传播中正面情感的不断积聚，增加公众参与危机响应互动的意愿，从而扩大网络社会与现实社会的联动效应，加速正能量信息的传播与扩散。

第四，培育健康积极的网络空间信息环境，加快政府角色转变、提升道德素养和人文情怀、保障网络信息的安全流动都将是行之有效的举措。例如，加强民间舆论场与官方舆论场之间的信息交融，可以增强网民乃至国民的主人翁意识和政府的整体凝聚力和向心力；从社会道德、人文关怀等环境的优化，提高公众舆论参与的媒介素养；提升网络运营机构和网络信息服务商的行业自律、完善网络信息安全的法律规范等措施，能够使网络信息在社会化网络中安全流动，同样也在一定程度上为培育公众的网络媒介素养创造有利环境。

（二）正能量信息传播的特点

根据前文研究总结，正能量信息传播的特点可以归结为：

（1）公共危机的网络传播中存在为数不多的"正能量信息"，且社会舆论影响力较弱。

（2）在海量的客观性信息覆盖下，网络谣言未能干扰网民对危机事实的"正确判断"。

（3）危机事件责任归因的明朗化，能提升网民对危机可控性的"正向认知"。

（4）相比负面情绪的无序放大，"正面情绪"发展态势往往更趋于平稳有序。

（5）信息内容的正负级性会影响网民的"危机响应行为"的参与度。

（6）权威媒体的介入比网络用户参与更能发挥"正能量信息"的社会影响力。

（三）网络正能量信息传播策略

基于上述"正能量信息"的传播现状和特点，我们从正面议题的挖掘、传播路径的扩展，以及非危机状态下的正面情绪和网络环境优化等方面提出了以下的传播策略，以有效增强"正能量信息"的社会舆论影响力：

1. 构建非官方正能量信息的识别机制，挖掘与设置正面议题

首先，舆情监管部门可以采用基于隐马尔科夫模型的汉语自动智能分词算法对海量文本进行分词；其次，采用基于人工智能技术的文本降噪技术，对分词结果进行有效处理，从中提取出具有实际意义的核心主题词，再依据非官方正能量信息的界定与判别方法，构建非官方正能量信息的关键词库；最后，结合核心热词出现的频次高低、倾向性分析和趋势检测，从海量的非官方信息中挖掘并识别出正面导向性价值的的信息热点，以此作为优化非官方信息结构性的基础，从而打造正面信息和负面信息均等，中性的无害信息略大的"橄榄形"信息结构。

2. 扩展正能量信息的传播路径，提升正负信息的对冲效应

在正面议题的挖掘与发现的基础上，舆情监管部门应迅速建立由"社交网络用户—官方媒体—第三方组织机构—社交网络用户"共同参与的"正能量信息"传播路径，构建三者之间层层传递、相互影响的社会网络化传播体系，实现以官方媒体参与下真实信息的扩散对冲网民对不实信息的偏听偏信，以权威组织影响下客观信息的发布对冲主观信息导致的片面性，以网络社群环境下正面话题的交互对冲公众对负面话题的关注的总体目标。

3. 加强社会心态的正向培育，优化非危机状态下的信息环境

除此以外，舆情监管部门也应注意到，仅凭危机状态下的信息管控无法促进正向社会舆论导向的形成，非危机状态下的社会心态培育与信息环境建设尤为重要。社会应将帮助公众清理负面情绪和培育正面情绪作为一项日常工作，建立"无害宣泄"网络通道和"由堵到疏"的信息管控方

式，持续不断地对社会负面心态加以干预与疏导。同时，通过优化非危机状态下的信息传播环境，培育健康积极的社会心态，提升公众的心理防御能力，促进网络社会与现实社会的联动效应，加速正能量信息的传播与扩散。

参考文献

References

1. 中文著作

［1］〔美〕本尼迪克特·安德森. 想象的共同体［M］. 吴叡人，译. 上海：上海人民出版社，2003.

［2］〔美〕戴安娜·克兰. 文化社会学—浮现中的理论视野［M］. 王小章，等，译. 南京：南京大学出版社，2006.

［3］〔英〕霍布斯鲍姆. 民族与民族主义［M］. 李金梅，译. 上海：上海人民出版社，2006.

［4］〔美〕艾尔·巴比. 社会研究方法（第 11 版）［M］. 邱泽奇，译. 北京：华夏出版社，2018.

［5］曾庆香，李蔚. 群体性事件：信息传播与政府应对［M］. 北京：中国书籍出版社，2010.

［6］邓国良. 公共安全及风险应对［M］. 北京：法律出版社，2014.

［7］宫承波. 传播学纲要［M］. 北京：中国广播电视出版社，2007.

［8］郭庆光. 传播学教程［M］. 北京：中国人民大学出版社，2011.

［9］郭太生. 灾难性事故与事件应急处置［M］. 北京：中国人民公安大学出版社，1900.

［10］何威. 网众传播：一种关于数字媒体、网络化用户和中国社会的新范式［M］. 北京：北京大学出版社，2011.

［11］胡泳. 众声喧哗 网络时代的个人表达与公共讨论［M］. 桂林：广西师范大学出版社，2013.

［12］计雷. 突发事件应急管理［M］. 北京：高等教育出版社，2006.

［13］〔美〕克莱·舍基. 人人时代：无组织的组织力量［M］. 胡泳，沈满琳，译. 北京：中国人民大学出版社，2012.

［14］李红. 网络公共事件：符号、对话与社会认同［M］. 北京：中国社会科学出版社，2015.

［15］李玫. 西方政策网络理论研究［M］. 北京：人民出版社，2013.

［16］李友梅，肖瑛，黄晓春. 社会认同：一种结构视野的分析［M］. 上海：上海人民出版社，2007.

［17］刘军. 社会网络分析导论［M］. 北京：社会科学文献出版社，2004.

［18］刘瑛. 互联网健康传播：理论建构与实证研究［M］. 武汉：华中科技大学出版社，2013.

［19］彭兰. 网络传播学［M］. 北京：中国人民大学出版社，2009.

［20］〔英〕齐格蒙特·鲍曼. 流动的现代性［M］. 欧阳景根，译. 上海：上海三联书店，2002.

［21］汪淼. 传播研究的心理学传统［M］. 桂林：广西师范大学出版社，2014.

［22］汪小帆，李翔，陈关荣. 网络科学导论［M］. 北京：高等教育出版社，2012.

［23］文远竹. 转型中的微力量：微博公共事件中的公众参与［M］. 北京：世界图书出版公司，2014.

［24］〔奥〕西格蒙德·弗洛伊德. 论文明［M］. 徐洋，何桂全，张敦福，译. 北京：国际文化出版公司，2007.

［25］熊新光，吴建春. 上海城市灾害与事故概论［M］. 上海：第二军医大学出版社，2014.

［26］谢耘耕. 舆情蓝皮书：中国社会舆情与危机管理报告（2014）［M］. 北京：社会科学文献出版社，2014.

［27］许文惠，张成福. 危机状态下的政府管理［M］. 北京：中国人民大学出版社，1998.

［28］许鑫. 网络时代的媒介公共性研究［M］. 北京：人民出版社，2015.

［29］张昆.网络民主与社会管理创新高层论坛（第 1 卷）［M］.武汉：华中科技大学出版社，2014.

［30］赵士林.突发事件与媒体报道［M］.上海：复旦大学出版社，2006.

［31］赵志立.灾难传播学［M］.成都：四川人民出版社，2011.

［32］郑航生.中国社会发展研究报告 2009——走向更有共识的社会：社会认同的挑战及其应对［M］.北京：中国人民大学出版社，2009.

［33］朱国圣.突发事件网络舆情应对策略［M］.北京：新华出版社，2015.

2. 中文论文

［1］毕鹏程，席酉民，王益谊.群体发展过程中的群体思维演变研究［J］.预测，2005（3）：1-7.

［2］曾润喜.网络舆情突发事件预警指标体系构建［J］.情报理论与实践，2010，33（1）：77-80.

［3］陈雪奇.两级传播理论支点解析［J］.厦门大学学报（哲学社会科学版），2013（5）：142-148.

［4］陈喻，徐君康.自媒体时代网络谣言传播探析［J］.新闻界，2013（15）：50-53.

［5］陈月生.群体性突发事件构成要素、特征和类型的舆情视角［J］.理论月刊，2006（2）：82-85.

［6］邓胜利，胡吉明.web 2.0 环境下网络社群理论研究综述［J］.中国图书馆学报，2010（5）：90-95.

［7］丁锐.互联网群体传播对媒介环境与媒介格局的影响［J］.视听纵横，2015（6）：95-96.

［8］董天策.从网络集群行为到网络集体行动——网络群体性事件及相关研究的学理反思［J］.新闻与传播研究，2016（2）：80-99.

［9］杜骏飞.网络群体事件的类型辨析［J］.国际新闻界，2009（7）：76-80.

［10］方付建，王国华，徐晓林.突发事件网络舆情"片面化呈现"的形成机理——基于网民的视角［J］.情报杂志，2010，29（4）：26-30.

［11］方文.群体符号边界如何形成？——以北京基督新教群体为例［J］.社会学研究，2005（1）：25-59.

［12］方兴东，石现升，张笑容，等.微信传播机制与治理问题研究［J］.现

代传播（中国传媒大学学报），2013，35（6）：122-127.

[13] 高恩新．互联网公共事件的议题建构与共意动员——以几起网络公共事件为例［J］．公共管理学报，2009（4）：96-104.

[14] 高臻笛．网络群体传播对电视剧发展的影响［J］．青年记者，2016（23）：114-115.

[15] 韩纲．传播学者的缺席：中国大陆健康传播研究十二年——一种历史视角［J］．新闻与传播研究，2004（1）：64-70.

[16] 郝继明，刘桂兰．网络公共事件：特征、分类及基本性质［J］．中共南京市委党校学报，2011（2）：64-68.

[17] 郝其宏．网络群体性事件的风险管理［J］．河南师范大学学报（哲学社会科学版），2016，43（3）：62-66.

[18] 何雨，陈丽君．论网络谣言的形成机制及其治理对策［J］．南京工业大学学报（社会科学版），2012，11（3）：100-104.

[19] 黄靖逢．网络舆情的群体传播语境解析［J］．新闻爱好者，2012（4）：15-16.

[20] 黄书亭，陈法彬．环保型网络群体性事件传播机制探析［J］．郑州航空工业管理学院学报，2013，31（6）：60-65.

[21] 姜楠．互联网群体传播中舆论演化的三重动因［J］．东南传播，2018（8）：78-80.

[22] 姜胜洪．网络舆情热点的形成与发展、现状及舆论引导［J］．理论月刊，2008（4）：34-36.

[23] 焦德武．试论网络传播中的群体极化现象［J］．安徽理工大学学报（社会科学版），2010（3）：105-108.

[24] 揭萍，熊美保．网络群体性事件及其防范［J］．江西社会科学，2007（9）：238-242.

[25] 金鑫，李小腾，朱建明．突发事件网络舆情的演变机制及其情感性分析研究［J］．现代情报，2012，32（12）：8-13.

[26] 康伟．突发事件舆情传播的社会网络结构测度与分析——基于"11.16校车事故"的实证研究［J］．中国软科学，2012（7）：169-178.

[27] 兰月新，邓新元．突发事件网络舆情演进规律模型研究［J］．情报杂志，2011（8）：47-50.

［28］乐国安，薛婷，陈浩．网络集群行为的定义和分类框架初探［J］．中国
　　　人民公安大学学报（社会科学版），2010（6）：99－104．

［29］雷晓艳．风险社会视域下的网络群体性事件：概念、成因及应对［J］．
　　　北京工业大学学报（社会科学版），2013（4）：9－15．

［30］雷跃捷，金梦玉，吴风．互联网媒体的概念、传播特性、现状及其发展
　　　前景［J］．现代传播（中国传媒大学学报），2001（1）：97－101．

［31］李兰．"网络集群行为"：从概念建构到价值研判——知识社会学的分
　　　析视角［J］．当代传播，2014（2）：60－63．

［32］李良荣，袁鸣徽．2017年中国网络媒体的基本格局和态势［J］．新闻
　　　记者，2018（1）：44－49．

［33］刘春年，刘宇庆．网络论坛正能量信息传播探析——基于意见领袖的
　　　引导作用视角［J］．现代情报，2017，37（4）：27－32．

［34］刘锐，徐敬宏．网络视频直播的共同治理：基于政策网络分析的视角
　　　［J］．国际新闻界，2018（12）：32－49．

［35］柳春，陈柳，唐津平．泛网络传播时代群体极化现象浅析［J］．大众科
　　　技，2011（7）：287－289．

［36］罗坤瑾．网络群体事件的集体行为机制研究［J］．经济研究导刊，
　　　2012（20）：181－182．

［37］孟凡会，王玉亮．基于大数据背景的"好人"正能量信息化传播体系
　　　构建［J］．铜陵学院学报，2016，15（2）：73－77．

［38］彭兰．群氓的智慧还是群体性迷失——互联网群体互动效果的两面观
　　　察［J］．当代传播，2014（2）：4－7．

［39］漆国生，王琳．网络参与对公共政策公信力提升的影响分析［J］．中国
　　　行政管理，2010（7）：21－23．

［40］沈春雷．如何进行突发事件中的舆情引导［J］．人民论坛，2016（27）：
　　　54－55．

［41］史安斌．危机传播研究的"西方范式"及其在中国语境下的"本土化"
　　　问题［J］．国际新闻界，2008（6）：22－27．

［42］史波．公共危机事件网络舆情内在演变机理研究［J］．情报杂志，
　　　2010（4）：41－45．

［43］隋岩，曹飞．互联网群体传播中的信息选择与倾向［J］．编辑之友，

2013（6）：62-66.

[44] 隋岩，曹飞.论群体传播时代的莅临 [J].北京大学学报（哲学社会科学版），2012（5）：139-147.

[45] 隋岩，李燕.论群体传播时代个人情绪的社会化传播 [J].现代传播（中国传媒大学学报），2012，34（12）：10-15.

[46] 隋岩，张丽萍.从"蚂蚁效应"看互联网群体传播的双重效果 [J].新闻记者，2015（2）：72-77.

[47] 孙文坛.国内社会认同理论研究述评 [J].学理论，2012（7）：100-101.

[48] 孙燕.谣言风暴：灾难事件后的网络舆论危机现象研究 [J].新闻与传播研究，2011（5）：52-62.

[49] 陶文昭.互联网群体极化评析 [J].思想理论教育，2007（17）：9-12.

[50] 王琪.网络社群：特征、构成要素及类型 [J].前沿，2011（1）：166-169.

[51] 吴廷俊，夏长勇.我国公共危机传播的历史回顾与现状分析 [J].现代传播（中国传媒大学学报），2010（6）：32-36.

[52] 相喜伟，王秋菊.网络舆论传播中群体极化的成因与对策 [J].新闻界，2009（5）：94-95.

[53] 向良云.重大群体性事件演化的动力机制——基于群体动力学理论的研究 [J].长白学刊，2013（6）：69-74.

[54] 谢新洲，杨萌，谢梦.中国网民的网络讨论行为分析 [J].新闻与传播评论，2009（1）：193-206.

[55] 徐晨.互联网群体传播下主导叙事的传播者类型 [J].青年记者，2018（5）：4-5.

[56] 许莉芸.群体思维在网络舆论事件中的负面作用 [J].青年记者，2011（9）：55-56.

[57] 薛可，何佳，王宇澄.自我呈现与公共参与：基于社会互动理论的探索性研究 [J].当代传播，2017（6）：21-25.

[58] 薛可，卢晓晶，余明阳.品牌危机中微博网络与声望博文特征研究——以"麦当劳过期门"事件为例 [J].同济大学学报（社会科学版），2013，24（3）：47-53.

［59］薛可，许桂苹，赵袁军.热点事件中的网络舆论：缘起、产生、内涵与层次研究［J］.情报杂志，2018，37（8）：78-83＋55.

［60］阳长征.品牌危机中网络自相关性对信息分享行为的影响研究［J］.软科学，2019，33（4）：141-144.

［61］阳长征.社交网络中危机信息时间距离对用户行为框架的差异影响研究［J］.情报理论与实践，2019，42（5）：67-72.

［62］杨点晰，郭玲.刍议数字媒介时代下群体压力变化的原因［J］.科技创业月刊，2015（12）：93-94.

［63］杨军，林琳.我国网络群体极化研究述评［J］.西南民族大学学报（人文社科版），2012（11）：157-161.

［64］杨磊.媒介新环境下互联网群体传播研究［J］.当代传播，2018（1）：45-47.

［65］杨正联.网络公共危机事件中的网民参与行为分析与公共管理应对［J］.人文杂志，2012（5）：162-168.

［66］易承志.群体性突发事件网络舆情的演变机制分析［J］.情报杂志，2011，30（12）：6-12.

［67］喻发胜，王晓红，陈波.网络传播的衍生效应与网络舆论［J］.湖北社会科学，2010（5）：179-181.

［68］张春贵.群体性事件中的新媒体作用透视［J］.中共中央党校学报，2013（1）：67-70.

［69］张佳慧，陈强.社会燃烧理论视角下网络群体性事件发生的研究［J］.电子政务，2012（7）：63-67.

［70］张涛甫.传播格局转型与新宣传［J］.现代传播，2017（7）：1-6.

［71］张文宏.网络社群的组织特征及其社会影响［J］.江苏行政学院学报，2011（4）：68-73.

［72］张莹瑞，佐斌.社会认同理论及其发展［J］.心理科学进展，2006（3）：475-480.

［73］张志安，沈菲.中国受众媒介使用的地区差异比较［J］.新闻大学，2012，6（6）：8-14＋35.

［74］张子柯.在线社交网络信息传播机制与动力学研究综述［J］.情报学报，2017（4）：422-431.

[75] 张自力. 论健康传播兼及对中国健康传播的展望 [J]. 新闻大学，2001
　　（3）：26－31.

[76] 郑雯，黄荣贵. 微博异质性空间与公共事件传播中的"在线社
　　群"——基于新浪微博用户群体的潜类分析（LCA）[J]. 新闻大学，
　　2015（3）：101－109.

[77] 周琼. 互联网社群时代传播模式的创新 [J]. 浙江工业大学学报（社
　　会科学版）. 2019（6）：235－240.

[78] 周晓虹. 转型时代的社会心态与中国体验——兼与《社会心态：转型
　　社会的社会心理研究》一文商榷 [J]. 社会学研究，2014（4）：1－
　　23，242.

3. 英文著作

[1] Behrens, D. A., Berlinger, S., & Wall, F.. Phrasing and Timing
　　Information Dissemination in Organizations: Results of an Agent-
　　Based Simulation. Artificial Economics and Self Organization [M].
　　New York: Springer International Publishing, 2014.

[2] He, Wei. Networked Public: Social Media and Social Change in
　　Contemporary China [M]. New York: Springer, 2017.

4. 英文论文

[1] Lavidge R J, Steiner G A. A Model for Predictive Measurements of
　　Advertising Effectiveness [J]. Journal of Marketing, 1961, 25（6）:
　　59－62.

[2] Seltzer T, Mitrook M A. The dialogic potential of weblogs in
　　relationship building [J]. Public Relations Review, 2007, 33（2）:
　　227－229.

[3] William, Lafi, Youmans, et al. Social media and the activist toolkit:
　　User agreements, corporate interests, and the information
　　infrastructure of modern social movements [J]. Journal of
　　Communication, 2012（2）: 315－329.

[4] Entman R M. How the media affect what people think: an

information processing approach ［J］. Journal of Politics，1989，51 （2）：347－370.

［5］ Tajfel，H. Social identity and intergroup behaviour ［J］. Social Science Information，1974，13 （2）：65－93.

索 引

Index

1. 人名索引

2. 学术术语索引

后 记

Postscript

2010 年是中国的微博元年,2013 年是微信元年,2018 年是短视频元年,2020 是直播元年,2021 年是元宇宙元年。新技术革命的洪流之下,我们无法预测任何社会化媒体的明天会如何,但是我们每个人都能感受到,一个线上线下虚实融合的时代已经到来。

在现代信息技术环境下,互联网、物联网已经形成了一个互联互动的新型复杂网络结构。中国拥有全球最庞大的网民体系和各色各样的网络群体,在社会转型过程中的各类矛盾以及突发事件中社会舆论意见都会在网络中得到反映,为网络舆情的管理和各类社会群体性事件的防范带来了艰巨的任务。

系统开展互联网群体传播的特点、机制与理论研究,针对性对其进行有效的社会引导,加强网络社群治理的结构创新,为政府的应急管理决策、舆情引导和网络治理提供系统有效的理论与方法,已成为亟待研究的重大问题。基于上述研究思考,2015 本人以"互联网群体传播的管控方案与社会引导对策研究"为题申请了国家社科基金重点项目,获得立项。经过 5 年多的科研积累,取得了一系列性研究成果,于 2019 年顺利结题。

本书基于国家社科基金重点项目研究的基础上,融合教育部社科基金项目"基于大数据的突发危机中非官方正能量信息的挖掘"、教育部新世纪人才优秀人才支持计划"中文网络论坛中突发事件传播模式比较分析及其应用研究"、教育部人文社科专项课题"高校网络舆论领袖的形成、作用和管理研究"、上海交通大学文科科研创新计划项目"中文网络论坛突发事件舆情分析及其应用研究"等研究基础上形成的研究成果。本书创新性地将互联网群体传播置于社会生态系统之中，从社会学、管理学和传播学等角度以系统生态观，考察了复杂网络社会舆论生态的现象和问题，突破了群体传播、网络舆情等的单一研究取向，形成了研究的基础框架。

本书在编写过程中，我的博士后学生郑和明、许桂苹；博士生董燕、何佳、余来辉、王乐、阳长征、陈玉珑、孟筱筱；硕士生屈楚博、王宇澄、王思宇、栾萌飞；本科生李亦飞等参与了前期资料整理和相关专题研究工作，感谢他（她）们辛苦的工作，本书也是我们团队共同的研究成果。尤其感谢阳长征博士对本书第六章的研究贡献、何佳博士对本书统稿工作的贡献；本书的出版特别感谢上海交通大学出版社黄强老师的大力支持与帮助。

本书吸取了大量前人和相关领域研究学者的的研究成果。我深知自己才疏学浅、能力有限，书中的错误、缺点在所难免，诚挚欢迎各位读者提出宝贵的意见。希望不断探索互联网群体传播的复杂传播机理，为互联网群体传播的研究继续尽绵薄之力。

博士、教授、博士生导师
交大闵行校园